国家社科基金后期资助项目
出版说明

后期资助项目是国家社科基金设立的一类重要项目，旨在鼓励广大社科研究者潜心治学，支持基础研究多出优秀成果。它是经过严格评审，从接近完成的科研成果中遴选立项的。为扩大后期资助项目的影响，更好地推动学术发展，促进成果转化，全国哲学社会科学工作办公室按照“统一设计、统一标识、统一版式、形成系列”的总体要求，组织出版国家社科基金后期资助项目成果。

全国哲学社会科学工作办公室

国家社科基金
GUOJIA SHEKE JIJIN HOUQI ZIZHU XIANGMU
后期资助项目

英美现代信托法研究

A Study of Anglo-American Modern Trust Law

于朝印　著

法律出版社
LAW PRESS · CHINA
——北京——

图书在版编目（CIP）数据

英美现代信托法研究 / 于朝印著. -- 北京 ：法律出版社，2025. -- ISBN 978 - 7 - 5197 - 9542 - 9

Ⅰ. D956.122.8；D971.222.8

中国国家版本馆 CIP 数据核字第 2024D75G76 号

英美现代信托法研究
YING-MEI XIANDAI XINTUOFA YANJIU

于朝印 著

策划编辑 冯雨春　李　军
责任编辑 李　军　程王刚
装帧设计 李　瞻

出版发行 法律出版社
编辑统筹 法律应用出版分社
责任校对 张翼羽　郭艳萍
责任印制 刘晓伟
经　　销 新华书店

开本 710 毫米 × 1000 毫米　1/16
印张 21.75　　**字数** 420 千
版本 2025 年 3 月第 1 版
印次 2025 年 3 月第 1 次印刷
印刷 北京建宏印刷有限公司

地址：北京市丰台区莲花池西里 7 号（100073）
网址：www.lawpress.com.cn
投稿邮箱：info@lawpress.com.cn
举报盗版邮箱：jbwq@lawpress.com.cn

销售电话：010 - 83938349
客服电话：010 - 83938350
咨询电话：010 - 63939796

书号：ISBN 978 - 7 - 5197 - 9542 - 9　　**定价**：98.00 元

凡购买本社图书，如有印装错误，我社负责退换。电话：010 - 83938349

基金项目
国家社会科学基金后期资助项目，项目批准号：21FFXB036

前　言

现代信托制度源于英国，后来随着英国的殖民扩张在普通法系国家得到广泛传播与应用。20 世纪以来，美国经济发展充满活力，加之联邦制带来的州际的信托立法竞争，信托法制在美国得到更为快速的发展，这为信托法制的研究提供了丰富的素材。本书主要对 20 世纪以来的英美现代信托法制从委托人、受托人与受益人三个视角进行研究。

从委托人的角度看，信托是委托人处分其财产、实现特定目的的工具。英美信托法强调信托是委托人财产处分自由的产物。在美国，信托的类型五花八门，种类繁多，按传统分类方法可以把信托分成强制信托、自由裁量信托与指示信托，私益信托、公益信托和慈善信托，生前信托与遗嘱信托，明示信托、默示信托与归复信托等种类；从具体实践角度看，信托的类型不胜枚举，如美国新近采用的 AB 型夫妻生前信托、ABC 生前信托、抵免庇护信托、合格的家庭信托等信托类型。信托种类的多样性体现了委托人在处分自由原则下的创新活力，也是外界据以了解英美信托制度的重要窗口。

委托人的处分自由与继承法上的遗嘱自由具有同源关系，英美信托制度之所以得以广泛应用，在很大程度上是因为信托立法充分尊重了委托人的处分自由。委托人的处分自由体现于整个信托设立过程中，委托人在选择信托形式、确定信托内容、决定信托的修改与终止、选择信托纠纷解决方式等方面享有充分的自由，即使是不可撤销信托，它的内容体现的也是委托人意志，也是委托人行使财产处分自由的产物。

虽然委托人的处分自由在英美信托法中得到充分的尊重，但是任何主体的自由都是有边界的。在信托法的发展过程中，委托人的处分自由受到公共政策的制约。公共政策对委托人处分自由的制约主要来自以下三个方面。其一，反永续规则。该规则主要从时间维度上限制委托人的处分自由，使委托人的“死手控制”时间限定在合理的期限内。其二，限制累积信托规则。该规则可以防止信托累积的巨额财富汇集到特定的一个人或几个人手中，也可以在一定程度上实现信托财产累积与信托受益人利益保护的平衡。其三，浪费者信托规则。浪费者信托产生于美国，旨在通过限制受益人债权人追索从而保护受益人利益。信托法制对委托人的浪费者信托条款进行了相应的限制，规定符合条件的债权人可以追索受益人在信托中的权益。需要指出的是,原本基于公共政策发展起来的合理限制措施,在美国各州的激烈司法竞争中正在逐渐消失,反永续规则在美国各州实际上已经名存实亡,立法者和司法界顽固地坚守浪费者信托限制受益人的侵权行为导致受害人发起追索的态度,表明了美国信托法对委托人处分自由的迁就,甚至不惜以牺牲法律人所追求的公平与正义价值为代价,这成为英美信托法发展过程中一个颇值得重视与审视的现象。

受托人处于信托机制的核心,在委托人设立信托之后,信托目的的实现及其目标的达成唯依赖于受托人。研究英美信托法,应当注意受托人权力(power)与权利(right)应用的不同语境。受托人为了受益人的利益或为实现信托目的管理信托财产、处理信托事务需要行使相应的权力,受托人为自身利益要求获得报酬或补偿则行使的是受托人权利。受托人权力包括明示权力、默示权力、自由裁量权力与羁束权力等类型,随着信托应用的推广及信托管理方式的变化,受托人职责的变化及现代经济理论的推进,受托人权力呈现逐步扩张的趋势。受托人在行使广泛权力的同时,也会受到职责约束,权力行使标准也会随时代发展而发生变迁。

受托人在享有广泛权力的同时,也肩负着严格的信义义务。信义义务是英美信托法颇具特色的法律制度。当事人之间的信义关系是产生信义义务的基础,其产生于存在高度信任关系的当事人之间,受信人享有足以影响受益人利益的自由裁量权。产生于信义关系基础之上的信义义务因而具有强烈的道德属性,成为受托人应当严格遵守的行为准则。信义义务规范所要求的行为标准在所有的法律规范中是最高的,它要求受信人实现受益人的最大(佳)利益,这一要求远超过一般诚实信用规则所预期实现的目标。从信托法的角度看,受托人信义义务有两个重要组成部分:忠诚义务与谨慎义务。简单地说,忠诚义务,要求受托人只为了受益人的最大(佳)利益行事,不得谋求受托人自身及其他第三人的利益,不得将受托人自身置于与信托利益相冲突的位置上;而对于谨慎义务,受托人行事应当尽到合理的注意,运用自身具备的技能,谨慎行事。受托人的谨慎义务标准在20世纪则经历了"谨慎人""谨慎投资人"等行为标准的变迁。除了传统的信托领域,信义义务规则还广泛地应用于证券投资、养老金等诸多领域。

受益人的受益权实现是信托的最终目的。对于受益人权益的理解,只有将其置于普通法系普通法权益与衡平法权益二元划分的框架内才能得出合理的解读。在英美信托法上,受益人受益权存在对物权、对人权性质的争论。受托人享有信托财产上的普通法权益,受益人享有信托财产上的衡平权益,这种二元权益并存的现实决定了对受益人权益的分析不能固守单一维度,应当从普通法与衡平法相互影响、相互补充的背景进行解析。受益人在信托中权益的内容及其性质,在很大程度上取决于委托人表达在信托文件中的意愿。但是受益人在信托中的权益应当在多大程度上受到委托意愿的制约,受益人在信托中的权益能否隔离债权人的追索以及如何隔离追索,受益人能否按照自己意愿终止与修改信托,在大多数情况下取决一个国家或地区立法者的偏好及其立法目的。所谓立法者的偏好,其实质就是立法者对信托委托人意愿的认可程度,对委托人"死手控制"的容忍程度,这与深层次的信托立法目的有着密切联系。

20 世纪以来,随着经济社会的发展,信托在英美国家应用的场景日益增多,信托法制自由化的发展趋势也日渐明显,但美国州际的信托立法竞争所导致的信托立法异化现象则值得学界深思。

他山之石,可以攻玉。希望通过对英美信托法律的梳理与分析可以为我国信托法制的完善提供一些可参考的经验与借鉴。

英美信托法制内容丰富,法理深邃,研究文献卷帙浩繁,本书的研究内容仅呈现英美信托法的冰山一角,又因作者学术视野、研究能力限制,不能更全面、深入地展示英美信托法制的全貌。本书主要参考了英美国家学者的论文、著作及立法资料,其中表述不准确、理解不到位所产生的谬误在所难免,希望学界同人多加指正!

最后,感谢我的工作单位山东财经大学多年来对本人教学及科研工作的关心与支持;感谢全国哲学社会科学工作办公室给予的大力资助,使自己多年来辛苦积累的学术研究成果得以面世;感谢生活工作中支持、帮助过我的师长、朋友、同事及家人,大家的善良如春日里盛开的花朵,永驻我心!

2024 年 10 月 27 日于泉城燕山脚下

衡平法权益，这种二元权益并存的现实决定了对受益人权益的分析不能囿于单一维度，应当从普通法与衡平法相互影响、相互补充的背景进行解析。受益人在信托中权益的内容及其性质，在很大程度上取决于委托人表达在信托文件中的意思。但是受益人在信托中的权益应当在多大程度上受到委托人意思的制约，受益人在信托中的权益能否排除债权人的追索，以及如何隔离追索，受益人能否按照自己意愿终止与撤销信托，在大多数情况下取决于一个国家或地区立法者的偏好及其立法目的。前所述立法者的偏好，其实质就是立法者对信托委托人意思的尊重程度，对委托人“死手控制”的容忍程度，这与该国家的信托立法目的有着密切联系。

20世纪以来，随着经济社会的发展，信托在英美国家的应用领域日益增多，信托法制自由化的发展趋势也日渐明显，但美国州际的信托立法竞争所导致的信托立法异化现象则值得学界深思。

他山之石，可以攻玉。希望通过对英美信托法律的梳理与分析可以为我国信托法制的完善提供一些可参考的经验与借鉴。

英美信托法的内容丰富，体系庞杂，研究文献卷帙浩繁，本书的研究内容仅是现代英美信托法的冰山一角，又因作者学术视野、研究能力限制，不能更全面、深入地展示英美信托法制的全貌。本书主要参考了英美国家学者的论文、著作及立法资料，其中表达不准确、理解不到位所产生的谬误在所难免，希望学界同人多加指正！

最后，感谢我的工作单位山东财经大学法学院对本人教学及科研工作的关心与支持；感谢全国哲学社会科学工作办公室给予的大力资助，使得这本专著的学术研究成果得以面世；感谢在生活、工作中支持、帮助过我的师长、朋友、同事及家人，大家的鼓励如春日温暖的阳光，永驻我心！

2024年10月27日于泉城燕山脚下

目录 Contents

第一章　英美信托法发展概述

第一节　信托制度的起源与发展

一、用益制度：信托的起源

对于信托的起源，存在不少的争论，学者们分别在古罗马法、古日耳曼法和伊斯兰法中找到信托的起源。① 但是就现代信托制度而言，一般认为它源于中世纪英国的尤斯（use）制度，也称用益制度。用益制度在诺曼征服后不久便引入英国。② 用益制度是一种为实现特定目的的财产转移方法，通常委托人将财产转移到管理人名下，由管理人按照委托人的意愿将财产收益或财产交由委托人指定的人。

在中世纪的英国，用益制度的产生基于当时几项特定的史实。第一，在当时的土地制度中，领主对受封人享有协助金、继承金、没收、回收等多项权力，为了规避对领主的沉重负担，人们开始适用用益制度。第二，为了防止教徒把土地捐赠给教会导致税收减少，14 世纪制定的《没收法》规定，任何人未经国王允许不得将土地捐给教会。为了规避《没收法》的规定，不少教徒就采用了用益制度，在生前把土地委托给他人，让他人对土地进行管理并把收益交给教会。第三，当时的英国固守长子继承制，这种制度不可避免地造成长子以外子女的生活困窘，有些家长采用用益制度，在生前将土地转移到他人名下，由受让人将土地收益交由长子及长子以外的子女。由于土地已经转移到他人名下，不属于其遗产，自然不适用长子继承制。第四，在十字军东征中很多参战人员也采用了用益制度保障家人的生活；在当时的玫瑰战争中，很多参战人员为了避免战败后土地被敌方没收，也采用用益制度加以规避。第五，用益制度是封建土地持有制度衰弱的一种回应形式。首先，这体现在领主与佃户之间人身依附关系越来越松散，如佃户可以上交金钱替代对领主负有的劳役，可以不经领主许可把土地传给继承人；其次，附属财产权益（incidents）得以强化，换算成固定价额的劳

---

① 赖源河、王志诚：《现代信托法论》（增订 3 版），中国政法大学出版社 2002 年版，第 1～2 页。

② George G. Bogert, *Handbook of the Law of Trust*, West Publishing Co., 1921, p. 6.

役在剧烈通货膨胀时期变得可有可无，而附着在土地上的权益不受影响。可以说，用益制度是当时回应各种社会变革的产物。①

从上述几种情形分析，用益制度的产生与采用，在很大程度上是为了规避当时不合理的规定。当时一位英国律师在 Attorney General v. Sands Hard 案中曾说，“信托的父母是欺骗与恐惧，良知法院（court of conscience，后来的衡平法院）是其保姆”。② 爱德华·柯克（Edward Coke）爵士对欺骗与恐惧作了具体的解释，“动荡时期与战争年代使遗产免于被没收的恐惧，逃避正当债务、合法诉讼、监护、土地归复（escheat）的欺诈”。③ 那位律师很明显地站在保守主义的立场上，从既得利益阶层的视角对用益制度进行了否定性评价，但是，信托制度经过后来几个世纪的发展，成为梅特兰（Maitland）所说的“普通法皇冠上的宝石”。用益制度与信托制度的发展经验表明，规避当时不合理的法律规定的做法大多会成为促进制度创新与社会进步的重要力量。

在 1535 年《用益法》出现之前的英国，就存在一种叫“信托”的关系。它分为两种：第一种，积极或特殊信托，受托人为了临时目的并负有积极行为之义务；该种信托在《用益法》之前相对较为少见。第二种，一般、简单或消极信托，或者称为用益。在这种信托中，为了特定一方的利益，将所有权转移给另一个作为永久持有人的人，但权利持有人并不负有积极地看护与管理的义务。在《用益法》之前，用益比积极信托更为常见。④

用益制度出现所带来最重要的政治意义在于提供了逃避封建义务的工具，也为佃户处分土地提供了更加多样化的选择。从用益到信托经过了漫长的演变过程。在信托成为法律制度之前经过了几个世纪的培育；在信托成为衡平制度的核心之前又经历了几个世纪的发展。⑤

二、从用益到信托

（一）用益到信托的历史跨越

在 15 世纪中期，衡平法院通过判例确认用益制度是一种合法的财产

---

① Graham Moffat, Gerry Bean & Rebecca Probert, *Trusts Law*, Cambridge University Press, 2009, p. 37.

② George G. Bogert, *Handbook of the Law of Trust*, West Publishing Co., 1921, p. 7.

③ Graham Moffat, Gerry Bean & Rebecca Probert, *Trusts Law*, Cambridge University Press, 2009, p. 39.

④ George G. Bogert, *Handbook of the Law of Trust*, West Publishing Co., 1921, p. 6.

⑤ Austin W. Scott & William F. Fratcher, *The Law of Trusts*, Little, Brown and Company, 1987, p. 12.

处分方式。在封建时代,用益制度作为信托制度的原型,实质上是一种消极信托。从受托人的职能来说,它只是作为一种“人头”的设计存在着,受益人实际上占有、管理着信托财产并享有信托财产的收益,信托此时的功能主要体现为代际的财产转移工具。

用益制度发展成为信托制度经历了漫长的历史过程。斯格特(Scott)教授把用益到现代信托的发展过程分成四个阶段。第一阶段,从用益开始适用到15世纪初。在这个阶段中,大法官法院开始对用益制度进行法律上的认可。在15世纪初,把土地转入用益的做法非常普遍。在这个阶段中,土地领受人(feoffee)只负有诚信(good faith)的道义义务;受益人也不享有法定权利,但是他也不承担所有权所带来的负担。法院对用益的态度是中立的,既不提供帮助,也不阻止。第二阶段,从15世纪初到1536年实施《用益法》。由于在14世纪普通法院适用的实体法变得非常不灵活,并且普通法诉讼程序变得异常严格,如果诉由不属于初始令状(original writ)的范围,法院就不会给予救济;同时,普通法院会以用益的目的违反法律政策而认定其无效。幸运的是,大法官以自由精神容纳了用益。在14世纪末,大法官法院或国王议会(king's council)收到大量状告不忠实土地受领人的诉讼。在15世纪上半叶,大法官开始强制不履职的土地受领人做他们曾经承诺要做的事。在这个阶段,大法官为了很多目的把用益视为财产上的衡平法权益(equitable interests),而不仅是诉讼财产。第三阶段,1536年《用益法》开始实施后的一个世纪。用益的广泛适用导致贵族以及国王的利益受到很大影响,亨利八世通过国会制定并实施了《用益法》。《用益法》实施后,用益不再是大法官法院处理的衡平权益,而变成普通法院处理的法定权益(legal interest)。第四阶段,始于17世纪的信托复兴。用益并没有因为《用益法》的实施而消亡。三种情形下的用益得到法院认可:第一种是积极信托;第二种是用益之上的用益,在这种双层用益中,第一种用益不被法院承认,但第二种为法院所承认;第三种是数年的短期用益。①这三种被承认的用益为现代信托的出现与后来的发展铺平了道路。②

(二)用益产生的制度基础

当时的英国之所以产生用益制度,与当时所有权分割(fragmentation of ownership)的财产法原则密切相关;当时英国的普通法也为信托的产生

① Austin W. Scott & William F. Fratcher, *The Law of Trusts*, Little, Brown and Company, 1987, p. 12–25.

② Graham Moffat, Gerry Bean & Rebecca Probert, *Trusts Law*, Cambridge University Press, 2009, p. 45.

提供了法制基础。在财产法上,所有权的权能(incidents)包括占有、使用、处分(right to capital)与收益,财产法允许把所有权的权能进行分割并赋予不同的人,这是英国普通法与其他国家普通法相比突出的一个特征。土地所有权能在不同主体之间的分割为用益的产生奠定了制度基础,为信托的产生提供了便利。在中世纪的英格兰,除了国王,没有人是土地的绝对所有人。土地的所有权从国王到贵族再到租客自上而下地进行分割。国王把土地授予贵族,贵族再把土地授予租客,租客也可以把某些土地授予其他的租客。因此,土地所有权的占有、使用、处分与收益的权能被分割并授予不同的人,土地可以由不同的使用人同时用于不同的不相冲突的目的。这一普通法传统为发展成为信托的用益制度提供了基础。反过来,信托的发展又极大地促进了所有权分割法律制度的发展。①

普通法权益与衡平法权益的划分,也为用益制度以及后来的信托制度的产生与发展提供了极大便利。两种权益的划分对理解用益制度和信托制度至关重要。简单地说,普通法权益是由普通法所确认的权益,而衡平法权益是存在于衡平法上的权益。普通法权益与衡平法权益有一个基本的区别,普通法权益是约束权利人之外的任何其他人的,包括没有通知的善意买受人(bona fide purchaser),而衡平法权益的享有人则不以类似方式被保护。以土地为例,目前英国法承认在他人土地上的五种普通法权益:地役权(easement)、收租权(rentcharge)、抵押权(legal mortgage)、与定期付款有关的权益和进入租地权(right to entry)。在现在英国土地法中,所有其他的土地上的权益都是衡平法权益。例如,终生权益(life estate)或指定继承人的不动产(fee tail)不再是普通法地产权。② 如果一个主体对财产享有完整独占的所有权,财产上就不存在任何衡平法权益。衡平法权益需要经过类似信托这种特定的事件创设,从而得以从法定利益中分离出来。③

在英国,现代意义上的信托实际上是从16世纪那些未被实施的(unexecuted)用益基础上发展起来的。"用益实施"(executing the use)是将受益人在用益中的衡平法权益转换为普通法权益的行为。根据《用益法》的规定,除了规定的例外情况外,用益的运作不应当授予受益人各种大法官应当保护的可以向受托人行使的权利;事实上,把受托人排除后只赋

---

① Sukhninder Panesar, *Equity and Trusts*, 4th edition, Pearson, 2020, p. 49.

② David A. Thomas, *History of American Land Law*, Vandeplas Publishing, LLC., 2013, p. 513 – 515.

③ [英]格雷厄姆·弗戈:《衡平法与信托的原理》,葛伟军等译,法律出版社2018年版,第69页。

予受益人普通法权益。①普通法院法官与大法官对《用益法》的适用采取了保守的态度，对用益的适用也表现出宽容的倾向，他们都不愿把《用益法》的适用扩展到严格的字面要求以外。②因此，司法体系对用益制度的包容使用益制度在一定的范围内保留下来，从而为其发展成为现代信托制度提供了机会。

（三）用益制度的历史进步意义

用益制度最重要的历史意义在于它作为现代信托制度的底本孕育出了现代信托制度，促进了法律制度的多元化发展。但是从历史发展的角度看，用益制度的作用不仅仅体现在它对信托制度形成的影响上。

用益制度的适用，在一定程度上削弱了英国的封建制度，加快了封建制度的解体。因为用益制度的适用，财产转移的法律制度得以变革，已婚妇女的经济地位得以改善，家庭财产授予受到影响，借此财产所有人的女儿与非长子可以适当地参与家庭财产分配，非法人组织找到了保护手段，很多类型的商业企业可以实现它们的目的，大量的金钱可以捐献给慈善事业；通过适用与信托类似的机制，通过所谓推定信托的干预，法院可以针对各种恶人通过损害他人而获利的欺诈行为所造成的损害提供救济。英国法中上述很多变革是可以通过其他方式实现的，但是事实依然表明，主要是信托这种工具带来了这些变革。③

三、现代信托制度的产生

（一）英国现代信托制度的发展

1. 投资信托的出现与发展

新型财富形式的出现以及相应的财富管理需求促成现代信托制度的产生与发展。

从16世纪到19世纪，英国经历了从农业社会向工业社会的变革，社会财富的主要形式也从土地转变为商业、工业与金融财富。各种企业组织形式的出现给人们提供了参与企业运营的机会，因此，新型的财富形式不再像贵族之家的土地财产，它需要持续的完整意义的"投资"管理。为了获取收益，它要求在卖价与情势合适的情况下适当卖出，并将收益进行再

① Graham Moffat, Gerry Bean & Rebecca Probert, *Trusts Law*, Cambridge University Press, 2009, p. 41.

② Austin W. Scott & William F. Fratcher, *The Law of Trusts*, Little, Brown and Company, 1987, p. 25.

③ Austin W. Scott, *Trust as an Instrument of Law Reform*, 31 Yale Law Journal 457 (1921–1922).

投资。这就意味着拥有或控制这些投资的人负有积极的管理职责,投资买入相关资产之后要视情况决定是否卖出或什么时间卖出,这与土地财产受托人有很大不同,后者事实上不用考虑卖出财产的问题。① 可见,财富形式的变化引发了受托人职责从消极持有到积极管理的转变。

到了18世纪与19世纪,英国的投资信托越来越普通,但现代研究对其在开始的时候采取的形式所知不多。② 可以确定的是,投资信托的出现及运用对信托法制产生了广泛的影响,主要表现在以下几个方面:③

第一,投资指南。投资活动产生的管理责任迫使大法官为受托人制定投资指南。鉴于当时投机盛行造成严重损失的情况,大法官认为除非有特别授权,受托人不能把现金投资到政府债券或土地第一抵押权以外的领域。

第二,授权。因为投资活动在19世纪得到扩展,渐具专业性,受托人如不具备专业知识就需要委托经纪人或其他专业人士,因此必须制定授权规范。

第三,专业与公司受托人。为获得持续可靠的服务,常任命具有适当技能的受托人。在18世纪这个基本上还是农耕社会的时代中,律师也是金融中介,在长期的投资范围限定规则之下,他们经常成为受托人的首选。到了19世纪中期,公司受托人开始出现,并在20世纪初得到社会接纳。公司受托人提供了两种期待:一是在信托管理方面的职业专家;二是如果专家操作远低于预期,受益人可以在公司坚实的财产基础上提起疏忽之诉。

第四,技能与注意标准。如果受托人不能像普通的商人处理自己的事务一样处理信托事务,受益人可以要求受托人恢复信托原状以及因此而受到的损失。

第五,诚信标准(standard of good faith)。在中世纪的用益时期就确定了受托人应当公正行事的传统。但是,直到18世纪才确定持有死者财产的执行人或管理人事务管理的信义(fiduciary)属性。受托人或其他受信人未经授权运用其权力取得的利益,或因为其受信人的职务获取有效机会进而取得的利益,受益人可以要求受托人返还。

---

① Graham Moffat, Gerry Bean & Rebecca Probert, *Trusts Law*, Cambridge University Press, 2009, p. 45 – 46.

② Graham Moffat, Gerry Bean & Rebecca Probert, *Trusts Law*, Cambridge University Press, 2009, p. 47.

③ Graham Moffat, Gerry Bean & Rebecca Probert, *Trusts Law*, Cambridge University Press, 2009, p. 47 – 50.

第六，提前终止信托。如果所有的受益人都具备完全民事行为能力并且一致同意，即使与设立信托人的意愿相冲突，也可以终止信托。

第七，自由裁量信托与保护信托（discretionary and protective trust）。受益人在投资财产信托中的主要权益是金钱利益，这种观念铺平了自由裁量信托的发展道路。在19世纪，这些信托的主要功能使其成为一种叫"保护信托"的"第二条腿"。例如，一个富商的儿子作为本金受益人，被授予了信托资金的终生受益权，但文件表明，这种权益明确受提前终止条款制约，也就是说，如果受益人想出售、抵押权益或遭遇破产，其受益权即被终止。由于这种终止的应用，就出现了自由裁量信托。在这个信托中，除本金受益人外，其他一个以上的人（像他的妻子或子女）也可以成为受益人。保护信托与自由裁量信托都保留了使家庭财产免于其债权人或家庭成员个人的债权人追索的可能。

第八，成文法干预。除了判例法所体现的变化以外，成文法也开始介入信托的调整。第一部信托成文法是英国1850年《受托人法》（Trustee Act 1850），这部法主要涉及受托人持有的财产转移技术层面的问题。后来1859年、1860年、1888年和1889年的实施法案主要调整受托人的投资活动。1881年《不动产转让法》调整受托人的任命、免职以及受托人权力的性质与下放问题。有关受益人针对受托人与其他受益人救济的各种问题则成为1888年与1889年立法的议题。公共受托人的营业处（office）由1906年《公共受托人法》确定。各种成文法的干预被合并进1925年《受托人法》（替代了之前的1893年《受托人法》），其中很多条款直接体现了信托法的历史发展，如第23条雇佣代理的权力、第33条保护信托的规定。2000年《受托人法》修改并取代了1925年《受托人法》中的一些规定；另外，它引入了适用于受托人的法定注意义务，以及有利于投资信托基金管理的广泛自由裁量权的补充适用性规定（default provisions）。

2. 严格地产授予信托

当然，投资信托的出现，并不是说以土地作为信托财产的信托就不重要了。在20世纪的高所得税税率与财产税出现之前，遗嘱信托、婚姻财产协议（marriage settlement）是信托的主要形式。[①] 从17世纪到19世纪，虽然进行投资的家庭信托发展比较突出，其司法发展在现代法中至关重要，但是这并不说明信托理念在同期的地产权益授予（settlement of landed

---

① Graham Moffat, Gerry Bean & Rebecca Probert, *Trusts Law*, Cambridge University Press, 2009, p. 47.

estates)中不重要了。当时,一个常用的名为“严格地产授予”(strict settlement)的土地处分方式对土地制度和社会制度都产生了很大的影响。

严格地产授予是一种地产权益的授予方式,它在17世纪晚期到19世纪晚期为英国的富裕家庭所广泛采用。严格地产授予的目标多有争议,但永续控制(dynasticism)是比较确定的一个,其目的主要是,即使不能完全或不可撤销地防止,也要在很大程度上阻止继承人或其他直系后裔任何处分家庭财产的行为。还有人认为,严格地产授予的目的是推翻女继承人和寡妇在普通法上较为有利的地位。① 由于严格地产授予意在地产的永久存续,这种做法在17世纪末期以前并不被法院接受;法院最终接纳了严格地产授予的原因在于它所施加的束缚并不是不可打破的,每一代人所进行的地产授予可能会导致一些土地流出。②

严格地产授予主要通过法定权益运行,信托所起的作用主要是辅助性的。在严格地产授予冗长、复杂的条款中常见的信托处置方式有剩余地产权益保护信托、从特定土地的租金收益中支付款项、债务的信托、金融危机时管理权益的信托、确保妻子独立收益的信托等形式。③

3. 已婚妇女权益信托

另外,基于对出嫁女儿保护的特殊需求所创设的信托不仅使出嫁的女儿获得财产上的权利,而且对于其获得法律主体资格也不无影响。中世纪的普通法认为,已婚妇女没有资格为其权益持有财产;结婚时妇女持有的任何财产都会成为丈夫的财产。唯一的安慰是,根据普通法,如果丈夫先亡,妻子有权获得丈夫的一部分财产(dower)维持生活。④ 普通法与衡平法都基于已婚妇女需要保护这个假定发展。普通法认为,丈夫是妻子的守护人(guardian),妻子在丈夫的保护下生活,并且没有法律地位。衡平法被视为“弱者如已婚妇女、未成年人与精神病人的保护人”,但是它认为丈夫是妻子的“敌人”,衡平法院经常针对丈夫在普通法上过分宽泛的权利持续开战(waged constant war)。

时代的发展,催生了对新型信托的需要。早期普通法只承认所有人处

---

① Graham Moffat, Gerry Bean & Rebecca Probert, *Trusts Law*, Cambridge University Press, 2009, p. 51 – 52.

② Graham Moffat, Gerry Bean & Rebecca Probert, *Trusts Law*, Cambridge University Press, 2009, p. 54.

③ Graham Moffat, Gerry Bean & Rebecca Probert, *Trusts Law*, Cambridge University Press, 2009, p. 53.

④ Graham Moffat, Gerry Bean & Rebecca Probert, *Trusts Law*, Cambridge University Press, 2009, p. 54.

分动产的权利。随着土地持有条件的变化,军事土地占有制度的废除、涉及土地遗嘱得到法律上的承认以及自由处分所有财产(包括动产与不动产),成为法律的一般规则。地产阶层(landed class)为此感到不安,因为财产处分自由意味着如果对子女的行为不能进行某种程度的控制,他们将会具备挥霍家庭财富的危险能力。同时,新兴的社会阶层出现,他们的财富不是源于土地,而是源于商业与工业,但是这些财产又不能恰当地归入动产与不动产的法律分类中。这些新兴的社会阶层也为财产的保护担忧,也在寻求防止子女挥霍的办法。

原来的土地贵族和新兴的商业贵族都强烈地感受到一种特殊需求,就是保护女儿的财产免于归入丈夫在普通法上的财产权,并且要确保如果女儿没有婚生子女,财产不会流入女儿丈夫手里而返还到女儿的娘家。在这些情形中,富裕阶层在普通法中找不到保护财产的办法,从而转向衡平法寻求保护。实践中,大法官法院允许创设特殊类型的财产,即所谓的已婚妇女的独立财产或独立权益。在普通法中,已婚妇女不能拥有财产,但是在衡平法中,在向法院负责实施信托条款的受托人管理下,已婚妇女可以被赋予财产权以供其行使。由信托创立的独立财产受大法官法院的保护,根据捐资人的意愿,已婚妇女的丈夫和其他任何人都不能对该财产主张权利。衡平法允许已婚妇女拥有财产,从而确保她们行动的独立与自由。普通法中,已婚妇女不是独立于控制其财产的丈夫的法律存在(legal existence),但在衡平法中,已婚妇女因为能控制财产,有独立于其丈夫的法律地位。① 另外,在这一时期,大法官也把信托作为允许已婚妇女为自身权益持有财产的一种方式。这在一定程度上缓和了一条普通法规则的适用:妇女一旦结婚,她的丈夫成为家庭财产的唯一所有人,该女子结婚之前的财产也属于其丈夫所有。②

(二)美国现代信托制度的发展

信托法属于衡平法的重要组成部分。由于衡平法与王座法庭的关联,在美国早期殖民地时期,衡平制度受到广泛的质疑。后来,因为斯托里(Story)著名的论述才使衡平制度被广为理解与接受。信托制度是殖民地时期引进衡平制度后才引进的。同时,研究表明,学者对于美国殖民地时

---

① Lee Holcombe, *Wives and Property: Reform of the Married Women's Property Law in Nineteenth-Century England*, University of Toronto Press, 1983, p. 37 - 40.

② Graham Moffat, Gerry Bean & Rebecca Probert, *Trusts Law*, Cambridge University Press, 2009, p. 51.

期的信托所知甚少。①

19 世纪早期,信托诉讼非常少见。除了在婚姻财产契约领域之外,生前信托并不普遍。多数信托是短期的"看护"信托,为了家庭的弱势成员设立,如已婚妇女、未成年人、失能者。还有一种常见情形:某人为了避免把财产留给已破产的儿子或女婿而设立信托。托马斯·杰弗逊就把生前财产交由外孙托马斯·J. 伦道夫和两个朋友,并为了女儿设立信托,因为女儿的丈夫托马斯·M. 伦道夫已经破产。受托人以"世袭地产"的方式持有不动产,"可以在所说的女婿死亡时决定财产的处置",那时就可以把财产交由女儿及其继承人。这种安排就排除了"法律运作"导致的把"权利、权力和权限"转移给女婿的可能。这样财产就不受女婿债权人的追索了。在宾夕法尼亚州的一个案件——Ashhurt v. Given(1834)案中,死者授予他的儿子塞缪尔(Samuel)受托人职责,管理"Kidderminster 的一半财产,包括工厂建筑、住房、水电站、机械设备和定期存款等在内的财产"。塞缪尔为了他孩子的利益管理财产,并可以从"信托财产中获得合理支付"。通过这种迂回策略,遗嘱人希望为家庭提供财产,并避免把财产置于"因 Samuel 在倒霉生意中所产生的债务"的追索中。②

信托在美国的商事、金融领域得到广泛应用。在美国,通过信托财产产生收益的证券信托是现代最典型的信托形式。因为到了现代,一个人的财富不再主要是由土地构成,为了另一个人的利益把动产、金钱或证券转入信托的做法才变得普及,动产信托或金钱信托的一般概念才被接受。当牛的所有人为了第三人的利益把牛交由另一个人时,寄托的观念就可以适用。衡平法院以土地为基础培育的信托法提供了实现委托人意愿的机制。当一个人把他积累的金钱交给另一个人投资增值时,寄托的观念就不适宜了,动产信托逐渐变得比土地信托更加重要。③

在美国信托实践与法制的发展过程中,展现出一些较为鲜明的特征。美国的信托制度创新能力显著,但同时固守着某些传统。《用益法》在英国因为 1925 年的财产立法改革而被废止。但是,该法依然在美国的不动产信托与动产信托中得到一定程度的适用。④

---

① Austin W. Scott, William F. Fratcher & Mark L. Ascher, *Scott and Ascher on Trusts*, Wolters Kluwer Law & Business, 2006, p. 26.

② Lawrence M. Friedman, *A History of American Law*, Simon & Schuster, Inc., 1985, p. 215 – 252.

③ Austin W. Scott & William F. Fratcher, *The Law of Trusts*, Little, Brown and Company, 1987, p. 26.

④ George G. Bogert & George T. Bogert, *The Law of Trusts and Trustees*, 2nd edition, West Publishing Co., 1992, p. 25.

美国对信托发展作出的伟大贡献是采用了公司受托人。美国最早授予公司权力作为受托人的先例发生在1822年,当时允许纽约的火灾保险与贷款公司作为受托人。自此之后,设立管理信托事务的公司愈发普遍。国会最终发现,有必要允许国民银行享有类似的权力。尽管公司受托人是一种美国机制,但很快传播到其他国家,即使在信托比较保守的英国,公司受托人也变得司空见惯。① 在美国,个人受托人的职位容易变得职业化。在英国,除非另有规定,个人受托人不会因为其工作而获得补偿。但是在美国,个人受托人因其工作可以获得补偿。②

四、现代信托工具性功能分析

不少学者基于不同的视角对信托的功能进行了揭示与分析,使我们可以通过这些分析感受信托在英美法国家的应用。信托作为一种法律工具,可以发挥资产隔离、资产分割、管理财产、持有财产及避税等诸多功能。③

首先,信托是一种创设只享有权益而不负担义务主体的工具。信托可以使一个人(受益人)在财产上享受比财产所有人还要大的各种权益、权力与特权,因为它使一个人享有所有权的利益但不用承担所有权所带来的义务与责任。④ 当然,也可以说,享有财产权益的人却不以财产所有人的身份呈现于法律面前。信托为这种安排提供了可能:以可替换的受托人的形式保留永久、易识别的财产所有人,而且可多可少的个人或团体,如一帮子女或继承人、一类自由裁量的受益人、团体成员、组织或各种利益群体,享有衡平法保障的受益权,可以分享财产权力(property-power),但是并不以财产所有人的身份呈现于法律面前。⑤

不过,信托工具性的效能在一定程度上掩盖了受托人与受益人之间权力关系的真实属性。在通常的信托观念(ideology)中,法定所有人(受托人)是看上去最像所有人的人,因为他通常可以实施一个所有人可以从事的大多数普通合法交易,如出售、抵押、出租、交换等。在信托存续期间,资

① Austin W. Scott & William F. Fratcher, *The Law of Trusts*, Little, Brown and Company, 1987, p. 27-28.

② Austin W. Scott & William F. Fratcher, *The Law of Trusts*, Little, Brown and Company, 1987, p. 28.

③ [英]格雷厄姆·弗戈:《衡平法与信托的原理》,葛伟军等译,法律出版社2018年版,第65~66页。

④ Austin W. Scott, *Trust as an Instrument of Law Reform*, 31 Yale Law Journal 457 (1921-1922).

⑤ Roger Cotterrell, *Power, Property and the Law of Trusts: A Partial Agenda for Critical Legal Scholarship*, 14 (1) Journal of Law and Society 77 (Spring 1987).

金主要由受托人控制。在自由裁量信托与保护信托中,在行使供养与预支权力时,受托人可以对受益人的处境实施严格的控制。信托的受益人被认为是消极的,最主要的莫过于受益人不能干涉信托财产的管理,除非其主张获得法院的支持,如认定受托人违反信托。但是,受托人的权力与受益人的消极具有一定程度的误导性。虽然受益人没有被直接承认为法定所有人,但其事实上享有可以在一定程度上支配财产的权力,如调整受托人投资义务的严格规范、受托人获利以及利益冲突等情形下,受益人有权废止信托。①

其次,现代信托是一种维护财产价值的工具。信托可以采用基金形式进行多种投资,保留并强化财产的价值,为实现财产的长远目标提供可能。如此一来,信托极大地便利了资本的集中与保存,并借此保障各种财产形式体现出的权力与安全。在许多信托中,人们把信托基金视作"抽象价值"的体现,是个"价值束"(cluster of value),而不是土地等有形财产,这是法律原则中财产观念属性作为权力体现的复杂认定。最终,重要的不是在任何时点上拥有的特定财产,而是所拥有的能决定财产持有人权力程度的抽象价值。与此不同,传统的家庭信托规定的是受益人安全使用动产、不动产或保存特定的财产而不是这样的权力,信托持有的财产本身才是重要的。②

最后,从法律运行的角度分析,信托是一种所有权能分割工具。完整理解信托需要具备财产法的一些基本原理和基本常识。在财产法上,所有权是一个个体对物享有的最大权利。所有权包括占有、使用、处分与收益等权能,所有权分割就是把所有权的权能授予一个以上的人,这是英国法及其他具有普通法传统的司法区所独具的明显特征。③ 所有权分割的原因如下:第一,不同于罗马法,英国法不会把所有权视为所有人与物之间的绝对关系。罗马法上的所有权观念体现的是所有权的全部权能都要赋予所有人,所有人可以行使全部的管理与受益权能。在英国法中,信托的发展使管理权能与受益权能为了不同的社会与经济目的被分配于不同的主体。第二,某些财产的性质便利所有权的分割。土地的性质允许不同的使用

① Roger Cotterrell, *Power, Property and the Law of Trusts: A Partial Agenda for Critical Legal Scholarship*, 14(1) Journal of Law and Society 77 (Spring 1987).

② Roger Cotterrell, *Power, Property and the Law of Trusts: A Partial Agenda for Critical Legal Scholarship*, 14(1) Journal of Law and Society 77 (Spring 1987).

③ Sukhninder Panesar, *The Importance of Possession of Land*, 33 Hong Kong Law Journal 569 (2003).

人同时为了不同但不冲突的目的使用。事实上,土地是可分割并且可以为了不同目的享用的资源。土地所有人可以在其完整的所有权中分割出一些小的权能授予不同的使用人。但是,从历史的角度看,商品或其他动产就不具有这种权能分割的特征。而后来事情发生了变化,动产所有权也可以像土地一样以多种方式分割。在现代财产法中,动产所有权的分割比土地所有权分割更常见、更重要。土地相对的经济重要性已经被大型的信托基金取代。现代信托法通常承认一个事实:信托主要在商事环境中运行,而不是围绕着家庭与土地。管理功能与受益功能的分离,在养老基金与受托人为受益人管理财产的大型投资信托中是非常普遍的。①

然而,对于信托功能的评价也不总是正面的。因为从用益发端,或多或少地会伴随出现一些欺骗。有一些不诚信的人为逃避偿付债务,利用用益制度把土地转移给受托人。亡夫遗产(dower)与亡妻遗产(curtesy)的权益附属于地产权,如果一个丈夫希望阻止将来他死后的财产附属于他的妻子,他可以将财产转移给用益的受领人。同样,妻子可以用同样的欺诈手法阻止她的丈夫将来获得她死后的财产。② 以欺诈为目的的用益制度注定是不能保留下来的。但是对于信托规避当时法律规定的做法,则应当从更长的时间视角进行审视。有人认为,信托长期以来用于逃避法律,好像信托是带着"原罪"走进社会的。但是,从长远来看,被证明成功的逃避通常就是一项改革,毕竟逃避与改革的界限是很难划清楚的。③ 客观地说,用益制度或信托制度在应用的初期,确实规避了当时的某些规定,导致有人怀疑信托的正当性。但是从长远来看,当时为信托所规避的诸多规定都为后来的时代所废止。因此,信托制度可以视为一种推进制度变革的有效博弈工具。

信托并不是一种完美的制度,它存在一些未必合理的制度设计。在信托制度中,受托人信义义务的观念把具有重要社会性的道德概念与法律原则锻造在一起,使我们不把受益人视为财产权力的持有人,而是视其为一个应受保护的人,一个使受托人负有法律与道德义务的人。但是,在某些情形下,信托聚焦于保护财产权力,它不仅未能向强势的一方(受益人)施

---

① Sukhninder Panesar, *Equity and Trusts*, 3rd edition, Pearson, 2017, p. 49.

② George G. Bogert & George T. Bogert, *The Law of Trusts and Trustees*, 2nd edition, West Publishing Co., 1992, p. 16.

③ Austin W. Scott, *Trust as an Instrument of Law Reform*, 31 Yale Law Journal 457 (1921 – 1922).

加道德义务，而且鼓励我们思考对享有受益权的受益人所负的道德义务。①

第二节　信托的种类

现代信托可以在多种情形下应用以实现不同的社会与经济目标。传统的信托分类主要是明示信托（express trust）与默示信托（implied trust）。这种分类主要是以信托是否根据委托人的意愿设立作为划分标准：明示信托是根据委托人明确表示的意愿设立的信托，而默示信托则是根据法律的规定或法律的运作而成立的信托。明示信托与默示信托在运行过程中，从不同的视角还可以进行二级甚至三级分类（见表1－1）。

一、明示信托与默示信托

表1－1　明示信托与默示信托

明示信托	受益人的特定性	私益信托（private trust）：为了委托人的家庭成员、朋友或与委托人有密切联系的其他人设立的信托
		公益信托（public trust）、慈善信托（charitable trust）：以公众（community）为受益人的信托。该种信托由检察总长、慈善委员会控制与实施
	受益权的确定性	固定信托（fixed trust）：受益人的受益权是固定的，受托人对受益人利益的分配不享有自由裁量权
		自由裁量信托：受托人享有分配信托收益及信托财产的自由裁量权
	受托人职权性质	消极信托（bare trust）：受托人只负有最低限度的义务，如为受益人持有信托财产
		积极信托（active trust）：受托人不仅要持有信托财产，还要履行为受益人获得最佳利益管理信托财产的义务
	保护信托	保护信托，指委托人向受益人授予一项可中断的终生权益，如受益人发生破产或其欲将受益权转让给债权人时，其终生受益权就丧失了，由受托人为了其他受益人持有并管理信托财产
	秘密信托	秘密信托（secret trust），指委托人为了一个不想公开的目的设立的信托，如为非婚生子女、情妇设立信托。因为英美国家存在遗嘱认证，通过遗嘱设立信托会公开遗嘱内容，所以有些委托人会采用秘密信托的方式实现不愿公开的意愿

① Roger Cotterrell, *Power, Property and the Law of Trusts: A Partial Agenda for Critical Legal Scholarship*, 14 (1) Journal of Law and Society 77 (Spring 1987).

续表

默示信托	归复信托	归复信托(resulting trust):与所有人分离的财产所产生的全部或部分收益归属不确定,法律认为财产持有人作为受托人为了财产原所有人的利益持有财产
	推定信托	推定信托(constructive trust):在特定情形下法律强加的信托。例如,如果土地成为共有土地,按成文法规定,以信托形式出现的法定信托就予以强加。英国 1996 年《土地信托与受托人任命法》下产生的法定信托,受托人与受益人的权利(力)、义务由该法调整,同时该法还规定了共有土地纠纷解决机制

明示信托与默示信托的划分是信托法领域中最常见的分类。明示信托是通过委托人有意识的行为或宣告设立的,体现了委托人的意志;意志的体现方式则多种多样,可以为书面的方式,如遗嘱、信托宣言等形式,也可以为口头方式。前述的遗嘱信托与生前信托都是明示信托的具体表现形式。默示信托是因法律规则的适用而产生的信托,并不是基于委托人的意愿而产生的信托。

有学者则把隐含信托(imputed trust)作为与明示信托对应的类型进行划分,而隐含信托的范围比默示信托广。隐含信托不是由委托人有意识的行为或宣告设立的,而是基于司法规则(成文法和判例法)的规定,在某些特定的情形下对某些个体就其拥有的财产或在其控制下的财产强加的信托(他们因而成为受托人)。隐含信托还可以具体分为“法定信托”(statutory trust)、“默示信托”、“归复信托”和“推定信托”①。隐含信托并不是委托人通过个人意志设立的信托,而是法院基于法律的规定把信义义务强加给了某些个体,借助信托机制处理相关当事人之间的权利义务关系。

明示信托与默示信托分类的逻辑招致不少批评,因为“默示”的含义存在歧义。《信托法重述Ⅱ》已经放弃了“默示信托”的说法。②

明示信托、归复信托与推定信托这三种法律机制的差别要远远大于它们的共性。如明示信托与推定信托,产生方式、发挥的功能、适用的原则与规则几乎完全不同,这种差异性在明示信托与归复信托之间程度虽有所降低,但是依然存在。当然,在这三种机制之间也存在某种程度的相似性:衡平法院都会要求一方为了另一方的利益处分财产或将财产交于另一方。

① Graham Moffat, *Trusts Law*, 5th edition, Cambridge University Press, 2009, p. 3 - 4.

② George G. Bogert & George T. Bergert, *The Law of Trusts and Trustee*, 2nd edition, West Publishing Co., 1992, p. 11.

对于明示信托而言,处分财产的义务源于委托人明确表明的施加这种义务的意愿,法院强制受托人执行这种义务是实现委托人的愿望。对于推定信托来说,它不是基于当事人的意愿,而是法院基于正义强加的矫正错误或防止不当得利的救济。各种版本的信托法重述都包括归复信托,但是把推定信托留给了《返还法重述》(Restatement of Restitution)予以调整。① 下文简单介绍归复信托和推定信托。

(一)归复信托

归复信托是一种受益人也是信托财产来源人的推定信托。② 关于归复信托的产生有不同的观点。

一种观点认为,依据法律设立的归复信托产生于以下几种情形:第一,受托人未能对信托财产所产生的衡平法权益进行全部或部分的有效处分;第二,信托目的因为非法、不可能等未能实现;第三,受益人放弃信托利益。③ 在这几种情形下,信托财产或信托利益由受托人为委托人持有。

另一种观点是布朗尼·威金森(Browne Wilkinson)法官的看法。他认为归复信托产生于两种情形:第一种为"不完整明示信托"。在这种情形中,财产所有人将财产按明示信托转移给受托人,但并没有规定在某些情形下受托人应当如何行事,在这些情形下,推定受托人应当为了委托人的利益持有信托财产。第二种为不能视为赠与的"无偿转让"。财产所有人将财产无偿转让给受让人,但这一转让不能视为法律上的赠与,受让人得以归复信托的方式为转让人保管财产。④ 换言之,只要转让人没有明确选择将其财产赠与他人且没有成功实施赠与行为,财产受让人应当始终基于信托为转让人持有该财产。虽然财产的法定所有权已经转移,但其原所有人并没有把受益所有权赋予受让人或其他人,那么转让人应当保留自己的受益所有权。这是一种"所有权惯性",给予所有人处置资产权的最大化自由,允许其处置资产的权利最大化。⑤ 所谓所有权惯性,是指除了转让人有明确的要求,只要转让人没有明确选择将其财产赠与他人且没有成功实施,财产受让人应该始终基于信托为转让人持有该财产。⑥

---

① Austin W. Scott, William F. Fratcher & Mark L. Ascher, *Scott and Ascher on Trusts*, Wolters Kluwer Law & Business, 2006, p. 33.

② [英]西蒙·加德纳:《信托法导论》,付然译,法律出版社2018年版,第331页。

③ [美]爱德华·C. 哈尔巴赫:《吉尔伯特信托法》,张雪楳译,法律出版社2017年版,第305页。

④ [英]西蒙·加德纳:《信托法导论》,付然译,法律出版社2018年版,第332页。

⑤ [英]西蒙·加德纳:《信托法导论》,付然译,法律出版社2018年版,第339~340页。

⑥ [英]西蒙·加德纳:《信托法导论》,付然译,法律出版社2018年版,第339页。

(二)推定信托

产生推定信托有几种情形:第一,瑕疵转让,即财产所有人由于错误、受胁迫、受到不当影响或其他类似情形转让财产;第二,受让人非善意地受让转让人超出权限转让的财产;第三,受托人获取的财产,如明示信托中的受托人持有的财产所产生的孳息,在中介服务中代理人代表卖方取得的货款;第四,受托人错误地取得财产,如受托人错误地把原先为委托人持有的财产据为己有,或接受了可能会影响其履行受托人职责的财产;第五,受托人未经授权的财产处分,受托人在未经授权情形下将信托财产进行置换,或将信托财产与个人财产混合;第六,在财产正式转让前收到对方的价款;第七,转让人基于让受让人以特定信托持有财产的承诺转让了财产,但转让又不符合明示信托的生效要件;第八,转让人基于让受让人以特定信托持有财产的承诺,放弃了以更稳妥的方式实施承诺内容的机会;第九,共有财产。在上述几种情形中,持有相应财产的人以推定信托的方式为权利人持有财产。①

推定信托原理在美国某些州的立法中得到了应用。以威斯康星州的《信托基金法》(The Trust Fund Statute)为例,其第779.02(5)条规定,该法的主要目的在于确保对劳工与材料供应商的支付,借此保护业主为了不动产的改进进行二次支付。该法还规定,任何抵押的收益或业主向主承包商或分承包商的支付构成一个信托基金,由主承包商或分承包商为项目的劳工与材料供应商所有到期或即将到期的债权持有基金。在所有正当债权满足之前主承包商与分承包商对基金的任何运用,按该州法律,都会构成盗窃(theft)。如果主承包商与分承包商是公司,滥权行为则视为公司高级管理人员、董事或代理的盗窃行为。《信托基金法》创立了承包商盗窃的罪名。根据刑法的规定,该罪成立的条件是一个人作为受托人,持有或监管另一个人的资金,未经所有人同意,故意使用、转移、隐匿或占有资金,有意把资金转用于自己使用,或用于所有人之外的人。拒绝向有权获得资金的人支付资金,或不按法律要求行事,就是将资金转向受托人自用的初步证据。根据不当运用资金的额度,处罚包括单处或并处罚金、监禁。② 得克萨斯州的《建筑信托基金法》(Construction Trust Fund Act)也有类似的规定。

---

① [英]西蒙·加德纳:《信托法导论》,付然译,法律出版社2018年版,第348~389页。

② Mark R. Hinkston, *Wisconsin's Construction Trust Fund Statute: Protecting against Theft by Contractor*, 78(5) Wisconsin Lawyer 16 (2005).

二、强制信托、自由裁量信托与指示信托

根据受托人在信托中权力的行使方式，可以分为强制信托、自由裁量信托与指示信托。

（一）强制信托

强制信托，指受托人没有自由裁量权，必须按信托文件的规定把收益和本金分配给受益人的信托。一般来说，强制信托的期限有限，受托人必须按信托文件的规定一次性或分次把信托财产分配给受益人。

强制信托分为三种：收益权信托（right to income trust）、年金信托（annuity trust）和单一信托（unitrust）。收益权信托是指受益人对信托的收益享有权利但收益并不固定的信托。比如，信托“为了阿莫斯的终生利益，剩余财产归贝斯”，这一信托就体现了信托受益人权利的指定性。阿莫斯作为受益人，根据指定享有从受托人处获得信托收益的权利，贝斯在阿莫斯死亡时根据指定享有信托本金的权利。在年金信托中，委托人规定受益人在年金信托中所享有的信托权利。典型的年金信托通常规定受益人每年获得规定数额金钱的权利，如规定“阿莫斯终生每年可获得5000美元，剩余财产归贝斯”。单一信托是年金信托的变种；在单一信托中，意定的受益人可获得信托本金规定比例的金额作为收益。①

强制信托的一个不足在于它不管受益人的需求、纳税和信用等具体情况而支付收益。比如，除非信托文件另有规定，受益人可以将其从信托获取的收益权转让给债权人，即使信托文件规定受益人不能转让其在信托中的权利，债权人也可以通过法院的命令从受益人的权益中获得支付。

在英国，与强制信托对应的信托称为“固定信托”，即由受托人向指定的受益人按委托人的指示进行权益分配。

（二）自由裁量信托

自由裁量信托，是指赋予受托人在分配信托收益和本金方面自由裁量权力的信托。通常情形下，在自由裁量信托中，信托财产授予受托人，信托的受益人为特定的人群或指定的多人，但是受托人在收益或本金分配，或二者的组合分配方面拥有完全的自由裁量权，受托人有权决定对哪些受益人进行分配，并决定向他们分配多少。可见，自由裁量信托的本质在于不能强迫受托人向一个受益人分配任何的收益或本金，分配完全在受托人的

---

① Roger W. Anderson & Ira Mark Bloom, *Fundamentals of Trusts and Estates*, 2nd edition, Lexis Nexis, 2002, p. 58 – 59.

自由裁量权之下。自由裁量信托可以在委托人的有生之年设立,或根据遗嘱的财产处分设立。

设立自由裁量信托的因由大体有以下几个方面:其一,保护受益人免受自身浪费带来的损害;其二,向未成年受益人或不能持有财产的受益人提供供养;其三,保持受益人群的开放;其四,满足受益人不能预知的未来个人需求。①

设立自由裁量信托有利有弊。总体上说,自由裁量信托的优势有三个方面:第一,可以降低设立人财产的金融价值。在多数情形中,把委托人的财富在生前转入信托中,可以降低委托人死亡时所评估财产的遗产税额。第二,向受益人提供了生活所需,又保留了信托财产所有权。第三,灵活性。受托人有权根据情形决定对受益人的信托本金与信托收益的分配。当然,事物的两面性也决定了自由裁量信托的劣势有几个方面:第一,信托可能不会向某些受益人提供信托利益;第二,受托人被授予了大量权力;第三,管理的复杂性;第四,可能使自由裁量信托本身承担一些税负。②

单从委托人的角度分析,设立自由裁量信托有助于解除委托人的多种顾虑,有助于防止受益人的不当财产管理。比如,委托人已成年子女有无节制挥霍或债务高企的经历,委托人可以选择不把遗产的自由控制权赋予这些子女,而设立自由裁量信托以确保这些子女依然可以从遗产中获得财产。设立自由裁量信托还可以提供债务诉讼的庇护,假设委托人的子女因为债务违约,被债权人起诉追讨,处于自由裁量信托中的财产就不能成为债权人的追讨对象,因为信托财产在技术上来说是受托人的财产,而不是受益人的财产。自由裁量信托还可以适用于其他情形,防止出现某些委托人担忧的财产应用方式。例如,委托人担忧已婚子女将来离婚,其配偶对委托人财产提出遗产份额请求,或委托人有未成年子女或其他不能作出合理决定的有特殊需要的供养人,都可以通过设立自由裁量信托的方式予以解决。③

自由裁量信托根据其目标进行分类,最为普通的是浪费者信托、供养

---

① G. K. F. Santow, *Comparative Study-Discretionary Trust*, 5 International Legal Practice 23 (1980).

② *Discretionary Trust: Pros, Cons and Tax Implications*, https://businessyield. co. uk/real-estate/discretionary-trust/.

③ *Understanding How Discretionary Trusts Work*, https://smartasset. com/estate-planning/discretionary-trust.

信托(support trust)、分洒信托(sprinkle trust, spray trust)和永久信托(perpetual trust)。① 供养信托是指向受益人支付健康、供养、维护和教育费用的信托,通常是为了在世的配偶设立的信托。分洒信托是指向受益人分配信托财产的信托。受托人必须把信托财产分配给受益人,但受托人拥有在意定的受益人中选择向谁分配、分配多少的权力。受托人不可以作为该类信托的受益人,原因在于其对信托具有分配决定权。永久信托是一种存续时间取决于其他事实(如受益人的寿命)的信托。因美国很多州放弃了反永续规则,永久信托得以创立,较为常见的是受托人把本金进行投资然后把收益分配给委托人的后代。

(三)指示信托

指示信托是指受托人的某些职责要遵从第三方指示的信托。指示信托常见的模式为机构受托人负责保护和管理,但对于分配或投资事项要遵从第三方指示。② 在这种信托模式中,委托人可以利用受托人专业的管理优势,同时把分配的职能赋予熟悉其家庭情况和委托人价值观的第三方,如投资顾问、分配顾问或信托保护人。指示信托改变了几个世纪以来信托法发展的理论假定:信托管理权属于受托人,信托财产的投资、分配与管理都是受托人的责任。这种传统受到挑战,现在越来越多的信托条款把信托上的权力授予一个不是受托人的人。在指示信托中,信托指示人(trust director)或信托监察人(trust protector)、信托顾问(trust adviser),并不持有信托财产的所有权,也不是受托人,但享有信托上本属于受托人的权力。被指示受托人或管理受托人(administrative trustee)在指示信托中的权力与义务在不同程度上受到非受托人的信托指示人的权力制约。指示信托所呈现的基本问题是,在信托指示人与受托人之间如何划分信托法上的受托人职责。当信托条款在受托人与信托指示人之间划分权力时,受托人与信托指示人如何适用受托人职责规范就变得非常困难。对于信托指示人是否应当受到受托人职责的信义义务约束,以及被指示的受托人是否应当减轻信义义务或受不受信义义务约束,存在不少争议。③

在美国《雇员退休收入保障法》(Employee Retirement Income Security

---

① *Mandatory and Discretionary Trusts*, https://thismatter. com/money/wills-estates-trusts/mandatory-and-discretionary-trusts. htm.

② Jesse Dukeminier & Robert H. Sitkoff, *Wills, Trusts, and Estates*, 9th edition, Wolters Kluwer Law & Business, 2013, p. 654.

③ John D. Morley & Robert H. Sitkoff, *Making Directed Trusts Work: The Uniform Directed Trust Act*, 44 ACTEC Law Journal 3 (2019).

Act,ERISA)实施前后,指示信托产生、发展与演变过程就是一个典型的样本。雇员福利计划通常由企业为了雇员的退休福利采用信托的形式设立。传统的退休福利信托中,受托人对信托基金资产的投资享有自由裁量权。在之后发展出来的指示信托中,信托文件会包含适当的条款明确把投资责任委任于受托人之外的当事人,其通常是一名或多名专业投资经理。投资经理作出所有的投资决定,并指示受托人完成这些决策。信托合同通常要求受托人遵从投资经理的指示。但是,受托人在管理与看护信托方面依然被视为受信人,其权力与责任一般而言也是取决于传统信托法的规定。虽然被指示受托人在投资方面明显缺乏授权,但在 ERISA 实施之前的信托法依然认为,受托人可能会对投资经理的不当决定承担责任。当时较为权威的研究认为,被指示接受第三方投资决定的受托人有义务核定任何指示投资的合理性。受托人还负有义务通知第三方其发现的第三方任何滥用自由裁量权的行为,阻止其认为任何不适当的自由裁量权的实施。如果第三方拒绝撤回有争议的指令,受托人负有信义义务向法院申请指令或不予以贯彻第三方的要求。① 从这个意义上说,设立指示信托的目的在于解除受托人传统的投资自由裁量权,而代之以投资顾问的判断。指示信托也被公司视为在不同当事人之间分配特定职责的方式。顾问专司投资管理,被指示受托人则将精力集中于各种管理功能。因此,投资顾问与受托人在传统信托法上的责任划分在理论上呈现出不合理性,在实践上则造成过重的负担。② 1974 年实施的 ERISA 采用了“指定信义人”(named fiduciary)的概念指称计划发起人或管理人,确定了指定信义人任命投资经理控制信托资产投资的程序。ERISA 强调了普通法的共识,即投资经理与受托人就信托财产来说都是受信人的身份,并且双方都应当对另一方违反信义责任的行为承担责任。这种共同受信人理论,加上 ERISA 对指示信托形式与功能的确认,把被指示受托人置于一个不合理的尴尬位置。③

2017 年,美国统一州法全国委员会批准了《统一指示信托法》(Uniform Directed Trust Act, UDTA)。UDTA 中采用了一个新的术语“信托指示人”,以指称受托人之外在信托管理的某些方面享有权力的人,包括实践中常见的信托监察人、信托顾问等主体。指示权(power of

① Austin Wakeman Scott, *The Law of Trusts*, Little, Brown and Company, 1967, p. 285.

② David L. Heald & Joseph P. Mulhern Ⅱ, *Directed Trustee Liability under ERISA*, 9 Loyola University Chicago Law Journal 617 (1978).

③ David L. Heald & Joseph P. Mulhern Ⅱ, *Directed Trustee Liability under ERISA*, 9 Loyola University Chicago Law Journal 617 (1978).

appointment),是指一种使一个人可以非受信人的资格指定所有权权益的获取或其他在信托财产上的权利。指示权这一定义立基于《统一指示权法》(Uniform Powers of Appointment Act),与《财产法重述Ⅲ:遗嘱和其他赠与转让》[Restatement (Third) of Property: Wills and Other Donative Transfers]的界定一致。

制定 UDTA 的主要目的在于解决信托指示人的权力与义务、责任的匹配问题。在 UDTA 制定前的信托法中存在两个方面的不确定性:第一,关于在信托中享有权力的非受托人的信义地位;第二,在信托中有时被称为"管理受托人"或"被指示受托人"的受托人,就其在非受托人指示下所从事的行为,如何确定其信义义务。造成这种不确定性的原因也有两方面:一方面是既有的统一信托法与统一财产法不能恰当处理前述问题,另一方面是各州不统一的信托法又杂乱纷呈。UDTA 的主要贡献在于应对了向信托指示人授予指示权后所出现的诸多复杂问题,包括信托指示人和被指示受托人的信义责任,使委托人自治与受信人最低限度的注意义务相一致(settlor autonomy consistent with fiduciary minimums)。通过确认向信托指示人授予指示权的授权条款,UDTA 根据处分自由原则提高了委托人自治。同时,UDTA 根据信托是一种信义关系这一传统原理,规定信托指示人和被指示受托人最低限度的强制性信义义务。①

UDTA 第 8 条规定,就信托指示人的指示权行使与非行使,其与类似地位、类似情形下的受托人承担相同的信义义务与责任。在服从信托指示人行使的指示权时,被指示受托人只对"故意不当行为"负有审查义务。这些规则背后的逻辑是,在指示信托中信托指示人的功能像非指示信托中的受托人。相应地,信托指示人在行使或不行使指示人的指示权时应当像受托人一样负有相同的责任,被指示受托人的信义责任也根据信托指示人的指示权而相应缩减。在保留被指示受托人某些最低限度的信义义务时,起草委员会受到知名的特拉华州指示信托成文法的影响。

UDTA 在对指示权的范围进行界定的同时,也把某些权力排除在外。如果信托条款把分配信托财产的非信义权力授予非受托人,根据该法,这项权力被解释成指示权,但这种指示权属于排除条款中非信义的指示权,而不适用于分配的信义权力。因此,如果信托条款授予一个人分配信托财产的信义权力,并且这一权力可由一个非受托人来行使,这项权力就属于 UDTA 中的指示权。除此之外,第 5 条还明确规定某些指示权不在该法的

---

① National Conference of Commissioners, *Uniform Directed Trust Act*, prefatory note (2017).

调整范围之内，如“任命、解任受托人或信托指示人的权力”。另外，撤销信托的权力也是“信托上的权力”，撤销权也是一种指示权。可撤销信托因此也可能变为指示信托，委托人负有信托指示人的信义义务，受托人要承担被指示受托人所减轻的信义义务。起草委员会担心这种转变会扰乱实践，因此在第 5 条中也把委托人在信托上享有的撤销权力排除在指示权之外。①

目前，美国有 30 个州允许设立各种形式的指示信托，并且都以特拉华州的模板为基础制定了成文法。指示信托允许信托管理中有更大的灵活性，把部分信义责任分配给了负有特定职责的人，而不是全由受托人来承担信义责任。指示信托使委托人有更大的灵活性把受托人功能在信托顾问和指示人之间进行分解，而不用担心共同或相互间信义责任问题。再信托确定了受托人把本金向第二个信托分配的权力，以实现原初信托的目的，这在回应变化的家庭需求或税法的情况下尤其重要。②

自由裁量信托和指示信托是依据受托人在信托中的管理权限进行的分类；受托人的权力类型也会影响受益人的权益。

三、秘密信托与半秘密信托

秘密信托是指在遗嘱文件中未正式提示其存在的一种信托。因为在遗嘱中没有提示信托的存在，信托的受益人也无从知晓信托的相关信息。信托是为了受益人的利益设立的，如果不向受益人披露信托的存在和管理的基本信息，受益人就不能有效保护自己在信托中的利益。在美国，根据传统法，委托人可以限制受益人的知情权，但不能全部取消受益人的权利。信托区别于其他财产持有形式的特点就在于，受托人一直基于善意为了受益人的利益履行信义义务。因此，根据传统法，委托人不能无视保护受益人在信托中享有权益所必要的合理知情权。根据美国《统一信托法典》（Uniform Trust Code，UTC）当初的起草规定，委托人可以在受益人 25 岁之前阻止其知晓信托的存在。这条规定受到执业律师的激烈批评。许多实施了 UTC 的州删除了这一规定，转而规定，如果有信托保护人或其他的可以获取信息的人，以及有资格对受托人违反信托的行为提起诉讼的遗嘱检验法官，可以阻止受益人在一定年龄以前知晓信托。

---

① John D. Morley & Robert H. Sitkoff, *Making Directed Trusts Work: The Uniform Directed Trust Act*, 44 ACTEC Law Journal 3 (2019).

② Mary D. Cascino, Lyman W. Welch & Susan T. Bart, *Trusts & Trustees Act Modernized: Decanting and Directed Trusts*, 100(11) Illinois Bar Journal 596 (2012).

半秘密信托是指相关文件表明了设立信托的意图,但是没有具体指定受益人,或者某些特定的条款不清晰;受益人等问题没有其他的书面证据,可能以口头言语形式存在。

根据信托法,秘密信托与半秘密信托应予以阻止。如果遗嘱中包含秘密信托与半秘密信托,法院通常会提供某种形式的衡平救济手段解决涉及信托的模糊问题。

四、私益信托与公益信托

按照信托的受益人是否具有特定性,可以分为私益信托与公益信托。信托是否为了特定人或指定人的利益设立,是区分私益信托和公益信托的重要标准。①

私益信托关乎个人或家庭生活的便利和供养。公益信托是为了公共慈善或一般的公共利益,面向的是一般、不特定的公众。私益信托的存续期限有限制,为了个人利益,信托受益人需要也应当在限定的时间里确定。相反,公益信托或慈善信托为了一般和不确定的公众利益设立,其存续没有期限限制。②

在美国的信托实践中,可以设立兼具私益与公益目的的信托。委托人可以在设立信托中,通过固定比例或自由裁量分配的方式同时向私益目的与慈善目的提供信托利益。经常采用的所谓"利益分割"(split-interest)信托,就是先由委托人或其家庭成员终生享受信托利益,此后信托服务于慈善目的,或者先服务于慈善目的,而后再由特定受益人享有信托利益。这种信托的复合安排通常受税收目标和要求的制约。③

美国出现的单位信托(unitrust)兼具私益目的与慈善目的,在实践中该类信托也被称为剩余慈善信托(charitable remainder trust),它是一种联邦税法界定的合法工具,向学校或慈善组织进行重大捐献的富有个人经常采用这种形式。单位信托在1978年出版的权威法律词典里获得了法律界定,从而具有了专业术语的地位。根据最初包含在国内税法典内的界定,单位信托是指"一个把信托财产每年按评估的公平市场净值的一定比例分配给受益人的信托"。设立单位信托,捐赠人把财产转移至信托,同时保留在捐赠人选定的时期内获得支付的权利。支付的期限可以为信托指定的

---

① Restatement (Third) of Trusts §1 cmt. c (2003).

② Jairus Wear Perry, *A Treatise on the Law of Trusts and Trustees*, 7th edition, Little, Brown and Co., 1929, p. 16.

③ Restatement (Third) of Trusts §27 cmt. (2003).

受益人的终生,也可以不超过20年的期限,或两者的结合。通常,支付期限是捐赠者与其配偶的终生。支付期限结束后,信托财产就支付给捐赠人指定的公共慈善事业。

单位慈善信托的捐赠人向受托人不可撤销地转移财产,通常是现金、证券或不动产,而信托的受托人可以为最终收到财产的慈善组织或者银行的信托部门。在单位信托存续期间,受托人对单位信托财产进行投资,并向收益受益人支付每年确定的单位信托实际价值的固定比例。如果单位信托的价值在下一年度内增长,支付的数额相应增加;相反,如果价值下降,则支付数额相应减少。支付最少为信托年度价值的5%,先从收益进行支付,如果不够,可以从本金中予以支付。支付可以按年支付、按半年支付或按季度支付。当期限届至,信托本金就转移给指定的慈善组织或用于捐赠人指定的目的。单位信托对于捐赠人来说具有金融方面的吸引力,因为他可以享受所得税抵扣,抵扣相当于慈善组织在单一信托中的剩余价值。①

五、遗嘱信托与生前信托②

生前信托与遗嘱信托是一种美国信托法与信托实践中常见的基本信托分类。这种分类的标准主要在于信托生效的时间:遗嘱信托是源于委托人的遗嘱,在遗嘱中设立并产生于遗嘱认证的信托,在立遗嘱人死亡后遗嘱生效时信托才生效;生前信托则是由委托人生前设立并生效的信托。

(一)遗嘱信托

根据信托设立目的,遗嘱信托又可以划分成不同的类型。

1. 抵免庇护信托(credit shelter trust)

在遗嘱中向信托转入财产税豁免额以下的财产以避免缴纳部分财产税,因为它利用统一税额抵免庇护了财产的联邦财产税。这种信托也叫避税信托(bypass trust),通常为拥有大量财产的已婚夫妻所采用,以规避夫妻双方中一方先死亡时所产生的联邦财产税。在夫妻一方死亡时,在统一抵扣税收额度内的财产被转移到这个信托。信托的设计旨在使信托财产在一方配偶死亡时不会成为在世的配偶的财产从而规避缴纳联邦财产税,使该信托财产在不缴纳财产税的情况下转移给其他受益人(通常是子

① Ronald R. Volkmer, *Nebraska's Total Return Trust Statute: Unitrust Conversion and the Challenges of Managing a Trust and Drafting a Trust*, 40 Creighton Law Review 135 (2006).

② Harold Apdinsky, *New Rules for Estate and Tax Planning*, John Wiley & Sons Inc. Hoboken, 2005, p. 8 – 36.

女)。在世的配偶可以享有信托财产产生的利益而不必为信托财产承担财产税负。这种信托可以通过生前信托或遗嘱信托设立,因为这些条款在委托人死亡后才会生效。

2. 婚姻信托(marital trust)

婚姻信托,是为了在世的配偶或夫妻双方继承人的利益而设立的信托。它又可以分成以下具体的类型。

(1)一般指示权信托(general power of appointment trust)。通常情况下,在世的配偶没有管理经验,委托人依然对转入信托、留给配偶的财产保留一定的控制权并且继续符合无限的婚姻扣除额(unlimited marital deduction),配偶之间一方向另一方转移任何数量的财产都不会引发税收。

(2)合格可终止利益财产信托(qualified terminal interest property trust)。委托人在其配偶死亡时决定最终取得财产的人选。委托人的财产转入信托并向在世配偶支付全部的收益,因此符合无限额抵扣并由此避免了税负。受益的配偶没有一般指示权。在受益的配偶死亡时,信托财产归于委托人的子女。

(3)合格的家庭信托(qualified domestic trust)。如果配偶不是美国公民,委托人就不能享受无限额抵扣。目前可以转让给非美国公民的非税财产额是一年度100,000美元。为了解决这种不公平问题,合格的家庭信托被创制。①

3. 特殊规定信托

特殊规定信托中有一些特殊规定。例如,再婚条款:一旦在世的配偶再婚,其在信托中的利益就会终止。又如,收益播撒条款(income sprinkle provision)允许受托人把信托收益分配给在世的配偶以外的信托受益人。

4. 浪费者信托(spendthrift trust)

浪费者信托,起初是一种保护有挥霍金钱习性的人的工具,通常是为了受益人的终生设立的。现在可以在很多情形下适用。信托条款禁止用

---

① 到2012年12月31日,如果夫妻双方各自拥有的财产超过5,120,000美元,并且一方或双方为非美国公民,他们可以利用QDOT规避配偶中首先死亡的一方的财产税。设立QDOT,应当满足下列条件:(1)执行人必须在财产税纳税申报时把信托视为一个QDOT;(2)向在世配偶的任一次信托本金的分配都应当缴纳财产税,这些税款视为去世配偶财产分配所缴纳的税款;(3)QDOT的条款必须规定所有的收益可以分配给在世的非美国公民配偶;(4)QDOT的受托人必须是美国公民;(5)如果QDOT的财产超过了200万美元,那么其中的一个受托人必须是银行,并且如果有个人受托人,他必须提交相当于信托财产价值65%的保证或信用证以保证税收的支付;(6)如果QDOT的财产不超过200万美元,信托财产中不动产价值不超过信托财产35%的部分位于海外,则不需要提供保证,也不需要银行作为受托人(Kevin Pollock, *What Is A QDOT?*, https://pollockfirm.com/qdot/)。

信托财产或信托收益为任何类型的贷款提供担保或保证。如果出借人接受信托中的任何利益作为保证,即使贷款是可证明的,保证也是无效的。还有一种情形可以设立浪费者信托:有些人因职业之故,很容易成为诉讼当事人,如医生、商业建筑承包商,他们可以通过浪费者信托保护自己的财产权益。浪费者信托主要是通过信托条款限制受益人对受益权进行处分,以实现委托人设立信托的目的。后文有对浪费者信托进一步的介绍。浪费者信托是一项美国发明,在信托的起源地英国,这种信托并不被承认。①

(二)生前信托

生前信托有时也叫家庭信托(family trust),是委托人在其在世期间设立的。除一些非正式情形,生前信托通常采用信托合同或信托宣言等书面方式设立。它可以是不可撤销信托,也可以为可撤销信托。设立生前信托通常是为了避免在一些州遗嘱认证方面的时间耗费和金钱花费。任何转移到生前信托的财产都可以避免遗嘱认证的程序。生前信托可以使金融事务避开公众的关注,它易于设立、修改,维持成本较低,不容易遭人质疑。②

在美国,大约有20%的人有生前信托。③ 生前信托大致可以分为三个类型。

1. 基本生前信托(basic living trust)

基本生前信托由委托人与受托人通过协议设立。委托人把财产转移给受托人,受托人为了受益人的利益管理信托财产,最终将信托财产分配给受益人。

2. AB型夫妻生前信托(AB living trust for married couples)

AB型夫妻生前信托是夫妻为最小化财产税的目的而设立的可撤销共同信托(joint trust)。配偶双方都向信托转让财产并指定配偶之外的合适人选作为受益人。AB型夫妻生前信托在第一个配偶死亡时分为两个信托:一是信托A或在世者信托(survivor's trust),这个信托是婚姻信托,持有死者剩余财产,通过不受限制的婚姻抵免规避联邦财产税;二是信托B或死者信托(decedent's trust),这个信托就是抵免庇护信托,旨在持有统一

① David M. English, *Hot Button Issues under the Uniform Trust Code*, American College of Trust and Estate Counsel 2007 Annual Meeting, Symposium, 2007, p. 5.

② Harold Apolinsky, *New Rules for Estate and Tax Planning*, 2nd edition, John Wiley & Sons Inc., 2005, p. 135 – 137.

③ Ira Distenfield & Linda Distenfield, *A Do-It-Yourself Plan for Creating a Will and Living Trust*, John Wiley & Sons Inc., 2005, p. 49.

抵免额度内(unified credit)财产以规避联邦财产税,属于不可撤销信托。两个独立的信托旨在消除或减少夫妻一方死亡时的联邦财产税负。

例如,一对夫妻在一方死亡时有价值300万美元的财产。因为无限额抵扣,从死亡的配偶流向在世的配偶的财产无须纳税,在世的配偶拥有了价值300万美元的财产而无须纳税。但是,如果另一方配偶死亡时,财产税的免税额为100万美元,那么剩余的200万美元则需要缴纳40%的税,剩余财产转移给受益人。

为避免繁重的税收,很多夫妻在其最后的遗嘱中设立AB型夫妻生前信托。上例中,如果夫妻有AB型夫妻生前信托,第一个配偶死亡不会产生任何财产税。死后,把其相当于死亡年度财产税豁免额的财产转入不可撤销信托,即信托B,也叫死者信托。剩余的200万美元,则转入在世者信托,即信托A,在世的配偶对财产有完全的控制权。信托A的财产税则延迟到在世的配偶死亡后缴纳。①

3. ABC生前信托(ABC living trust)

简单地说,ABC生前信托是一个在第一个配偶死亡时信托分成三部分(信托A、信托B和信托C)的信托。信托A是一个完全由在世的配偶撤销和修改的信托。信托B是一个不可撤销信托,其条款在向在世的配偶如何支付款项上有所区别,其典型性在于所有的收益和本金可以用于健康、教育、维护和维持目的,该信托财产包含在在先死亡配偶应税财产中。信托C也是不可撤销信托,其条款通常与信托B类似。信托C财产一般包括在在世配偶的应税财产中。②

例如,乔和玛丽是夫妻,名下有1200万美元资产。乔在2013年死亡,个人名下有625万美元资产。假如夫妻二人住在田纳西州,如何设立信托更合理呢?该州在联邦财产税之外单独收取州财产税并且只提供125万美元的免征额。如果按照AB型夫妻生前信托来设计,525万美元进入信托B,100万美元进入信托A。但是信托B中的财产远超出田纳西州125万美元的免征额,这就会在乔死亡后产生498,750美元的州财产税单,因此525万美元进入信托B,只有501,250美元进入信托A。

如果乔和玛丽采用ABC生前信托的设计,则会产生避税的效果:125万美元进入信托B,目的是利用州和联邦的税收免征;400万美元进入信托

---

① *A-B Trust*: *Definition*, *How It Works*, *Tax Benefits*, https://www.investopedia.com/terms/a/a-b-trust.asp.

② John B. Palley, *The ABC's of ABC... Trusts in California*, http://www.californiaprobate.info/2012/03/the-abcs-of-abc-trusts-in-california/.

C，只是州满足条件时可终止利益财产信托，目的是利用联邦的税收免征；100 万美元进入信托 A，州和联邦满足条件时可终止利益财产信托。ABC 生前信托的适用可以产生的结果是，在乔死亡时，不会产生田纳西州或联邦财产税。

在上述信托设计中，信托 B 持有田纳西州 100 万美元的财产免征额，信托 C 持有了联邦与田纳西州财产税免征额的差额，即 400 万美元，信托 A 持有剩余的财产。信托 C 有效地把 400 万美元免征差额财产税的缴纳推迟到在世配偶死亡时缴纳，但依然为下一代保留了 525 万美元联邦财产税的免征额。①

遗嘱信托不回避遗嘱认证，因为该信托只有在委托人死亡后才生效；生前信托如果能在委托人生前适当地注入资产就可以避免遗嘱认证。因为遗嘱信托是根据最后遗嘱（last will and testament）创立的，它的设立与修改就比生前信托有更多的形式要求。遗嘱信托属于公共文件，因此其公开性要比生前信托高。它们的成本也有不同：生前信托需要一份单独的文件，而遗嘱信托是最后遗嘱的一部分。

六、可撤销信托与不可撤销信托

可撤销信托与不可撤销信托这种分类只适用于生前信托。遗嘱信托在遗嘱人生前总是可以被撤销的，因为遗嘱人最终死亡之前且遗嘱认证之前是不生效的。一旦遗嘱人死亡，相关遗嘱信托就会成为不可撤销信托，因为唯一可以撤销与终止它的人已经不在了。

（一）可撤销信托

在可撤销信托中，委托人在有生之年保留了信托生效之后可以修改信托条款的权利。可撤销信托作为一种最灵活的遗嘱替代得到了广泛的应用，主要原因在于委托人可以根据其喜好精确地起草信托条款，委托人像遗嘱人一样，可以在任何时间因任何原因修改或撤销信托。② 可撤销信托可以通过信托契约设立，委托人把财产转移给信托由受托人持有。在委托人死亡时，信托财产根据信托条款进行分配或由其他信托持有。可撤销信托也可以通过信托宣言设立，委托人只需要宣告自己为了自身终生利益成为某些财产的受托人，信托即可设立，剩余财产在其死亡时根据宣告的条

---

① Julie Garber, *The ABC Trust System of Estate Planning*, https://www.thebalancemoney.com/what-is-an-abc-trust-3505673.

② Jesse Dukeminier & Robert H. Sitkoff, *Wills, Trusts, and Estates*, 9th edition, Wolters Kluwer Law & Business, 2013, p. 440.

款进行处理,委托人保有撤销信托的权力,同时作为受托人可以控制信托财产的管理。①

委托人可以把很多财产如不动产、动产与银行账户转入生前信托中,把财产转入生前信托需要履行一定的程序。以银行账户为例,委托人需要向银行提供信托的证明材料并填写信托表格。银行可能接受信托证书而不是全部的信托文件,这无疑会给委托人提供私密性便利。但是,有些财产利益则不能转入生前信托中,如退休计划账户,因为相关法律规定这些账户只能由个人拥有,而不能由信托、商业组织或其他实体拥有。

设立可撤销信托时,委托人把部分财产或全部财产置入可撤销信托中,可以随时把这些财产取回来,也可以随时修改受益人据以获取收益的信托条款内容和条件。可以说,虽然委托人把部分或全部财产转入信托,但是他依然保留着财产所有权的所有要素。委托人处分信托财产与处分他所有的其他财产并没有区别。所以,这是可撤销信托的委托人在税法上依然被视为所有人的原因。

就功能上而言,现在可撤销信托最普通的应用是遗嘱替代,以便在死亡时可以在遗产认证之外转移财产。与普通法中受托人在信义义务下持有特定财产权利并为了一个或多个受益人利益进行管理的传统信托理念不同,在现代法(modern law)中,可撤销信托是由财产倾倒遗嘱(pour-over will)提供财产,它起码在起初不必拥有财产。根据现代信托法,可撤销信托的受托人对委托人负有信义义务而不是对受益人负有信义义务。而且,因为委托人可以在任何时间撤销信托并取回信托财产,受托人必须"遵从委托人的指令,即便指令与信托条款或受托人正常的信义义务相矛盾"。也就是说,在现代信托法中,每一个可撤销信托都包含一个受托人必须遵守的默示条款,即委托人关于如何管理信托的指示。在典型的专业起草的信托文件中会规定,委托人可以指示受托人把部分或全部信托收益或本金按委托人意愿分配给委托人,并按委托人指示进行投资。② 因此,在现代实践中,可撤销信托是一个非遗产认证的遗嘱,可以像当初信托避开长子继承制和封建义务那样的传统方式来避免遗嘱认证的

① Jesse Dukeminier & Robert H. Sitkoff, *Wills, Trusts, and Estates*, 9th edition, Wolters Kluwer Law & Business, 2013, p. 440 – 441.

② John D. Morley & Robert H. Sitkoff, *Making Directed Trusts Work: The Uniform Directed Trust Act*, 44 ACTEC Law Journal 3 (2019).

负担。①

（二）不可撤销信托

不可撤销信托则是另一种情况：委托人将部分或全部财产置入信托后，他就放弃了财产上的所有权利，委托人对信托已经没有权力进行修改、撤销、终止或改变。不可撤销信托可以实现财产税的最小化，保护财产免于债权人的追索，保护家庭成员中未成年人、金融上无责任能力（financially irresponsible）或有特殊需要的人。

具体来说，在美国有几种人士会采用不可撤销信托这种形式。第一种，许多担心养老院高昂费用的老年人。美国的医疗补助（Medicaid）②是向收入、财产有限的人提供的一种福利。因此，为获得医疗补助，他们就把财产转移到不可撤销信托中。根据规定，要申请医疗补助，至少要在5年之前把财产转移到不可撤销信托。第二种，许多高净值人士。如演艺人士、职业运动员、医生以及其他高收入人群，特别容易受到法律诉讼的困扰以至于面临高额的金钱索赔，他们会采用不可撤销信托的形式保护他们的财产免于债权人的追索。不可撤销信托是一种把财产隔离于诉讼请求之外的手段。第三种，意图规避联邦财产税的人。过去的一段时间里，拥有高额财产的人承担的联邦财产税率高达55%；即使在今天，尽管个人享有200万美元的豁免额，税率也下降到了46%，但是联邦财产税还是一个死者财产所承担的最大财产成本。减少联邦财产税最通常的办法就是把财产转移到不可撤销信托。这与财产的完全赠与的效果是一样的，委托人不能再取回财产或者以任何方式改变或影响它的使用。在委托人死亡时，不可撤销信托内的财产就不必缴纳联邦财产税，因为它已经不是委托人的财产了。

需要指出的是，联邦政府把转移到不可撤销信托中的财产视为联邦赠与税中的赠与，并且赠与税率与财产税率基本相同，看起来把财产转移到不可撤销信托是无利可图的。问题的关键在于，财产的升值是这种财产转移的主要原因，因为从财产转移到委托人死亡期间的财产升值是豁免联邦财产税与赠与税的。③

---

① Jesse Dukeminier & Robert H. Sitkoff, *Wills, Trusts, and Estates*, 9th edition, Wolters Kluwer Law & Business, 2013, p. 583.

② 医疗补助是一种联邦与州的联合项目，旨在帮助一些收入与财产有限的人降低医疗成本，提供一些老年保健医疗制度（美国政府向65岁以上老人提供医疗保险）不能提供的利益，如养老院照顾与私看护服务等。

③ *Types of Trusts*, https://www.livingtrustnetwork.com/estate-planning-center/revocable-living-trust/types-of-trusts.html.

设立不可撤销信托,委托人需要订立书面的信托合同。委托人指定受托人根据信托合同持有信托财产。信托合同确定受益人并指示受托人向受益人分配信托财产的时间。现在,越来越多的受托人是收费的专业人员;信托财产是动态的金融资产组合,需要受托人依据委托人的意愿对信托财产进行持续的信义管理。①

七、其他信托分类

除了上述信托分类之外,还有其他一些分类。信托还有积极信托与消极信托之分。积极信托指受托人除了持有信托财产外还要履行其他义务,而消极信托则是指受托人只是信托财产的接收人。

从设立信托的目的或目标的角度而言,就有两类信托类型的划分。第一类包括家庭信托、商业信托(business trust)和投资信托(investment trust)。如果其主要的目的是在亲属间进行财产分配,则为家庭信托;如果目标在于从事商业活动或商事企业,则为商业信托;如果规划的目标是提供并管理投资基金,则为投资信托。② 第二类以设立信托的目的进行划分,包括财产保护信托(asset protection trust)、避税信托、供养信托、慈善信托等种类。信托目的包含了信托的大量信息,并且信托目的可以通过信托名称表达出来。几乎所有的信托都与所得税或财产税有关。事实上,很多信托就是利用了税法规定的所得税或财产税税收优惠设立的,但是税法要求某些条款内容应当包含在信托文件中。因为,所有寻求特定税法利益的信托都具有相似性。因此,确定了信托的目的,即使不看信托文件也可以获知几乎所有的信托信息。

应当指出的是,信托的分类都是基于一定的标准,试图揭示信托某一方面的特征。在不同的标准之间也会存在一定的交叉,遗嘱信托与生前信托主要是以它们是在委托人生前生效还是死后生效作为区分标准。但从信托生效是否以委托人的意思表示作为标准而言,遗嘱信托与生前信托则属于明示信托;从受托人在信托中享有的处分权的角度看,遗嘱信托与生前信托则可以划分成自由裁量信托、指示信托与固定收益信托。

但是,如有学者曾经指出的,要穷尽信托的类型是徒劳的,因为信托在英美国家,特别是美国,在传统的民事领域与现代的商事金融领域广泛运

---

① Jesse Dukeminier & Robert H. Sitkoff, *Wills, Trusts, and Estates*, 9th edition, Wolters Kluwer Law & Business, 2013, p. 440.

② George G. Bogert & George T. Bergert, *The Law of Trusts and Trustee*, 2nd edition, West Publishing Co., 1992, p. 12 – 23.

用,可以说信托的运用非常普遍、灵活。当然,通过对英美国家信托种类的不完全整理,也可以窥见其信托应用的真实面貌。

第三节 信托的形式

从英美信托法的角度分析,设立信托必备的三个要件包括委托人设立信托的意图、信托财产和受益人。信托的设立与生效并没有特定的形式要求,委托人可以书面方式或口头方式设立信托。《信托法重述Ⅲ》第 20 条规定,除非反欺诈有要求,无论是通过宣言将财产转移给受托人,还是以合同的方式,都可以创设一个可执行的生前信托,书面形式并不必要。

在英国 1676 年《反欺诈法》(Statues of Fraud)实施之前,土地信托与动产信托都可以在没有书面文件的情况下在委托人生前有效设立。普通法很少强调有无书面文件佐证的交易的区别,只是因为《反欺诈法》与《遗嘱法》等这些成文法的规定才使书面文件具有了法律上的重要性。① 可见,虽然信托法对设立信托的形式没作明确的要求,但这并不意味着信托总是可以通过非要式的方式设立。在多数情形下,委托人设立信托通常会满足一定的形式要件,以证明其设立信托的事实及其在设立信托中的作用。②

一、信托设立的书面文件

虽然信托法对信托的设立与生效并没有特定的形式要求,委托人可以书面方式或口头方式设立信托,但是在通常的实践中,信托是通过"财产授予协议"(deed of settlement)、"信托宣言"(declaration of trust)、遗嘱等书面文件设立的。

信托合同(trust agreement)通过确定信托关系要素创设信托。如果信托除了委托人之外还另有受托人,信托设立的书面文件通常采用信托合同的形式,因为双方要对信托条款达成一致。信托合同的主体部分是确定委托人、受托人、受益人、信托目的、受托人权力、委托人与受益人的权利等内容。信托合同指示受托人如何管理、支付信托财产,以及指示委托人在什么情形下如何修改或撤销信托。

信托合同应当与信托契据(trust deed)区别开来。信托契据是美国不

---

① Austin W. Scott & William F. Fratcher, *The Law of Trusts*, Little, Brown and Company, 1987, p. 412 – 413.

② [英]西蒙·加德纳:《信托法导论》,付然译,法律出版社 2018 年版,第 102 页。

动产交易中使用的一种书面文件,通常在一方向另一方贷款购买不动产时订立。信托契据也是一种合同,表明借款人与出借人之间就利用贷款购买不动产设立信托的合意;贷款未完全偿付之前,不动产由信托确立的中立或独立的第三方持有。简言之,信托合同是委托人与受托人就信托设立与信托内容达成的合意,而信托契据的主要目的在于通过设立信托确保贷款的偿付,是一种债权担保方式,体现了信托的担保功能。现在美国依然有包括阿拉斯加、加利福尼亚、密苏里、密西西比、得克萨斯、弗吉尼亚等20多个州强制要求采用信托契据的形式,而不采用抵押。

信托宣言可直接或间接创设信托。如果在信托中委托人兼为受托人,信托设立的书面文件则采取信托宣言形式。宣言信托最基本的特点在于,它表明宣言人持有的财产实际上是由信托持有的财产。宣言信托也可以像信托合同一样确定信托关系的各项要素,并指定受托人与继任受托人。它们所不同的是,信托合同必须由委托人与受托人执行,宣言信托只需要委托人(宣言人)签署就可以了。

信托合同与信托宣言都可以称为信托文件(trust instrument)。一般而言,只有生前信托会使用信托文件,遗嘱信托通常是通过遗嘱设立的。

遗嘱信托可以由最后的遗嘱设立,这种信托在遗嘱人死亡后才生效。遗嘱信托是遗嘱人处分遗产的工具,由受托人在遗嘱人死亡后按遗嘱信托的要求对信托财产进行管理并向受益人分配。

二、相关法律对信托形式的影响

在委托人设立信托的各种形式中,较为常见的是书面形式。书面形式对于信托来说,其最主要的功能在于它的证明作用。第一,信托的书面形式,能够证明设立人宣告信托的意图,虽然这不是设立信托的必要条件。① 相对于口头形式设立明示信托,书面形式能更加直观、明确地确定委托人设立信托的意图;在诉讼中,书面形式有利于当事人证明委托人设立信托的意图,也减轻了法官司法认定的难度。第二,信托采用书面形式,体现了形式要求的主要功能,即在最大程度上确定了发生的事实以及内容。②

如果缺乏明确的证据证明委托人设立信托的意图,法院通常会从两个方面来确定委托人是否存在设立信托的意图:第一,受托人是否承担了在

---

① [英]格雷厄姆·弗戈:《衡平法与信托的原理》,葛伟军等译,法律出版社2018年版,第165页。

② [英]西蒙·加德纳:《信托法导论》,付然译,法律出版社2018年版,第100页。

法律上可强制执行的义务。如果受托人仅仅承担了道德上的义务，则表明委托人没有设立信托的意图。第二，如果委托人给出的指令是模糊或者矛盾的，通常也不会确定委托人设立信托的意图。①

信托法并不是唯一调整信托行为的法律，如果其他的法律规定有相关的信托调整要求，委托人也应当遵守；否则，信托的执行会受到影响。1676年英国的《反欺诈法》第7条规定，任何宣告、创设、委付（confidence）土地、房屋、遗产的信托，都应当由法律上有资格宣告这一信托的人签署的某种书面文件或最后的书面遗嘱表明并证明（manifested and proved），否则其完全无效。之后，英国《反欺诈法》的规定已被1925年《财产法》取代，并且其表述与《反欺诈法》有些不同，但是以前法院根据《反欺诈法》作出的判例依然具有约束力。英国的法院认为，可以口头设立土地信托，之后签署的书面文件就足以用以强制执行信托，因为《反欺诈法》只规定宣告或设立信托要由书面文件表明并证明。在美国，法院有时还是遵循着英国的判例，即使其相关的反欺诈法与英国《反欺诈法》的规定并不完全一致。典型的美国《反欺诈法》规定，不仅拥有土地任何利益的所有人宣告自己为受托人时应当有书面文件，而且在生前将该利益转移给其他人作为受托人时，也应当有书面文件。② 可见美国《反欺诈法》对土地或土地上利益设立信托的书面要求沿袭了英国的规定，但是其适用却比英国法院的判例更加严格。

根据美国《遗嘱法》的强制规定，遗嘱信托必须采取书面形式。另外，美国很多州借鉴了英国《反欺诈法》的成文法规定，要求设立不动产信托需要书面文件。因此，在美国唯一可以采取口头形式设立的信托就是处置动产的信托。③ 虽然有几个州没有明确规定设立土地信托需要书面文件，但是法院认为土地转让或有关土地合同的成文法书面形式要求也适用于土地信托。还有几个州的成文法虽然没有明确规定设立土地信托需要书面文件，但是其他的规定要求土地所有人为了自己的利益把土地转入信托时，应当具备书面文件。另有几个州的成文法对设立不动产信托则没有书面形式的要求，法院也允许设立口头信托，而无论土地所有人是否宣布自己为受托人或把土地转入信托，但是这几个州的法院通常

---

① ［英］西蒙·加德纳：《信托法导论》，付然译，法律出版社2018年版，第62～63页。

② Austin W. Scott, William F. Fratcher & Mark L. Ascher, *Scott and Ascher on Trusts*, Wolters Kluwer Law & Business, 2006, p. 277－278.

③ Bronwne C. Lewis, *The Land of Trust*, eLandell Press, 2013, p. 46.

拒绝仅凭一个优势证据就强制执行口头信托。① 可见,即便成文法对土地信托设立不明确作出书面形式的要求,司法实践也通常会倒逼委托人采用书面形式。

英国法律也有类似的规定。英国1925年《财产法》第53条规定,除非根据创设或转移在土地上任何权益的人或其合法授权的人签署的书面文件,或通过遗嘱,或根据法律规定,不得创设、处分任何土地权益;涉及任何土地或土地权益的宣言信托,必须由宣告信托的人通过其签署的书面文件或通过遗嘱加以证明。由此可见,凡是以土地或土地上的任何权益设立信托,必须采用书面形式。虽然通过遗嘱方式设立的其他财产信托没有特殊的形式要求,但是《遗嘱法》规定,除非遗嘱采用书面形式并经遗嘱人签署,否则遗嘱无效。一旦遗嘱被认定为无效,那么通过遗嘱设立的信托也会随之归于无效。② 委托人去世后生效的所有明示信托都必须符合《遗嘱法》规定的形式要求。③ 至于《遗嘱法》规定遗嘱必须采用书面形式的原因,一是为了确保遗嘱人的意图得到明确、精准的表达,二是排除遗嘱人不通过规定形式的文件随意处分财产的权利。

根据《反欺诈法》的要求,设立可以强制执行的生前财产信托,如果采用书面形式,就不必与产权转让证书相一致,也不必对预期设立的信托进行正式规范的表述;甚至文书可以采用简单的摘要形式,但是应当包含信托的核心条款,包括设立信托的意图、合理确定的信托财产、受益人与信托目的等内容。④ 可见,采用书面形式设立信托的最基本要求就是,把设立信托的"三个确定性"通过书面文件加以确定。

根据《反欺诈法》的规定或解释,书面文件应当由根据法律有能力宣告信托的人签署。对于适用《反欺诈法》的宣言信托,宣告人是唯一一个需要在转移财产文件上签字的人。而适用《反欺诈法》的生前信托,需要有委托人与受托人在信托文件上签字,因为他们都是有能力宣告信托的人。⑤

在英国,根据1925年《财产法》第53条第2款的规定,对于推定信托、

---

① Austin W. Scott, William F. Fratcher & Mark L. Ascher, *Scott and Ascher on Trusts*, Wolters Kluwer Law & Business, 2006, p. 279 – 282.

② [英]格雷厄姆·弗戈:《衡平法与信托的原理》,葛伟军等译,法律出版社2018年版,第165页。

③ [英]西蒙·加德纳:《信托法导论》,付然译,法律出版社2018年版,第104~107页。

④ [美]爱德华·C.哈尔巴赫:《吉尔伯特信托法》,张雪楳译,法律出版社2017年版,第96页。

⑤ Restatement (Third) of Trusts §23 cmt. a (2003).

归复信托或默示信托则没有形式要求。[①] 因为这些种类的信托不属于明示信托的范畴,没有委托人设立信托的意图,是基于法院判决或法律规定才产生的信托,所以不会对其有书面形式的要求。

三、书面设立信托的效力

一般情况下,口头证据不能变更或解除关于赠与或财产权转移的信托关系。如果委托人通过书面方式为其子设立信托,则其他人不能通过口头证据证明信托不存在,或委托人没有为其子设立信托。[②]《信托法重述Ⅲ》第 21 条规定,若不存在欺诈、胁迫、不当影响、错误,或其他修改或废除的原因,财产所有人在生前把财产转移给他人,并在书面文件中表明受让人为了利益持有财产,那么外部证据不能用以证明受让人应当为信托持有财产;如果财产所有人在生前把财产转移给他人,并在书面文件中表明受让人为了特定信托持有财产,那么外部证据不能用以证明受让人应当为其他信托持有财产或受让人从中受益;如果财产所有人通过书面文件宣称为一特定信托持有财产,外部证据不可以用来证明所有人是为了别的信托持有财产或不为该特定信托持有财产。可见,对于确定委托人意图而言,书面文件的证据效力大于口头证据。

如果委托人未能按照相关的成文法要求采用书面形式设立信托,那么如何确定所设信托的效力呢?根据英国的信托法,假设委托人仅以口头方式为受益人利益在土地上设立了信托,虽然委托人未能遵守设立信托的法定形式要求,但这并不导致信托无效,而是因为缺乏书面形式才不具备可执行性,即受益人不能申请执行信托。[③] 换言之,口头设立的不动产信托是有效的,通过口头方式转移财产具有法律效力,《反欺诈法》仅仅禁止针对受托人/受让人的强制执行。[④] 如果受托人在信托不具有强制执行效力的情况下,依然履行受托人职责,则委托人的信托目的还可实现。但是,如果受托人在取得信托财产后否认信托,主张信托不具备法定书面形式而无效,就会触发“衡平法不容忍成文法被用作欺诈之工具”格言的适用,受托人将被认为利用成文法的规定实施欺诈,法院会适用归复信托或推定信托

---

① Alastair Hudson, *Understanding Equity and Trust Law*, Cavendish Publishing Limited, 2001, p.117.

② [美]爱德华·C.哈尔巴赫:《吉尔伯特信托法》,张雪楳译,法律出版社 2017 年版,第 109 页。

③ [英]格雷厄姆·弗戈:《衡平法与信托的原理》,葛伟军等译,法律出版社 2018 年版,第 167～169 页。

④ [美]爱德华·C.哈尔巴赫:《吉尔伯特信托法》,张雪楳译,法律出版社 2017 年版,第 99 页。

等形式来保护受益人的利益。① 美国《信托法重述Ⅲ》第 24 条也作了类似的规定:财产所有人设立了生前口头信托,而反欺诈法要求书面形式,受托人可以执行意定的明示信托,也可以在信托因为部分履行变得可强制执行后而被迫执行意定的明示信托。财产所有人把财产通过生前信托转移给另外一个人,而反欺诈法所要求的书面文件没有被适当签署,财产受让人拒绝并且他也不能被强迫执行明示的信托,受让人在转让人受到欺诈、胁迫、不当影响或受让人与转让人在转让时处于可信托关系时,他应当以推定信托为意定的受益人持有财产。财产所有人把财产通过生前信托转移给另外一个人,而反欺诈法所要求的书面文件没有被适当签署以证明第 22 条所指意定信托且第 22 条第 2 款的规则亦不适用②,财产受让人拒绝并且他也不能被强迫执行第 24 条规定明示的信托,可以强制财产受让人以归复信托或推定信托为委托人持有财产。如果财产所有人口头宣告信托,但因为不符合反欺诈法规定而不可强制执行,也不能根据第 24 条规定强制宣告人执行,宣告人以不可强制执行信托的方式持有财产。③ 可见,欠缺相应法律规定的书面文件,或者缺乏书面文件的生效要素,在明示信托不具有强制执行的效力时,归复信托与推定信托的应用实质上弥补了基于法定形式的规定对信托实施带来的障碍。尊重委托人的处分自由、实现委托人的意愿是英美信托法非常重要的制度构建;可以说,归复信托、推定信托的运用,使信托的意图不会因为法律要求的书面形式未能满足而落空。

因此,在英美两国,设立信托的书面要求不是出自信托法自身的要求,而是源于财产法或遗嘱法中相关的规定。根据美国典型的《反欺诈法》条款的规定,动产信托不需要以书面形式设立。当然,《反欺诈法》条款及其解释在各州有所区别;因此,在某些特定的州会规定动产信托必须以书面形式设立,而土地信托则不必以书面方式设立。

总体上看,信托书面化的效力在现代信托法上的趋势表现为:弱化附着于印签上的重要性,强化书面文件与口头交易区别的重要性。④

---

① [英]格雷厄姆·弗戈:《衡平法与信托的原理》,葛伟军等译,法律出版社 2018 年版,第 167 ~ 170 页。

② Restatement (Third) of Trusts §22 (2003). 反欺诈法要求的书面文件包括:(1)为设立可强制执行的生前财产信托,反欺诈法所要求的书面文件必须签署:(a)表明信托的意图;(b)合理确定信托财产、受益人和信托目的。(2)反欺诈法所需要的书面文件:(a)可以包含几份文件;(b)不必表达设立信托的意愿;(c)即便文件后来丢失或毁损,也应当持续满足反欺诈法的要求。

③ Restatement (Third) of Trusts §24(2003).

④ Austin W. Scott & William F. Fratcher, *The Law of Trusts*, Little, Brown and Company, 1987, p.413.

四、信托注册与信托证书

在信托的管理方面，美国有些州要求对生前信托进行注册，如阿拉斯加、夏威夷、艾奥瓦、密歇根、密苏里、内布拉斯加（选择适用）、俄亥俄（如果信托持有不动产）等州。当然，信托注册并不授予法院对信托管理的任何权力，除非存在争议。①

在美国，有些州要求生前信托的委托人，向住所地的遗嘱认证法院进行登记。登记需要递交打印的书面文件，内容包括委托人姓名、初始受托人姓名、信托设立日期以及接受受托人职责的声明，最好在文件上加上信托的名称。信托名称通常根据委托人姓名确定，如约翰·史密斯家庭信托（John Smith Family Trust）。把证明信托的文件递交给遗嘱认证法院的职员，信托就登记了。

在美国，有46个州的成文法对信托证书（certification of trust）作了要求。信托证书，有时也叫"信托摘要"（abstract of trust）或"信托说明书"（memorandum of trust），是一种信托文件的缩减版，县档案室、银行或其他机构或许需要信托存在的证明。如果以信托名义在金融机构开设账户，需要提供信托证书。信托证书典型记载的内容如下：（1）信托设立（信托文件的第一页）；（2）初始受托人；（3）信托设立日期；（4）受托人权力；（5）委托人的签名；（6）信托文件的公证书（notarization）。②

当然，信托证书在各州有不同的需求，但通常会确定有权转移、出售、办理遗赠信托财产的受托人，会引述信托的设立时间、对原初信托所作的任何修改；如果是可撤销信托，还应当说明谁有权撤销信托。

信托证书的目的主要是证明信托的存在，它并不披露委托人不想让其他人知晓的一些信托核心内容。信托证书并不披露受益人的姓名，也不说明受益人将从信托获得什么、将在什么时间取得信托收益。因此，委托人与受益人可以在不公开其想保密的信息的情况下从事商业活动。

第四节　信托法的成文化发展

一、英美两国信托法的成文化发展过程

在信托法发展的早期，其基本形式为判例法。英国的判例法观念更加

① Denis Clifford, *Make Your Own Living Trust*, Bang Printing Berkeley, 2017, p. 165.

② Denis Clifford, *Make Your Own Living Trust*, Bang Printing Berkeley, 2017, p. 152 – 153.

正式,先例(precedents)具有约束力是因为它们的出处(source),它们是高级别的法院作出的判决。而在美国,先例的权威就不像英国一样只注重出身了,先例具有约束力是因为它们所体现的原则被广泛认同为正当与合理的(right and good);如果它们不具有正当与合理性,就不会被认为具有约束力。在美国,联邦最高法院如果发现它以前的判决有错误,就会推翻先例。如果以前的判决对社会产生不公正的结果,联邦最高法院会推翻它而后确定一个更合理的规则。① 在英国,直到1966年作为英国最高法院的上议院才加持这种权力,但自1966年以来,上议院很少推翻自己的判决。②

在漫长的历史发展进程中,很多普通法国家在保持判例法传统的同时,也纷纷制定了成文信托法。成文法与普通法是普通法系两大主要法律渊源。成文法与普通法相互驱动或影响。成文法会取代普通法规则,或修改普通法规则,或以新的规则替代普通法规则。成文法也会原封不动地采用普通法的概念,有时也会采用普通法的概念但改变其内容。成文法有时甚至会因为对普通法的了解不充分而误解它。简言之,把普通法与成文法组合成一个法律体系是一项艰苦卓绝的任务。③

(一)英国信托法的成文化

英国早期的信托法是通过衡平法院的判例规则形成的,美国开始也继承了英国信托法的判例法传统。但是,英国在19世纪末、美国在20世纪30年代的"经济大萧条"之后,信托法则呈现判例法与成文法共同发展的局面。

1800年以来,为了适应变化的经济与社会条件,信托法经历了巨大的扩张与发展。英国自1850年以来为了适应快速变化的商业与财产法,信托法在很大程度上进行了法典化。英国在1893年颁布了《受托人法》,在之后的100多年时间里,制定了多部成文法调整信托关系。其先后制定的成文信托法包括1906年《公共受托人法》,1925年《受托人法》、《法定受托人法》、《公共受托人法》,1958年《信托变更法》,1961年《受托人投资法》,1964年《永续和累积法》、《信托变更法》,1986年《公共受托人和基金管理

① P. S. Atiyah & Robert S. Summers, *Form and Substance in Anglo-American Law: A Comparative Study in Legal Reasoning, Legal Theory, and Legal Institutions*, Oxford University Press, 1987, p. 417.

② R. J. Walker & Richard Ward, *Walker & Walker's English Legal System*, 7th edition, Butterworth Legal Publishers, 1994, p. 70 – 72.

③ Robert French, *Trusts and Statutes*, 39 Melbourne University Law Review 629 (2015).

法》,1996年《土地信托和受托人任命法》,1999年《受托人委托法》,2000年《受托人法》,2009年《永续和累积法》等法律。另外,其他的成文法中也有部分规范调整信托关系。可见,英国已经把适用于私益信托的大部分法律成文化了。加拿大与澳大利亚也进行了与英国非常类似的成文化立法。①

(二)美国信托法的成文化

美国早期的13块殖民地几乎全部照搬了英国的普通法。但是,衡平法院的发展却是缓慢而困难的。在马萨诸塞州,衡平法院直到1877年才得以建立。当没有衡平法院时,普通法院经常以它们的方式给予衡平救济。② 18世纪末,当信托在美国得到更多应用时,英国的法律制度得到了很好的发展并被殖民地全面采纳。尽管当时的美国作为新建国家相对贫穷,但是信托还是不时出现在诉讼中。③

随着信托应用的增多,信托法制也有较快的发展。信托法的成文化现象也成为信托法制发展的一个重要方面,由于美国联邦制的政体,信托法的成文化也就表现在联邦与州两个层面。

自1922年开始,统一州法全国委员会制定了几部示范成文法,直接或间接地影响着各州的信托立法。1922年《统一受信人法》(Uniform Fiduciaries Act 1922)是美国第一部信托成文法。自此之后制定了多部影响较大的信托成文法典,包括1931年《统一本金与收益法》(Uniform Principal and Income Act 1931),这部法律被1962年《修正统一本金与收益法》大幅度修改,于1997年再度被修改,主要调整信托收益的分配,特别是在终生权益与剩余权益之间关于投资收益与费用的分配;1937年《统一信托法》(Uniform Trusts Act 1937),以及1958年《简化信义证券交易统一法》(The Uniform Act for Simplification of Fiduciary Security Transfers of 1958),免除了与受托人进行交易的一方当事人以前所负有的调查受托人交易权力的义务,为信托账户内的证券买卖铺平了道路;1938年《统一共同信托基金法》(Uniform Common Trust Fund Act 1938),该法为了允许银行信托部门把小信托账户汇集起来进行投资,取消了禁止混合信托基金的

① George G. Bogert & George T. Bogert, *The Law of Trusts and Trustees*, 2nd edition, West Publishing Co., 1992, p. 29 – 30.

② George G. Bogert & George T. Bogert, *The Law of Trusts and Trustees*, 2nd edition, West Publishing Co., 1992, p. 27.

③ George G. Bogert & George T. Bogert, *The Law of Trusts and Trustees*, 2nd edition, West Publishing Co., 1992, p. 28.

规则;1964 年《统一受托人权力法》(Uniform Trustees' Power Act 1964),该法就信托财产赋予了受托人各种交易与管理权力,特别是买卖股票,投资于股票,或其他方式的证券交易的权力;1994 年《统一谨慎投资人法》(The Uniform Prudent Investor Act of 1994),该法已在 45 个州获得实施,在其余各州事实上也以非成文法方式被采纳,它对信托财产的投资与管理提供了默认的标准,取代了由美国银行家协会于 20 世纪 40 年代制定的老旧但被广泛实施的《谨慎人示范法》(The Model Prudent Man Act)。

另外,统一州法全国委员会还制定了 1936 年《统一受托人会计法》(Uniform Trustees' Accounting Act 1936)、《统一慈善信托管理法》(Uniform Charitable Trusts Administration Act)、1954 年《统一慈善信托监管法》(Uniform Supervision of Charitable Trusts Act 1954)、1960 年《统一信托遗嘱附属法》(Uniform Testamentary Additions to Trusts Act 1960)等成文法典。

美国信托法成文化的标志性成果是 UTC,这是美国信托法第一次国家级的法典化,它于 2000 年公布。该法典得到广泛的实施,到 2007 年为止,有 18 个州和哥伦比亚特区采用了该法典。① 截至 2021 年 3 月,已有多达 35 个州采用 UTC。② UTC 融入整合了 1994 年《统一谨慎投资人法》、1964 年《统一受托人权力法》和 1937 年《统一信托法》等几部法的内容。从实际效果上看,UTC 有助于创立更好的信托功能机制,可以更好地平衡委托人、受益人与受托人之间的关系;否则,创立 UTC 就没有任何意义。③

除了前述成文法典,也有其他的成文法典调整信托活动。《统一商法典》(Uniform Commercial Code)已被全美所有的州采纳,其中就包含由银行持有的托收项目收益信托(trusts of proceeds of collection items held by banks)、可流通票据受托人的合同责任、参与违反信托行为的相关规范。④《统一遗嘱认证法典》(Uniform Probate Code)中有不少关于根据遗嘱以及生前信托协议所设立信托的管理规定。这主要集中在生前信托与遗嘱信

---

① John H. Langbein, *Why Did Trust Law Become Statute Law in the United States*, 58 Alabama Law Review 1069 (2007).

② *States that Have Adopted the Uniform Trust Code*, (Mar. 13, 2022) https://www.farrlawfirm.com/resources/list-of-states-that-have-adopted-the-uniform-trust-code.

③ Edward C. Halbach, Jr., *Uniform Acts, Restatements, and Trends in American Trust Law at Century's End*, 88 California Law Review 1877 (2000).

④ George G. Bogert & George T. Bogert, *The Law of Trusts and Trustees*, 2nd edition, West Publishing Co., 1992, p. 41.

托的信托登记方面，信托的登记地在信托事务的主要管理地。①

前述的成文化的信托法是统一州法全国委员会制定的，美国法律协会（American Law Institute，ALI）制定的《信托法重述》对法院审理信托案件以及各州制定成文信托法也有重要与深远的影响。《信托法重述》由斯格特领衔制定，美国法律协会于 1935 年批准。《信托法重述Ⅱ》由美国法律协会于 1957 年采纳并公布，1959 年出版。《信托法重述Ⅱ》较 1935 年的重述有很多变化。1935 年重述中的第 57 条、第 58 条、第 87 条、第 143 条、第 158 条、第 170 条、第 174 条、第 180 条、第 182 条、第 211 条、第 212 条、第 234 条、第 236 条、第 239 条、第 241 条、第 255 条、第 257 条、第 265 条、第 325 条、第 326 条、第 389 条、第 399 条、第 401 条、第 402 条、第 416 条、第 417 条、第 418 条为《信托法重述Ⅱ》所修改。②

美国《信托法重述Ⅲ》的编纂工作是从 1992 年《谨慎投资人规则》开始的，是对《信托法重述Ⅱ》的部分修改，而这部分内容后来融入《信托法重述Ⅲ》的第三卷。《信托法重述Ⅲ》的第一、二卷在 2003 年出版，主要包含信托的性质、信托的设立、信托的要素、受益人的利益与权利以及信托的修改与终止。第三卷在 2007 年出版，主要包括受托人的权力与义务，以及对早期《谨慎投资人规则》的更新。第四卷在 2012 年出版，主要涉及信托管理，特别是违反信托与适当的司法救济。《信托法重述Ⅲ》的编纂先后经历了 20 多年的时间。

信托法重述的三个版本是当时对信托法的整理，向立法者、法官以及受托人、受益人提供建议，且为致力于起草能准确反映赠与人合法意图的信托文件的群体提供权威的指导。尽管“信托法重述”也是信托法规范的成文化整理，但其依然被视为普通法（判例法）意义上的信托法，是成文信托法的补充适用规范。③

除了联邦层面信托法成文化的努力，美国有几个州效仿纽约与加利福尼亚的做法把许多信托原则成文化。佐治亚、印第安纳、路易斯安那、马里兰、俄克拉何马、宾夕法尼亚等州的信托法典或成文法制定了详细的规则

① George G. Bogert & George T. Bogert, *The Law of Trusts and Trustees*, 2nd edition, West Publishing Co. ,1992, p. 45.

② George G. Bogert & George T. Bogert, *The Law of Trusts and Trustees*, 2nd edition, West Publishing Co. ,1992, p. 77 – 78.

③ Kevin D. Millard, *Rights of a Trust Beneficiary's Creditors under the Uniform Trust Code*, 34 ACTEC Law Journal 58 (2008).

调整信托的设立与管理。得克萨斯的《信托法》与法典中其他的相关规定合并进了《财产法典》(Property Code)。其他州的信托成文法就不那么完整了,只调整信托的设立与管理某些方面的问题。①

这些信托法典与成文法为信托的设立与受托人履行管理职责提供了指南。在大多数情形下,信托法典或成文法的规定只在委托人未作相反的要求时才适用。法典化的例子,常见于根据《谨慎投资人规则》设立授权信托投资、授予受托人广泛的权力以及为信托会计与受托人补偿制定规则的立法活动中。国民银行行使信托权,要受联邦成文法和条例的调整,也要受经营活动所在州的法律调整。为了获得并保持美国《国内税法典》(International Revenue Code,IRC)税收豁免的地位,雇员受益信托必须符合联邦报告及其他要求。② 从规范性质上看,大部分信托法规则为委托人选择适用规则(default rule),但是也有一些规则是委托人不能废弃或修改的强制性规则。③ UTC 也规定了一些委托人不能修改、废弃的强制性规则,其中第 105(b)(5)条规定,"就浪费者信托条款的效力以及某些债权人、受让人按第 5 条规定追及信托财产的权利"为强制性条款。同时,第 501 条规定,如果受益人的权益不受浪费者信托条款的制约,受益人的债权人或受让人可以通过法院扣押现在或将来对受益人的分配以追及受益人的利益。

二、信托法制成文化的原因

信托法制成文化的原因是多方面的,其中之一便是原有的判例法体系不能适应快速发展的社会需求。美国学者们认为信托法应当更加统一,银行业机构也一直在推动立法以减轻信托管理的负担。④

美国法律协会指出,不断增加的法院判决成为新的规则与先例,判决不一致的情形时有发生,加之现代生活中经济与其他因素的复杂性,这无疑增加了法律的不确定性与不清晰。除非能找到提高法律确定性或清晰性的新因素,否则,这些缺陷可能会导致大家放弃普通法体系。

① George G. Bogert & George T. Bogert, *The Law of Trusts and Trustees*, 2nd edition, West Publishing Co., 1992, p. 31 – 34.

② George G. Bogert & George T. Bogert, *The Law of Trusts and Trustees*, 2nd edition, West Publishing Co., 1992, p. 35.

③ John H. Langbein, *Mandatory Rules in the Law of Trusts*, 98 Northwestern University Law Review 1105 (2004).

④ Leslie, M. B., *Common Law, Common Sense: Fiduciary Standards and Trustee Identity*, 27(6) Cardozo Law Review 2713 (2006).

应当通过把既存规则适用于新的事实以表述法律、发展法律,并在此基础上采用严格制定的法典。美国法律协会通过法律职业人员对普通法进行谨慎的重述就是寻找新途径的尝试。重述是对相关主题的审慎分析以及对相关案例的全面审视与讨论,可以视为专家意见与法律行业人员对法律表述的产物。① 在普通法中,判例法与成文法之间本来就存在复杂的转化关系,在美国联邦的政治体制中,信托法属于州的立法权限,各州有权制定自己的信托法,由于各州的实践情况与法官的认知存在较大的差异,因此,制定法律重述也是在联邦制语境下法律尽可能求同的一种努力。

综上所述,传统信托法不能适应当代社会的发展需要是信托法制成文化的主要原因。有学者指出,20 世纪的信托与传统信托的区别巨大,如养老基金法或公寓法(condominium law)这些领域发展得太新太快,以至于普通法的积累过程不能提供及时与适当的指引。今天的信托与几个世纪前的信托几乎没有什么关系。我们所了解的信托是 20 世纪的产物,普通法的渐进主义原则像不适用于核电厂的规制一样不适用于今天的信托法。当前美国信托法领域所出现的信托法的成文化,其主导原因就是便利金融资产像信托投资一样使用,从这一点上分析,成文化已然不是信托的初衷了。②

信托法制成文化的原因的另一种解读是,成文化是对信托法制碎片化状况的一种应对。有学者提出,成文信托法的制定是完善信托立法的一种重要手段。UTC 的起草是近些年来快速增加的信托应用引起的,信托越来越多的应用,以及后来出现的涉及信托的日常问题,导致统一州法全国委员会认识到很多州的信托法是薄弱的,当时几部成文法与判例之间存在空白(gap);UTC 的起草也使大家认识到以前与信托有关的统一成文法,虽然数量多,却是碎片式的。可以说,UTC 是统一州法全国委员会努力为各州的信托法典化提供的一个全面综合的范本。③

信托的商事化应用也在一定程度上加速了信托法制的成文化过程。由于财富形式的变化带来了信托功能的变化,信托的商事化应用成为一种普遍现象。与传统信托相比,商事信托具有信托关系有偿性、组织性

---

① *Restatement of the Law of Trusts*, American Law Institute Publisher, 1935, Introduction.

② John H. Langbein, *Why Did Trust Law Become Statute Law in the United States*, 58 Alabama Law Review 1069 (2007).

③ 学者大卫在 2005 年提交的一份“统一信托法”文本中提出了这一观点。

与财产独立性三个突出特点。① 直到19世纪,信托法依然还是财产转移法的一个分支,也就是不动产法的一部分。早期的信托法领域的著作无不是集中于土地转移或其他不动产的。但是,现代信托基本上是对组合金融资产进行组合管理的工具。大多数现代财富的形式是金融财产——公司股票、政府或公司债券、保险合同、养老基金与年金收益、银行账户、组合投资工具中的利益,如共同基金等。现代管理信托的发展是对家庭不动产不再作为个人财富的主要形式这一趋势的回应。② 信托在商事化应用背景下已经成为资产管理工具,也从消极信托转向积极信托。③ 由于信托所具有的制度弹性,它契合了现代社会人们财产管理的多种需求,因此,传统信托制度越来越多地应用于商事领域。在美国,商事信托有各种各样的表现形式,④同时,商事信托也管理着巨大的社会财富,其所掌握的财产占到信托财产的90%,⑤商事信托在1996年年底所持有的私人养老保险基金与州、地方的养老金计划金额多达4.6万亿美元。⑥ 以共同基金为例,在2007年年初,有50%的美国家庭持有共同基金的份额,在过去的20年,共同基金所管理的财产从2920亿美元增长到10万亿美元。⑦

信托从财产转移工具向财产管理工具的转变过程,相应地引发了调整信托关系和信托行为的信托法制的变革。可以说,信托的商事化应用带来

---

① 于朝印:《特定目的的信托法律规制研究》,厦门大学出版社2013年版,第17~20页。

② John H. Langbein, *Why Did Trust Law Become Statute Law in the United States*, 58 Alabama Law Review 1069 (2007).

③ 施天涛、余文然:《信托法》,人民法院出版社1999年版,第43页。

④ 商事信托可分为用于特殊目的载体的信托、用于分散借贷风险的信托、总投资信托公司、商业信托、信托合约(trust indentures)、信托契约(deeds of trust)、共同基金、不动产投资信托(REITs)、金融资产证券化投资信托(FASITs)等类型,参见Steven L. Schwarcz, *Commercial Trusts as Business Organizations: Unraveling the Mystery*, 58 Business Lawyer 559 (2003);商事信托也可分为养老金信托、投资信托、信托契约法下的公司信托、监管服从信托、救济信托等类型,参见John H. Langbein, *The Secret Life of the Trust: The Trust as an Instrument of Commerce*, 107 Yale Law Journal 16 (1997);在日本,商事信托以金钱信托为主,同时辅以年金信托、土地信托、证券信托、金钱债权信托、不动产管理处分信托、退休给付信托、金库股份信托、知识产权信托、排污权信托等多种形式,参见[日]三菱日联信托银行编著:《信托法务与实务》(第5版),张军建译,中国财政经济出版社2010年版,第15~18页。

⑤ John H. Langbein, *The Secret Life of the Trust: The Trust as an Instrument of Commerce*, 107 Yale Law Journal 16 (1997).

⑥ John H. Langbein, *The Secret Life of the Trust: The Trust as an Instrument of Commerce*, 107 Yale Law Journal 16 (1997).

⑦ Frederic S. Mishkin & Stanley G. Eakins, *Financial Markets and Institutions*, 6th edition, Pearson Education Inc., 2009, p. 393.

了传统信托法制的商事化变革。这些变革也促成新的理论引入传统的信托法制，并以成文法的形式进行了确定。

三、成文化对信托法制的影响

若对英美两国的信托成文法细分，会发现二者存在的不同。英国的信托成文法多是以系列“受托人法”的形式出现，着重从受托人的角度来规范信托关系；而美国的信托成文法包括 UTC 以及“信托法重述”则是对信托的全面规范。因此，英美两国信托法制的成文化对信托法制也体现出不同的影响。总体来说，成文化对信托法制的影响主要体现在以下几个方面。

第一，系统的法典化构造。

美国有两个机构致力于普通法的成文化工作：一个是美国法律协会，另一个是美国统一州法全国委员会。两个机构都从法典化视角进行了信托法的成文化工作。下面以表 1－2 的形式简要概括一下美国法律协会起草的三个版本的信托法重述的主要内容。

表 1－2　三个版本的信托法重述梳理

章目	《信托法重述》	《信托法重述 Ⅱ》	《信托法重述 Ⅲ》
第一章	信托定义与相关概念的区别 定义：信托、委托人、受托人； 与相关概念的区别：信托与寄托、抵押、保证、代理、监护、遗产管理、债务、合同等	除与第一版相同外，增加受托人与公司管理人员及董事的区别；受托人区别于破产财产管理人；信托与普通法地产权	信托定义与相关概念的区别 定义：明确了继承性的普通法地产权，死者财产，监护与保管、破产管理人（受托人）、律师与其他代理人的持久权力，寄托与租约，公司、合伙与其他商业组织，附条件转让衡平法上的担保，转让合同与某些为第三人利益的合同，权利动产的全部或部分转让，有担保与无担保的债务关系，以及某些使用了“信托”名称但并不是信托的机制； 与相关概念的区别：积极信托与消极信托

续表

章目	《信托法重述》	《信托法重述Ⅱ》	《信托法重述Ⅲ》
第二章	信托的设立 设立信托的方式；委托人设立信托的能力；设立信托的意图；约因；向受托人转移财产；受托人的通知与接受；对受益人的通知及其接受；权力的设立与保留；口头证据规则；信托说明书的要求；遗嘱信托的设立；设立信托的目的；非法信托；其他要求；《用益法》的影响	与第一版基本相同	归复信托 归复信托的定义与性质；明示信托的全部或部分缺失；支付对价的归复信托（purchase-money* resulting trust）
第三章	信托财产 财产、不存在的利益、不确定的标的、可转让财产、不可转让财产、衡平利益、无形财产等	与第一版基本相同	基本原则与要求 设立信托的方式；委托人设立信托的能力；因不当影响、胁迫、欺骗与错误设立的信托；设立信托的意图；设立信托不需要的通知与接受；设立信托不需要的约因；无效生前转移
第四章	受托人 自然人作为受托人的能力；已婚妇女、未成年人、罪犯、外国人、未居住在信托设立所在州的公民、联邦与州政府、公司、合伙等主体作为受托人；受托人死亡；受托人辞任；受托人资格的免除	与第一版基本相同	形式：通过遗嘱设立的信托 遗嘱信托的设立；秘密信托；财产“倾倒”（pour-over）处置遗嘱
第五章	受益人 数个受益人；委托人作为受益人；受托人作为受益人；受益人的能力；非法人团体、确定阶层的成员、亲属作为受益人；受益人利益的性质等	与第一版基本相同	形式：设立生前信托 口头生前信托的有效性；口头证据规则；《反欺诈法》所需要的书面形式；签名要求；时间与主体；不符合《反欺诈法》要求的结果；可撤销生前信托的有效性及效果；暂定信托（tentative trust）

续表

章目	《信托法重述》	《信托法重述Ⅱ》	《信托法重述Ⅲ》
第六章	受益人利益的转移 自愿转移;非自愿转移;自愿转移与非自愿转移的限制;受益人利益的连续转让	与第一版基本相同	信托目的 可以设立信托的目的;慈善目的;非法、违反公共政策的目的与规定;不可能与不确定
第七章	信托管理 一般原则;受托人义务;受托人权力;受益人救济与受托人责任;信托基金投资;继承受益人;受托人的补偿和赔偿;因费用对受托人的补偿;受益人的责任;共同受托人的分摊与补偿;指令与会计	省略了共同受托人的分摊与补偿以及指令与会计等内容	受托人 信托不因缺少受托人而无效;自然人作为受托人的能力;公司与其他实体作为受托人;受托人的指定;受托人资格的接受与拒绝;受托人辞任;受托人资格的免除;受托人的赔偿与补偿;多个受托人的权力行使
第八章	对第三人的责任 受托人责任;债权人追及信托财产的权利;受益人的责任	与第一版基本相同	信托财产 任何财产都可以作为信托财产;期待利益与不存在的财产利益;受托人在信托财产上的权利范围与性质
第九章	第三人责任 实施不利于受托人行为的人;信托财产的受让人;共同违反信托;诉讼时效与迟延;受益人的撤销与对受益人的抵销	与第一版基本相同	受益人 受益人的范围;确定受益人的范围;确定阶层受益人的成员;不确定阶层受益人的成员;非慈善目的的信托;受益人的界定与附随利益
第十章	信托的终止与修改 委托人的撤销与修改;设立信托期限届至;信托目的实现成为不可能或非法;紧急情况下的终止;受益人同意;受益人与委托人的同意;权益集中(merger)等	与第一版基本相同	受益人权利与利益的性质 受益人利益的范围;自由裁量利益的实施与构建

续表

章目	《信托法重述》	《信托法重述Ⅱ》	《信托法重述Ⅲ》
第十一章	慈善信托 定义；慈善信托的设立；慈善目的的性质；慈善信托的管理；慈善信托的失败——就近原则；对第三人的责任	与第一版基本相同	受益利益的自愿与非自愿转移：一般原则 生前自愿转移；转移的意愿；书面形式的要求；继承转移的效果；死亡时的转移；受益人债权人的权利
第十二章	归复信托 一般原则；明示信托的缺失；明示信托未能用尽信托财产；由第三人支付转让价格的信托财产转让	与第一版基本相同	浪费者信托与其他自愿与非自愿转移限制 自愿与非自愿转移导致的权益丧失；浪费者信托：有效性及一般效果；浪费者信托：特定诉求的例外；自由裁量利益的转让与扣押
第十三章			信托的修改与终止 信托期限届至与目的实现；撤销修改；受托人、受益人或第三人的终止与修改；受益人同意的终止与修改；法院的修改权力：意外情形；指定慈善目的落空：就近原则；信托的分割与合并；权益集中
第十四章			受托人权力与义务：一般原则 受托人权力与义务；向法院申请指令；非法或违反公共政策的条款；不可能与不现实；抵销权力的效果；控制受托人行为权力的效果
第十五章			受托人特别义务 根据信托条款及可适用法律管理信托的义务；谨慎义务；忠诚义务；公平义务、收益率；转委托的义务；共同受托人的义务；向受益人提供信息的义务；保存档案提供报告的义务；分离与识别信托财产的义务

续表

章目	《信托法重述》	《信托法重述Ⅱ》	《信托法重述Ⅲ》
第十六章			受托人权力范围及行使 受托人权力范围；信义义务与受托人权力的行使；自由裁量权的司法控制；承担并支付费用的权力；终止的权力与义务
第十七章			信托基金投资（谨慎投资人规则） 谨慎投资一般标准；成文法或信托的投资规定；对原始投资（original investment）的义务
第十八章			违反信托的救济：一般原则 违反信托的定义；强制实施信托的资格；受益人救济的性质；免责条款与无争议条款；受益人同意、批准或免除的性质；延迟与诉讼时效
第十九章			受托人对受益人的责任 无违反信托的情形；受托人违反信托的责任；盈利冲抵损失；多个受托人的责任；分担
第二十章			受益人责任 因信托义务受益人对第三人的责任；受益人对信托的责任
第二十一章			信托或受托人对第三人的责任 针对信托的请求；受托人的个人责任与限制
第二十二章			第三人对信托的责任 针对第三人的民事诉讼程序；第三人责任的限制
第二十三章			本金与收益的会计报告义务 本金与收益的会计报告义务；确定本金与收益；根据公平义务向收益受益人分配的义务

* purchase-money，即 the consideration which is agreed to be paid by the purchaser of a thing in money，同意由物品的买方用金钱支付的对价。

在美国35个州得到广泛采用的UTC主要包括以下几个方面的内容：①一般规定与定义；②司法诉讼；③受益人代表；④信托设立、有效性、修改与终止；⑤债权人主张、自由裁量信托与浪费者信托；⑥可撤销信托；⑦受托人任职；⑧受托人的权力与义务；⑨统一谨慎投资人规则；⑩受托人责任；⑪其他规定。

UTC与“信托法重述”编纂体现了一种体系化的思路，从信托的设立、管理、修改、终止的整个过程，到信托的委托人、受托人与受益人的权利（力）、义务等内容，较为全面，基本上涉及信托关系方方面面的问题。从这一点上来看，美国信托法与大陆法系法典化思路有不少的相似之处。

信托法的成文化既是对普通法的总结，也是对普通法的完善。普通法典型的特征是通过判例发现、制定法律规则，具有灵活性和针对性，但在美国联邦制的背景下，信托法属于各州的立法权限，遵循先例也只是适用于各州范围，如果不进行统一的成文化，信托法发展的差异会愈发明显。因此，美国的信托法制成文化的首要功能是通过法典化的安排，努力实现全美范围内的信托法制统一。

第二，成文化在一定程度上促进、引领着信托法制的发展。

成文法或许会推动或塑造普通法的发展，反之亦然。成文法既可以替代普通法规则，也可以修改或以新规则来取代普通法规则。成文法可以把普通法概念未经修改地植入，或者改变其内容后植入。如果未能全面理解普通法，成文法可能误解普通法。成文法的发展并不会沿着一条无缝轨道发展。如果成文法的主题涉及社会利益的冲突，它就会反映利益间的妥协。这种协调会在一定程度上引发“内部紧张”，这应当是成文法长期以来所呈现的特征。① 成文法对普通法的改造与引领作用，在金融投资领域的表现最为明显。

美国信托法制的成文化发展适应了现代金融发展的需要。在19世纪与20世纪早期，美国各州对信托投资抱有两种态度。其一，一些州采用了King v. Talbot案的规则，禁止受托人投资于普通股票或任何企业，因为信托财产“必然会因为被投资企业的成功与失败而暴露在或盈或亏的风险中”。其二，其他州采用了Harvard College v. Amory案的规则，废弃了法定名单制度，是采用受托人必须“遵从一个谨慎的人会如何……管理他们自己的事务，不是基于投机，而是在考虑到可能的收益以及投资资本可能的安全性，对其资金的永久处理”的原则。这个“谨慎人”规则尽管比法定

① Robert French, *Trusts and Statutes*, 39 Melbourne University Law Review 629 (2015).

名单方式更宽松一些,但它依然还是禁止投资于投机性企业。①

这两种传统方式要求受托人采取保守型的投资策略,这是比在“经济大萧条”中大量投资于权益证券要好一些的策略。但这些方式在“二战”后期招致许多不满,因为权益证券通常会产生比传统信托投资更高的回报。在20世纪六七十年代里,保守的、“安全”的投资对受益人来说也会带来巨大风险,即很高的通胀率会吞噬信托本金的真实价值,当这一点变得越来越明显,不满越来越多。相反,权益证券就提供了不动产抵押或政府、企业债券不能提供的通胀对冲功能。② 在司法实践中,20世纪六七十年代法院的判决,已经允许受托人投资于股票而“不管信托文件中把投资限定于固定收益工具的限制,因为通胀太快,吞噬了信托财产的真实价值”③。

美国法律协会和统一州法全国委员会在信托法制的成文化改造中,努力融进了现代组合投资理论。现代组合投资理论源于1952年的一篇文章——《组合投资的选择》(*Portfolio Selection*),这篇文章作者赢得了诺贝尔经济学奖。文中的一个重要观点是:一个谨慎的投资人如果认为一项投资有足够高的期待回报,应当把该项投资包括进他的组合投资中而不用顾及其风险。投资者不能完全避免风险,但是应当投资于其他预期回报高的无关联风险的证券。

组合投资理论进入信托法的努力始于谨慎投资人规则。美国法律协会在1992年批准并出版的《信托法重述Ⅲ》中有关于谨慎投资人规则的一卷,这比出版《信托法重述Ⅲ》其他卷的内容早了十多年。两年后,统一州法全国委员会采用了《统一谨慎投资人法》,它明确承认信托法重述对它的影响。现代组合投资理论是这两项成文法改革的核心。在《信托法重述Ⅲ》建议稿中,在谨慎投资人规则的介绍性注释中对谨慎人规则的批评进行了分类,并注意到对组合投资理论的许多批评。统一州法全国委员会在承认现代组合投资理论的影响时更加明确:《统一谨慎投资人法》致力于投资领域中出现了更多选择时来更新信托投资法。这些变化都是发生在广为接受的被称为“现代组合投资理论”的资本市场行为实证与理论知识的影响之下。因此,美国信托法制构建中法律改革的两个领导机构:美国

---

① John H. Langbein, *The Uniform Prudent Investor Act and the Future of Trust Investing*, 81 Iowa Law Review 641 (1996).

② Stewart E. Sterk, *Rethinking Trust Law Reform: How Prudent is Modern Prudent Investor Doctrine*, 95 Cornell Law Review 851 (2010).

③ Jeffrey N. Gordon, *The Puzzling Persistence of the Constrained Prudent Man Rule*, 62 New York University Law Review 52 (1987).

法律协会和统一州法全国委员会,就开始把信托法改造成融合现代组合投资理论的法律。①

第三,成文信托法引起的规则调整变化。

融入现代组合投资理论后的成文信托法带来以下几个方面的变化。

首先,受托人投资范围的变化。当代的组合投资理论的核心是谨慎的投资者应当寻求分散风险而不是避免风险。现代的信托法如《信托法重述Ⅲ》、《统一谨慎投资人法》以及 UTC 都以不同的方式把组合投资理论融入立法之中,废除了在信托投资上的绝对限制,受托人不必再为"风险性的"或"投机性"的投资活动承担责任。另外,《信托法重述Ⅲ》与《统一谨慎投资人法》对受托人施加了对信托投资活动进行多元化配置的确定义务。而且,因为现代组合投资理论需要金融上的熟练性,这是许多受托人特别是家庭成员受托人所不具备的,《信托法重述Ⅲ》与《统一谨慎投资人法》都推翻了禁止受托人转让投资职责的传统规则。事实上,这些变革主要是解除受托人行为与现代组合投资理论不一致的责任,但其并没有对受托人没有采取积极措施实施现代投资组合理论的行为追究责任。② 在组合投资理论的影响下,受托人不再为传统信托法禁止的投资活动承担责任,这无形中扩大了受托人投资范围。

其次,提高了信托财产的交易效率。投资组合理论的引进,便利了金融资产在信托中的应用,成文化信托法对传统的信托法规则进行了修正与变通。投资与管理金融资产需要广泛的自由裁量权,信托成文法以对受托人的授权取代了对受托人的权力限制;相应地,信托信义法也在非常谦和的基础上进行巨大的扩张,以保护受益人免于受托人滥用新权力。另外,传统信托法还通过阻碍市场主体与受托人进行交易的方式来限制受托人的交易能力,如"为了确定受托人是否有权及在何种情形下才有权进行交易,应当就信托条款进行调查"③。这种规定实际上加大了市场主体与受托人进行交易的成本与风险。在受托人持有金融财产进入证券市场后,这种限制的制约作用愈发明显,因此,1937 年《统一信托法》、1958 年《简化信义证券交易统一法》以及类似的非成文立法删除了调查受托人证券交易权力的义务。1964 年《统一受托人权力法》推进了这一原则,与受托人进

① Stewart E. Sterk, *Rethinking Trust Law Reform: How Prudent is Modern Prudent Investor Doctrine*, 95 Cornell Law Review 851 (2010).

② Stewart E. Sterk, *Rethinking Trust Law Reform: How Prudent is Modern Prudent Investor Doctrine*, 95 Cornell Law Review 851 (2010).

③ Restatement (Second) of Trusts § 297 cmt. f (1959).

行交易的当事人,可以推定“信托权力的存在与受托人权力的正当行使”。UTC 把这种规定进行了成文化规定。

最后,财产管理方式发生变化。这种变化源于传统信托法标注规则与禁止信托财产混合规则对金融资产投资带来的限制。传统规则要求受托人的个人财产与信托财产相分离,不同的信托财产相分离,这些使受托人无法把信托账户汇集起来以实现多元化的投资目的。后来出现的共同信托基金则要求立法废止禁止混合的规则,1938 年《统一共同信托基金法》完成了这一变革。UTC 把这一共同基金授权立法规则进行了法典化。①

在关注成文法对信托法制发展促进的同时,也不应当忽略它对信托法制的改造,并且这种改造更多致使信托法制发生某种意义上的偏离。盖兹勒(Getzler)教授认为,英国最近影响信托的成文法的变化,像 2000 年《受托人法》、1999 年《合同法》(第三人权利),已经使信托法更加向合同法靠近。② 澳大利亚的信托成文法受英国的 1925 年《受托人法》影响比较大。澳大利亚各州的成文法修改原来适用于信托的衡平原则。成文法授权法院准许信托偏离信托文件,并且慢慢地给予受托人在信托财产上越来越多的投资权力,赋予受益人质疑受托人自由裁量决定的资格。普通的监管成文法改变了信托法的基本内容或信托的概念是不正确的,但是毫无疑问的是,现代信托概念是以被广泛称为信托法的衡平原则从未考虑过的方式在使用。③

可以说,信托法制的成文化是利益平衡下的重塑,信托法一方面尽力维护其传统,另一方面对不断发展的社会需要作出各种妥协。

---

① John H. Langbein, *Why Did Trust Law Become Statute Law in the United States*, 58 Alabama Law Review 1069 (2007).

② Robert French, *Trusts and Statutes*, 39 Melbourne University Law Review 629 (2015).

③ Robert French, *Trusts and Statutes*, 39 Melbourne University Law Review 629 (2015).

第二章　委托人的处分自由：信托设立

信托通常是一种财产处置方式，它为财产转让人实现一定数量受益人（包括未出生的受益人）不同顺序的不同利益提供了灵活性。① 从早期用于规避英国《没收法》的规定与长子继承制的不合理限制，到委托人利用信托实现自己意愿，处分自由是一直延续的制度基因。在一定程度上，是信托制度维护的委托人处分自由成就了信托制度的成功。

信托是实现委托人处分自由的重要工具。委托人处分自由的内容广泛，但是受到合法性和公共政策的制约。委托人可以为了任何不违法、不与公共政策相冲突的目的创设信托。受托人的义务是信托的设立人选择施加给他的，受益人的利益是设立人选择授予他的。② 信托的设立是委托人处分自由的实施。③ 委托人选择了某一种信托形式，其中受托人的权力、义务和受益人的权益也就相应确定了。美国联邦税收政策的变化和州际的信托司法管辖权的竞争，导致各州信托法纷纷放松了对委托人处分自由的限制。

第一节　遗嘱自由与委托人处分自由的同源关系

信托实质是由委托人确定的受托人为了受益人利益对特定的信托财产进行管理与处分的一种机制。在这一机制中，信托财产由委托人提供，受益人的利益取决于委托人的意愿，受托人的权力、义务也由委托人决定，委托人决定了信托的产生、运行和终止。信托机制充分体现了委托人的处分自由，信托成为委托人通过处分信托财产实现其意愿的有效途径。委托人的意图在信托法上是神圣的，受托人的基本职能就是按照委托人确定的

---

① Restatement (Third) of Trusts, Intro. Note, Ch. 1, 4, (2003).

② Austin W. Scott, William F. Fratcher & Mark L. Ascher, *Scott and Ascher on Trusts*, Wolters Kluwer Law & Business, 2006, p. 235.

③ Jesse Dukeminier & Robert H. Sitkoff, *Wills, Trusts, and Estates*, 9th edition, Wolters Kluwer Law & Business, 2013, p. 587.

条款执行信托。①

委托人对信托的重要性不言而喻，可以说，委托人是信托之母。英美法系与大陆法系两大法系的信托法都尊重、维护委托人的处分自由，但是两大法系对尊重、维护委托人的处分自由的方式存在很大的差别。以美国为代表的英美法系信托法更加注重对委托人意愿本身的尊重和实施，而大陆法系信托法则更强调委托人对信托设立后的控制与监督。我国虽不属于大陆法系国家，但主要参照大陆法系国家信托制度进行了制度移植，因而，我国信托制度具有很多大陆法系信托制度的特征。

美国继承法首要原则就是遗嘱自由。② 在美国继承法上，遗嘱人通过遗嘱处分遗产的行为通常被视为赠与，遗嘱人也常被称为遗赠人（donor）。美国继承法信奉遗嘱自由、承认“死手控制”的程度在现代司法体系中独一无二，③赋予遗嘱人“几乎不受限制的权力来处分他们的财产”，④继承法立法的意旨在于“在法律允许的最大限度内承认遗赠人意愿的效力”。⑤即使施赠人对受赠人的婚姻自由作出限制，这种限制也会在处分自由的名义下得到法院的认同。⑥ 遗赠人死亡时的自由处分只受到财产转移税和一些政策的限制。一些限制与遗赠人的生前行为相关，如在世配偶的强制份额和债权人保护规则，其他限制则源于脆弱的公共政策，如反永续规则、反任性目的的信托规则和反转让限制规则。⑦

在司法上，法律没有授予法院任何权力质疑遗赠人分配财产决定的智慧、公正或合理性，继承法的功能在于提供便利而不是规制。⑧ 因为遗产

---

① Michael Stephen Hayes, *Trust Law-Beneficiary's Interest in Open-Class Discretionary Trust Amounts to Mere Expectancy Despite Ascertainable Standard-Pfannenstiehl v. Pfannenstiehl*, 50 Suffolk University Law Review 367 (2017).

② John H. Langbein, *Substantial Compliance with the Wills Act*, 88 Harvard Law Review 489 (1975).

③ Jesse Dukeminier & Robert H. Sitkoff, *Wills, Trusts, and Estates*, 9th edition, Wolters Kluwer Law & Business, 2013, p. 3.

④ Restatement (Third) of Property: Wills and Other Donative Transfers § 10.1 cmt. a.

⑤ Restatement (Third) of Property: Wills and Other Donative Transfers § 10.1.

⑥ 在 Shapira v. Union National Bank 案中，原告之父立遗嘱将财产留给三个子女，其中要求两个儿子结婚时必须迎娶父母双亲都是犹太人的犹太女子，否则不得继承财产。原告以继承的限制条件违宪、与公共政策冲突、不合理等理由提起诉讼。法院认为，从宪法的角度看，遗嘱人可以限制子女的继承，通过财产鼓励儿子延续犹太信仰和血统的愿望是否睿智不属法院判断，但法院有义务在法律和公共政策的限度内尊重遗嘱人的意愿。

⑦ Jesse Dukeminier & Robert H. Sitkoff, *Wills, Trusts, and Estates*, 9th edition, Wolters Kluwer Law & Business, 2013, p. 3.

⑧ Restatement (Third) of Property: Wills and Other Donative Transfers § 10.1 cmt. c.

的分配方面，遗赠人比立法者和法官拥有更多的信息。如同美国《统一遗嘱认证法典》规定的那样，法典的一个基本目的和政策就是发现死者分配其财产的意愿并使其生效。①

遗嘱自由的确立会产生积极的社会效用。尽管遗嘱法和法院的司法实践对于遗嘱的形式有着近乎苛刻的要求，“形式上最微小的瑕疵都会导致遗嘱无效，无论证据多么充分说明瑕疵无关紧要”，②但是这并没有阻止遗嘱自由原则发挥它的积极社会效用。遗赠人最大的满足源于其意愿的实现，遗嘱自由会激励个体工作、储蓄和进行最有益于社会的投资、提高资本累积和长期的生存率，而且，遗嘱自由可以增加父母对子女的控制、鼓励子女关爱父母，从而更有利于家庭关系。③

遗嘱信托在美国是一个非常重要的信托类型，继承法中的遗嘱自由因而延伸到信托法，成为委托人处分自由的重要组成部分。基于这个原因，美国信托法通常和遗嘱法设置在同一门课程中，遗嘱信托作为一个重要的信托类型，除受信托法的调整外，还要受财产法的调整。④ 信托法和遗嘱法、继承法的同源关系，以处分自由为中心的遗嘱自由从而深深影响了信托的实践、立法以及司法活动。遗嘱自由是美国继承法的组织原则，而处分自由是继承法和信托法的中心。⑤

最近，美国司法对于继承法上的遗嘱自由出现了新的认知倾向。虽然美国继承法尊崇遗嘱自由，但是遗嘱自由也应当有合理的边界。美国联邦最高法院也表达了限制遗嘱人处分自由的倾向。美国联邦最高法院注意到立法可以废弃存在于财产之上的遗嘱处分权，强调“死手只有宽容才可以支配继承”。在最近的法律改革过程中，一个长期以来的传统是，如果坚持死者的愿望会与生者的利益相冲突，那么死者的愿望就不应当再起控制作用。⑥ 根据这一认识，如果委托人在浪费者信托中的要求实质上起到了

---

① Uniform Probate Code § 1－102(b)(2)(2010).

② John H. Langbein, *Substantial Compliance with the Wills Act*, 88 Harvard Law Review 489 (1975).

③ Daniel B. Kelly, *Restricting Testamentary Freedom: Ex Ante Versus Ex Post Justifications*, 82 Fordham L. Rev. 1125 (2013).

④ 《信托法重述Ⅲ》第4条评论C指出，如果信托通过遗嘱创设，信托条款就取决于根据相关情形解释的遗嘱规定和遗嘱解释一般规则调整下的证明委托人意愿的直接证据，具体参见《财产法重述(Ⅲ)：遗嘱和其他赠与转让》第10条第2款、第11条第1～3款。

⑤ Daniel B. Kelly, *Restricting Testamentary Freedom: Ex Ante Versus Ex Post Justifications*, 82 Fordham Law Review 1125 (2013).

⑥ Daniel B. Kelly, *Restricting Testamentary Freedom: Ex Ante Versus Ex Post Justifications*, 82 Fordham Law Review 1125 (2013).

庇护受益人故意的侵权行为,那么委托人的处分自由或死手控制就不应当得到尊重。

第二节　信托设立中的委托人自由

信托作为一种灵活的财产处置方式,服务于委托人实现各种各样的目的,既可以是单个目的,也可以是多个目的;可以服务于个体利益,也可以服务于公共利益。美国著名的信托法权威斯格特教授强调,"我们创设信托的目的,与我们的想象力一样是没有边界的"①。因此,信托是一种具有广泛适用性的财产管理和传承工具,而委托人的处分自由正是通过信托机制实现的。几乎不受限制的应用空间加上信托制度对委托人处分自由的推崇所带来的灵活性,最终成就美国信托制度的繁荣,大大拓展了其信托制度的空间。

在信托领域,委托人的基本自由就是依照自己的意愿设立信托,实现自己的特定目的。遗嘱信托和生前信托是英美信托法上的一个基本分类,适用于遗嘱信托的遗嘱自由和适用于生前信托的处分自由构成委托人处分自由的基本内容。委托人的自由有多个维度的表现,其最基本的自由就是设立信托的自由。

一、委托人对信托形式的选择自由

信托的设立是委托人处分自由的实施。② 委托人设立信托存在非常宽泛的制度空间。委托人设立信托的目的多种多样,因此必须有不同形式的信托以满足委托人的需求。信托法中每一种形态的信托都表征了委托人特定的目的和意愿,都是实现委托人处分自由的工具。委托人可以为了任何不违法、不与公共政策相冲突的目的创设信托。③

生前信托与遗嘱信托是美国信托法中最基本的一个分类。委托人可以选择在有生之年设立生前信托进行财产的管理和处分。在美国,大约有

① Austin W. Scott, William F. Fratcher & Mark L. Ascher, *Scott and Ascher on Trusts*, Wolters Kluwer Law & Business, 2006, p. 4.

② Jesse Dukeminier & Robert H. Sitkoff, *Wills, Trusts, and Estates*, 9th edition, Wolters Kluwer Law & Business, 2013, p. 587.

③ Austin W. Scott, William F. Fratcher & Mark L. Ascher, *Scott and Ascher on Trusts*, Wolters Kluwer Law & Business, 2006, p. 470.

20%的人设立有生前信托。[①] 生前信托易于设立、修改,维持成本较低,不容易遭受质疑,可以使金融事务避开公众的关注。[②] 如前文所述,生前信托包括基本生前信托、AB型夫妻生前信托和ABC生前信托三种主要类型。委托人也可以选择遗嘱信托对财产实施控制。委托人可以设立避税信托,即向信托转入财产税豁免额以下的财产以避免缴纳部分财产税,也可以为了在世的配偶或配偶双方的继承人的利益,设立一般指示权信托、合格可终止利益财产信托、合格的家庭信托等不同类型的信托,还可以为了有挥霍金钱习性的人设立浪费者信托,以及可以设立一旦在世的配偶再婚其在信托中的利益就会终止的特殊条款信托等。

为迎合委托人,信托实践培育出难以统计的信托类型。委托人既可以设立保留信托的修改和撤销权的可撤销信托,也可以设立放弃信托修改和撤销权的不可撤销信托。委托人既可以明示信托的方式为特定人设立私益信托,也可以为公众设立慈善信托。委托人既可以把管理、处分信托财产的权力全部授予受托人,设立自由裁量信托,也可以指示受托人按信托文件的要求向受益人分配收益,设立强制信托,委托人还可以让受托人根据第三人的指示进行投资或收益分配,设立指示信托。委托人如果不想受益人知道为其设立信托的事实,还可以设立秘密信托。现在美国14个州委托人甚至可以设立自设财产保护信托(asset protection trust,APT),以规避债权人对委托人财产的追索。可以毫不夸张地说,穷尽列举信托目的的企图注定失败。[③]

商业信托不以赠与为目的,而完全是为了商事交易,它们涉及的是合同自由的行使,而不是财产处分自由的行使。[④] 因此,应用广泛的各种商事信托的应用不在本书的讨论范围之内。

二、委托人确定信托内容的自由

在美国,委托人的处分自由不仅表现在选择信托形式的自由上,还表现在确定信托内容的自由上,只要未触及违法或违反公共政策的界限,处

---

① Ira Distenfield & Linda Distenfield, *A Do-It-Yourself Plan for Creating a Will and Living Trust*, John Wiley & Sons Inc., 2005, p. 49.

② Harold Apolinsky, *New Rules for Estate and Tax Planning*, 2nd edition, John Wiley & Sons Inc., 2005, p. 135 – 137.

③ Austin W. Scott, William F. Fratcher & Mark L. Ascher, *Scott and Ascher on Trusts*, Wolters Kluwer Law & Business, 2006, p. 470.

④ Jesse Dukeminier & Robert H. Sitkoff, *Wills, Trusts, and Estates*, 9th edition, Wolters Kluwer Law & Business, 2013, p. 583.

分自由允许财产所有人在其设立的信托中为受益人利益设置条件、划定范围。① 委托人设立信托是基于特定目的为信托财产选择一定的管理和处分方式,对信托形式的选择实质上也就决定了信托的内容,具体包含对信托形式、受托人、受益人和信托运行的选择。受托人和受益人作为信托关系的两方主要当事人,受托人的义务是委托人选择施加的,受益人的利益是委托人选择给予的。②

(一)委托人对信托利益的确定

在很多方面,美国信托法把委托人视为主要的当事人(principal)。这主要表现为受益人不能轻易地撤换受托人,不能未经委托人同意修改或终止信托,或转让其受益利益。在这些问题上,美国信托法尊重委托人的处分自由要优于受益人的意愿。③ 可以说,美国信托法是以委托人为中心的制度设计,委托人的处分自由对受益人利益具有主导作用。信托法对受益人的利益保护是以维护委托人的处分自由为前提的。委托人的处分自由在受益人利益确定方面主要表现在以下几个方面。

首先,委托人可以自由地确定受益人信托利益的内容。《信托法重述Ⅲ》明确规定,除了法律和公共政策的限制,受益人的利益范围取决于委托人表明的意愿。④ 委托人在确定受益人的利益时享有很充分的自由空间,其对于受益人利益多样化的创设几乎是没有限制的。委托人赋予受益人的利益既可以是当前利益,也可以是将来利益,并且受益人利益的范围只要在反永续规则规定的时间内确定即可,而不必在信托设立时就确定。委托人对于授予受益人的利益可以选择附加特定的条件,甚至可以授权由受托人或其他人自由裁量受益人的利益,或者使受益人的利益受制于委托人确定的指示权、撤销权和修改权。⑤

其次,委托人可以限制受益人利益的转让。目前,在英国和美国都非常明确,除非信托条款或法律另有规定,有完全民事行为能力的信托受益人可以转让受益利益。⑥ 受益人既可以生前转让,也可以身后遗嘱转让全

---

① Restatement (Third) of Trust, reporter's note on §59 cmt. a–a (2)(2003).

② Austin W. Scott, William F. Fratcher & Mark L. Ascher, *Scott and Ascher on Trusts*, Wolters Kluwer Law & Business, 2006, p. 137.

③ Robert H. Sitkoff, *Trusts and Estates: Implementing Freedom of Disposition*, 58 Saint Louis University Law Journal 643 (2014).

④ Restatement (Third) of Trust, §49 (2003).

⑤ Restatement (Third) of Trust, §49 cmt. b (2003).

⑥ Austin W. Scott, William F. Fratcher & Mark L. Ascher, *Scott and Ascher on Trusts*, Wolters Kluwer Law & Business, 2006, p. 856.

部或部分受益利益，可以抵押或通过信托转让。受让人既可以是第三人，也可以是另一个受益人或受托人。① 如果委托人对受益人转让信托利益、处分其享有的信托利益时规定了限制条件，受益人是否要遵守委托人设立的条件？信托法在权衡受益人的信托利益处分权与委托人的处分自由时，天平再一次偏向了委托人的“死手控制”。是否允许“死手”限制信托受益人利益的转让成为美国信托法与英国法、其他普通法国家法的主要区别。在英格兰和其他普通法国家，法院把信托财产概念化为受益人的财产，因此受益人享有较充分的受益处分权。

美国信托法允许委托人对受益人的利益用途和利益转让施加限制。在美国，传统上信托被视为附条件的赠与，受益人取得信托利益需要服从委托人施加的限制。尽管美国联邦最高法院声明“死手只有通过宽容才可以支配继承”，但是多数州和遗嘱认证法院还是一直坚持在确定遗嘱和信托的含义时遵从施赠者的意愿。② 一些法学学者和政治哲学家也认为，法院应当遵从施赠人的愿望，即使施赠人已经死亡。③ 因此，在美国，委托人处分自由包括对受益人享有的信托财产利益施加条件的权利，有权限定受益人对利益进行自愿或非自愿转让。④《信托法重述Ⅲ》的态度非常明确，委托人可以对信托利益施加限制，防止信托利益服务于非委托人指定的用途。信托条款可以规定委托人指定的信托利益用途，并规定，如果受益人试图转让信托利益，或受益人的债权人试图追索信托利益，或当受益人破产时，该信托利益可以终止或成为自由裁量利益。⑤

对于受益人权益处分限制最多莫过于浪费者信托。浪费者信托限制条款阻止受益人的信托利益转向他人，而不问其意定的转让是赠与、销售、交换、新的或已有的债务人担保。⑥ 只要信托收益或本金还为信托正常持有，浪费者信托就可以保护受益人的收益与本金免于债权人的追索。因此，受到浪费者信托条款保护的受益人利益不能为受益人的判决债务人

---

① Austin W. Scott, William F. Fratcher & Mark L. Ascher, *Scott and Ascher on Trusts*, Wolters Kluwer Law & Business, 2006, p. 857.

② Daniel B. Kelly, *Restricting Testamentary Freedom: Ex Ante Versus Ex Post Justifications*, 82 Fordham Law Review 1125 (2013).

③ Daniel B. Kelly, *Restricting Testamentary Freedom: Ex Ante Versus Ex Post Justifications*, 82 Fordham Law Review 1125 (2013).

④ Jesse Dukeminier & Robert H. Sitkoff, *Wills, Trusts, and Estates*, 9th edition, Wolters Kluwer Law & Business, 2013, p. 696.

⑤ Restatement (Third) of Trust, § 57 (2003).

⑥ Restatement (Third) of Trust, § 58 cmt. c (2003).

"扣押",根据《破产法》第541条的规定,它们也不会成为受益人的破产财产。但是,如果浪费者信托的收益或本金分配给受益人,它们就可以为债权人通过通常程序追索的受益人的财产。① 委托人在浪费者信托中对受益人权益处分所施加的限制,从受益人利益角度来说,更像是一种保护。另外,受益人不能轻易地撤换受托人,不能未经委托人同意而修改或终止信托。

委托人可以在信托文件中明确规定受益人的债权人不能对受益人的信托权益进行追索,②信托法支持委托人这项权力在于两个方面的原因。第一,在支持信托条款隔离效力的案件中,法院强调,债权人应当对受益人授信(extend credit)自负其责,在授信之前,债权人完全可以确认债务人财产的范围和性质。③ 第二,受益人享有的信托权益的性质也能隔离债权人追索,信托财产由于受制于遗嘱的一般指示权,而这种权力并没有给予受赠人"与所有权相同的权利"。④

我国信托法没有对受益权的内容和范围作一般性规定,《信托法》第47条、第48条规定受益人可以信托权益清偿债务、可以依法转让与继承信托受益权,但信托文件另有规定的除外。可见,我国信托法上也认可委托人对受益人的权益处分施加限制,但是委托人可以在多大程度上限制受益人转让、处分信托收益还未经实践检验。

(二)委托人决定受托人权力

在委托人与受托人的关系方面,英美信托法也表明了对委托人处分自由的尊重。在强制信托和指示信托中,受托人按照委托人确定的信托条款对信托事务进行管理,对信托财产进行处分。受托人履行职责,体现的完全是委托人的意志。即使在受托人享有很大自由裁量权的自由裁量信托中,委托人的意愿也是检验受托人权力行使行为的标准。涉及自由裁量的司法审查时,美国UTC规定,无论信托条款赋予受托人的自由裁量权有多大,包括使用了诸如"绝对""唯一""控制的"等表述,受托人在行使自由裁量权时都应当基于善意并以信托条款、信托目的和受益人的利益为依据。⑤《信托法重述Ⅲ》也持有类似的观点,在其评论中强调,"诸如'绝

---

① Restatement (Third) of Trust, §58 cmt. d(2)(2003).

② Erwin N. Griswold, *Spendthrift Trust*, Matthew Bender & Company Incorporated, 1936, p. 3.

③ Austin W. Scott, William F. Fratcher & Mark L. Ascher, *Scott and Ascher on Trusts*, Wolters Kluwer Law & Business, 2006, p. 1007.

④ Restatement (Third) of Trust, §56 cmt. b (2003).

⑤ Uniform Trust Code, §814(a).

对'、'不受限制'或'唯一并不受控制'等用语是不能从字面解释的。即使被授予最广泛的信义裁量权,受托人也必须以委托人预期的心态诚信行事。因此,法院不会允许受托人恶意行事,不允许受托人心存实现自由裁量权目的以外的目的和动机”①。法院只有在受托人误读委托人原意或滥用自由裁量权时,法院才进行司法控制(judicial control),②这也表明法院对委托人意愿以及处分自由的尊重。

《信托法重述Ⅲ》第74条规定,在生前可撤销信托中,委托人享有撤销权、指示权、取回权和对信托财产享有与所有权同等的权力(equivalent of ownership of trust property)。这些权力允许委托人修改信托条款。信托的“受托人有义务服从委托人指示,即使这些指示与信托条款或受托人的信义义务相冲突”③。信托不会仅仅因为委托人有权撤销、修改信托或控制受托人的行为而无效,但是这种信托以及它的财产会受到某些成文法的限制,或者适用于遗嘱和委托人拥有财产的实体规则或政策的限制。④ 在美国,可撤销的生前信托的信托地位和性质已经被法律确定,立法并不认为委托人与受托人之间的关系为代理,尽管受托人的权力、义务和职责都服从于委托人的指示,同时,法律明确规定,只要生前撤销权持有人是成年人并且具有完全行为能力,受托人就是包括委托人在内作为持有人的代理人。⑤

虽然上述规定赋予委托人很大的权力,但是这种便利只限于生前可撤销信托,而不会扩展到不可撤销信托或遗嘱信托。

三、委托人决定信托的修改或终止

信托的修改或终止要服从委托人的意志。委托人可以保留修改或撤销信托的权力(可撤销信托,下文另议),也可以把修改或终止信托的权力授予不可撤销信托的受益人。授予受益人终止或修改信托的权力时,委托人享有很大的选择空间,授予的权力可以是信义性质,或指示权性质,或者有利于权力持有人(受赠人)。⑥

受益人行使修改或终止信托的权力时,应当遵循委托人的意愿。在英

---

① Restatement (Third) of Trust, § 50 cmt. c (2003).

② Restatement (Third) of Trust, § 50 (2003).

③ Restatement (Third) of Trust, § 74 (2003).

④ Restatement (Third) of Trust, § 74 cmt. a (2003).

⑤ Charles E. Rounds, Jr., *Loring: A Trustee's Handbook*, 8th edition, Aspen Publishing, 2006, § 8.1.

⑥ Restatement (Third) of Trust, § 64 cmt. c, (2003).

国,信托受益人可以通过联合行动终止信托而不用担心终止是否会导致委托人的意愿落空。与英国不同,美国的判例则承认施赠人的特权以使其赠与在合法的限度内遂其所愿。[①] 如果所有不可撤销信托的受益人同意,他们可以强制终止信托或修改信托。但是,如果终止或修改信托与信托的实质目的不一致,除非获得委托人的同意,受益人不能终止或修改信托。[②]

法院行使对信托的修改或终止权时,也遵循着尊重委托人处分自由的基本原则。传统上,美国法只承认两种未经委托人同意修改或终止信托的情形:(1)如果修改或终止信托与委托人的实质目的不相矛盾,且获得了所有受益人的一致同意(Claflin doctrine);(2)委托人未能预料到的情势变化会挫败或实质损害信托目的的实现,即衡平偏离原则(equitable deviation doctrine)。如果具有委托人没有预料到的情形,修改或偏离信托的管理或分配条款更有利于信托目的,法院可以修改信托管理或分配条款,或指示、允许受托人偏离管理或分配条款。[③] 如果信托条款未对实现私益信托的目的变为非法或不可能的情形作出规定,这也属于未能预料的情形,法院会终止信托并指示根据委托人可能的意愿进行财产分配。[④] 如果信托财产很少,终止信托会使信托目的或受益人的利益得到更好的结果,法院会指令按委托人可能的意愿进行财产分配。[⑤] 可见,法院对信托的终止也是在最大限度内尊重委托人的意愿,尽可能实现委托人的处分自由。

如果在委托人死后,法院认为终止或修改信托的理由要比信托的实质目的重要,可以授权修改或终止信托。[⑥] 假设 S 将财产分为三份,留给三个孙子女,每份财产都由信托持有,用于孙子女的抚养和教育,并且在孙子女年满 25 周岁时向其交付信托财产。两个孙子女在 S 死亡时已达到 25 周岁,因而直接获得了他们的份额。另一个孙子女 G 在 S 死亡时只有 16 周岁且在 23 周岁时死亡。根据信托条款的规定,G 不能获得财产,因为他没有生存到可以获得财产的年龄。为 G 设立的信托财产就会通过归复信托转交给 S 法律上的继承人,也就是由 S 的三个孙子女均分。这样最终的结果是 S 的 1/9 财产归入 G 的家庭,而另两个孙子女可以分别获得 S 4/9

---

① Mesce v. Grandne, 1 N. J. 159, 165, 62A. 2d 396 (1948).

② Restatement (Third) of Trust, § 65 (2003).

③ Restatement (Third) of Trust, § 66 (2003).

④ Restatement (Third) of Trust, § 66 cmt. c (2003).

⑤ Restatement (Third) of Trust, § 66 cmt. d (2003).

⑥ Restatement (Third) of Trust, § 65 (2003).

的财产。这一结果与S平等对待三个孙子女的意愿不相符。因为S未能就这一没有预料到的情况作出规定,如果法院认为S的遗愿和信托目的可以更好实现,就有权修改信托的条款。①

如果委托人未明确保留修改或终止信托权力,对于如何确定信托性质这一问题,立法机关的态度在近些年来发生了明显变化。在《信托法重述Ⅱ》的时代里,加利福尼亚、艾奥瓦、蒙大拿、俄克拉何马、得克萨斯几个州的信托法规定,如果委托人未明确保留修改或终止信托权力,则推定信托为可撤销信托,但是大多数的州采取的政策是在没有相反意图证据的情况下,信托被推定为不可撤销信托。② 这一普通法的传统在进入21世纪后发生重大变化。UTC(2010年修正)第602条第1款规定,除非信托条款明确表明信托是不可撤销的,否则委托人有权撤销或修改信托。因为信托可能是由一个非专业人士起草的,他的想法可能是把信托作为遗嘱的替代。③《信托法重述Ⅲ》也推翻了以前的做法,如果委托人保留了受益人权益,信托就推定为可撤销信托④。这一普通法立法传统的改变,标志着向维护委托人处分自由又迈进了一步,从而以维护委托人处分自由为中心来判断信托的可撤销与不可撤销类型,而不再以立法者的取向为中心判断信托的性质与类型。

四、委托人信托纠纷解决的选择权

委托人对于信托纠纷解决方式的选择也越来越受司法和立法的尊重。因为诉讼成本高昂,有的委托人在信托文件中规定对信托争议强制进行仲裁,司法对这种条款的态度也发生了一些显著的变化。在Schoneberger v. Oelze案中,信托条款规定与信托有关的一切争议通过仲裁解决。法院在判决中指出,受益人不必将其请求提交仲裁,信托不是一个需要仲裁的“书面合同”,仲裁需要当事人的自愿。但是有反对意见指出,法院论证中的不足在于它没有注意到受益人的利益衍生于委托人自由处分的事实;信托是有条件的赠与,受益人取得利益要遵从委托人设定的条件。从这个角度看,相关的问题不是受益人是否同意,而是委托人是否同意的问题。到了2008年,亚利桑那州制定了成文法,推翻了Schoneberger案的判决,授权委托人可以就受托人与受益人之间

---

① Restatement (Third) of Trust, §66 cmt. b (2003).

② Restatement (Second) of Trust, § 330 (1959).

③ Uniform Trust Code (2010), § 602 cmt.

④ Restatement (Third) of Trust, § 63 cmt. c (2003).

在信托管理与分配上的争议进行强制仲裁，佛罗里达州也进行了类似的立法。①

第三节　委托人在可撤销信托中的处分自由

《信托法重述Ⅲ》规定的信托要素有信托目的、信托财产、受托人和受益人四项，并不包括委托人。虽然委托人不是信托的要素之一，但是信托目的源自委托人，没有委托人就谈不上信托目的，也就没有信托的产生。因此，信托目的代表了委托人在信托中一种至关重要的隐形存在。至于委托人对信托所享有的修改、撤销或终止信托的权力，表明的是委托人对信托是一种决定性的显性存在。信托法律责任一般包括三部分：违反信托责任，指的是受托人因为没有尽到相关义务而应当向受益人承担的责任；受益人对信托所负有的责任；受托人因信托管理而对第三人负有的责任。这种责任的划分更多地适用于不可撤销信托的语境中，有学者指出，"在英美法系……信托设定后，委托人和受益人或受托人之间不再发生任何法律关系，委托人不享有与信托实施有关的任何权利和义务"②。这种判断可能只注意到了遗嘱信托和生前不可撤销信托，而没有注意到信托实践中大量存在的可撤销信托这一类型；委托人享有对信托的修改、撤销与终止的权力，承担相应的责任，如信托财产上的税务负担。

一、委托人在可撤销信托中的权力

委托人在可撤销信托和不可撤销信托中处分自由存在较大的差异。在不可撤销信托中，委托人的处分自由无论有多广泛，都是通过信托文件固定下来，设立后的信托就是其处分自由的体现和实施，委托人不能对设立后的信托进行修改与撤销。在可撤销信托中，委托人的处分自由则扩展到对设立后信托的修改与撤销。

《信托法重述Ⅲ》第74条评论中指出，信托不会仅仅因为委托人有权撤销、修改信托或控制受托人的行为而无效，但是这种信托以及它的财产会受到某些成文法的限制，或者适用于遗嘱和委托人拥有财产的实体规则或政策的限制。③ 在美国，已经从法律上确定可撤销的生前信托的信托地

---

① Jesse Dukeminier & Robert H. Sitkoff, *Wills, Trusts, and Estates*, 9th edition, Wolters Kluwer Law & Business, 2013, p. 614.

② 张军建：《信托法基础理论研究》，中国财政经济出版社2009年版，第145页。

③ Restatement (Third) of Trust, §74 cmt. a (2003).

位和性质，尽管受托人的权力、义务和职责都服从于委托人的指示，但是信托不是代理，①也就是说，受托人并不是委托人的代理人，双方之间并不是代理关系。

《信托法重述Ⅲ》第63条对生前可撤销信托委托人修改或撤销信托的权力作了明确的规定，生前信托的委托人可以在信托条款规定的限度内修改或撤销信托，如果信托条款没有相反的规定，只要能提供委托人明确意图的证据，委托人有权以任何方式修改或撤销信托。② 在该条的评论中，对修改、撤销权力作了较为全面的解读。对于撤销权的范围，委托人可以保留撤销全部信托财产的权力，也可以只保留撤销部分信托财产的权力。③ 如果委托人行使撤销权取回了部分信托财产，委托人还可以对剩余的信托财产随时实施这项权力，除非信托条款另有规定。④ 同样，对于修改权来说也是如此，除非另有规定。委托人可以反复实施修改信托的权力以对信托进行深入的修改。对于修改权与撤销权的关系，如果修改的权力不受限制，那么它包含了撤销的权力。撤销信托的权力包括修改信托条款的权力，撤销部分信托的权力包含修改那部分信托的权力。⑤ 对于权力的行使方式或形式，如果委托人保留了撤销或修改信托的权力，但未指明权力的行使方式或形式，只要有清晰、可信的证据证明委托人有这种意愿，这种权力可以任何方式或形式行使。⑥ 如果信托条款规定了委托人撤销信托与修改信托权力的行使应当遵循特定的程序，那么委托人只能按照规定的程序行使权力。⑦

委托人还有一项重要的权力是根据信托条款的规定解任受托人。⑧ 如果委托人在信托条款中保留了解任受托人的权力，或保留了撤销信托的权力，委托人可以依条款的规定解任受托人。该项权力的行使可以不经法院的司法程序。⑨ 在可由委托人撤销的信托中，如果具有行为能力的委托人把正当修改或撤销信托书面通知了受托人，受托人有义务遵从委托人的

---

① Charles E. Rounds, Jr., *Loring: A Trustee's Handbook*, 8th edition, Aspen Publishing, 2006, § 8.1.

② Restatement (Third) of Trust, § 63(2003).

③ Restatement (Third) of Trust, § 63 cmt. e(2003).

④ Restatement (Third) of Trust, § 63 cmt. f(2003).

⑤ Restatement (Third) of Trust, § 63 cmt. g(2003).

⑥ Restatement (Third) of Trust, § 63 cmt. h(2003).

⑦ Restatement (Third) of Trust, § 63 cmt. i(2003).

⑧ Restatement (Third) of Trust, § 37(2003).

⑨ Restatement (Third) of Trust, § 63 cmt. c(2003).

指示,即使该指示与信托条款或受托人正常的信义义务相冲突。① 如果信托条款中保留了委托人对受托人指示或控制受托人某些行为的权力,受托人应当遵从该权力的行使,除非该权力行使违反了信托条款或与受托人的信义义务相冲突。② 受托人应当保留信托财产、信托管理清晰、完整和准确的簿册和记录,在合理期限或应要求向受益人提供报告或说明,③但并没有规定受托人对委托人负有报告或说明义务。

除了前述权力,委托人不仅可以保留信托财产上的终生权益,还可以保留对信托管理的控制权。④

二、可撤销信托委托人获得撤销、修改信托权力的原因

在美国信托法中,可撤销信托的委托人享有更多的撤销、修改信托的权力,原因在于以下两个方面。

第一,委托人保留了在信托财产上的利益。在不可撤销信托中,信托财产双重所有权结构排除了委托人在信托财产上的权益。双重所有权是信托的标志性特征,受托人持有信托财产的普通法所有权,受益人享有衡平或受益所有权。因为受托人持有信托财产的法定权力,生前转入信托的财产在委托人死亡时可以避免认证,没有必要通过遗产认证改变所有权。⑤ 但是,双重所有权也把委托人排除在信托财产利益的享有人之外。委托人不能享有信托财产上的利益,赋予其权力就失去了基础。然而,在可撤销信托中,委托人通常保留了在信托财产上的利益,税法上也将其视为财产所有人,因此,委托人享有撤销、修改信托的权力是以享有对信托财产的控制权为基础的。

第二,税法上的限制。美国《国内税法典》规定,无论死者在任何时候通过信托或其他方式转移了财产,只要他为自己保留了终生权益,或其保留权益的期间不参照他的死亡无法确定、其保留权益的期间在其死亡前事实上没有结束;占有、享用财产;或享有财产收益的权利,单独或与他人联合行使指定财产占有、享用或获取财产收益人的权利,其遗产的总价值应

---

① Restatement (Third) of Trust, § 74(2003).

② Restatement (Third) of Trust, § 75(2003).

③ Restatement (Third) of Trust, § 83(2003).

④ Austin W. Scott, William F. Fratcher & Mark L. Ascher, *Scott and Ascher on Trusts*, Wolters Kluwer Law & Business, 2006, p. 405.

⑤ Jesse Dukeminier & Robert H. Sitkoff, *Wills, Trusts, and Estates*, 9th edition, Wolters Kluwer Law & Business, 2013, p. 579.

当包括死者已经转移了权益的所有财产的价值。① 可见，如果委托人通过信托转移了财产，但为自己保留了财产上的权益或保留了指定受益人的权利，信托财产依然要计入其遗产总额进而征收遗产税。税法上的处理规定也为委托人的权力基础进行了有效的注解。从其他角度看，可撤销信托的委托人所享有的信托成立后的权力，也就是在信托成立后还继续享有处分自由，实质上是以承担了税法上的不利后果为代价的；不可撤销信托的委托人放弃了对成立后的信托管理、干预等权力，放弃了信托成立后的处分自由，则换来了税法上的优惠。

美国信托法强调对委托人的意愿的尊重，使美国的商事信托远比英国发达，其委托人更愿意采用信托的形式。② 美国信托法几乎在最大限度内承认了委托人的处分自由，并且在信托司法实践中予以保障。有些司法判例，特别是涉及浪费者信托的案例中，法院近乎偏执地固守着委托人处分自由的理念。

三、委托人自由的反思

美国的信托法体现了美国崇尚的个人主义和自由主义的价值观念，这一点在前述的信托制度中有明显的体现。美国的信托法对于委托人通过遗嘱信托进行“死手控制”的时间期限和控制范围给予了最大限度的承认，信托是实现公民财产处分自由重要手段的理念深入人心。

（一）利益平衡下的处分自由

在不可撤销信托和可撤销信托中，委托人享有的处分自由有明显不同。不可撤销信托的委托人对设立后的信托不再享有变更的权力；但在可撤销信托中，委托人则可以对设立后的信托进行修改、撤销，对信托的管理施加控制。这种区别实质上是各种利益平衡的结果。

第一，信托财产双重所有权结构排除了委托人在信托财产上的权益。在信托财产双重所有权的框架下，受托人享有普通法上的所有权，可以行使对信托财产的各种管理权限；受益人享有衡平所有权，也即享有受益权和救济权。虽然委托人对于信托的设立享有很大的自由空间，但信托财产的双重所有权结构把委托人排除在外，委托人不能享有信托财产上的利益，赋予其权利就失去了物质基础。当然，这并不妨碍委托人以受益人的身份取得受益权。

---

① Internal Revenue Code, § 2036.

② 周勤：《信托的发端与展开——信托品格和委托人地位的法律规制》，知识产权出版社 2013 年版，第 183 页。

第二,税法上的利益平衡。根据美国《国内税法典》的规定,只要一个人转移财产时为自己保留了财产上的权益,他就应当承担该财产上的税负。① 可见,委托人通过信托控制信托财产,享有信托收益,则应当承担相应的税负;只有放弃了对信托财产的控制和信托权益,才能减免相应的税负。从这一角度看,财产税负是划分不可撤销信托与可撤销信托的决定性因素,可撤销信托的委托人在信托成立后还继续享有处分自由,享有信托财产上的权益,实质上是以承担了税法上的不利后果为代价的;不可撤销信托的委托人放弃了对成立后的信托管理、干预等权力,放弃了信托成立后的处分自由,不再享有信托财产上的权益,则换来了税法上的优惠。

(二)处分自由对传统信托法制的突破

美国信托法强调对委托人的意愿的尊重,使委托人更愿意采用信托的形式。② 英美信托法中对委托人处分自由的尊崇,也使一些信托实践并不完全走在传统信托法制确定的轨道上。其中,宠物信托就是一个比较典型的代表。

1888 年,一家英国法院判决认定死者设立了"名义信托"(honorary trust),并把这种信托界定为既没有人类受益人,又不具备慈善目的的信托。该案中设立的信托用于照顾死者的马和猎犬。1990 年《统一遗嘱认证法典》开始承认宠物信托,2000 年 UTC 承认专门照顾动物的名义信托效力。③

宠物信托的设立需要委托人将宠物及足够的金钱或其他财产交与其信任的人或银行(受托人),受托人有义务按委托人的指示为宠物的适当照顾作出安排。受托人将宠物交给指定的看护人(受益人),并用信托财产支付宠物的养护费用。

宠物信托主要有两种类型。一是传统宠物信托(traditional pet trust),委托人指示受托人在委托人死后帮助照顾宠物的受益人,受托人主要是根据委托人的指示,只要受益人照看宠物就向其支付照看宠物的花费。二是法定宠物信托(statutory pet trust),这种信托是一个基本规划,它不需要宠物主人就信托的条款作出尽可能多的决定,州法的规定将会填补相应的空白,因此,遗嘱中有一个简单的规定,如"我留出 1000 美元照顾我的狗,罗

---

① Internal Revenue Code, § 2036.

② 周勤:《信托的发端与展开——信托品格和委托人地位的法律规制》,知识产权出版社 2013 年版,第 183 页。

③ Rebecca Bell, *Pet Heir: Understanding Minnesota's Pet Trust Statute*, 74 (11) Bench & Bar of Minnesota 24 (2017).

弗"就足够了。①

1969 年,威斯康星州是美国第一个进行宠物信托立法的州,明尼苏达州则是 2016 年最后一个实施宠物信托立法的州,至此全美50 个州加上哥伦比亚特区都有宠物信托立法。需要注意的是,有些州对宠物信托规定了资金限额,允许法院对于超出信托文件中确定用途的信托财产进行削减或重新调整。②

宠物信托的出现及应用在一定程度上也是对传统信托法制的突破,传统信托法要求私益信托具备三个确定性,即信托意图、信托财产与受益人的确定性,但在宠物信托中实际受益的是宠物,它并不符合受益人的确定性原则。为了满足受益人的确定性原则,受托照顾宠物的人被视为受益人,但照顾宠物的人并不是真正意义上的受益人。因此,宠物信托这种名义信托实际上已经构成对传统信托法制的突破。

还有一点需要指出,联邦制下各州司法管辖权的竞争导致信托法制的发展在一定程度上偏离了正常的轨道。美国联邦制立法的二元体制把信托的立法权限赋予了各州,一些州为了吸引信托业务,纷纷改造信托法以使其在更大程度上满足委托人多方面的需求,吸引委托人到这些州设立信托。在争夺信托立法竞争优势的过程中,委托人的处分自由在很多方面都得到了扩展与延伸,甚至颠覆了信托法在长期发展过程中形成的传统,使委托人处分自由超越了合理的界限。这一问题在反永续规则的废除上表现得特别明显。

反永续规则已然成为竞争压力下的牺牲品(后文有专门论述)。③ 各州为了达到吸引委托人到本州设立信托开展信托业务,纷纷放松原来对委托人设立信托施加的一些限制,这使各州的信托立法与信托实践已经在一定程度上背离了当初信托法的初衷。

---

① Gerry W. Beyer, *Frequently Asked Questions about Pet Trusts*, http://professorbeyer.com/Articles/Animals.html.

② *Pet Trust Laws*, (Feb. 16, 2022), https://www.aspca.org/pet-care/pet-planning/pet-trust-laws.

③ Robert H. Sitkoff & Max Schanzenbach, *Jurisdictional Competition for Trust Funds: An Empirical Analysis of Perpetuities and Taxes*, 115 Yale Law Journal 356 (2005).

第三章　公共政策视角下的委托人处分自由

自由从来都是存在边界的。在英美国家长期的信托实践中,也逐步确定了委托人处分自由的边界。委托人可以为了避免遗嘱认证,或因不能管理或不愿管理自己的财产而委托他人提供财产管理服务,或为后人提供有限和持续的财产享用,或为了诸如节税、免于受益人债权人追索等各种目的设立信托。① 虽然信托制度应用存在很大的空间,但信托只能为了不违法、不违反公共政策而设立。② 这是委托人行使处分自由的边界。

总体上看,现代信托立法与司法对信托的态度,体现出对委托人处分自由更多的宽容。美国《统一遗嘱认证法典》、《信托法重述Ⅲ》、《财产法重述Ⅲ》以及其他成文法、普通法的发展趋势已经明显地表明,财产所有人设立遗嘱或信托时,即使有些情形中传统法因为技术或形式原因认为财产的执行或转让存在缺陷,或信托表意及其他处置意愿存在不足,现代美国信托法也对前述情形中财产所有人的处置意愿予以承认。这种自由化趋势在立法或司法中被接受为"无害过错"(harmless error)原则[或"主要符合"(substantial compliance)原则],不仅体现在遗嘱信托中,在生前信托的设立中也有所表现。对于不能满足反欺诈法强制性要求或不能满足完整的生前财产转移要求的情况,信托法表现得越来越有容忍度。另外,这种自由化的趋势还表现在对"秘密信托"或"半秘密信托"的设立态度上,对把遗嘱财产注入可修改与可撤销的有资金或没有资金的生前信托的企图也表现出越来越多的同情。自由化的"注入"(pour over)规则不仅源于美国《统一信托遗嘱附属法》的各种版本,也源于在没有这种立法时对可以恰当适用的普通法原则的更好理解。③

虽然信托制度应用空间巨大,立法与司法对委托人设立信托以实现处分自由也表现出越来越多的宽容,但信托也不能越过法律规定的红线。这

① Restatement (Third) of Trust § 27 cmt. b(1)(2003).

② Austin W. Scott, William F. Fratcher & Mark L. Ascher, *Scott and Ascher on Trusts*, Wolters Kluwer Law & Business, 2006, p. 470.

③ Edward C. Halbach, Jr., *Uniform Acts, Restatements, and Trends in American Trust Law at Century's End*, 88 California Law Review 1877 (2000).

是委托人行使处分自由的基本边界。美国UTC把信托设立目的之合法限度、符合公共政策的判断作为信托设立的前提条件。① 具体来说,“如果运行中涉及受托人的犯罪或侵权行为,或委托人设立信托的目的是欺骗债权人或其他人,或设立信托的考量非法”,则超越了合法限度。另外,如果信托旨在“鼓励犯罪或侵权行为”、“干涉婚姻自由或鼓励离婚”、“限制信仰自由”或“目的轻率或任性”,则被认为是与公共政策相冲突。②《信托法重述Ⅲ》对于委托人的处分自由所进行的公共政策名义下的限制与UTC大致相同,主要是那些涉及配偶的权利、债权人权利、对转让或婚姻的不合理限制、鼓励分居或离婚的条款,鼓励非法行为的条款,信托永续和信托累积等方面。③

合法性限制与公共政策限制在成文法中的出现,很大程度上是对信托司法实践的总结与回应,很多判例为上述规定做了注解。如果设立的信托要求受托人犯罪或侵权行为,信托的设立则为无效。如果设立的信托从事非法商业活动,交易违禁物品或从事非法医疗活动,则信托不可执行;如果信托要求设立的工厂会造成对相邻一方的侵权或违反环保法,则信托无效。某个委托人意欲设立慈善信托,但是信托条款指示受托人从事非法的营业活动,法院认定信托无效。④ 某个委托人尽管为了慈善设立信托,但要求受托人编辑和出版自己的色情作品,信托也被判定无效。⑤

某案的原告希望运用推定信托能帮他取得某些财产的所有权,但是原告的证据毫无异议地证明了购买财产的资金源于他对禁售酒类的非法销售,并且他藏匿可能被政府没收财产是违反公共政策的,因此原告通过衡平管辖执行推定信托的企图被法院禁止。⑥ 在In re Bryan案中,⑦夫妻二人在债权人即将获得针对其二人的判决之前把他们所有的财产转入了一个浪费者信托中。之后,夫妻二人就提出破产申请并声称转入信托的财产不再是他们的破产财产。法院并不认同其主张,认为夫妻二人既是信托委托人又是信托受益人,根据州法其信托无效。

从历史的维度梳理,合法性和公共政策的判断也会发生变化,委托人的处分自由的边界亦随之变动,“犹太条款”就是明显一例。在Shapira v.

---

① Uniform Trust Code §404.

② Uniform Trust Code § 404 cmt.

③ Restatement (Third) of Property: Wills and Other Donative Transfers § 10.1 cmt. c (2003).

④ Burrows v. Carr, 379 U. S. 973 (1965).

⑤ Fidelity Title & Trust Co. v. Clyde, 143 Conn. 247 (1956).

⑥ Wilford HOOD v. Grace L. HOOD, 264 S. E. 2d 814 (1980).

⑦ In re Bryan, 415 B. R. 454 (Bankr. D. Colo. 2009).

Union National Bank 案中,遗嘱人在遗嘱中要求他的儿子按其遗愿与一个父母双亲都是犹太人的女子成婚,否则不能继承其遗产。儿子提起诉讼认为遗嘱违宪、违反公共政策。法院认为,从宪法的观点看,遗嘱人可以限制子女的继承权,并且进一步强调,遗嘱人的做法是否明智不由法院判断,但是法院有义务在法律和公共政策限度内尊重遗嘱人的意愿,因此驳回儿子的诉求。① 在 In re Estate of Feinberg 案中,遗嘱条款规定,遗嘱人的任何孙子女及其子女如果与非犹太人结婚,除非在一年内使其配偶皈依犹太教,否则视该孙子女及其子女死亡。法院认为,虽然这种"犹太条款"曾被视为合理,但《信托法重述Ⅲ》已经不再承认该条款的合理性。②

在有些案件中,是否违反公共政策的结论则全在于法院的自由裁量。在 Tunstall v. Wells 案中,信托的非质疑条款规定,任何一个受益人对信托的质疑都会使所有受益人的遗赠变为无效,一审法院认为该条款违反公共政策,应为无效。上诉法院认为,三个姐妹可以不去质疑信托从而平和地获得遗赠,因此非质疑条款有效。③ 本章主要结合英美信托实践中反永续规则、限制累积规则、浪费者信托、自设财产保护信托等方面的实践,探索公共政策视角下委托人处分自由的演化与变动趋势。

第一节　反永续规则与委托人的处分自由

一、反永续规则的产生

永续,无论以什么形式出现,都是一种不受限制的限嗣继承④(entail)。⑤ 因为永续是一种不受限制的限嗣继承方式,不少学者对于永续表达不满。永续体现了死者对财产永久控制的意愿,它对财产的流动以及后代的权利与自由都会形成强大的约束。虽然从 16 世纪到 19 世纪,法官们一直在与永续进行着斗争,但他们并没有清楚界定"永续"是什么。

通常认为,反永续规则源于诺福克公爵案(Duke of Norfolk's case)⑥。阿伦德尔伯爵有 8 个儿子,托马斯是长子兼继承人,但其在心智与身体方面都明显不健全,不可能有后人。伯爵认为,在他与长子都去世后,伯爵的

---

① Shapira v. Union National Bank, 315 N. E. 2d 825 (Ohio Com. Pl. 1974).

② In re Estate of Feinberg, 383 Ill. 3d 992 (2009).

③ Tunstall v. Wells, 144 Cal. App. 4th 554 (2006).

④ 此为规定数代人对财产继承的继承方式,目的在于使家族或特定群体保有财产。

⑤ A. W. B. Simpson, *Entails and Perpetuities*, 24 Juridical Review 1 (1979).

⑥ Duke of Norfolk's Case (1682) 3 Ch Cas1; 22 ER 931.

爵位就会传给第二个儿子亨利,然后再传给亨利的后人。如果亨利确实承袭了爵位,伯爵就想把原来打算给予亨利格洛斯托克男爵的爵位转而给予第四个儿子查尔斯。引起该案的一个条款内容是,给予亨利格洛斯托克男爵的爵位同时确定了将来的利益转换,即如果托马斯在亨利的有生之年去世且无后人,亨利就继承公爵爵位,但是男爵的爵位应当转给查尔斯。1652 年,阿伦德尔伯爵去世,伯爵的爵位就传给了不太健全的托马斯。亨利就实际控制了与爵位相伴的财产并把托马斯送到意大利,托马斯从此一直到死都被监禁在意大利。亨利还操作了诺福克公爵回归到他的家族,使托马斯成为第五任诺福克公爵,托马斯 1677 年死后,亨利成为第六任诺福克公爵。在承袭诺福克公爵爵位之后,亨利并不想放弃格洛斯托克男爵的爵位。查尔斯向大法官法庭提出请求,要求实现他的权益。亨利拒绝,声称给予查尔斯的权益是永久的,因此无效。出于对生育了不健全儿子的伯爵合理财产规划的同情,大法官诺丁汉认为,查尔斯的权益会随着托马斯的终生而耗尽,因而不应当视为永续。他指出,唯一应当关注的是未来权益授予的时间。如果未来权益必须赋予,只要在活着的人生存期间或死亡时赋予了就是合法的。诺丁汉认为,反永续规则应当只关注赋予的期限,但他并没有说明应当在多长时间内赋予。从此,允许土地与一个活着的人捆绑在一起,法官们重新厘定了“死手”规则的允许时间,150 年以后,Cadell v. Palmer 案确定了合理数量的计量人选(measuring lives)寿命加 21 年,计量人选如果赠与(gift)时出现怀孕情况,还要加上怀孕的几个月。① 后来,格雷(Gray)给出了反永续规则的经典表述:一种利益,只有在信托设立时活着的人终生加 21 年的时间内赋予,才是一种合法的利益。②

二、反永续规则的功能

反永续规则可以实现多种目标,具有多种功能。

首先,反永续规则用以维持财产的流转性。有学者认为反永续规则有两个目的:一是保持财产的可交易性(marketable),二是限制“死手控制”。③ 也有学者指出,限制“死手”控制与促进“财产的自由转让”是法科学生、法律

① Jesse Dukeminier & Robert H. Sitkoff, *Wills, Trusts, and Estates*, 9th edition, Wolters Kluwer Law & Business, 2013, p. 878 – 879.

② John Chipman Gray, *The Rule against Perpetuities*, 4th edition, Little, Brown & Co., 1942, p. 191.

③ Max M. Schanzenbach & Robert H. Sitkoff, *Perpetuities or Taxes-Explaining the Rise of the Perpetual Trust*, 27 Cardozo Law Review 2465 (2006).

执业者与法学教授对反永续规则两个重要政策目标具有的共识。① 其实这两个目的具有一致的指向，通过限制“死手”控制以维持财产的流动性。现代人支持反永续规则的一个理由是，为什么是过世的人，而不是在世的人，无限期地决定由谁来使用财产并享有财产利益。② 从历史传统看，英国的大法官和普通法法官有着维护财产可转让性的强烈愿望，特别是不动产，普通法的反永续规则就是法官们维护财产可转让性而制定的规则之一。③ 反永续规则建立在公共政策的基础上；没有反永续规则，世上的很多财产就会变得静止，成为对整个经济无用的财产。财产所有人处分自己财产的权利是受法律保护的，所有权包含处分权与转让权。但是，为了防止滥用这一保护，建立在公共政策原则之上的反永续规则得以产生，其立论基础在于转让自由的行使不应当导致自由本身的毁灭，因为永续把财产置于转让权的实施之外，使所有转让无效，导致转让自由的毁灭。④

其次，反永续规则可以防止复活限嗣继承。限嗣继承的复活方式是通过不可分割的不确定未来利益制约系列的终生权益继承。⑤ 反永续规则防止新伪装下的任何形式的永久不受限制的限嗣继承，但是它允许在限定的时间内进行不受限制的限嗣继承。⑥

再次，反永续规则具有利益平衡功能。《财产法重述Ⅱ》认为，反永续规则具有三个方面的功能，其首要功能就是调整和平衡当前财产所有人与将来财产所有人的意愿，前者希望永久控制财产转移和使用，而后者希望摆脱前者对财产的“死手”控制。⑦ 赛姆斯（Simes）教授也强调反永续规则的平衡作用，认为反永续规则调和折中了当代成员与后代成员之间的愿望，后代成员可用其享用的财产做他们想做的事。⑧

最后，反永续规则具有限制功能。有学者认为，反永续规则实质上是从时间的角度对委托人的处分自由进行限制；如果信托中的权益违反了反

---

① Tye J. Klooster, *Are the Justifications for the Rule against Perpetuities Still Persuasive*? 30(2) ACTEC Journal 95 (2004).

② Carl Emery, *Do We Need a Rule against Perpetuities?*, 57 Modern Law Review 602 (1994).

③ Richard R. Powell, *Powell on Real Property*, Michael Allen Wolfed, 2003, § 71.01 (1).

④ R. A. Eastwood, *Williams' Principles of the Law of Real Property*, 24th edition, Sweet & Maxwell, Ltd., 1925, p. 485.

⑤ Steven J. Horowitz & Robert H. Sitkoff, *Unconstitutional Perpetual Trusts*, 67 Vanderbilt Law Review 1769 (2014).

⑥ A. W. B. Simpson, *Entails and Perpetuities*, 24 Juridical Review 1 (1979).

⑦ Restatement (Second) of Property: Donative Transfers, Vol. 1, 1981, p. 8 - 9.

⑧ Lewis M. Simes, *Public Policy and the Dead Hand*, in The Thomas M. Cooley Lectures, 6th Series, Literary Licensing, LLC., 2012, p. 118.

永续规则,那么在该限度内自始无效。① 权益在设立时确定授予的不会违反这个规则,设立时没有确定授予但在反永续规则允许的时间内确定授予的也不会违反规则。规则只会对不能在规定的时间内绝对确定授予的利益认定无效。② 辛普森(Simpson)教授认为,鉴于一个人只能在有限的程度上预测未来和将来产生的问题,土地的所有人就不能在合理预见的期限之外控制土地。③ 从这个角度上说,在英美信托法制史上,反永续规则成为对委托人处分自由最有名的限制。④

三、反永续规则的适用

(一)反永续规则的适用步骤

通常来说,反永续规则的适用分为三个步骤。第一,识别出信托设立时的不确定利益(contingent interest),如果信托或遗嘱中有终生受益人与剩余受益人,终生受益人的利益是确定的,剩余受益人的利益是不确定的,其利益的确定需要第二步规定的条件。第二,不确定的利益变成确定(vested)利益的条件。这个条件实质上就是剩余受益人利益得以确定的事实,如信托文件规定,甲为终生受益人,如果甲去世后乙仍然在世,乙为剩余受益人。乙获得信托利益的条件是他应当比甲离世晚,否则他不能获得信托利益,这个条件是乙获得确定信托利益的前提条件。第三,确定信托设立时的计量人选,在所有计量人选离世后21年内,判断不确定的利益变为确定利益的条件能否实现,若不能实现则违反了反永续规则,换句话说,使不确定利益成为确定利益的条件应当在规定的时间内实现。⑤

也有学者提出了简化版反永续规则的适用步骤。第一步,法院要确定并厘清使用财产法、遗嘱法及信托法规则创立的每一种权益。反永续规则对确定创立的每一种权益没有影响,其作用在于审视能否在规定时间内向受益人赋予权益。第二步,法院一旦确定了权益,就会严格适用反永续

---

① Jeffrey A. Schoenblum, *Multistate Guide to Estate Planning*, CCH Inc., 2012, table 9.

② Frederick R. Schneider, *Rule against Perpetuities for the Twenty-First Century*, 41 Real Property, Probate and Trust Journal 743 (2007).

③ A. W. B. Simpson, *Legal Theory and Legal History: Essays on the Common Law*, Hambledon Press, 1987, p. 159 – 160.

④ Jesse Dukeminier & Robert H. Sitkoff, *Wills, Trusts, and Estates*, 9th edition, Wolters Kluwer Law & Business, 2013, p. 877.

⑤ [美]劳伦斯·M. 弗里德曼:《遗嘱、信托与继承法的社会史》,沈朝晖译,法律出版社2017年版,第171页。

规则。①

（二）反永续规则的具体适用

下文主要结合施耐德（Schneider）教授文章中的一个示例说明反永续规则的具体适用过程。

在 Hassell v. Sims 案中，委托人于 1906 年通过文书（deed）转让了土地。在执行并交付契据之时，委托人结婚了。文书给予他妻子终生受益权，但前提是在委托人死后她要为其守寡。委托人赋予他的子女终生受益权，承接他的妻子死亡或再嫁后的权益。最终的剩余权益赠与其孙子女。当委托人在 1906 年提交文书时，委托人与其妻子已经有几个子女，但并没有孙子女。到 1940 年发生诉讼前，夫妻俩又添了几个子女，并且有了几个孙子女。1940 年，田纳西州最高法院作出判决时，夫妻二人还依然健在。

反永续规则的适用首先要确定需要检视的权益，然后适用反永续规则。反永续规则不适用于妻子的终生权益，因为文书提交后就生效了，妻子的终生权益属于现实权益（present interests）。反永续规则只适用于不确定的未来权益（future interests），而不适用于现实权益。

权益授予（vesting）是适用规则的重要依据。根据反永续规则，一种有效的权益应当在权益设立时某个在世的人终生加上其死后 21 年的时间内授予。未来权益的授予要满足两个条件：第一，除了在先权益的自然到期之外，未来权益成为现实权益不存在先决条件；第二，如果未来权益变为现实权益，在理论上存在随时确定权益主体的可能性。一种权益是否被授予由赠与设立的具体财产权益确定。因此，当事人获得相关权益应当在规定的时间内获得授予。法院需要确定计量人选，计量人选应当是在权益设立时在世的人。设立人及其妻子、某个子女都是潜在的计量人选，他们在权益设立时都是在世的人。并不是所有的子女都可以做计量人选。设立人可能在提交文书后生育了子女，妻子也可能会在孩子出生后死亡，这个孩子可能在设立人与妻子死亡 21 年后还活着。如果以这个孩子作为计量人选，权益可能在权益设立时在世的人死亡 21 年后才授予。因此，孙子女的权益没有满足反永续规则的要求而无效。② 应当选择设立权益时在世的人作为计量人选，因此，权益设立后出生的子女不属于权益设立时在世的人，他不能做计量人选。但是在该案中，孙子女的权益要等子女权益自然终止后才能确定授予，而这个权益设立后才出生的子女可能在所有权益设

① Conn. Bank & Trust Co. v. Brody, 392 A. 2d 445 (Conn. 1978).

② Frederick R. Schneider, *Rule against Perpetuities for the Twenty-First Century*, 41 Real Property, Probate and Trust Journal 743 (2007).

立时在世的人死亡后21年依然生存,这会导致孙子女不能在权益设立时在世的人死亡后21年内获得确定的权益赋予,因此孙子女的权益因没有满足反永续规则的规定而无效。

法院适用反永续规则时会采用或然性测试(what-might-happen test)。这种测试主要是考虑超期可能性(remote possibilities)。最常见的一种超期可能性是法律推定人只要活着就有可能生育子女。这种超期可能性非常普遍,被利奇教授称为"有生育能力的耄耋老人"(fertile octogenarian)规则。法院在适用反永续规则时必须考虑这种超期可能性,并且要考虑夫妻生育的其他子女会随时在权益变为现实权益时加入其他子女的行列。①

反永续规则适用于不动产与动产上的普通法权益和衡平权益。反永续规则所涉的权益可以通过协议设定,也可以通过其他的生前法律文件设定。反永续规则可以适用于不确定的剩余权益(contingent remainders),也可以适用于将来权益(executory interests)。它适用于概括赠与(class gifts),也适用于财产指示权(powers of appointment)以及财产指示权所产生的权益。法院不会考虑事实会如何发展,它只会确定违反反永续规则的权益无效。②

在遗嘱信托中的权益也适用反永续规则。在Hauschild v. Hauschild案中,遗嘱人将其大部分财产置入信托,包括他的农场。遗嘱人给予其妻子居住农场上房屋的权利,只要她活着或者只要她愿意可以一直居住。同时,遗嘱人赋予妻子信托收益的终生受益权。妻子死后,信托财产在他们的三个子女之间平均分配。后来,其中两个子女提起诉讼,认为他们享有终生受益权而他们的直系后代享有信托财产所有权违反了反永续规则。法院指出,三个子女是遗嘱人死亡时指定的并且活着的人。三个子女的权益在遗嘱人死亡时就确定授予了,并且除了在先权益(妻子的终生权益)的自然届至之外没有其他先决条件,在任何时候都可能确定指定三个子女,反永续规则不适用于确定授予的权益。法院否认了当事人的主张,并指出,在起诉的两个子女死亡时,其直系后代可以确定,起诉的两个子女在遗嘱人死亡及设立信托时也是活着的受益人,并不违反反永续规则。因为孙子女不能享有财产上的权益,设立人在签字并提交文书后又重新获得了这些权益(归复信托)。妻子死亡或再婚时,文书中所提及的土地权益就

---

① Frederick R. Schneider, *Rule against Perpetuities for the Twenty-First Century*, 41 Real Property, Probate and Trust Journal 743 (2007).

② Frederick R. Schneider, *Rule against Perpetuities for the Twenty-First Century*, 41 Real Property, Probate and Trust Journal 743 (2007).

由子女终生享有。在最后一个子女死亡后，土地就重新归入设立人财产，按有效遗嘱分配或由设立人的继承人依法继承。①

反永续规则也适用于信托中的指示权。为了创设指示权，信托的设立人，也是赠与人，必须拥有授予一个或一个以上被称为受赠人（donee）的权力，由其决定谁能获得信托财产，信托财产如何划分，信托财产何时分配。赠与人使用信托特定条款创设指示权。指示权违反反永续规则有两种情形。第一种情形，受赠人超过规则规定的期限行使指示权，这会导致整个指示权以及任何行使指示权所产生的权益都归于无效；第二种情形，行使有效的指示权会产生一种或多种违反反永续规则的权益，在这种情形下，只有违反反永续规则的权益无效。②

（三）反永续规则适用过程中的困境

在反永续规则适用过程中，存在不少的困境，引发了学者诸多批评。因为要求权益应当在规定的期限内授予，因此在超期可能性上曾出现“有生育能力的耄耋老人”和“未出生的寡妇”（unborn widow）这样让人感到匪夷所思的假设，成为学者们抨击和嘲笑的话柄。

在1787年Jee v. Audley案中，一个叫爱德华·奥得利的人，立下遗嘱规定1000英镑的利息为其妻子终生享用，妻子死亡时，1000英镑将归属于其侄女玛丽·霍尔及其合法生育的子女。如果玛丽死亡时没有子女，就把1000英镑给他的亲族约翰·杰与伊丽莎白·杰夫妇在世的女儿之间平均分配。杰夫妇的女儿们提起诉讼，对委托人的侄女死亡时没有子女这一情形下的利益进行保全。法院发现赋予原告的利益超过了死后21年的限制，因为享有权益的人并不限于在遗嘱人死亡时就在世的杰夫妇的女儿，还包括了遗嘱人死亡后杰夫妇生育的女儿，因此违反了反永续规则的时间限制。可以简单地说，遗嘱或信托所设立的财产上利益，如果能确定下来，应当以财产利益设立时在世的人为衡量基准，在受益人去世后的21年内必须能确定下来，否则就违反了反永续规则。③ 受益人应当在信托设立时在世且为委托人所知晓，21年是下一代人的成年期。④ 根据Jee v. Audley案，得出的最著名的结论莫过于根据反永续规则决定“确定性”时，无论一

① Frederick R. Schneider, *Rule against Perpetuities for the Twenty-First Century*, 41 Real Property, Probate and Trust Journal 743 (2007).

② Frederick R. Schneider, *Rule against Perpetuities for the Twenty-First Century*, 41 Real Property, Probate and Trust Journal 743 (2007).

③ 29 Eng. Rep. 1186 (1787).

④ Jesse Dukeminier & Robert H. Sitkoff, *Wills, Trusts, and Estates*, 9th edition, Wolters Kluwer Law & Business, 2013, p. 877.

个人的年龄与身体状况如何，他都被毫无例外地推定为具有生育能力的人。此外，在英国，还有一个推定规则：如果一个人向一个他熟悉的已不具备生育能力女士的"子女"进行遗赠，"子女"一词依然会被解释成包含遗赠之后出生的子女。①

还有一个司法假设是"未出生的寡妇"。如果委托人把财产置入信托，规定"把收益支付给甲至其终老，然后把收益支付给甲的寡妇至其终老，随后把本金支付给甲死亡时还在世的子女"。这个信托中本金赠与是无效的，因为甲可能会再娶，他的第二位妻子可能在委托人死亡时还未出生，本金的赠与取决于甲的子女要身故于第二个寡妇之后，这就会使利益确定远远超过期限规定。没有人在案件中发现这种假设事实上发生过，但是因为有人"一抖机灵"，指出这个可能会发生，因而许多十分无辜的赠与就被取消了。② 例如，一个人给予 A 终生受益权，A 死亡时，把权益给予 B 的妻子。他没有考虑到在 A 死亡之前，B 的妻子可能会死亡或者与 B 离婚，B 的下任妻子可能在此之后的 21 年内都没有出生。因此，B 的第二任妻子可能在委托人死亡 21 年内依然不能确定，这样会超出权益授予期限。

反永续规则不容易掌握。把规则适用于特定案件时，需要确定一个权益设立时在世的人并由这个人使权益生效。确定是否有这样一个人，需要通过一个被许多人认为是神秘且令人困惑的程序。部分的困惑源于 Jee v. Audley 案所确定的违背常识的立场：首先，任何一个人，无论男女，只要没有死亡，都无一例外地被推定为具有生育子女的能力，即终生生育的确定推断。其次，把设立权益时在世的人称为"计量人选"也加剧了困惑，好像普通法反永续规则测量出了一段权益必须授予或不能授予的期限。而且，普通法反永续规则在限制"死手"控制方面的功能乏善可陈，因为它打败的只是那些没有违反政策的人。③

反永续规则的适用还导致一些利益分配的不合理以及违背委托人意愿的结果。无论是美国还是英国，几十年的永续案例没有揭露遗嘱人与委托人挤压反永续规则期限的长期设计，而是针对一些为了抚养家庭而制订合理计划的人，他们因为其委托的法律职业人员的无知或忽视而与反永续

① W. Barton Leach, *Perpetuities in Perspective: Ending the Rule's Reign of Terror*, 65 Harvard Law Review 721 (1952).

② W. Barton Leach, *Perpetuities in Perspective: Ending the Rule's Reign of Terror*, 65 Harvard Law Review 721 (1952).

③ Restatement of The Law Third Property: Wills and Other Donative Transfer, Vol. 3, 2010, p. 550 - 551.

规则产生冲突。这意味着,法院适用反永续规则时不是出于保护公共福利、避免不公平的富有,而是某些法律职业人员的不称职造成某些受益人利益被剥夺,又使另外一些人获得意外之财。①

某些受益人的利益因为反永续规则的适用被不合理地剥夺。当甲违反了反永续规则,法律后果是将乙的财产拿走交给丙。原因在于,向乙的赠与可能超越了时间限制,以致对财产束缚的时间延长。如果赠与无效,丙作为近亲属或剩余财产继承人,则是获得财产的人。有时情况可能比这更糟。在成功援引反永续规则违规条款的绝大多数案例中,赠与都是向一群人作出的。比如,向乙 1、乙 2、乙 3 的赠与都是有效的,但向假定的乙 4 的赠与导致整体赠与无效,乙 4 不可能出生也通常从未出生。对于经过漫长职业惯例还不熟悉这个原则的人来说,这看上去是关联过失(guilt by association)的极端例证。②

这一点通常会涉及(群体)概括赠与。设立人对子女的授予经常会采用这种形式。群体包括被指定分享一种利益的一组人,他们获得各自利益份额时不用考虑前提条件。通常群体概括赠与对象是某人的子女、继承人、兄弟姐妹或其他具有共同特征的群体。群体概括赠与在群体成员人数方面是灵活的,随着时间流逝,潜在的群体成员可能会出生,或者原有的成员会死亡而离开群体。在 Hassell 案中,对设立人子女的赠与符合群体概括赠与的标准,"子女"指设立人妻子死亡时夫妻两人在世的所有子女。群体概括赠与适用一条特殊规则,就反永续规则而言,群体概括赠与被视为未确定授予(nonvested)。孙子女的权益会在设立人的子女全部死亡后授予,此时孙子女群体就会闭合,成员就会确定。之后,子女就不会再生育子女了。因此,当权益成为占有权益(possessory interests)时,就可以确定哪些人能取得权益。取得权益只需要等待在先权益自然终止,除此之外不存在其他任何前提条件。确定授予所需要的条件就会得以满足。有学者称这为"全有或全无规则",根据反永续规则,群体概括赠与要么对所有群体成员有效,要么对全体成员无效,它不能部分有效、部分无效。如果任何一个群体成员的利益获得授予可能会超出期限,整个群体概括赠与就无效。作为普通财产法规则的一部分,群体闭合规则适用于在先利益结束时未来利益成为现实利益的群体概括赠与。群体会闭合,也就是说,夫妻二

① W. Barton Leach, *Perpetuities in Perspective*: *Ending the Rule's Reign of Terror*, 65 Harvard Law Review 721 (1952).

② W. Barton Leach, *Perpetuities in Perspective*: *Ending the Rule's Reign of Terror*, 65 Harvard Law Review 721 (1952).

人子女群体最后成员在利益变为确定利益时可以确定,这也是授予权益的时间节点。成员可以在权益设立后出生并在权益成为确定权益时成为群体成员。但是,除非权益设立人附加了在世限制条件,成员在死亡后并不丧失其权益,其权益由其继承人、近亲属或受遗赠人获得。①

反永续规则的适用发生为人诟病的后果,与反永续规则本身的性质有密切关联。“反永续规则不是一个解释规则,而是法律的强制性规定。它不像多少有些人为因素的解释规则或测试规则一样用来确定人的意图。”②

四、反永续规则自20世纪后半叶以来的发展

早在19世纪末,霍布豪斯(Hobhouse)提出了知晓并看见(know-and-see)原则,以平衡反永续规则,认为在转让人知晓并看见的人与事和他不能知晓并看见的人与事之间,应当画一条清晰、明显和自然的界线。③

自20世纪50年代以来,反永续规则处于美国的变革时代。利奇教授在20世纪50年代发表了两篇论文,指出反永续规则是一个“法律噩梦”,需要立即改革。后来他论文中的提议引发了反永续规则的两项重要修改。一项是“等等看”(wait-and-see)原则,另一项是在就近原则改革框架内的改革。④ 20世纪70年代,哈佛大学与哥伦比亚大学法学院的教授在美国法律协会发起反永续规则适当形式的改革运动。20世纪80年代,杜克米尼尔(Dukeminier)教授与瓦格纳(Waggoner)教授参与到反永续规则的争论中。杜克米尼尔教授支持“等等看”原则作为反永续规则改革的适当载体;瓦格纳教授强调未来权益应当得到维护,即使它违反了反永续规则,只要权益在创设之日起的90年之内得到了实际的确定,授予就应当得到认可。⑤

反永续规则十分复杂和专业,其适用也容易被误解。加利福尼亚州最

---

① Frederick R. Schneider, *Rule against Perpetuities for the Twenty-First Century*, 41 Real Property, Probate and Trust Journal 743 (2007).

② John Chipman Gray, *The Rule against Perpetuities*, 4th edition, Little, Brown and company, 1942, p. 201.

③ Arthur Hobhouse, *The Dead Hand: Addresses on the Subject of Endowments and Settlements of Porperty*(1880), Kessinger Publishing, LLC., 2010, p. 188.

④ Frederick R. Schneider, *Rule against Perpetuities for the Twenty-First Century*, 41 Real Property, Probate and Trust Journal 743 (2007).

⑤ Stewart E. Sterk, *Jurisdictional Competition to Abolish the Rule against Perpetuities: R. I. P. for the R. A. P.*, 24 Cardozo Law Review 2097 (2003).

高法院曾经免除了一个律师在一份遗嘱中违反反永续规则的责任，因为法院认为这个规则太难懂了。①

（一）“等等看”原则的采用

作为20世纪60年代反永续规则改革的一部分，美国有些州制定了改革法案，允许法院对一些不修改就会违反反永续规则的权益进行修正，以便适用成文法永续规则，前提是不会从根本上违背权益设立人的意愿。通过轻微的修改，法院使信托免于违反反永续规则导致的无效，法院的判决也实质上实现了设立人的意愿。通过在恰当案例中对权益的修改，法院可以拯救那些原本违反普通法反永续规则的权益。②

由于反永续规则对于未能在规定时间内授予利益自始无效的认定较严苛，而且使权益无效的事件也几无发生的可能性，因此建议标准从可能发生的后续事件转为实际发生的可能事件，由此进行判断就理所当然了。这不再以可能发生的事确定权益无效，而是“等等看”实际会发生什么再对权益进行确定。③

“等等看”原则也被称为第二次探查原则（second look doctrine）。在“等等看”原则之下，法院等着看规则确定的时间内意外是否会发生，而后再作出决定。“等等看”原则采用了不同于普通法反永续规则的方法。普通法反永续规则采用的是或然发生方法（what-might-happen approach），权益有效取决于权益设立时在世的能使权益生效的人（validating life），如果没有这个人，不确定的未来权益就无效。而“等等看”原则采用了实际发生方法（what-does-happen approach），权益的有效性取决于不确定的未来权益能否在规定的期限内授予，权益的生效需要的是一个真正的计量人选。④

司法决定只是简单地延后到所有确定权益的可能有效意外与可能性都发生之后。⑤“等等看”原则对于反永续规则的适用带来了深刻的变化，或然发生方法被法院舍弃，那些导致权益被宣告为无效的超过期限的可能性也不在法院的考虑之内。法院在审理案件时立基于实际事实的发展，而

① Frederick R. Schneider, *Rule against Perpetuities for the Twenty-First Century*, 41 Real Property, Probate and Trust Journal 743 (2007).

② Frederick R. Schneider, *Rule against Perpetuities for the Twenty-First Century*, 41 Real Property, Probate and Trust Journal 743 (2007).

③ Lawrence W. Waggoner, *The Uniform Statutory Rule against Perpetuities*, 21 Real Property, Probate and Trust Journal 569 (1986).

④ Restatement of the Law Third Property: Wills and Other Donative Transfer, Vol. 3, 2010, p. 553.

⑤ In re Estate of Freeman, 195 Kan. 190, 198 (Kan. 1965).

不是使用超过期限授予权益的可能性。根据事实的实际发展来评估权益,一些未确定授予的将来权益就会免于被认定为违反反永续规则。这个规则允许法院实现设立人对权益的意愿,并且它允许权益的实际接受者占有并享有权益。① “等等看”原则在很大程度上改变了或然发生方法的普通法反永续规则的适用,并且带来明显效果,实施“等等看”政策后,涉及反永续规则的案件数量大为减少。

20 世纪 80 年代,“等等看”政策改革得到了重大发展。《财产法重述Ⅱ》采用了“等等看”原则,同时对不确定未来利益不能授予或在“等等看”永续期间不能授予的案件合并适用司法修改,《财产法重述Ⅱ》还列举了可以用作测量“等等看”永续期间的计量人选名单。1986 年颁行的《统一反永续成文法》(Uniform Statutory Rule Against Perpetuities, USRAP)也追随《财产法重述Ⅱ》的做法,采用了“等等看”原则合并适用司法修改。但是,为了避免确定计量人选所产生的不一致,《统一反永续成文法》放弃了实际的计量人选做法,而是采用了 90 年的固定期限作为与权益设立时在世的人加 21 年的大体相近的期间。截至目前,在美国,包括哥伦比亚特区在内的 31 个州采用了 USRAP 的规定,②并且已经没有一个州完全遵守纯粹的普通法反永续规则了。

1986 年 USRAP 的制定成为反永续运动改革的高潮。该法第 1 条是最重要的条款,其规定:“没有确定授予的财产权益是无效的,除非:(1)当权益设立时,确定可以在权益设立时在世的人死亡后 21 年内授予或终止;(2)权益在设立之日起 90 年内授予或终止。”第(1)项实际上直接继承传统反永续规则,第(2)项是“等等看”原则的全新形式,使用固定的期限替代“等等看”永续期限。③

基于“等等看”原则带来的变化,根据传统普通法反永续规则被认定为无效的权益在“等等看”原则里并不是自始无效的。如果这些权益在规定的等候期间内授予就是有效的,但是,如果权益存在可并未在规定的等候期间内授予就视为无效。④

---

① Frederick R. Schneider, *Rule against Perpetuities for the Twenty-First Century*, 41 Real Property, Probate and Trust Journal 743 (2007).

② *Statutory Rule against Perpetuities*, https://www.uniformlaws.org/committees/community-home?CommunityKey=addf3263-af92-4421-a83c-2ef7bc9a1b94.

③ Frederick R. Schneider, *Rule against Perpetuities for the Twenty-First Century*, 41 Real Property, Probate and Trust Journal 743 (2007).

④ Lawrence W. Waggoner, *The Uniform Statutory Rule against Perpetuities*, 21 Real Property, Probate and Trust Journal 569 (1986).

USRAP 所采用的“等等看”原则的最大特点在于采用了 90 年的固定期限。首先，要确定根据原来的普通法测试权益是不是有效。如果无效，则关于权益有效性的判决要延后。其次，法院必须使用替代的 90 年“等等看”原则来评估权益。通常来说，这要 90 年到期才进行评估。如果权益可以 90 年内确定授予，就是有效的，否则无效。立法者认为，固定期限规则比传统的规则存在两个方面的明显优势：第一，在“等等看”原则下很难界定计量人选；第二，计量人选很难确定并适用于特定的事实，尤其是在几个计量人选中确定谁是生存者、计量人选什么时候死亡的情形下。① 因为对于谁应当确定为计量人选、怎么确定计量人选存在争议，USRAP 的起草者认为，一个固定的期限会使这个争议不再有什么意义。②

(二)信托领域的反永续规则废除运动

在 20 世纪末，美国各州纷纷废除反永续规则，综合分析存在以下几个原因。

第一，从规范研究的角度分析，反永续规则自身存在一些不足。反永续规则是从时间的角度对“死手”控制实施的一种限制。有学者指出了它存在三方面的不足：其一，它使基于未来或然发生基础上的或然未来利益归于无效，而不是基于未来实际发生的基础。信托设立时，如果一种或然未来利益不能或未能在允许的存续期间内授予，那么未来利益则自始无效。其二，在许可的普通法永续规则期间是通过权益设立时在世的人终生年龄加上 21 年确定的，这就需要权益设立时在世的同辈人分成衡量时间的人选和非衡量时间的人选。其三，普通法的反永续规则只关注或然未来利益的有效性，而不关注信托或其他无偿处置行为终止的时间，③但这些不足并没有对反永续规则的存废产生巨大的影响。直到 20 世纪 80 年代中期，它还一如既往地调整着信托的存续期间。但是，以下两个方面引发了反永续规则的巨大变革。

第二，州际的信托立法与信托管辖的竞争。反永续规则在 20 世纪发挥了限定信托存续时间的作用。④ 几乎与反永续规则改革运动同步，美国

① Lawrence W. Waggoner, *The Uniform Statutory Rule against Perpetuities*, 21 Real Property, Probate and Trust Journal 569 (1986).

② Lawrence W. Waggoner, *The Uniform Statutory Rule against Perpetuities*, 21 Real Property, Probate and Trust Journal 569 (1986).

③ Lawrence W. Waggoner, *Congress Promotes Perpetual Trusts: Why?*, University of Michigan Law School Public Law and Legal Theory Research Series, Paper No. 349(2014).

④ Max M. Schanzenbach & Robert H. Sitkoff, *Perpetuities or Taxes-Explaining the Rise of the Perpetual Trust*, 27 Cardozo Law Review 2465 (2006).

一些州却在信托领域发起废除反永续规则运动。艾奥瓦州与威斯康星州两个州长期以来认为反永续规则不适用于信托持有的利益。1983 年,南达科他州立法机关完全废除普通法反永续规则引发了新的一波竞争。尽管立法机关维持了取消财产转让权的限制,但立法机关明确表明,只要受托人拥有出售的权力,无论是明示的还是默示的,信托就不存在取消转让权的情形。①

20 世纪 90 年代中期开始出现的司法管辖权竞争加快了反永续规则变革的进程。1995 年特拉华州在官方立法概要中直白地表明,要获取信托司法管辖权竞争优势的目的。包括艾奥瓦州、威斯康星州和南达科他州在内的几个州,已经完全废除反永续规则,这加强了为财产管理目的由信托持有财产的吸引力,从而赋予这些州司法管辖区在州际竞争方面的优势。委托人在这些不可撤销信托中置入几百万美元的委托,经过接下来几十年的全面发展,会使那些已经废除了反永续规则的创新型的司法区成为重要的资本基地。特拉华州对持有个人财产的信托也废除了反永续规则,这表明该州对保持自己在资本形成、信托业管理方面(formation of capital and the conduct of trust business)引领性司法管辖区地位的持续警觉。后来,很多州废除反永续规则的目的在于争夺所谓的王朝信托基金(dynasty trust funds)司法管辖权,这种基金就是一种永久免除转移税的信托(perpetual transfer-tax-exempt trusts)。目前,半数以上的州已经全部或部分废除了反永续规则,其他的州已经采用了 USRAP 90“等等看”的措施,截至 2011 年,已经没有一个州完全坚持计量人选终生加上 21 年的规则了。②

在南达科他州的带领下,特拉华州与阿拉斯加州在它们各自的反永续规则上开始大量“放水”(water down)。在这两个州,修改反永续规则的努力与立法机关希望通过财产保护信托从其他州吸引信托业务的意图密切相连。1995 年,特拉华州立法规定动产信托免于所有的反永续规则限制;如果信托包括不动产,其成文法要求在财产被置入信托或信托变为不可撤销两个时间中,选择较晚的时间作为起算点,在 110 年内进行分配。1997 年,阿拉斯加州修改其反永续规则,规定未确定授予的权益,即使是未能在反永续规则规定的时间内授予的权益,也是有效的,只要信托的全部或部

① Stewart E. Sterk, *Jurisdictional Competition to Abolish the Rule against Perpetuities: R. I. P. for the R. A. P.*, 24 Cardozo Law Review 2097 (2003).

② Scott A. Shepard, *A Uniform Perpetuities Reform Act*, 16 New York University Journal of Legislation and Public Policy 89 (2013).

分收益或本金可以在受托人自由裁量下分配给一个信托设立时在世的人就可以。①

但是,美国法律协会逆废除潮流而动,谴责了各州的做法,并且在它的《财产法重述Ⅲ》采用了反永续的新规则——一条在任何地方都没得到实施、没有效力的规则。这条新规则需要在赠与人之后第二代最后一位受赠人死亡时附条件的赠与(如需要把完全所有权进行授权)来终结。②

美国联邦制政体下的立法二元体制把信托的立法权限赋予了各州。一些州为了吸引信托业务,纷纷改造信托法以使其在更大程度上满足委托人多方面的需求,吸引委托人到这些州设立信托。在争夺信托立法竞争优势的过程中,委托人的处分自由在很多方面都得到了扩展与延伸,甚至颠覆了信托法在长期发展过程中形成的传统,使委托人处分自由超越了合理的界限。截至2010年,阿拉斯加州、特拉华州(动产信托)、华盛顿州哥伦比亚特区、艾奥瓦州、肯塔基州、伊利诺伊州、缅因州、马里兰州、新泽西州、密苏里州、内布拉斯加州、新罕布什尔州、俄亥俄州、北卡罗来纳州、罗得岛州、宾夕法尼亚州、南达科他州、弗吉尼亚州与威斯康星州已经批准设立永久信托。亚拉巴马州、佛罗里达州、密歇根州、田纳西州、内华达州批准设立期限为360年的信托,新罕布什尔州、犹他州、怀俄明州批准设立期限为1000年的信托。③

第三,联邦税法的某些规定。反永续规则所存在的不足并没有对其自身的存废产生巨大的影响;到20世纪80年代中期,它还一如既往地调整着信托的存续期间。但是,在美国国会通过《隔代遗产转移税法》(Generation Skipping Tax,GST)后,情形则大不一样了。

1986年,美国国会通过的《隔代遗产转移税法》开启了反永续规则变革的序幕。隔代遗产转移税是对私人财富从一代人转移到另一代人手里时却没有发生联邦遗产与赠与税的补救措施,该法包括一项隔代遗产转移税豁免的规定。该项豁免允许信托委托人创立不发生隔代遗产转移税的信托,原来豁免的最高金额是100万美元(如果是已婚夫妇则为200万美元),后来国会把豁免的最高金额提高到350万美元(如果是已婚夫妇则为

---

① Stewart E. Sterk, *Jurisdictional Competition to Abolish the Rule against Perpetuities: R. I. P. for the R. A. P.*, 24 Cardozo Law Review 2097 (2003).

② Scott A. Shepard, *A Uniform Perpetuities Reform Act*, 16 New York University Journal of Legislation and Public Policy 89 (2013).

③ Restatement of the Law Third Property: Wills and Other Donative Transfer, Vol. 3, 2010, p. 562.

700万美元）。国会制定隔代遗产转移税豁免规定时，对适用隔代遗产转移税豁免的信托没有施加联邦存续时效的限制，各州的永续法（perpetuity law）控制着私人信托的存续时间。

作为2010年税法的一部分，国会应当对永久信托的税收豁免叫停。联邦法当前没有规定期限，只有州的永续法排除了永久信托的税收豁免，但是州法限制很快就不存在了。作为州际信托业务竞争的结果，州的永续法图景发生巨大改变。隔代遗产转移税豁免没有规定信托存续的时限，这引发各州废除或修改永续规则的运动，以使信托的委托人可以创设永久存续或存续几个世纪的信托。2005年公开的一项实证研究表明，在修改了反永续规则的州，一方面，州内的富人大量创设隔代遗产转移税豁免的永久信托或准永久信托；另一方面，大量州外私人财富也涌入这些州设立长达几个世纪甚至永久逃避联邦税收的信托。数据表明，大约有1000亿美元的资产流入允许设立永久信托的州。①

立法史与同期的地方媒体对反永续规则废除的报道表明，这些州的目的是在所谓的王朝信托基金司法管辖竞争方面保持竞争力，这种基金就是一种永久免除转移税的信托。南达科他州的州长在1997年提出了一项任务：研究南达科他州的信托法并建议改革，“以使南达科他州在设立信托方面继续保有高度的吸引力”。②

（三）反永续规则的存与废

在美国，已经有近一半的州允许设立永久信托或准永久信托。美国联邦隔代遗产转移税与各州对信托司法管辖权的竞争导致反永续规则的影响逐步削弱，这让人不得不担心它会不会最终退出历史舞台。

《财产法重述》《财产法重述Ⅱ》的起草者认为，首先，反永续规则在当前的财产所有人与将来的财产所有人就当前财产所有权与未来财产所有权以及财产的使用意愿之间打造了一种平衡。当前所有人希望能在将来也能控制财产，如果可能，希望永远控制；将来所有人则希望由自己作决定，甚至可以出售财产。其次，反永续规则有利于促进社会财富的运用，这条规则无疑增加了社会财富，特别是促进土地的流动。最后，反永续规则帮助当前所有人用他们的财产来应对紧急事件。在信托中，特定财产用于满足特定的确定的需求，法律的活力来自一种观念：当下不能把财富用于

① Lawrence W. Waggoner, *Message to Congress: Halt the Tax Exemption for Perpetual Trusts*, 109 Michigan Law Review First Impressions 23 (2010 - 2011).

② Max M. Schanzenbach & Robert H. Sitkoff, *Perpetuities or Taxes-Explaining the Rise of the Perpetual Trust*, 27 Cardozo Law Review 2465 (2006).

特定目的的时间过长。[①] 美国法律协会谴责了一些州废除反永续规则的做法，并且在它的《财产法重述Ⅲ》采用了反永续的新规则，尽管这是一条在任何地方都没得到实施、没有效力的规则。

但是，反永续规则的废除，会导致人们对立法和司法的公信力产生疑虑，会动摇立法和司法的基础，会冲击立法与司法的价值体系。

永久信托以及准永久信托设立所引起的现实问题难以回避。首先，从自然本性上来讲，财产转让人更愿意让其所了解的后代受益，转让人知道他与后代之间的血缘联系会随着代数的增加而逐步减少。一般而言，转让人很少考虑曾孙子女之后的事并让曾孙子女之后的后人受益。从血缘角度看，第六代基本上是转让人死后 100 年出生的；他们与转让人的血缘联系只有 1.56%，转让人第十四代后人与其血缘联系只有 0.006%，这种联系与随机选择的两个人之间的血缘联系没有多大区别。其次，永久信托的可行性令人怀疑。假设转让人死亡时有两个子女和四个孙子女，每代人之间的间隔为 25 年，在任何时间节点上都有三代人存续，上代人在 75 岁死亡，那么通过建模，在信托设立 150 年后委托人会有 450 个在世受益人，250 年后有 7000 个在世受益人，350 年后有 114,500 个在世受益人。要知道，超过 11 万人，这要比美国最大的橄榄球场能容纳的人还要多。350 年后，委托人的后人分散成数以千计的分支。信托设立后 450 年，在世的受益人可能会达到 1,800,000 人，分支数会在 120,000 ~ 257,143。[②] 可见，虽然有些州为了吸引信托业务而允许设立永久信托或准永久信托，但是从血缘关联度与受益人人数两个角度分析，这种信托存续的时间越长，其存在的合理性就越小，实施的困难会越来越大，甚至会变得不可能。很难想象，受托人向超过 100 万的受益人分配信托收益的情形，届时是否会有信托财产、是否会有足够的信托财产进行分配也存在很大不确定性，因此其存在的可能性也会逐步丧失。

永久信托以及准永久信托设立引发的法律问题难以预料。一个今天设立的永久或准永久信托，如果授予受托人自由裁量权把信托收益或本金在委托人的后人中按照信托文件的规定进行分配，这个信托虽然看起来非常灵活，但是，要根据设立时的标准来界定后代的类型，这个标准很有可能会随着家庭定义的变化而变得过时。1650 年制定的信托不会包含收养子

---

① Restatement of Property: Perpetuities, introductory n., p. 2129 - 2133 (1944); Restatement (Second) of Property: Donative Transfers, introductory n., p. 8 (1983).

② Restatement of the Law Third Property: Wills and Other Donative Transfer, Vol. 3, 2010, p. 555 - 556.

女、辅助生殖子女、代孕母亲生的子女这种条款。同样，今天制定的条款也不可能预测家庭与血统的概念将来会发生什么变化，因为信托文件的定义优先于含义不同的解释规则，所以将来变得过时的概念会限制信托根据变化的家庭概念进行调整的能力。对“死手”控制不进行限制，在世的人也就不能把信托财产转入符合新家庭概念的信托。①

反永续规则实现的政策目标就社会而言是重要的。没有这个规则，财产转让就会受到巨大的阻碍，“死手控制”就会盛行。限制过度“死手”控制的规则深植于美国的历史与传统之中，其存在也有充分合理的理由。施耐德教授认为不存在普遍的废除反永续规则的运动，相反，USRAP 的立法活动表明对于反永续规则的持续需求。施耐德教授还对反永续规则进行了重新设计，反永续规则应当且可以制定得为每一个法官与律师所理解，它的适用也应当尽可能简便。因此它应当包含下列要素：第一，永续的计量期间应当是固定的；第二，权益的有效性应当通过实际的事实而不应当由可能性予以确定；第三，对违反反永续规则的权益在固定期限结束时进行重构是可能的；第四，如果不能合理重构，应当规定终止条款；第五，应当有“授予”的定义。②

第二节　浪费者信托与委托人的处分自由

一、浪费者信托与权益转让

浪费者信托是一种对受益人权益转让进行限制的信托，委托人在信托文件中明确要求受益人不可转让信托权益，且受益人的债权人也不能对受益人的信托权益进行追索以获清偿。③

浪费者信托源于英国封建社会中形成的未经领主同意土地不得转让的惯常做法、限嗣继承地产、严格授予地产制等复杂的地产制度。④ 普通法对于财产转让限制（restraint on alienation）非常厌恶，⑤因此，在英国的普

① Restatement of the Law Third Property: Wills and Other Donative Transfer, Vol. 3, 2010, p. 567 – 568.

② Frederick R. Schneider, *Rule against Perpetuities for the Twenty-First Century*, 41 Real Property, Probate and Trust Journal 743 (2007).

③ Erwin N. Griswold, *Spendthrift Trust*, Matthew Bender & Company Incorporated, 1936, p. 3.

④ Erwin N. Griswold, *Spendthrift Trust*, Matthew Bender & Company Incorporated, 1936, p. 4 – 5.

⑤ ［美］劳伦斯·M. 弗里德曼：《遗嘱、信托与继承法的社会史》，沈朝晖译，法律出版社 2017 年版，第 158 页。

通法和美国早期的普通法中，禁止受益人授予、转让衡平权益的浪费者信托条款是无效的，这条规则早在 1811 年 Brandon v. Robinson 案中得以确立。英国法院一直以来都认为信托中浪费者条款限制是无效的，不能阻止受益人转让权益，受益人的债权人也可以追及受益人在信托中的权益。①

在 Brandon v. Robinson 案中，父亲把不动产与动产置入信托，并要求向其儿子终生支付收益，在儿子死亡后，将本金支付给其最近的亲属。父亲在信托文件中插入了浪费者条款，规定儿子不能对任何未实际收取的收益进行赠与、转让。委托人死亡后，儿子就破产了。破产受让人（assignee）提起诉讼，要求追及受益人在信托中的权益。法院认为，转让限制是无效的，破产受让人可以追及受益人的信托权益。但是，因转让而没收（forfeiture for alienation）的限制也被承认了，换言之，在信托文件中可以增加规定，如果受益人企图转让他的信托权益，或其债权人企图追及信托权益，或其将破产，受益人的权益就会终止。②

英国法上还存在一种特殊的权益转让限制。由于当时存在的普通法障碍，英国的衡平法院为了使已婚妇女享有财产权益，允许创立一种衡平法上的不受丈夫控制的独立财产权益。为了保护这种权益，法院觉得有必要批准一个条款限制已婚妇女转让其权益，否则她有可能在很多情形下受丈夫引诱把财产权益间接转让给丈夫或服务于丈夫的利益。这种对已婚妇女衡平权益转让的限制在英格兰依然适用，但是受到后来 1925 年《财产法》等立法的限制。如果企图对已婚妇女之外受益人的权益转让进行限制，英国法院则会宣布这种做法无效，受益人的权益可以自愿转让，也可由债权人追及。③ 同时，英国法院认为已婚妇女独立的财产权益限制是特殊的个案，不能拓展到一般信托。法院认为，可转让性是衡平终生权益内在的各种权益不可分离的属性，通过信托条款赠与了终生权益后却禁止转让是矛盾的、无效的。法院好像没有关注对债权人所产生的不便。④

英国法院不承认浪费者信托，在有类似需求的时候，英国的律师就使用"自由裁量信托"作为浪费者信托的替代，在这种信托中，财产转给受托人，受托人负有义务把收益分配给受益人，受托人享有不受限制的自

---

① William H. Wicker, *Spendthrift Trusts*, 10 Gonzaga Law Review 1 (1974).

② R. W. Woolsey, *Spendthrift Trusts-In General*, 3 Southwestern Law Journal 198 (1949).

③ George G. Bogert & George T. Bogert, *The Law of Trusts and Trustees*, 2nd edition, West Publishing Co., 1992, p. 375.

④ George G. Bogert & George T. Bogert, *The Law of Trusts and Trustees*, 2nd edition, West Publishing Co., 1992, p. 376.

由裁量权,这使得受益人的权益极不确定,以至于对受益人的债权人来说,受益人的权益变得毫无价值。为了进一步挫败受益人的债权人并回避英国反对浪费者信托的规则,英国的律师发明了“混合型”(blended)自由裁量信托,主要做法是为一群人设定不分割的权益,授予受托人权力与特权决定最佳的利益分配方式。比如,父亲为儿子及儿子一家人设立信托,授予受托人权力,由其以合适的方式决定把权益分配给儿子及其妻子、儿女。儿子的债权人会发现没有可取的财产,因为衡平权益是授予一群人的,并没有分割成个人权益。委托人采用混合自由裁量信托,可以对挥霍的、无远见的、不明智的人及其家庭进行有效约束,其作用非常明显。

在英国出现的保护信托已经得到成文法的认可。在保护信托中,设立一个向受益人支付终生权益的普通信托,如果受益人企图转让其权益,或债权人企图追及其财产,为这个受益人设立的信托就终止了,与此同时,一个为了受益人及其家庭或近亲属利益的混合自由裁量信托就开始了,也就是说,只要受益人没有自愿转让或非自愿转让信托权益,就存在一个为受益人存在的非浪费者信托;一旦受益人企图转让其权益或面临迫近的金融困境,为受益人设立的独立信托就终止了,其只有一种非直接的权益,不能为其债权人追及。这种信托不必在信托文件中作全面的描述,只需要在信托文件中表明为了指定的人以确定的财产设立“保护信托”的愿望就足够了。①

二、浪费者信托在美国的出现与发展

(一)浪费者信托的开端

为了防止子女或孙子女承担巨大责任,或阻止债权人要求从信托财产或信托收益获得清偿,从而保障子女或孙子女权益,委托人有几种不同的选择可以应对,其中首选浪费者信托,保护信托、自由裁量信托与供养信托也可在一定程度上替代浪费者信托。它们的不同在于,浪费者信托条款直接限制受益人,而保护信托、自由裁量信托与供养信托限制的是受益人享有权益的信托财产。②

在联邦最高法院 1875 年作出 Nichols v. Eaton 案判决之前,美国的法

---

① George G. Bogert & George T. Bogert, *The Law of Trusts and Trustees*, 2nd edition, West Publishing Co., 1992, p. 376 – 379.

② Anne S. Emanuel, *Spendthrift Trusts: It's Time to Codify the Compromise*, 72 Nebraska Law Review 179 (1993).

院好像一直坚守着英国不承认浪费者信托的严格普通法信托规则。① 在浪费者信托发展过程中，最有影响力的事件莫过于菲尔德（Feild）法官在 Nichols v. Eaton 案中对浪费者信托作出的精心阐释。②

该案中，萨拉·伊顿在遗嘱中将其四个子女指定为一个保护信托的收益受益人，如果一个儿子企图转让或处分其信托权益，那么其在信托中的权益就终止；如果这个儿子破产，他在信托中的收益份额就支付给他的妻子和子女；如果这个儿子没有配偶、子女，收益就累积，规定这个儿子的信托收益终止之后受托人有自由裁量权把其全部或部分收益分配给其他儿子或其配偶子女。在萨拉·伊顿死后，其中一个儿子亚玛萨破产。亚玛萨未婚，他把自己的全部财产概括转让给他的债权人尼克尔斯。后来，尼克尔斯被指定为破产财产管理人。尼克尔斯随后对伊顿的遗嘱与信托的执行人与受益人提起诉讼，要求获取亚玛萨被剥夺的权益，认为信托权益可以由受托人根据自由裁量权为了亚玛萨债权人的利益支付给亚玛萨。尼克尔斯指出，信托中的自由裁量条款只是一个逃避法律政策的幌子，授予受托人的自由裁量权实质上是一种指示，要求受托人在受益人破产时进行有利于受益人的操作。联邦最高法院没有认可尼克尔斯的意见，而是适用了自由裁量信托的标准规则。根据信托文件，受托人被授予了绝对的自由裁量权，亚玛萨事实上不能强迫受托人为了自己的利益行使自由裁量权，他不享有他的债权人可以追及的利益。作出判决后，米勒法官继续在判决书中写下了全体法官一致同意、后来构成美国浪费者信托获得认可基础的意见。他指出，虽然美国联邦最高法院采用了英国衡平法院保护信托的规则，但并不认可衡平法院浪费者信托条款无效、不允许限制财产转让的规则。他列举了三个支持浪费者信托的理由：第一，在美国各州，债务人都享有成文法规定的部分财产豁免于债权追索的权利，浪费者信托条款具有类似豁免功能，没有违背公共政策；第二，债权人依赖不能实现其债权的信托收益或信托财产时要自担风险，因为遗嘱与遗嘱信托都有备案可查；第三，财产所有人从所有权的角度而论，也有权为了保护受赠人提出附加条件。③

由于法院对这个判决意见的重视，这个判决意见得到了广泛的传播。

---

① Willard M. Bushman, *The (In) Validity of Spendthrift Trusts*, 47 Oregon Law Review 304 (1968).

② Erwin N. Griswold, *Spendthrift Trust: Restraints on the Alienation of Equitable Interests Imposed by the Terms of the Trust or by Statute*, Matthew Bender & Company, 1936, p. 25.

③ Nichols v. Eaton, 91 U. S. 716, 723 - 727 (1875).

菲尔德法官经历了19世纪四五十年代那段个人主义盛行的时期,他的判决意见体现了强烈的个人主义色彩。他认为,一个人可以用其拥有的东西做他喜欢做的事;如果他想把财产给另一个人,但是要求受赠人不能转让、受赠人的债权人也不能追及赠与的财产,这样的要求只事关赠与人;只要说这是赠与人的财产就够了,赠与人的意愿应当优于其他因素得到尊重,受赠人的权益或一般公共利益并不是令人信服(compelling)的理由。这种论调非常迎合19世纪的法官们。①

Nichols v. Eaton 案成为美国法院执行浪费者信托条款的第一案,也标志着开始偏离英国倾向债权人保护的普通法规则。② 其实,美国在浪费者信托问题上偏离了英国法和其他普通法国家的政策,问题的实质在于是否允许"死手控制"受益人利益的转让。在英格兰和其他普通法国家,法院把信托财产概念化为受益人的财产。相反,在美国的法制传统里,信托被视为附条件的赠与,受益人取得信托中的利益需要服从委托人施加的限制。在美国,自由处分包括对受益人享有的信托财产利益施加限制条件的权利,诸如限制受益人对信托利益进行自愿或不自愿转让。③

因此,在没有赠与的情形下,英国的规则不承认对受益人转让其权益、对受益人破产施加限制的效力,并宣布限制无效。但是多数美国的法院却采取截然相反的态度,它们承认信托文件中限制受益人转让信托权益条款的效力,因此可以防止受益人的权益为其债权人所追及,可以防止受益人自愿转让其权益。马萨诸塞州法院在 Broadway National Bank v. Adams 案中表述了美国法院的观点。在该案中,原告提起衡平诉讼,要求追及被告的信托权益。信托为了被告终生免于其债权人的干预或控制而设立,委托人还要求,受益人不得通过转让权益而对债务进行提前清偿。法院认为浪费者条款的效力已被承认,并且拒绝普通法规则的适用,即财产转让不能附加一个它不得转让的条件。在普通法上,"这样一个条件,赠与人意在剥夺受赠人在受赠财产上的法定附属权益和消除财产的法定特征,这被认为是违背公共政策的"④。

该案推动了浪费者信托的快速发展。法院在该案分析中指出,在这个

---

① Erwin N. Griswold, *Spendthrift Trust: Restraints on the Alienation of Equitable Interests Imposed by the Terms of the Trust or by Statute*, Matthew Bender & Company, 1936, p. 25 – 26.

② Philip J. Ruce, *The Trustee and the Spendthrift: The Argument against Small Trust Termination*, 48 Gonzaga Law Review 163 (2012).

③ Jesse Dukeminier & Robert H. Sitkoff, *Wills, Trusts, and Estates*, 9th edition, Wolters Kluwer Law & Business, 2013, p. 696.

④ R. W. Woolsey, *Spendthrift Trusts-In General*, 3 Southwestern Law Journal 198 (1949).

信托中，信托财产及其权益、特性完整地转给了受托人；受托人享有财产的完整法定权利以及转让权，受益人对分配给他的信托财产所产生的收益权享有全部的法定权利；本金与收益在任何时间都不能分离。法院认为，委托人可以赋予受益人一种受限制的权益，要求受益人不能通过预付的方式转让权益，受益人的债权人也不能通过任何普通法或衡平法程序追及这些权益。法院相信，因为赠与人是财产的绝对所有权人，只要与法律不冲突，他可以按其意愿对财产的处理施加限制。针对受益人的浪费或厄运而规定的限制措施，即使在以债务人财产清偿其债务的公共政策规则面前，也不会与公共福利对立。如果依据信托文件创设的信托要求受益人不能转让信托财产，信托财产也不对受益人的债务负责，那么债权人就无权依赖于以这种方式持有的信托财产并授信给受益人。只要适当谨慎，债权人可以确定受益人财产的性质与范围，特别是在联邦范围内，遗嘱与大多数契据文书都属于公共档案，可供查询。①

（二）浪费者信托在美国发展的原因

"浪费者信托"这一表述最早出现在宾夕法尼亚州一个法院案例的目录上。到 1915 年，牛津英文词典中才出现了"浪费者信托"这个表述，可见在此之前，这个表述并不常见。1883 年格雷出版的《财产转让限制》（*Restraint on the Alienation of Property*）一书记录了 11 个州在这个主题上作出的判决，其中有 8 个州认定限制转让无效，只有宾夕法尼亚州和马萨诸塞州的法院承认浪费者信托的效力。到 1895 年格雷出版该书第二版时，情况发生了很大变化，此时已经有 8 个州承认浪费者信托的效力。四十年之后，浪费者信托已经广为社会接受和承认了，问题已经不再是浪费者信托是否有效，而是关注浪费者信托有效的假定基础上的后果问题。②

尽管各州的浪费者信托转让限制并没有统一的形式，多样化的成文法与普通法规则难以进行一般的概括，③浪费者信托的合理性也一度存在争议，但是美国所有的州都以某种形式承认浪费者信托。④ 有理由相信，在美国，有一半以上的信托文件包含"浪费者信托条款"。⑤

---

① Broadway National Bank v. Charles W. Adam and another, 133 Mass. 170 (1882), 172 – 173.

② Erwin N. Griswold, *Spendthrift Trust: Restraints on the Alienation of Equitable Interests Imposed by the Terms of the Trust or by Statute*, Matthew Bender & Company, 1936, p. 33 – 34.

③ George G. Bogert & George T. Bogert, *The Law of Trusts and Trustees*, 2nd edition, West Publishing Co., 1992, p. 380 – 381.

④ Amy M. Hess, George G. Bogert & George T. Bogert, *Bogert's Trusts and Trustees*, Thomson Reuters, 2014, § 222, n. 64.

⑤ William H. Wicker, *Spendthrift Trusts*, 10 Gonzaga Law Review 1 (1974).

浪费者信托之所以在美国得到普遍的接受与认可，主要是受到19世纪下半叶以来社会所崇尚的个人主义、自由主义、权利神圣等理论的影响。在19世纪的下半叶，美国的法院倾向于过度强调“个人自由”“合同神圣”，以及财产所有人享有几乎不受限制的权利，以便根据自己的意愿处理财产等理念，并且不断拓展其范围。① 浪费者信托获得认可，应当是强烈的个人主义理念在信托法实践领域中的体现。

具体来说，个人主义、自由主义的理念彰显于对浪费者信托委托人处分自由的尊重上，对遗嘱人（委托人）意愿的尊重是浪费者信托得以承认的主要原因。较早承认浪费者信托的宾夕法尼亚州法院解释说，他们承认浪费者信托不是出于帮助受益人逃避正当义务的目的，也根本没有这样的打算，而只是为了保护委托人的财产权利。在Morgan's Estate案中，法院解释，“众所周知，法律保护的浪费者信托所依据的主要原则是‘赠与人有权决定如何处理赠与物’，只要不违法，允许赠与人根据自己喜好决定如何赠与。应当时刻牢记的是，赠与中对受益人的安排是不可能进入法律政策的考量的，法律政策只考虑赠与人的权利”。②

尽管美国联邦最高法院声明，“死手只有通过宽容才可以支配继承”，但是多数州和遗嘱认证法院还是一直坚持在确定遗嘱和信托的含义时遵从施赠者的意愿。③ 一些法学学者和政治哲学家也认为，法院应当遵从施赠人的愿望，即使施赠人已经死亡。④ 对于浪费者信托条款隔离债权人追索的正当性解读有两方面的原因：第一，在支持浪费者信托条款隔离效力的案件中，法院强调，债权人应当对受益人授信自负其责，在授信之前，债权人完全可以确认债务人财产的范围和性质。⑤ 第二，受益人享有的信托权益的性质也成为隔离债权人追索的一个重要原因，信托财产由于受制于遗嘱的一般指示权，而这种权力并没有给予受赠人“与所有权相同的权利”，⑥换句话说，受益人受赠的信托权益是受委托人指示权限制的权益。

虽然限制财产转让与创业的自由市场经济是不相容的，但是成功的企

① William H. Wicker, *Spendthrift Trusts*, 10 Gonzaga Law Review 1 (1974).

② Weston C. Overholt, Jr., *Tort Liability of the Beneficiary of a Spendthrift Trust*, 57 Dickinson Law Review 220 (1952).

③ Daniel B. Kelly, *Restricting Testamentary Freedom: Ex Ante Versus Ex Post Justifications*, 82 Fordham Law Review 1125 (2013).

④ Daniel B. Kelly, *Restricting Testamentary Freedom: Ex Ante Versus Ex Post Justifications*, 82 Fordham Law Review 1125 (2013).

⑤ Austin W. Scott, William F. Fratcher & Mark L. Ascher, *Scott and Ascher on Trusts*, Wolters Kluwer Law & Business, 2006, p. 1007.

⑥ Restatement (Third) of Trust, § 56 cmt. b (2003).

业家利用自由市场观念集聚了财富，一旦他们集聚了财富，会突然发现限制财产转让所提供的保护非常有吸引力。①

三、浪费者信托制度的运行

20 世纪浪费者信托制度的大部分发展是通过法院的判例和成文法实现的，大体上集中于以下几个方向：否定委托人作为适格浪费者信托的受益人；创设了支持特定种类债权人的例外；设置了免于债权人追索的信托财产数量上限或受益人收益的上限。几乎在美国所有的州，委托人不能通过自愿行为把自己的权益转换成一种不可转让、不能由债权人追及的信托受益人收益。② 虽然浪费者信托在美国各州都得了承认，但是其具体的制度设计却因州而异。

首先，设立浪费者信托，委托人不必使用任何特定的形式与语言。但是，信托文件的文字用语应当表明限制受益人转让权益的意图。如果使用明示的语言，确定浪费者信托的设立并不困难。③ UTC 也规定信托文件中不必包含浪费者信托条款，浪费者信托条款被界定为信托条款（term of a trust），而信托条款又被界定为委托人表达在信托文件中确定信托内容的意愿，或者由司法程序中可以采用的其他证据确定。它不需要特定的用语证明委托人设立浪费者信托的意愿。有时，只是简单要求受益人的权益由“浪费者信托”持有就足够了。④

其次，设立浪费者信托的目的是保护受益人，浪费者信托通常产生于受益人没有能力管理自己事务的情形。博格特（Bogert）教授指出：委托人认为，为一个没有经验、没有能力或有浪费习惯的人设立浪费者信托条款是必要的。如果这种人有权处分他从信托获取的收益，那么他的能力缺乏会导致他用收益清偿债务并把将来获取收益的权利转移给贷款人或债权人。如果没有相应能力的人或有浪费习惯的人受到了相应的限制，那么在受托人把收益支付给他之前他就不能处分收益，因此，浪费者信托会使受益人得到保护，至少在一定程度上使其免于匮乏。⑤

在确定受益人资格方面，美国各州有很大区别。有几个州要求要么受

---

① Lawrence M. Friedman, *The Dynastic Trust*, 73 Yale Law Journal 547 (1964).

② William H. Wicker, *Spendthrift Trusts*, 10 Gonzaga Law Review 1 (1974).

③ R. W. Woolsey, *Spendthrift Trusts-In General*, 3 Southwestern Law Journal 198 (1949).

④ Alan Newman, *Spendthrift and Discretionary Trusts: Alive and Well under the Uniform Trust Code*, 40 Real Property, Probate and Trust Journal 567 (2005).

⑤ George T. Bogert, *Trusts*, 6th edition, West Publishing Co., 1987, p. 149.

益人与委托人存在密切关系,要么满足成文法的标准,但在大多数州,委托人可以为任何人设立浪费者信托。美国多数州允许为健全的成年人设立浪费者信托,使其作为受益人有权依据浪费者信托条款规避债权人的追索。很明显,这种不公正的结果是不能通过委托人的财产权得到合理解释的。如果受益人只是得到了委托人赠与,那么这就是在回避我们的社会是否应当允许这种赠与这个问题了。这一政策问题因为浪费者信托支持者所强调的理由没有得到清晰、有力的解决。①

再次,一般的浪费者信托规定对收益转让的限制,通常表述为受益人有权终生享有信托财产的收益,或享有一定期限的信托财产收益,债权人不能对受益人不能处分的未来收益权利提出权利主张。在这种情形下,受益人未来才能获得的收益不受自愿转让与非自愿转让的支配。如果受益人转让或通过合同转让这种受限制的权益,转让是无效的,合同也不能强制执行,受益人可能要对违反合同承担违约责任。然而,受益人实际取得的收益以及实际支付给受益人的利益可以自由转让,也会被受益人的债权人追及。另外,由受托人取得的信托收益在未实际支付给受益人之前也要受到转让限制的制约。②

有观点曾指出,浪费者信托只适用于受益人对未来收益的权利,而不能将这种保护扩展到受益人对本金的权利。在这个问题上,法院的态度不一。有些法院不愿把浪费者条款的效力扩展至适用于本金,主要是基于实际的信托财产不应当存在转让限制的观念,这如同土地法中非限嗣继承地产权(fee simple)不应当有转让限制一样,这种限制受到公共政策强势规则的阻止。③

针对浪费者信托受益人提起的诉讼,大多来自其供养的人。受益人供养的人能不能追及受益人的权益或在多大范围内追及受益人的权益,各州的规定不尽一致。一些州认为,受供养人的地位并不优于一般债权人;在有些州,无论是根据判例还是成文法,一般债权人不能追及受益人的权益,但受供养人可以对受益人的全部权益提出权利主张;还有一些州规定,受供养人可以对受益人所需财产之外的财产提出权利主张。④ 可见,各州的政策不尽一致,有的州倾向于保护受益人,有的州则倾向于保护债权人与

---

① *A Rationale for the Spendthrift Trust*, 64 Columbia Law Review 1323 (1964).

② R. W. Woolsey, *Spendthrift Trusts-In General*, 3 Southwestern Law Journal 198 (1949).

③ R. W. Woolsey, *Spendthrift Trusts-In General*, 3 Southwestern Law Journal 198 (1949).

④ Austin W. Scott, *Spendthrift Trusts and the Conflict of Laws*, 77 Harvard Law Review 845 (1964).

受让人，还有的州在规定的限度内，两者都进行保护。①

最后，一般而言，浪费者信托的终止需要委托人同意。如果委托人没有把这项权力授予其他人就死亡了，信托就不能终止，因为受益人权益的损害(destruction)等同于转让。②

致力于信托法制统一化的UTC与《信托法重述》两部示范法典，对浪费者信托都鲜明地表明了态度。

UTC第5条以某些方式加强了信托传统上提供的财产保护规划，但在其他方面，至少就自由裁量信托受益人子女、配偶或前配偶对可追及财产要求强制分配的权利方面，则有所加强。③ UTC第502(c)条规定，根据有效的浪费者信托条款，“受益人的债权人或权益受让人不能在受益人收到收益或分配之前向受托人追索”。因此，作为一般规则，债权人向受益人个人提出权利主张，必须等待受益人收到分配的收益。根据UTC，“只有它既限制自愿转让又限制非自愿转让受益人权益时”，浪费者信托条款才有效。根据第502(b)条，只要表明受益人权益的自愿转让和非自愿转让受浪费者信托条款的制约就足够了。

UTC的第503条列举了三种“例外债权人”(exception creditors)：第一，持有法院判决或命令要求受益人承担供养义务的受益人的子女、配偶或前配偶；第二，为受益人的信托权益保护提供了服务的判决债权人(judgment creditor)；第三，州或联邦的成文法有特别规定的债权人。

与《信托法重述》不同，UTC规定浪费者信托条款可以禁止那些向受益人提供了必需品的人向受益人的权益提出权利主张。UTC禁止受益人侵权行为的债权人追及受益人在信托中的权益，而不管导致权利主张产生的受益人侵权行为的性质。《信托法重述》则认可侵权行为债权人对侵权受益人在浪费者信托中的权益主张权利。④ 但是，关于侵权行为的债权人能否追及受益人的信托权益，一位《信托法重述Ⅱ》的起草者曾谨慎地表示，他们在这个问题上不想表达任何观点。很明显，侵权行为的债权人与合同债权人存在很大差异。受到受益人侵权行为侵害的人根本没有机会通过检查侵权人的信用评级以避免伤害。如同斯格特教授指出的，如果允

---

① Austin W. Scott, *Spendthrift Trusts and the Conflict of Laws*, 77 Harvard Law Review 845 (1964).

② *A Rationale for the Spendthrift Trust*, 64 Columbia Law Review 1323 (1964).

③ Alan Newman, *Spendthrift and Discretionary Trusts: Alive and Well under the Uniform Trust Code*, 40 Real Property Probate and Trust Journal 567 (2005).

④ Restatement (Third) of Trusts, §59 cmt. a (2003); Restatement (Second) of Trusts, § 157 cmt. a (1959).

许一个人在伤害别人以后不用满足受害人的权利请求而是继续享有财产的权益,这在观念上是令人震惊的。①

四、浪费者信托的债权隔离功能

浪费者信托之所以受到美国各州的普遍采用,主要在于它满足了委托人保护受益人利益不受债权人追索的要求。可以说,浪费者信托条款具有很强的债权隔离功能。

(一)浪费者信托对合同债权的隔离

通常来说,信托本身并不能阻止受益人的债权人追索信托财产,但是,如果浪费者信托含有"浪费者条款",它就可以禁止信托受益人自愿将其信托权益转让给第三人。"浪费者条款"还可以阻止债权人通过扣押追及信托财产。②

浪费者信托作用的发挥主要是依赖委托人在信托文件中加入的禁止挥霍条款,为了防止受益人用信托收益偿还个人债务、转让信托收益等方式处分从信托中获得的收益,现在,较典型的浪费者信托条款会作如下规定:"除了家庭成员之间的转让,受益人不能以任何方式将其在信托本金或收益上的权益进行转让、抵押,并且在法律的最大限度内,任何受益人的权益不受其债权人的追索,不受扣押、执行或其他法律程序的约束。而且,任何受益人在信托本金与收益上的权益不受任何债权人或已婚受益人配偶的控制与干涉,也不受扣押或可能的预付或转让的约束。本段不应当被解释为以任何方式对授予的权力或自由裁量权行使的限制。"③

在浪费者信托获得承认之后,受益人的债权人既不能直接从信托财产中获得清偿,也不能强制受托人向其支付信托财产收益。只有当受托人向受益人支付了信托收益之后,债权人才能向法院申请受益人强制执行。④为了防止债权人对受益人到手的信托收益进行强制执行,委托人会在信托条款中加入受托人的自由裁量条款,由受托人根据需要或自己的判断决定是否向受益人支付信托收益。这种设计把绝大多数债权人隔离在信托财产与受益人的收益之外。为了应对债权人对支付给受益人的权益行使权

---

① Weston C. Overholt, Jr., *Tort Liability of the Beneficiary of a Spendthrift Trust*, 57 Dickinson Law Review 220 (1952).

② Richard C. Ausness, *The Offshore Asset Protection Trust: A Prudent Financial Planning Device or the Last Refuge of a Scoundrel*, 45 Duquesne Law Review 147 (2007).

③ Mason v. Mason, 798 So. 2d 895, 897 (D. Fla. 2001).

④ [美]劳伦斯·M.弗里德曼:《遗嘱、信托与继承法的社会史》,沈朝晖译,法律出版社2017年版,第158页。

利,委托人在信托文件中授权受托人将受益人的权益支付给第三方,因为支付给第三方的权益不会被受益人收到,可以推定受益人的债权人也不能追及这部分权益。①

(二)浪费者信托对侵权债权的隔离

浪费者信托条款隔离受益人合同之债的债权人已达成共识,但它能否当然隔离侵权之债债权人的追索存在争议。侵权之债的债权人的情形与合同之债的债权人的情形存在很大不同。一个要被汽车撞到的行人是没有机会调查司机的信用状况或避免受伤的,无论司机的财产是什么。② 如果承认浪费者信托条款隔离受益人侵权之债债权人的追索,实质上等同于承认受益人享有侵权行为的民事责任豁免权,法律不能以保护委托人处分自由的名义而容忍这种实质不公平。

然而,法院的判决依然认为浪费者信托不仅可以通过设计隔离受益人合同之债债权人的追索,而且可以隔离侵权之债债权人的追索。浪费者信托隔离受益人侵权之债债权人的追索,把委托人的处分自由推向了极致。在 Scheffel v. Kruegger 案中,被告的祖母以被告为受益人于 1985 年设立了信托。信托条款指示受托人把信托的全部收益支付给被告,但同时要求,受益人不能进行自愿的或非自愿的信托利益转让。1998 年,原告提起诉讼,要求扣押被告在信托中的信托利益,以清偿被告在另一案件中因性侵原告未成年子女并在网上传播而被法院判决支付的 55 万余美元的赔偿。一审法院认为信托的浪费者条款有效,据此驳回了原告的请求,二审法院维持了一审判决,并对原告引用的当地的成文法作出解释,法院指出,成文法只规定了债权人可以对浪费者信托受益人利益主张权利的两种例外,立法者并没有把受益人侵权之债的债权人作为浪费者信托条款例外的意图。③

面对受益人侵害的受害人提出的权利请求,多数州和遗嘱认证法院还是一直坚持在确定遗嘱和信托的含义时遵从施赠者的意愿。④ 另外,学术界的一些认识也为这一例外带来障碍。有观点指出,受制于遗嘱一般指示权的信托财产不能为受赠人的债权人所追索,因为这种权力并没有给予受

---

① Alan Newman, *Spendthrift and Discretionary Trusts*: *Alive and Well under the Uniform Trust Code*, 40 Real Property Probate and Trust Journal 567 (2005).

② Austin W. Scott, William F. Fratcher & Mark L. Ascher, *Scott and Ascher on Trusts*, Wolters Kluwer Law & Business, 2006, p. 1009.

③ Scheffel v. Kruegger 782 A 2d 410 (N. H. 2001).

④ Daniel B. Kelly, *Restricting Testamentary Freedom*: *Ex Ante Versus Ex Post Justifications*, 82 Fordham Law Review 1125 (2013).

赠人"在指定财产上与所有权相同的权利"。① 换句话说,受益人受赠的信托利益是受到委托人限制的利益。一些法学学者和政治哲学家认为,法院应当遵从施赠人的愿望,即使施赠人已经死亡。② 这些固有的观念阻碍了某些债权人对受益人行使正当的权利,使浪费者信托条款的效力发挥了过多的隔离效果。

在美国有着广泛影响的两大信托示范法典也承认浪费者信托对于侵权之债债权人的隔离功能,但并不承认这是一种例外。UTC 第 503 条不承认侵权行为债权人的例外,并在官方评论中明确表示这是有意为之。《信托法重述Ⅲ》第 59 条明确列举的两种例外不包括侵权行为债权人的例外。但是,对浪费者信托条款隔离受益人侵权行为债权人追索这一做法,《信托法重述Ⅲ》的立场出现松动。虽然《信托法重述Ⅲ》以黑体字的形式强调不承认对侵权行为债权人的例外,但是其评论注意到"变化的政策"(evolving policy)可能"承认其他的正当例外,可能在政策的基础上为法院不认可保护受益人信托利益和生活方式的浪费者信托豁免提供辩护,特别是在受益人恶意或欺骗的行为或持续鲁莽的行为给他人造成严重伤害的情形"。③ 可见,《信托法重述Ⅲ》认为,受益人侵权行为的性质或类型可以使法院在政策的基础上正当地拒绝基于保护受益人利益和受益人生活方式所给予的豁免,尤其是受益人故意、欺骗或持续的鲁莽行为对他人造成严重伤害。④

对于受益人侵权行为受害人能否追索浪费者信托中受益人的利益这一问题,大多数州经过考虑后拒绝了侵权行为受害人的例外,目前唯一承认侵权行为受害人例外的州是佐治亚州。⑤ 在密西西比州,虽然在 Sligh v. National Bank of Holmes County 案中,⑥法院认为侵权行为受害人可以从侵权人在浪费者信托中的利益获得赔偿,但是就在次年,该州颁布了《家庭信托保护法》(Family Trust Preservation Act),推翻了该案例并且使浪费者信托豁免于侵权行为债权人的追索。

---

① Restatement (Third) of Trusts, §56 cmt. b (2003).

② Daniel B. Kelly, *Restricting Testamentary Freedom: Ex Ante Versus Ex Post Justifications*, 82 Fordham Law Review 1125 (2013).

③ Restatement (Third) of Trusts, §59 cmt. a (2)(2003).

④ Restatement (Third) of Trust, §59 cmt. a(2)(2003).

⑤ Jesse Dukeminier & Robert H. Sitkoff, *Wills, Trusts, and Estates*, 9th edition, Wolters Kluwer Law & Business, 2013, p. 700.

⑥ Sligh v. National Bank of Holmes County, 704 So. 2d 1020 (Miss 1997).

（三）浪费者信托债权隔离的例外

在浪费者信托的发展过程中，也形成了两种债权隔离的例外：依赖受益人供养的人以及向受益人提供生活必需品的债权人。

有些州的成文法规定，受益人的子女在某些情形下可以从受益人处获得补偿。有些案例允许受益人的供养人追及受益人的信托收益，原因在于委托人并不想让其浪费者条款隔离受益人供养的人的供养要求。法官在一个案件中指出，受益人供养的子女不是债权人，父亲法定的子女抚养义务也不是债务。其他案件认为受益人的权益不能隔离其供养的人的供养要求，因为如果允许受益人享受大量的信托收益而不承担他负有法定的供养义务是违反公共政策的。① 在 Shelley v. Shelley 案中，受托人对子女和配偶债权的例外适用提出抗辩的理由，认为例外适用会导致与“委托人以其意愿处理财产的特权”相冲突。法院不同意，指出“财产处分的特权不是绝对的，它要受制于在不同的政策考量基础上批准了的限定范围。当然，并不是所有的限制都是由成文法施加的。反永续规则、反转让限制规则（the rule against restraint on alienation）、拒绝承认无确定目的（capricious purpose）或非法目的信托或任何与公共政策相冲突的目的，都是法官制定的针对限制转让特权规则的例子。法院有权对处分财产的特权施加与其观念中的健全公共政策相一致的限制。我们自己的成文法并不打算处理眼前的具体问题，那是关于是否应当对受益人设立浪费者信托的特权进行限制的问题。我们毫不犹豫地宣告，公共政策需要信托受益人的利益服从于其子女要求抚养的权利主张……如果我们执行浪费者条款禁止要求抚养的权利主张，就会面对这样的情景，一个人享有豁免于正当权利主张的信托利益，但是社会支付了他的子女的抚养费用。我们认为用这个国家的福利资金抚养受益人的子女，他却站在浪费者信托条款所创立的豁免庇护之下是不健全的政策……丈夫供养其前妻的义务同样可以推翻浪费者条款所要求的限制”。②

提供生活必需品的债权人，包括向受益人提供服务、食品、服装、家居用品及其他物品的人，在某些情形下，其有权从浪费者信托受益人的信托收益中得到支付。③ 有学者称这是“一个比较珍贵的例外”，该例外在 UTC 第 503（b）（2）条得到了成文化，允许为保护受益人在信托中利益提供必要服务的权利人从受益人的权益中获得补偿。如同在第 503 条评论中解释

① William H. Wicker, *Spendthrift Trusts*, 10 Gonzaga Law Review 1 (1974).
② Shelley v. Shelley, 354 P. 2d 282 (Or. 1960).
③ William H. Wicker, *Spendthrift Trusts*, 10 Gonzaga Law Review 1 (1974).

的一样，这一例外的理论基础在于保证了受益人可以获得保护或实施信托中权利所必需的服务，如法律代理（legal representation）、医师或杂货店等主体所提供的服务。《信托法重述Ⅲ》指出："不实现这种适当类型的权利主张，会损害受益人获取必要货物和协助的权利，并且拒绝实现这些权利主张对于委托人保护受益人的目的也不是必不可少的。"①

债权人追及浪费者信托受益人权益的方式也存在一些差异。在美国的几个州中，债权人可以通过通常适用于工薪阶层的扣押程序获得信托收益的一定的百分比（如在10% ~30%），其他几个州规定了浪费者条款可以保护的收益或本金的上限（dollar cap），如俄克拉何马州规定，应归于受益人的信托收益每年如果超过25,000美元，超额部分则可以为债权人的扣押程序所追及。在纽约州和其他几个州，受益人的债权人可以追及超过受益人供养所必需的信托收益。当确定什么是受益人供养所必需时，法院发掘出"生活身份规则"（station-in-life rule）。债权人只可以追及超过维持受益人在生活中身份所必需的那部分财产。这条规则使超收益成文法规定对于那些习惯于奢侈生活的受益人的债权人来说变得相对没有什么用。②

另外，需要指明的是，联邦与各州可以追及受益人在浪费者信托中的权益以支付未缴付税款，也就是浪费者信托条款对信托财产及其收益上税收义务没有任何的排除作用。

五、自设浪费者信托

自设浪费者信托（self-settled spendthrift trust）也被称为财产保护信托，是一种委托人为了自己的利益设立的信托③（下文"自设浪费者信托"与"财产保护信托"会交替使用，原因在于尽量尊重参考文献中作者的使用习惯）。

保护自己辛苦劳动得来的成果是人的本性，这种本性诱使人们寻找保护自己财产免于承担高税负或隔离债权人的创造性方式。因为法律不断变化，人们努力以最有效最安全的方式保护自己的财产。④ 简单地说，自

① Restatement (Third) of Trusts, § 59 cmt. c (2003).

② Jesse Dukeminier & Robert H. Sitkoff, *Wills, Trusts, and Estates*, 9th edition, Wolters Kluwer Law & Business, 2013, p. 702.

③ Amy Lynn Wagenfeld, *Law for Sale: Alaska and Delaware Compete for the Asset Protection Trust Market and the Wealth That Follows*, 32 Vanderbilt Journal of Transnational Law 831 (1999).

④ Kevin R. McKinnis, *The Good, the Bad, and a New Kind of Prenup: An Analysis of the Ohio Legacy Trust Act and What Asset Protection Trusts Will Mean for Ohio*, 61 Cleveland State Law Review 1105 (2013).

设浪费者信托就是人们在保护财产的欲望驱使下创设的规避风险的财富管理工具。

(一)英国的财产保护信托

早在19世纪早期,英国法院就通过判例确认受益人在信托中的权益可以为债权人所追索。在1811年的Brandon v. Robinson① 案中,受益人的衡平权益受到不能赠与、转让或以其他方式转移的限制,受益人破产时,受让人要求获得受益人的终生权益,法官裁决支持,同时法官确认可终止利益就信托法而言,不违背财产转让限制规则。随后的几十年里,不断有人尝试把收益与本金置于债权人的追索之外,但都以失败告终,后来发现最终成功的关键在于赋予受托人财产处分的自由裁量权。自此之后,在英国及其他普通法国家,"保护信托"或"自由裁量信托"就获得了承认,如同其名称的含义一样,保护信托就是一种保护财产的信托工具,是现代离岸财产保护信托立法的前身。

英国的保护信托(有时也称普通法保护信托)可以为了任何人设立,具有三个明显的特点:第一,可终止的利益(determinable interest),即受益人享有的利益可以在特定事实、期限或其他可以客观确定的事实发生时终止;第二,失权条款(forfeiture clause),当确定的事实发生时,失权条款生效,受益人丧失在信托中的收益;第三,跳转自由裁量信托(springing discretionary trust),当受益人丧失信托权益时,自由裁量信托跳转产生,受益人丧失的权益由受托人为了受益人或其他人持有,并有权进行分配。②英国法院承认财产保护信托的原因包括失权条款是委托人或遗嘱人合法行使处分权的结果;保护丧偶妇女和未成年人免于无知或无经验带来的后果有道德依据;鉴于维多利亚时代破产的糟糕后果,收益丧失带来的恐惧成为以前浪费者信托的有力威慑。③

(二)自设浪费者信托在美国出现与发展

在美国,长期以来,信托法的一项原则认为,委托人不能为了自己的利益把财产转入信托躲避债权人。即使信托是自由裁量信托或浪费者信托,或两者兼具,委托人的债权人也可以获得受托人能支付给委托人的最大数

---

① Brandon v. Robinson, 18 Ves. 429, 1811.

② John E. Ⅲ Sullivan, *Gutting the Rule against Self-Settled Trusts: How the New Delaware Trust Law Competes with Offshore Trusts*, 23 Delaware Journal of Corporate Law 423 (1998).

③ Graham Moffat, Gerry Bean & Rebecca Probert, *Trusts Law*, Cambridge University Press, 2009, p. 276.

额,或申请执行委托人的利益。① 信托法权威斯格特教授指出,允许一个人利用其债权人不能追及的方式处理财产是违背公共政策的。② 如果委托人为了自己的利益设立信托并且插入了浪费者条款,这个信托无论是对当前的债权人还是对未来的债权人来说都是无效的,债权人可以追及委托人在信托中的权益。③ 从历史的角度看,法院发现自设浪费者信托本身具有欺骗性,因为信托使债务人隔离于债权人的追及之外。④ 美国两部示范性信托法典对自设浪费者信托也表明了非常明确的否认态度。UTC(2010)的第505条指出,该条的规定遵循了传统规则,即委托人也是受益人时不能使用信托来逃避债权人,起草人认为传统规则体现了合理的公共政策,最后UTC拒绝了阿拉斯加州与特拉华州两个州所采取的立场。《信托法重述Ⅱ》第156(1)条规定,如果一个人为自己的利益创设信托,同时规定禁止自愿与非自愿的信托收益转让,其受让人或债权人可以追及其信托收益。法院一旦认定自设浪费者信托不可实施,债权人就能获得针对信托财产的判决。

由于美国国内对自设浪费者信托的限制,有不少人就通过设立离岸财产保护信托保护其财产,这成为美国国内的财产保护信托的起源。起初,不少委托人在库克群岛设立离岸财产保护信托,以保护委托人的财产免于当前或将来债权人的追索。⑤ 离岸财产保护信托在美国国内招致了不少批评,一方面它违反了美国绝大多数州的公共政策,另一方面它破坏了国内法院的管辖。⑥

直到20世纪末,自设浪费者信托才出现在美国州立法中。1997年阿拉斯加州通过的财产保护信托立法标志着美国信托法发展过程中一个巨大的转变,这是自设财产信托在美国第一次得到承认。⑦ 在阿拉斯加州之

---

① Robert H. Sitkoff & Max Schanzenbach, *Jurisdictional Competition for Trust Funds: An Empirical Analysis of Perpetuities and Taxes*, 115 Yale Law Journal 356 (2005).

② Austin W. Scott & William F. Fratcher, *The Law of Trusts*, Little, Brown and Company, 1987, p. 167.

③ George G. Bogert & George T. Bogert, *The Law of Trusts and Trustees*, 2nd edition, West Publishing Co., 1992, p. 446.

④ Richard C. Ausness, *The Offshore Asset Protection Trust: A Prudent Financial Planning Device or the Last Refuge of a Scoundrel*, 45 Duquesne Law Review 147 (2007).

⑤ Amy L. Wagenfield, *Law for Sale: Alaska and Delaware Compete for the Asset Protection Trust Market and Wealth That Follows*, 32 Vanderbilt Journal of Transnational Law 831 (1999).

⑥ Randall J. Gingiss, *Putting a Stop to "Asset Protection" Trusts*, 51 Baylor Law Review 987 (1999).

⑦ Timothy Lee, *Alaska on the Asset Protection Trust Map: Not Far Enough for a Regulatory Advantage, But Too Far for Convenience?*, 29 Alaska Law Review 149 (2012).

后，特拉华州也通过立法承认自设浪费者信托。根据两个州的成文法规定，自设浪费者信托应当是不可撤销信托，明确表明适用州法调整，并且应当包含浪费者条款。特拉华州成文法并没有给自设浪费者信托财产提供子女扶养、配偶生活费、离婚财产分割以及财产转让人的侵权行为等方面的庇护，原告可以基于法院对前述请求的判决从信托财产中获得清偿。阿拉斯加州的成文法规定基于子女扶养、离婚财产分割可以在规定的限度内向信托财产提出权利请求。内华达州是自设浪费者信托最为友好的州之一，其成文法对信托财产提供了子女扶养、配偶生活费、离婚财产分割以及财产转让人的侵权行为等方面的庇护。2007 年怀俄明州制定成文法，规定可以设立“合格浪费者信托”（qualified spendthrift trusts，QST），形式上要求信托文件表明信托为含有浪费者信托条款的“合格浪费者信托”，是适用怀俄明州成文法的不可撤销信托。对信托效力最重要的是经委托人宣誓的书面声明，委托人必须在声明中说明他对转入信托的财产享有完整的权利，财产通过合法途径获得，财产转入信托不会导致委托人破产，财产转入信托的目的不是欺诈任何债权人。委托人还要确保没有涉及任何针对自己的民事与行政诉讼，未出现不按期履行子女扶养义务的情形。最后，委托人还得拥有 100 万美元的个人责任保险，或提供信托财产市场价值等值的保险。① 由此可见，在承认自设浪费者信托的州，成文法的规定也不尽一致，自设浪费者信托可以实现的委托人目的就因地而异了。

为了保护债权人的利益，多个州的成文法规定了债权人对自设浪费者信托的异议期。内华达州因对设立的财产保护信托为债权人规定了一段时间很短的可以采取行动的期限而广受欢迎。在内华达州，委托人设立信托前的债权人从信托设立起 2 年的窗口期内，或债权人发现财产转移起 6 个月内（或债权人应当知道），有权对任何转入自设财产保护信托中的财产提出疑问。在其他的州，包括阿拉斯加州、特拉华州、罗得岛州，债权人对委托人转移的财产享有 4 年的异议期。②

截至 2014 年 4 月，美国有 16 个州在信托立法中承认自设财产保护信托。只要设立信托时没有任何债权人对委托人主张权利，委托人就可以把财产置入信托避免将来债权人的追索。这特别适用于避免因诸如医生、律

---

① Kellsie J. Nienhuser, *Developing Trust in the Self-Settled Spendthrift Trust*, 15 Wyoming Law Review 551 (2015).

② Using a Self-Settled Trust to Protect Assets, http://www.palisadeshudson.com/2013/06/using-a-self-settled-trust-to-protect-assets.

师等职业风险增加而引起诉讼的情形。

（三）自设浪费者信托引发的争议

美国国内最终出现自设浪费者信托主要有两个方面的原因。首先，设立离岸财产保护信托的不便和成本，还有国内税务部门对海外资产避税的追查，导致很多人寻求国内的替代方法以保护财产。① 其次，各州之间存在激烈的司法竞争，有很多州意在争夺信托设立国内最佳司法管辖区。特拉华州的立法机关曾经非常坦率地表明其意图，就是“维护特拉华州在信托设立方面最受欢迎的国内司法区的地位”。② 但是这样的做法可能会让信托成为避法避债的工具，成为脱法的一种手段，让信托背负更多的负面评价。③ 各州对司法管辖权的争夺，导致对委托人处分自由的过度认可，而且，财产保护信托的认可会导致人们对立法和司法的公信力产生疑虑，会动摇立法和司法的基础，会冲击立法与司法的价值体系。

对于自设浪费者信托，不少学者持质疑与批评态度。阿拉斯加州考虑制定自设浪费者信托立法时，有人指出，这种信托可能会使一个人的财产隔离未来债权人而在社会上制造道德风险，因为若一个人不用对其行为负责，他就没有避免鲁莽与疏忽行为的约束。④ 有学者强调，自设浪费者信托倡导了一种个人不用对其行为负责的文化，如果一个人确定其大部分富余财产可以隔离债权人的请求，那么这个人就没有规避风险的激励了，他会进行风险较大的投资以获得高额的回报。⑤ 有学者甚至担心这些信托可能会导致欺诈，受益人制造信用的假象，愚弄债权人把钱借给他，而他的财产在庇护之下使债权人不能追及。⑥

不过也有学者认为，根据现有的法律不会出现欺诈的风险，因为债务人显然不再是纳入信托财产的所有人。信托法要求委托人把财产转移给

---

① Kevin R. McKinnis, *The Good, the Bad, and a New Kind of Prenup: An Analysis of the Ohio Legacy Trust Act and What Asset Protection Trusts Will Mean for Ohio*, 61 Cleveland State Law Review 1105 (2013).

② 1 H. R. 356, 139th Leg., 1st Sess. (Del. 1997).

③ 的确，财产保护信托的采用有时是以侵权责任已经“失去控制”为抗辩理由的。基于此，财产保护信托“可以被视为信托律师对侵权律师的反击”。参见 Jesse Dukeminier, Stanley M. Johanson, James Lindgren & Robert H. Sitkoff, *Wills, Trusts, and Estates*, 7th edition, Aspen Publishers, Inc., 2005, p. 558。

④ Richard C. Ausness, *The Offshore Asset Protection Trust: A Prudential Financial Planning Device or the Last Refuge of a Scoundrel?*, 45 Duquesne Law Review 147 (2007).

⑤ Kevin R. McKinnis, *The Good, the Bad, and a New Kind of Prenup: An Analysis of the Ohio Legacy Trust Act and What Asset Protection Trusts Will Mean for Ohio*, 61 Cleveland State Law Review 1105 (2013).

⑥ Adam J. Hirsch, *Fear Not the Asset Protection Trust*, 27 Cardozo Law Review 2685 (2006).

受托人,受托人成为信托财产的名义所有人。为了与自己的财产进行区别,受托人进而把信托财产进行区分和标示。没有一个州的现行法允许设立一个偏离信托法基本原则的财产保护信托。因此,财产保护信托不是一种可以躲避雷达的财富隐身工具。债权人可以通过财产的缺失来确认追索隔离的存在(infer their presence from their absence),也就是说,向受托人转移财产的占有与权利就在警示世人信托财产不能再用来满足债权人的权利主张了。①

就债务人给已有债权人造成的危险来说,财产保护信托与赠与的作用是相同的。根据目前美国各州现有成文法的规定,《统一欺诈转移法》(Uniform Fraudulent Transfer Act)适用于财产保护信托的设立。虽然各州在竞争的压力下对欺诈法的适用进行了变通,像阿拉斯加州和内华达州,转入保护信托的财产只适用于实际欺诈而不适用于推定欺诈;在内华达州,适用于保护信托的诉讼时效只有《统一欺诈转移法》规定的一半;在特拉华州与南达科他州,债权人面临更严格的举证责任,但这并不表明对债权人权利保护的明显退步。② 因此,委托人即使出于欺诈的目的设立财产保护信托,其目的在已有法律规则的调整下也未必能实现。

从正当性的角度分析,自设浪费者信托的正当性要比为第三人利益设立的浪费者信托差一些。浪费者信托中的第三人通常是生活挥霍成性难以自律或者能力欠缺不能自理的人,为了保障其正常生活或实现特定的目的,委托人设立信托隔离债权人权利要求具有一定的合理性,毕竟不少第三人属于弱势群体。对照之下,自设浪费者信托的委托人是为了自己利益设立隔离债权人权利主张的信托,委托人兼受益人都属于较富有的心智健全的正常人士,在这种背景下设立隔离债权人权利主张的信托,其正当性基础当然要差一些。

六、针对浪费者信托制度的反思

在浪费者信托发展的过程中,质疑、批评从未间断。这些质疑主要表现在以下四个方面。

第一,委托人的处分自由具有更优先的地位吗?当浪费者信托出现时,格雷就是一位态度坚定的反对者。他在 1883 年出版的著作前言中指出,"在普通法的体系中没浪费者信托的位置",浪费者信托具有父爱主义

---

① Adam J. Hirsch, *Fear Not the Asset Protection Trust*, 27 Cardozo Law Review 2685 (2006).

② Adam J. Hirsch, *Fear Not the Asset Protection Trust*, 27 Cardozo Law Review 2685 (2006).

的效果。格雷与当时的绝对财产权利观念进行论战，显然他与19世纪末的观念不合拍。1882年，马萨诸塞州 Broadway National Bank v. Adams 案赋予了浪费者信托发展动力，结果是在没有成文法帮助的情况下，浪费者信托也得到了快速发展。① 即使在困境中，格雷也不遗余力地坚持自己的观点。但到1895年，当他意识到法院与立法机构准备追随美国联邦最高法院与马萨诸塞州最高法院认可浪费者信托的概念时，格雷承认失败了。② 浪费者信托支持者从个人主义、自由主义中寻找浪费者信托的正当性理论基础，认为信托的委托人是财产的所有人，其有权选择自己喜欢的方式处理财产，但是格雷的反对也是基于相同的理论支点，但其着眼点是受益人，受益人获赠权益后是权利人，也应当有权处分自己的权益；因为受益人的权利受到限制，所以格雷说浪费者信托具有父爱主义情节。格雷的反对，实际上让我们更多地去反思，委托人处分自由与受益人处分自由哪个更具有优先地位。

第二，债权人对受益人的授信基础发生变化。受益人的合同债权人应当为其向受益人的授信自负其责的观念，也在信托财产发生巨大变化的背景下受到挑战。在浪费者信托早期的判例中，法院强调债权人可以通过查阅备案的不动产文书或认证的遗嘱以确定是否应当对受益人授信。这种观点在100多年前还有些合理性，但是今天的信托财产通常是动产，主要是股票与债券，这种财产的生前转让是不需要或很少作为公开文件进行备案或提交的。并且，这种认为债权人授信缺少谨慎性的观点不适用于侵权行为中的债权人。③ 像隔离合同之债的债权人一样隔离侵权之债债权人的追索，具有明显的不合理性。有学者指出，一个要被汽车撞到的行人是没有机会调查司机的信用状况或避免受伤的，无论司机的财产是什么。④ 在浪费者信托发展的早期，债权人对受益人授信尽到合理注意义务存在一定的制度基础，就不动产与遗嘱登记备案制度，债权人可以通过查阅相关公开备案文件而了解受益人的相关权益状况，但是，在当代，金融财产已经成为信托财产的重要组成部分，这为债权人的查询带来很大的不便。债权人尽合理的注意义务的基础发生变化时，浪费者信托制度也应当从制度设

---

① Richard R. Powell, *The Rule against Perpetuities and Spendthrift Trusts in New York: Comments and Suggestions*, 71 Columbia Law Review 688 (1971).

② Anne S. Emanuel, *Spendthrift Trusts: It's Time to Codify the Compromise*, 72 Nebraska Law Review 179 (1993).

③ William H. Wicker, *Spendthrift Trusts*, 10 Gonzaga Law Review 1 (1974).

④ Austin W. Scott, William F. Fratcher & Mark L. Ascher, *Scott and Ascher on Trusts*, Wolters Kluwer Law & Business, 2006, p. 1009.

计角度进行受益人与债权人利益平衡的重新考量。

第三,对受益人过度保护的合理性质疑。委托人欲保护受益人的特定目的所需要的财产是有限度的,超过限度的财产不应当享有隔离债权人的功能。在浪费者信托发展过程中,当转入信托的财产变得巨大并且受益人获得的豁免超越合理界限时就会被怀疑。如同斯巴克斯所指出的,浪费者信托成文法的基本目标与其他成文法和普通法规则的公共政策已经完全不相容。① 早在20世纪30年代末,纽约成立的法律修改委员会曾提出,对浪费者的容许应该有个限度,应当与公众观念相协调,但是当时的体系使不能转让的收益金额远超过合理限度;应当在浪费者信托的规模与存续期方面进行控制与调整。因此,有学者提出,希望有关机构采取措施减少浪费者信托,以使其在真正服务社会的合理限度内存在。② 再者,如果以受益人需要保护为理由从而证成浪费者信托的正当化,法律允许的财产转让限制应当成为受益人及其家庭需求的一种功能(function)。根据传统,法院一直把缺乏能力之人的保护作为一个特别关注的问题,它应当承担确定浪费者信托受益人具体需要的职责。有些债权人可以通过浪费者信托财产得到清偿,有的债权人却得不到清偿,这种差异应当消除,受益人应当对所有债权人负责,他只应当在其责任范围内受到一定限度的保护。③

第四,有些人反对浪费者信托,一部分原因在于司法技术方面。浪费者信托确实限制了财产转让,因为合法的终生权益或在非限嗣继承财产上的权益不应当受这种限制,没有理由允许衡平权益受到阻碍。从公共政策角度看,浪费者信托体现了一种父爱主义与社会主义倾向,因为它们保护和鼓励弱者。并且,这种信托对受益人的债权人会造成误导。④

因此,在两种观念与立场的博弈中,立法对浪费者信托的态度也在不断调整。即使在19世纪末期,马萨诸塞州通过Broadway National Bank v. Adams案确立了承认浪费者信托条款效力的新规则,还是有些州对浪费者信托条款的效力进行了一定程度的限制。美国信托法趋向于在委托人的意愿、动机和受益人的所有权益与责任之间进行平衡。⑤

---

① Bertel Sparks, *Policy Considerations: Alienability of the Beneficial Interest in a Trust in New York*, 9 Buffalo Law Review 26 (1959).

② Richard R. Powell, *The Rule against Perpetuities and Spendthrift Trusts in New York: Comments and Suggestions*, 71 Columbia Law Review 688 (1971).

③ *A Rationale for the Spendthrift Trust*, 64 Columbia Law Review 1323 (1964).

④ R. W. Woolsey, *Spendthrift Trusts-In General*, 3 Southwestern Law Journal 198 (1949).

⑤ Thomas P. Gallanis, *The New Direction of American Trust Law*, 97 Iowa Law Review 215 (2011).

虽然信托法上承认了浪费者信托的债权隔离功能，但这种功能并没有绝对化，而是随着判例逐步修正。这些修正主要体现在以下五个方面：第一，如果委托人又是受益人，浪费者信托条款意欲适用于受益人任何利益的企图都将无效。此外，如果委托人是唯一的终生受益人，并保留了一般的指示权，那么，委托人的债权人不仅可以对委托人的终生受益权益进行追索，还可以对信托财产本金进行追索。① 第二，浪费者信托是一个既限制自愿转让又限制非自愿转让的信托，基于政策原因，浪费者转让限制条款如果仅寻求阻止债权人对受益人的信托利益主张权利，却允许受益人转让权益，是无效的。② 第三，对浪费者信托中受益人的权益追索规定的两种例外：一是子女、配偶或前配偶的扶养；二是为了受益人在信托中的利益提供服务或必需品的。③ 第四，政府请求或根据政府资助提出的请求通常会被赋予特殊的地位而追索浪费者信托受益人的利益。④ 第五，向受益人提供必要生活用品和服务的债权人有权追索信托财产，如医生或杂货店等权利人，否则将会损害受益人获得必要服务或协助的能力。⑤

美国联邦最高法院也表达了限制遗嘱人处分自由的倾向。联邦最高法院注意到立法可以废弃存在于财产之上的遗嘱处分权，强调“死手只有通过宽容才可以支配继承”。在近些年法律改革过程中，一个长期以来坚守的传统是，如果坚持死者的愿望会与生者的利益相冲突，那么死者的愿望就不应当再起控制作用。⑥ 根据这一认识，如果委托人在浪费者信托中的规定实质上庇护受益人故意的侵权行为，那么委托人的处分自由或“死手控制”就不应当得到尊重。

美国的立法者和司法界对于浪费者信托豁免于受益人侵权行为受害人追索的态度，表明在尊重委托人的处分自由和维护受害人的合法权益之间，他们选择了前者。但是，对于委托人处分自由的过度尊崇，牺牲的是受害人的合法权益，无论受益人如何侵害了受害人的合法权益，都不影响受益人在浪费者信托的保护下享受委托人事先给他定制的衣食无忧甚至奢侈豪华的生活。这可能是美国这样一个过度尊崇委托人处分自由的国家必须要承受的制度之痛。

---

① Restatement (Third) of Trust, § 58 cmt. b (2003).

② Restatement (Third) of Trust, § 58 cmt. b(2)(2003).

③ Restatement (Third) of Trust, § 59(2003).

④ Restatement (Third) of Trust, § 59 cmt. a(1)(2003).

⑤ Restatement (Third) of Trust, § 59 cmt. c(2)(2003).

⑥ Daniel B. Kelly, *Restricting Testamentary Freedom: Ex Ante Versus Ex Post Justifications*, 82 Fordham Law Review 1125 (2013).

第三节　限制累积信托与委托人的处分自由

一、累积信托的产生与发展

累积信托(trust for accumulation)是指受托人收到信托收益时不进行支付,而是将收益进行投资或其他的操作以增加信托本金的信托。

最早出现累积信托是在1734年Studholme v. Hodgson剩余遗产累积案例中。该案中,遗嘱人把其剩余个人财产遗赠给未成年人A。如果A在未成年期间死亡,且A的母亲至死也没有其他子女,则财产归属B。后来A在未成年期间死亡,但其母亲健在且有生育子女的可能。法院裁定剩余财产的利润与收益,从A死亡开始一直到规定情形发生以前,都应当累积并计入资产,并且,如果母亲没有生育其他子女,财产应当归属B。①

在Bullock v. Stones'(1754)案中,遗嘱人将其不动产与动产为A的第一个儿子设立信托。如果第一个儿子生存到21岁,就将信托财产用于其供养与教育。法官认为该遗赠是个不错的将来生效的财产遗赠,但不是一个"剩余"遗赠。不动产的剩余租金与利润从遗嘱人死亡到当时还是未成年人的A有自己的儿子这段时间,会归属法定继承人。为了将来生效的遗嘱的利益,动产的剩余利润应当积累到A生育了儿子并且该儿子应当生存到21岁,这些财产将用于这个儿子的供养与教育。②

在英国早期普通法中没有限制信托累积的普通法条款。累积信托出现,从可积累的权益到期限都出现了不同程度的扩张。从最初只集中于遗嘱人死亡时在未成年人成年之前的盈余收益,后来收益扩展到全部收益,期限超过未成年人成长到成年的时间。

反累积规则源于著名的案例Thellusson v. Woodford(1799)。泰勒森(Thellusson)年轻时带着继承的12,000英镑来到英国,并且很快结了婚。他把名字进行了英国化并在对外贸易与国际金融领域赚取了巨额财富,最后积攒了800,000英镑。让家庭沮丧的是,他在商业活动中所体现出的勇敢与冷静的心机,也体现到他的遗嘱中。他有意冒着被法官与国会否认的风险,运用了非常新奇的累积信托机制。他的财富由受托人投资于土地,其收益还是用于更多的土地购置,时间则到他死亡时在世的儿子与孙子最

---

① Studholme v. Hodgson, 3 P. Will. 299 (1734).

② Bullock v. Stones'(1754), 2 Ves. Sen. 522 (1754).

后一个死亡时为止。最后,财富在他三个儿子最大的男性直系后代中平均分配。①

该遗嘱诉讼引起了广泛的关注,信托集聚的巨额财富震惊了当时的法官与律师,当时下议院沉默的多数人也被泰勒森信托积累的前所未有的巨额资产惊吓到了,因为该家庭已经确认著名的保险精算人公开信托的价值在2300万英镑。当然,为什么这种巨量的财富会让人感觉不安也是颇值得研究的。② 信托累积的巨额财富使法官和律师都认为应当制定成文法规则对委托人实施进一步的限制。在如此长的时间内剥夺所有受益人享用信托财产的收益,并且允许把巨额财富集中到一个人或一群人的名下是有违公共政策的。法院和立法机构认为,累积信托对社会不利,让当代的受益人享有他们衡平所有权的权益是公共利益,不能把利益转给后代人,从而造成当代人的损害和利益剥夺。③

自从 Thellusson v. Woodford(1799)案判决以来,英国在没有成文法的情形下,认为收益累积信托只要符合反永续规则就是有效的,也就是说,如果一个信托中的条款要求受托人累积收益是有效的,只要累积的期限没有超过反永续规则规定的期限即可。④ 英国法院也认为,如果唯一的累积信托受益人是完全民事行为能力人,他可以要求将全部收益支付给他,也可以终止信托,而不用顾及信托条款的规定。1800年 Thellusson 法案通过。它禁止超出下列规定的累积期限(可以在以下四个期限中选择一个进行累积):赠与人的终生;赠与人或遗嘱人死后21年;在赠与人或遗嘱人死亡时在世的任何人或胎儿的未成年期间;根据累积文件规定在指定的任何人未成年期间对收益进行累积,当被指定的人成年时可获得累积收益(有权获得资产收益的任何人之未成年期间)。累积指示超出这些期限的无效。1892年,英国国会增加了累积法的规定,累积的投资限定于土地,并限定于获得收益的受益人未成年期间。⑤ 累积信托最初只集中于遗嘱人

---

① Patrick Polden, *Panic or Prudence-The Thellusson Act* 1800 *and Trusts for Accumulation*, 45 Northern Ireland Legal Quarterly 13 (1994).

② Patrick Polden, *Panic or Prudence-The Thellusson Act* 1800 *and Trusts for Accumulation*, 45 Northern Ireland Legal Quarterly 13 (1994).

③ George G. Bogert & George T. Bogert, *The Law of Trusts and Trustees*, 2nd edition, West Publishing Co., 1992, p. 260.

④ Austin W. Scott, William F. Fratcher & Mark L. Ascher, *Scott and Ascher on Trust*, 5th Wolters Kluwer Law & Business, 2006, p. 512.

⑤ Lewis M. Simes, *Statutory Restrictions on the Accumulation of Income*, 7 University of Chicago Law Review 409 (1940).

死亡时在未成年人成年之前的盈余收益，后来收益扩展到全部收益，期限超过未成年人成长到成年的时间。① 在1925年的财产立法中，Thellusson法案与累积法案在一定程度上得到了修改与合并。1964年《永续和累积法》中增加了另外两个期限。②

二、累积信托在美国的产生与发展

早期美国的大多数州都没有累积限制。Thellusson法案从美国独立战争时就开始采用了，明显不是美国各州普通法的一部分。在美国各州的普通法司法管辖区中，调整授权的反永续规则影响了累积条款。一些没有累积成文法的州认为，累积期限的调整限于当时在世的人加21年，尽管不涉及权益授予的问题。③

美国在累积方面的立法始于1828年的纽约成文法，包括适用于不动产和动产的两部成文法。大体上纽约的规则是把有效的累积限定在受益人未成年期间，并且这种累积可以服从于未成年人的供养或教育之必需。动产累积的规定与不动产基本相同。纽约的成文法为其他大多数州的累积信托立法提供了范本。④

美国只有12个州制定成文法对累积信托加以限制，限制主要集中于期限方面。在亚拉巴马州，累积的期限为10年或受益人未成年时，有些州如宾夕法尼亚州、伊利诺伊州则规定累积的最长期限不超过信托的永续期。⑤ 反永续规则对信托累积产生了影响。如果委托人规定了信托收益累积，但是又没有把它们的所有权赋予一个确定的人，他必须规定在将来的某个日期或将来某个事件发生时赋予，无论在何种情形下，都不能超过所涉及的受益人的终生加21年。⑥ 如果文件要求把累积的收益支付给在

---

① Thomas Lewin, *A Practical Treatise on the Law of Trusts*, 7th edition, Blackstone Publishing Co., 1879, p. 24.

② George G. Bogert & George T. Bogert, *The Law of Trusts and Trustees*, 2nd edition, West Publishing Co., 1992, p. 261 - 262.

③ George G. Bogert & George T. Bogert, *The Law of Trusts and Trustees*, 2nd edition, West Publishing Co., 1992, p. 263.

④ Lewis M. Simes, *Statutory Restrictions on the Accumulation of Income*, 7 University of Chicago Law Review 409 (1940).

⑤ George G. Bogert & George T. Bogert, *The Law of Trusts and Trustees*, 2nd edition, West Publishing Co., 1992, p. 265.

⑥ George G. Bogert & George T. Bogert, *The Law of Trusts and Trustees*, 2nd edition, West Publishing Co., 1992, p. 263.

反永续期间没有确定其利益的人，那么整个赠与无效，包括赠与累积的收益。① 因为各州对累积信托所允许的期限不同，有时候就会引发法律冲突，所以有必要确定以哪个州的决定为准。②

累积的合法性首先是通过期限进行判断。显而易见，累积如果超过允许的期限，则为非法。除此之外，对累积合法性的判断还会涉及三个问题：第一，什么是收益？第二，什么是不恰当的保留？第三，什么样的收益支出是本金的非直接添加从而构成不恰当保留。③ 利息、有息债券、租金、普通股股利通常被视为收益，应当遵守累积规则。股票红利（stock-bonus）的性质引发不少的争议。如果它们被视为在终生地产保有人（life tenent）与指定继承人（remainderman）之间进行分配的收益，任何对本金的添加都是累积；如果它们具有被视为只是对信托本金的分配的性质与来源，并因此分派给本金，它们的处理不会受到任何反累积规则的影响。有些州的成文法规定，把股票红利加入信托本金的指示不构成技术性累积。④

但是需要指出的是，对于慈善信托，反累积规则就有些不同。如果为了慈善目的予以赠与，其利益立即进行了赋予，或在反永续规则确定的期间内赋予，即使它包含收益累积条款也是有效的。⑤ 因此，基于慈善目的进行累积的指示在法院的判决中就不会被怀疑。⑥ 由受托人基于慈善的目的对赠与的收益进行累积的条款并不违反反永续规则，因为赠与是即时确定的，只是慈善享用延后而已。⑦ 在判例中有一个明确的观点是慈善信托可以永久存续，也可以在固定的期限或不固定的期限内存续。⑧

---

① George G. Bogert & George T. Bogert, *The Law of Trusts and Trustees*, 2nd edition, West Publishing Co., 1992, p. 351.

② George G. Bogert & George T. Bogert, *The Law of Trusts and Trustees*, 2nd edition, West Publishing Co., 1992, p. 286.

③ Lewis M. Simes, *Statutory Restrictions on the Accumulation of Income*, 7 University of Chicago Law Review 409 (1940).

④ George G. Bogert & George T. Bogert, *The Law of Trusts and Trustees*, 2nd edition, West Publishing Co., 1992, p. 293.

⑤ Perkins v. Citizens and Southern Nat. Bank, 1940, 8 S. E. 2d 28, 190 Ga. 29.

⑥ 本杰明·富兰克林在遗嘱中设立了两个慈善信托基金，以有息贷款的方式帮助年轻的工匠开始他们的事业，并规定费城和宾夕法尼亚州为一个信托的最终受益人，另一个信托本金与收益的受益人是波士顿州和马萨诸塞州。他指示两个基金的收益积累一百年，届时进行部分支付，剩余的收益再累积一百年，届时进行财产的全部支付。这些指示被认定有效并依然在实施。参见 George G. Bogert & George T. Bogert, *The Law of Trusts and Trustees*, 2nd edition, West Publishing Co., 1992, p. 351。

⑦ Perkins v. Citizens and Southern Nat. Bank, 1940, 8 S. E. 2d 28, 190 Ga. 29.

⑧ George G. Bogert & George T. Bogert, *The Law of Trusts and Trustees*, 2nd edition, West Publishing Co., 1992, p. 513.

很多州制定的成文法规定，为了雇员的计划，如养老金（pension）、股票红利、失能（disability）、抚恤金（death-benefit）、分红（profit-sharing）计划，既不违反反永续规则、反转让权中止规则，也不违反反累积规则。

三、对反累积信托制度的反思

自反累积信托制度出现以来，反对的声音就一直不绝于耳。

法院和立法机构的观念认为，累积信托对社会不利，因为它可以累积巨额的财富并集中在一个人或一个家庭的手中。让当代的受益人享有他们衡平所有权的权益是公共利益，不能把利益转给后代人，从而造成当代人的损害和利益剥夺。① 但是有学者指出，用 Thellusson 法案防止他人模仿泰勒森积累财富的努力，看上去与泰勒森那份遗嘱一样荒唐。像 Thellusson 法案这种严重干涉遗嘱自由的立法应当有强有力、明确正当理由支持其正当性，这些理由应当立基于长期累积的邪恶与遵循泰勒森做法的可能性。事实上，法案的提案人的论证是模糊的，未得到合理支持。②

还有学者强调，累积立法不仅没有必要，还容易引发诸多不必要的诉讼，确实有害。③ 虽然许多普通法司法区一直遵循英国的做法并对累积实施限制，但主流的现代趋势是废弃它们。④

由此可见，根据英美两国的反累积规则来看，累积信托对于委托人自由的限制主要体现在其对财产权益的处分期限上，并没有对信托财产累积规模进行任何限制，虽然制定反累积规则源于对信托累积巨额财富的恐惧。反累积规则所实现的最大社会效益，在于实现了受益人在享有信托收益时代际之间的均衡。

在普遍实施反永续规则的前提下，反累积规则的作用并不明显，所以在美国大多数州也并没有制定反累积规则，在《信托法重述》、UTC 等示范性文件中也并没有涉及信托的累积问题。

---

① George G. Bogert & George T. Bogert, *The Law of Trusts and Trustees*, 2nd edition, West Publishing Co., 1992, p. 258.

② Patrick Polden, *Panic or Prudence-The Thellusson Act* 1800 *and Trusts for Accumulation*, 45 Northern Ireland Legal Quarterly 13 (1994).

③ Lewis M. Simes, *Public Policy and the Dead Hand*, University of Michigan Law School, 1955, p. 100.

④ Ronald H. Maudsley, *The Modern Law of Perpetuities*, Butterworth, 1979, p. 197.

第四节 委托人的处分自由:各种利益平衡的结果

在不可撤销信托和可撤销信托中,委托人享有的处分自由明显不同。不可撤销信托的委托人对设立后的信托不享有变更的权力;但在可撤销信托中,委托人则可以对设立后的信托进行修改、撤销,对信托的管理施加控制。这种区别实质上是各种利益平衡的结果。

第一,信托财产双重所有权结构排除了委托人在信托财产上的权益。双重所有权是信托的标志性特点,受托人持有信托财产的普通法所有权,受益人享有衡平法或受益所有权。① 受托人享有普通法上的所有权,可以行使对信托财产的各种管理权限;受益人享有衡平法所有权,享有受益权和要求救济的权利。虽然委托人对于信托的设立享有很大的自由空间,但信托财产的双重所有权结构把委托人排除在外,委托人不能享有信托财产上的利益,赋予其权利就失去了物质基础。当然,这并不妨碍委托人可以受益人的身份取得受益权。

第二,税法上的利益平衡。美国《国内税法典》规定,无论死者在任何时候通过信托或其他方式转移了财产,只要他为自己保留了终生权益,占有、享用财产或享有财产收益的权利,单独或与他人联合行使指定财产上占有、享用或获取财产收益的权利,其遗产的总价值应当包括死者前述涉及的财产价值。② 可见,委托人通过信托控制信托财产,享有信托收益,则应当承担相应的税负,只有放弃了对信托财产的控制和信托权益,才能减免相应的税负。从这一角度看,财产税负是划分不可撤销信托与可撤销信托的决定性因素;可撤销信托的委托人在信托成立后还继续享有处分自由,实质上是以承担了税法上的不利后果为代价的,不可撤销信托的委托人放弃了对成立后的信托管理、干预等权力,放弃了信托成立后的处分自由,则换来了税法上的优惠。

第三,美国信托法强调对委托人意愿的尊重,使委托人更愿意采用信托的形式。③ 信托法对委托人意愿的尊重和保护也是委托人放弃对不可撤销信托设立后进行干预的利益交换。美国信托法对委托人的处分自由

---

① Jesse Dukeminier & Robert H. Sitkoff, *Wills, Trusts, and Estates*, 9th edition, Wolters Kluwer Law & Business, 2013, p. 579.

② Internal Revenue Code, § 2036.

③ 周勤:《信托的发端与展开——信托品格和委托人地位的法律规制》,知识产权出版社 2013 年版,第 183 页。

的尊重主要体现在信托制度的安排中，并且通过信托法制和司法实践得以保障。有些司法判例，如浪费者信托的案例中，法院近乎偏执地固守着维护委托人处分自由的理念。如果委托人的处分自由得到了尊崇，委托人保留对信托或受托人的干预、管理等控制性权利实在没有多少必要。

第四，联邦制下各州司法管辖权的竞争，使美国各州的信托法对委托人自由的维护已然超出了合理的界限，导致信托法制发展在一定程度上偏离了正常的轨道。各州竞相废弃反永续规则只是一个时间问题。① 反永续规则制定的初衷就是限制死者对于财富的长久控制，该规则所具有的合理性已遭各州无视，与其说是委托人自由的扩张与胜利，不如说是美国各州信托法制在司法管辖与利益竞争下的异化与退缩。

① Robert H. Sitkoff & Max Schanzenbach, *Jurisdictional Competition for Trust Funds: An Empirical Analysis of Perpetuities and Taxes*, 115 Yale Law Journal 356 (2005).

第四章 扩张维度下的受托人权力

受托人处于信托机制的核心，随着时代发展，受托人权力不断变化，成为整个信托机制中较为活跃的因素。

在英美法系，私法主体既可以享有权利（right），也可以行使权力（power）。权力与权利含义有着较为明显的区别。权利是指为法律规则所承认并保护的利益；权力是指主体做某事的能力（ability）。按照哈特“两性”规则的观点，第一性规则设定义务，第二性规则授予权力，而权力可以分为公权力和私权力。① 公权力赋予作为国家职能代理人或工具的主体，这种权力英文中多用“authority”表述；私权力是指主体为其自身的目的而行使的权力，这种权力在英文中用“capacity”表述。在英美国家的信托立法中，受托人处理信托事务所行使的是权力，属于私权力的范畴，而受托人获取报酬以及取得支出费用受偿则属于权利的范畴。

从英美信托法传统来看，受托人权力主要源于三个方面：由信托文件明示或默示条款授予的权力；由成文法或法院命令授予的权力；为实现信托目的法律上默示的“必要或适当”的权力。② 在受托人的权力中，根据其性质有些只有受托人才可以行使，如收集信托财产的权力；而有的权力则不必非得由受托人来行使，如获得或出售财产，借入金钱，处理不动产、证券与商业利益等，是任何个人都可以行使的权力。③

从立法层面考察，在英国的信托成文法如 1925 年《受托人法》、1961 年《受托人投资法》、2000 年《受托人法》等法律中，有很多条款规定了受托人管理信托事务、处分信托财产与投资的各种权力；在美国的信托成文法如《信托法重述》、UTC 等法律文本中，有专章规定受托人的各种权力。

---

① ［英］哈特：《法律的概念》，张文显等译，中国大百科全书出版社 1996 年版，第 83 页。

② Edward C. Halbach, Jr., *Gilbert Law Summaries on Trusts*, 13th edition, Gilbert, 2007, p. 178.

③ Uniform Trust Code (2010), § 816, cmt., p. 161.

第一节　成文法视角下的受托人权力扩张

一、受托人权力的类型

(一)明示权力与默示权力

受托人的权力可以分为明示权力(express power)与默示权力(implied power)。明示权力是指由信托文件或成文法明确授予受托人的权力,也可以由法院的裁决授予;如果在信托设立时没有书面文件,也可以由任命受托人的口头条款授予。默示权力是由法院从已经授予给受托人的权力或从整个信托文件的条款中推演出来的权力。①

在一定意义上说,默示权力是受托人明示权力的一条扩张路径,法院认可的默示权力实际上扩张了受托人权力的范围。如果一个受托人按照符合信托精神与意旨的规定行事,即使信托文件没有明确规定,他也有权采取和实施符合总体方向、可以使信托条款生效的合理恰当的措施和行动。② 法院从信托文件整体或某些条款推演出来的受托人权力,可能超出成文法列举的受托人权力范围,事实上会扩张受托人的权力。例如,委托人把农场和居住的房屋转移给受托人,概括地规定信托为委托人的妻子提供家用,并未具体规定受托人的权力。对于这一信托,法院有足够的理由推定委托人的意图是授予受托人权力使用信托资金购买家具、股票、农场工具等物品,以使房屋宜居或土地宜耕。如果信托的目的是把信托资产(principal)以现金的方式分配给受益人,不动产构成信托资产的全部或一部分,那么出售不动产的权力自然就是一种默示权力,因为受托人没有出售的权力就不可能履行义务。如果信托文件规定在信托收益不能满足受益人需要时可以使用信托资产,法院认为受托人享有默示的权力,可以把信托资产转化为现金,由此也可推断出受托人有出售的权力。③

但是,法院一般不承认受托人有下列默示权力:承认某些针对信托财产的合意判决(consent judgment)④、赠送信托财产、设计信托、在信托土地

---

① George G. Bogert & George T. Bogert, *The Law of Trusts and Trustees*, 2nd edition, West Publishing Co. ,1992,p.3.

② Kipp v. O'Melveny,1906,83 p. 264 –265.

③ George G. Bogert & George T. Bogert, *The Law of Trusts and Trustees*, 2nd edition, West Publishing Co. ,1992,p.42 –43.

④ 合意判决不是法院作出的判决或命令,它是当事人在法院批准下达成的协议,是当事人的行为而不是法院的行为。参见 Lynch v. Loftin,153 N. C. 270。

上为自己利益创设宅院、以信托财产为资本设立公司、强迫受益人在信托的优势中进行选择、更换受益人等。①

（二）自由裁量权力与羁束权力

自由裁量权力（discretionary power）与羁束权力（mandatory power）也是受托人权力常见的分类。

自由裁量权力有时也叫“单纯权力”（naked power，mere power），意指受托人有权决定是否行使权力，但是受托人没有义务去行使该项权力，简单地说，这是一类行使没有强制性约束的权力。如委托人为其妻子设立信托，并指示受托人将收益支付给妻子，或者为了维持她舒适生活需要也可以把信托本金的一部分支付给她，这一部分信托本金的支付由受托人决定。支付信托本金的权力就是自由裁量权，受托人自己决定行使还是不行使该项权力。②

自由裁量信托中的自由裁量权是较为典型的表现。受托人有权决定在什么时间、向谁分配多少信托收益或信托本金。如果委托人把财产转移给受托人设立信托，并规定由其决定把所有收益分配给委托人的配偶和后代，受托人必须把所有当前收益进行分配，但他有权决定向谁分配多少。有些自由裁量信托授权受托人把收益累积到本金中，有些自由裁量信托受托人分配的自由裁量权要遵从一个标准，如“向受益人支付支持和维持费用”。自由裁量信托保留了长时间内受托人分配职能的灵活性，以便委托人可以考虑委托人子女或更远辈分后代的出生、死亡、结婚、离婚以及他们的能力；经济情况的变化和投资的回报；法律的变化；委托人不能预见但是受托人可以直接观察的其他情况。③

羁束权力有时也叫“指令性权力”（imperative power）或“信托上的权力”（powers in trust），是指受托人有确定的义务实施的权力，尽管权力行使的恰当时间与方式可以由受托人作出判断。

受托人权力是自由裁量权力还是羁束权力完全取决于委托人的意愿。他可以授予受托人全部的或部分的自由裁量权，也可以指示受托人严格按其指定的方式行事。通常从形式上来说，如果信托文件使用了“允许”（permission）、“选择”（option）或“可以”（may）这些词汇时，表明委托人欲

---

① George G. Bogert & George T. Bogert, *The Law of Trusts and Trustees*, 2nd edition, West Publishing Co., 1992, p. 51.

② George T. Bogert, *Trusts*, 6th edition, West Publishing Co., 1987, p. 320.

③ Jesse Dukeminier & Robert H. Sitkoff, *Wills, Trusts, and Estates*, 9th edition, Wolters Kluwer Law & Business, 2013, p. 602.

授予受托人的权力为自由裁量权力;如果信托文件使用了"指示"(direct)、"指令"(order)、"应当"(shall)、"必须"(must),则表明委托人欲授予受托人的权力为羁束权力。如果不能通过信托文件的表述清晰判断权力的性质,法院会综合考虑委托人与受托人之间的关系、受益人的情形、所涉及的财产情况、行使两种权力的效果、信托目的等多种因素来确定权力具有裁量性还是羁束性。①

从20世纪早期开始,业内人士就提出,现代信托政策就是授予受托人最全面的权力以获得最佳的利益,信托的设立人可以通过契约或遗嘱在信托管理方面制定任何与公共政策不相冲突的条款。《信托法重述Ⅲ》也强调,在信托文件起草、判例与立法中体现出了持续与长期的趋势:在没有信托条款与成文法的限制的情况下认可委托人对受托人授予全面权力的愿望;把委托人目标与受益人利益保护的任务寄希望于对受托人权力行使施加的信义义务约束上。②

二、英国成文信托法中受托人权力的扩张

一般而言,受托人享有信托管理、向受益人处分信托财产等一系列权力。③ 从历史维度分析,受托人的权力呈现不断扩张的趋势。英国早期发展的信托法原则,非常严格地限制受托人的权力。这反映了当时信托法主要关注受托人滥权与管理不当的风险,以及大多数信托只是为了有限目的设立的现实。随着时代的前进,衡平救济与信义标准得到发展,信托的作用也更加多样化,授予受托人的权力也逐渐地、非常稳定地通过司法判例、立法与经验老到的律师的文件起草得以扩张。④

英国1925年《受托人法》确定了受托人出售、出具收据、了结债务、筹集款项、投保等多项权力。土地信托的受托人享有土地绝对所有权人享有的权力,因而具有出售信托土地的权力,土地之外的财产受托人可能享有出售信托财产的明示或默示权力;如果私益信托的受托人被授权支付或运用本金款项,则他们有权通过出售或按揭来筹集款项;对于信托财产遭受损失或损害的风险,受托人可以使用信托基金的收入或从本金中支付保险

① George G. Bogert & George T. Bogert, *The Law of Trusts and Trustees*, 2nd edition, West Publishing Co.,1992,p.66.

② *Restatement of the Law Third Trusts*, Vol.3, American Law Institute Publishers, 2007, p.5.

③ [英]格雷厄姆·弗戈:《衡平法与信托的原理》(下册),葛伟军等译,法律出版社2018年版,第560页。

④ *Restatement of the Law Third Trusts*, Vol.3, American Law Institute Publishers, 2007, p.220.

费对信托财产投保。① 早期的信托法规定受托人应当亲自履行受托人的职责,但是后来由于信托财产形式的变化以及规模的增加,由受托人亲自履行职责已不可能。2000 年《受托人法》因此规定了受托人的委托权力。受托人可以将其可委托的任何或全部职责委托给一个或数个代理人;对于像股份这种特定财产,受托人还可以任命代表人;对于信托财产、信托文件或相关记录,受托人可以任命保管人进行保管。除增加新的权力类型外,2000 年《受托人法》还用一系列新的权力去取代 1925 年《受托人法》规定的任命权、对信托财产投保等受到严格限制的权力。后法规定的权力旨在便利受托人更好地管理信托,当然,受托人在行使新的更广泛的权力时应当遵从成文法的注意义务。②

投资权力是受托人权力扩张的典型代表。根据 1925 年《受托人法》的规定,受托人信托投资仅限于在邮局买"固定收益"(fixed interest)的产品与土地抵押借款产品,这些投资根本不考虑货币的升值与贬值问题。这就是英国信托法中的法定名单规则,它是英国衡平法院为了回应在 1720 年发生的"南海泡沫事件"而划定的受托人投资范围。不过在后来的实践中,受托人有权根据 1925 年《受托人法》第 57 条的规定或 1958 年《信托变更法》的规定,为拓宽其投资权力向法院提出申请。经过开头的一些曲折,法院为了更新 1961 年《受托人投资法》之外的信托投资政策,一直倾向于鼓励作出批准受托人投资申请的决定。③ 1961 年《受托人投资法》规定了受托人投资的权力,它以三级投资结构替代了 1925 年《受托人法》规定的"法定名单"。新名单把授权的投资活动在名义上分为三级:狭窄范围的投资、需要建议的狭窄范围的投资与宽范围的投资。④ 这些后来在美国也得到广泛采用的"法定名单",通常支持受托人投资于政府证券与第一顺位抵押权以及规定的股票投资活动。⑤

与 1961 年《受托人投资法》相比,2000 年《受托人法》规定的一般投资

---

① [英]格雷厄姆·弗戈:《衡平法与信托的原理》(下册),葛伟军等译,法律出版社 2018 年版,第 612 ~614 页。

② Graham Moffat, Gerry Bean & Rebecca Probert, *Trusts Law*, 5th edition, Cambridge University Press, 2009, p. 427.

③ Mohamed Ramjohn, *Sourcebook on Law of Trusts*, 2nd edition, Cavendish Publishing Limited, 1998, p. 800.

④ Mohamed Ramjohn, *Sourcebook on Law of Trusts*, 2nd edition, Cavendish Publishing Limited, 1998, p. 793.

⑤ Max M. Schanzenbach & Robert H. Sitkoff, *Did Reform of Prudent Trust Investment Laws Change Trust Portfolio Allocation*, 50 Journal of Law & Economics 681 (2007).

权带来了较为明显的变化。2000 年《受托人法》第 3 条规定了受托人一般投资权力(general power of investment),即“如果受托人享有信托财产的绝对权利,他可以作出他能作出的任何形式的投资”。① 受托人拥有和信托财产绝对所有权人一样的权力,除了投资于土地,没有其他任何限制(除非信托文件包含限制),受托人可以从事任何适当的投资,只要没有任何明确相反的规定;而根据 1961 年《受托人投资法》,受托人在没有相反规定的情况下,只能从事限定的投资活动。② 虽然受托人可以作出任何适当的投资,但是,应当注意的是,2000 年《受托人法》规定,一般投资权力不仅附属于信托文件的任何规定,而且也可以为任何这种信托文件所排除。因此,委托人依然可以通过信托文件对受托人的投资权力作出限制。另外,根据金融规制的要求,某些不够专业的受托人也不宜进行特定类型的投资活动。还应当强调,一般的投资权力不适用于养老金信托、单位信托、某些普通投资或慈善目的的储蓄计划。但是,与其他赋予受托人的成文法权力一样,新的投资权力也是一种选择适用的权力(default power)。因此,它受制于“信托文件的任何限制和排除”。③

相较于 1961 年《受托人投资法》规定的有限投资权力,2000 年《受托人法》创设的一般投资权主要有两方面的创新:一是受托人可以将其投资权力委托给他人行使;二是为提升有效信托管理目标,受托人有权将信托财产授予被任命的人以及雇用保管人。在某种意义上说,这些创新推翻了普通法以前的观点:受托人如果未获明确授权而将信托财产置于第三人之手,就构成违反信托并且要对因此引起的任何损失承担责任。④

还有一点应当指出,2000 年《受托人法》规定,委托人在其设立的信托中可选择适用判例法规定的投资权(investment powers under case law)规定,如果出现信托管理争议就会适用判例法所确定的原则。受托人所享有的明示投资权力可能是一般性的,如赋予受托人进行他所希望的任何投资活动的权力;或其投资活动限定在特定的范围内,受托人还是受制于一定的限制。在 Re Harari's ST (1949)案中,法官认为投资权力不应当作限定

---

① 2000 年《受托人法》第 3 条规定:如果受托人享有信托财产的绝对权利,他可以作出他能作出的任何形式的投资。

② Alastair Hudson, *Understanding Equity and Trusts*, Cavendish Publishing Limited, 2001, p. 70 – 71.

③ Graham Moffat, Gerry Bean & Rebecca Probert, *Trusts Law*, 5th edition, Cambridge University Press, 2009, p. 490.

④ Graham Moffat, Gerry Bean & Rebecca Probert, *Trusts Law*, 5th edition, Cambridge University Press, 2009, p. 520.

性的解释,而在 Re Power's WT (1951)案中法官认为,“投资”一词意味着收益的产生,因而,不产生收益的财产就不应当视为投资而被允许。受托人依据投资条款认为他获取房屋以供受益人居住是正当的,而法官认为,这一财产取得行为并没有包含为信托目的带来收益这一必要要素。因此,在 Re Wragg 案中,法官认为财产会产生收益,受托人获取不动产的行为就会被认可。①

随着社会经济的发展,以及信托财产形式的变化,受托人对信托财产管理、运用、处分、投资等职责也不断变化,因此信托成文立法以及判例法会顺应信托的实践需求,对受托人的权力进行相应的调整与扩张。无论受托人权力如何调整与扩张,它都应当服务于为受益人利益这一终极目的。

三、美国信托法中受托人权力扩张

(一)信托实践中受托人权力的扩张

在早期的信托实践中,信托财产主要表现为不动产,受托人权力的配置主要是围绕受托人对不动产的管理与处分。在博格特 1921 年出版的《信托法指南》一书中,“受托人权力”一章列举的受托人权力包括信托财产保管权、修理与改善权、在合同或侵权中对财产的约束权(bind estate in contract or tort)、出售权、抵押权、出租权、代表受益人的权力、各种默示权力等。② 在信托财产形式发生变化的情形下,受托人主要基于不动产管理、处分的权力种类以及权力内容必然会发生变化,以适应信托管理需要。

从受托人权力行使的对象看,如果主要涉及受益人,权力就是处分权;如果权力行使主要涉及管理信托财产,则为管理权。③ 管理权是一种通常由受托人自由裁量是否行使的权力。④

受托人权力随着信托的实践呈现不断扩张的趋势,受托人行使的处分权就清楚地表明这一点。早先的受托人通常只享有向受益人支付本金或收益的权力,如果受益人失能,不能接受或消费支付给他的收益或信托财产,受托人就只能延期支付以等待确定监护人,而现在通常的做法是授予受托人自由裁量权。原来受托人只享有对收益的支付与应用权力,而本金是为了剩余受益人或最终受益人利益不可触动的,在各种危险下都应当予

① Alastair Hudson, *Understanding Equity and Trusts*, Cavendish Publishing Limited, 2001, p. 72.

② George Gleason Bogert, *Handbook of the Law of Trusts*, West Publishing Co., 1921, p. 289.

③ Gilbert T. Stephenson, *Expanding Powers of Trustees*, 26 Fordham Law Review 50 (1957).

④ George G. Bogert & George T. Bogert, *The Law of Trusts and Trustees*, 2nd edition, West Publishing Co., 1992, p. 4.

以保全；而现在的委托人或遗嘱人则授予受托人权力，在收益不能满足受益人需求时，可以支付或应用本金。这种规定不仅实现了委托人的意愿，还满足了受益人的需求。在受益人的一生中，货币的购买力每年都会有变化，有时甚至每月都有不同。受益人的金融需求也会因岁月推移而变化。信托刚运作时的收益能满足受益人，但可能在以后的岁月中对受益人来说会变得非常不合适。以前委托人或遗嘱人通常会规定在儿子、女儿或其他年幼的受益人在到达特定年龄，如21岁、25岁、30岁或35岁时把本金支付给受益人，信托解散，或分期支付本金，如在21岁、25岁、30岁时分别支付1/3。现在委托人或遗嘱人则通常指示受托人，信托必须在受益人达到规定的年龄时终止，但是受托人可以行使自由裁量权，在受益人达到指定年龄前向其支付部分本金甚至全部本金，以部分终止或全部终止信托。这一授权使受托人能更好地满足受益人出现的委托人或遗嘱人没有预见到的需求。如果受益人为未成年人，受托人必须拥有根据受益人实际情况决定支付方式的权力。若未成年受益人没有可依赖的人或监护人，受托人应当为受益人各项生活需要进行直接的支付；若未成年受益人有可依赖的人或监护人，受托人可以向受依赖的人或监护人支付。①

受托人管理权的扩张要远远大于处分权。在很多信托协议或遗嘱中，信托管理的条款占了文件的一半篇幅。起草人不仅列举了他们认为受托人可能需要的权力，还列举了他们认为在信托管理中受托人可能需要的权力，甚至还包含成文法规定的权力。他们也列举了默示与归复权力，因为他们认为明示的权力要比法院解释或诉讼可靠得多。②

（二）受托人权力在立法中的扩张

受托人权力扩张在《信托法重述》中也有明显的体现。美国大多数州进行信托立法主要的参考资料是《信托法重述Ⅱ》与斯格特、博格特两人多卷本的信托法专著。③

《信托法重述Ⅰ》规定的受托人权力包括支付费用，出租，出售，抵押或保证或借入金钱，和解、仲裁与放弃，以及就持股行使的权力。根据第186条的规定，受托人只能在信托条款明确授予其相应权力，或者为实现信托目的所必需的情况下，才能适当行使前述权力。④ 可见，《信托法重述Ⅰ》

---

① Gilbert T. Stephenson, *Expanding Powers of Trustees*, 26 Fordham Law Review 50 (1957).

② Gilbert T. Stephenson, *Expanding Powers of Trustees*, 26 Fordham Law Review 50 (1957).

③ The Uniform Trust Code (2000), p. 3.

④ *Restatement of the Law Third Trusts*, Vol. 3, American Law Institute Publishers, 2007, p. 475.

体现的受托人“权力限制”色彩较为明显，受托人行使的权力种类不能超出法律的规定，并且应当以信托文件授权或为实现信托目的所必需为必要条件。《信托法重述Ⅱ》在受托人权力方面基本沿用了《信托法重述Ⅰ》的规定。

受托人权力的规定在《信托法重述Ⅲ》发生了较大的变化。第85条规定，除非成文法或信托条款有明确限制，受托人在管理信托时，对信托财产拥有的权力像一个具有完全民事行为能力的未婚个体对其个人财产的权力，拥有成文法或信托条款所赋予的权力，以及由《信托法重述Ⅲ》其他条款承认的特别适用于信托管理的权力。

在英国早期发展起来的信托原则，严格限制受托人的权力范围。这反映了当时对受托人不当管理风险或权力滥用的担忧，以及当时信托主要是土地信托的形式，运用信托的目的有限等现实。随着衡平救济、信义标准的发展，以及信托应用的多样化，通过判例、立法以及经验老到的律师文件起草，授予受托人的权力逐步并且稳定地扩张。现在的信托文件中通常会包含一个实际上不限制受托人权力的宽泛授权条款，以确保受托人所需要之权力没有遗漏，或不会因为过度的保守解释而受影响。① 可见，随着信托应用的多元化，为了满足信托管理需要，对受托人权力的授予由之前严格限制变为了广泛赋权。《信托法重述Ⅲ》与UTC基本承认受托人在信托管理方面事实上拥有无限制的权力，除非被信托条款或适用的其他成文法排除。②

统一州法全国委员会的示范立法对美国各州的信托立法也有举足轻重的作用。在1964年《统一受托人权力法》之前，美国传统信托法不仅通过保留交易权来限制受托人的交易能力，还通过阻碍市场主体与受托人进行交易的方式限制受托人的交易能力。法律要求知道或应当知道与受托人进行交易的一方“为了确定受托人是否有权及在何种情形下才有权进行交易的权力，应当对信托条款进行调查”。③ 这些规则事实上阻碍了第三方与受托人进行交易，在某种程度上，这些不适应现代需求的限制性规则损害了交易效率，很多州的立法从不同程度上开始对受托人权力

---

① *Restatement of the Law Third Trusts*, Vol. 3, American Law Institute Publishers, 2007, p. 220.

② Edward C. Halbach, Jr., *Gilbert Law Summaries on Trusts*, 13th edition, Gilbert, 2007, p. 178.

③ John H. Langbein, *Why Did Trust Law Become Statute Law in the United States*, 58 Alabama Law Review 1069 (2007).

放宽限制。① 因此,统一州法全国委员会制定了 1964 年《统一受托人权力法》。该法第 3 条规定了受托人 26 项权力,先后在 16 个州获得实施。该法使信义管理法与当时超越传统限制、受托人权力不断扩张等需求更加灵活地统一起来。该法采取的重要改进就是对受托人的授权,受托人只要像一个普通谨慎的人那样,时刻服从作为信义人的义务,就可以在信托管理时像普通谨慎的人那样行事。这一规定超越了由委托人明示授予受托人权力的传统做法,消除了以前所存在的种种限制,也不用求助于通常从委托人意志中推演出来的默示权力。② 1964 年《统一受托人权力法》与 UTC 除了授予每个受托人在信托财产管理方面广泛的权力外,还自动授予每个受托人履行"谨慎的人为了信托目的履行每一行为"所必须的所有权力。③ 对于采用了这两部法律的州来说,受托人根据成文法享有了很多可以自由裁量行使的权力。

1964 年《统一受托人权力法》还提供了交易便利。根据该法,与受托人进行交易的当事人,可以推定"信托权力的存在与受托人正当行使"。该法允许受托人"未经授权可以为信托目的从事谨慎人(prudent man)可以从事的所有行为"。在该法列出的特定权力清单中,最重要的是买入、管理与卖出证券的权力,以及雇用像会计、经纪人、律师等服务商的权力。④

但是在新时代背景下,如同统一州法全国委员会在 UTC 的评论中指出的那样,"1964 年《统一受托人权力法》已经十分过时了",⑤它被后来的 UTC 完全取代。像之前一样,UTC 自动授予受托人履行"谨慎人为信托目的履行职责"所必需的所有权力。⑥ UTC 第 816 条列举的权力有很多与 1964 年《统一受托人权力法》第 3 条的权力相似。UTC 增加了放弃或拒绝

---

① William F. Fratcher, *Trustees' Powers Legislation*, 37 New York University Law Review 627 (1962).

② Paul G. Haskell, *Some Problems with the Uniform Trustees' Powers Act*, 32 Law and Contemporary Problems 168 (1967).

③ Peter T. Wendel, *The Evolution of the Law of Trustee's Powers and Third Party Liability for Participating in a Breach of Trust: An Economic Analysis*, 35 Seton Hall Law Review 971 (2005).

④ John H. Langbein, *Why Did Trust Law Become Statute Law in the United States*, 58 Alabama Law Review 1069 (2007).

⑤ Uniform Trust Code (Last Revised or Amended in 2010), p. 2.

⑥ Peter T. Wendel, *The Evolution of the Law of Trustee's Powers and Third Party Liability for Participating in a Breach of Trust: An Economic Analysis*, 35 Seton Hall Law Review 971 (2005).

管理无价值的信托财产的权力、以信托财产为基础发放贷款的权力、信托终止时行使适当管理的权力等几项新权力，另外，它还对1964年《统一受托人权力法》规定的一些权力进行了更新（见表4－1）。

表4－1 1964年《统一受托人权力法》与UTC规定的受托人权力列表

1964年《统一受托人权力法》	UTC
(1)收集、持有、保留从委托人处获得的信托财产	(1)从委托人或其他任何人处收集信托财产，接受或放弃信托财产附属物
(2)取得信托财产上的附属物	(2)通过公开或私下的销售获得现金或信用，取得或出售财产
(3)继续或参加任何商业或企业的运营	(3)交换、分割信托财产或以其他方式改变信托财产的性质
(4)获取信托财产上不可分割的利益	(4)在金融服务受到管制的机构中进行信托资金存款
(5)对信托财产进行投资或再投资	(5)在提供或不提供信托财产担保、抵押情形下借入款项
(6)把信托资金存入银行	(6)行使在相关组织的成员权力
(7)通过公开的或私下的出售，以现金或信用获取或处置财产	(7)对于股票或其他证券，行使完全所有人的权力
(8)对建筑物或其他结构进行普通或异常的修理或更新	(8)就不动产进行修建，或进行普通或非常规的维修等
(9)把土地拆分、开发或贡献给公共利用	(9)订立租约
(10)在信托条款之外订立租约	(10)就信托财产的销售、出租或其他处分进行选择，就财产的取得进行选择
(11)订立合同对矿产或其他自然资源进行利用或处理	(11)对信托财产进行投保
(12)在信托财产处理上进行选择，或为获得任何财产而作出选择	(12)对无价值的信托财产放弃或拒绝管理
(13)就持有的证券行使表决权	(13)就违反环保法可能承担的责任：检查或调查其持有的信托财产；阻止现实或潜在违反环保法的行为；减轻损害及为其他补救行为等
(14)支付针对证券的通信、评估等费用	(14)对任何诉求予以应对或辩驳
(15)出售、认购或转换股票	(15)支付受托人税款、评估或补偿及其他费用

续表

1964 年《统一受托人权力法》	UTC
(16)以名义人或其他形式持有证券而不必公开信托关系	(16)就联邦、州或地方税进行选择
(17)对信托财产进行投保	(17)根据任何雇员利益或退休计划、年金等选择支付方式
(18)借入可以由信托财产或其他财产偿还的现金	(18)以信托财产为基础进行贷款
(19)对任何诉求予以应对或辩驳,对与信托有关的诉求进行和解	(19)就其他人向受益人发放的贷款以信托财产提供担保
(20)支付税款、评估、赔偿等费用	(20)对位于其他州的信托财产可在信托财产所在州指定受托人
(21)在信托本金或收益上分配收益或费用	(21)向不具法定能力的受益人给付
(22)向受益人支付任何可支付的款项	(22)在分配信托财产或分割信托财产及信托终止时,进行已分割或未分割的利益分配或财产分配等
(23)实施财产或货币的分配	(23)解决有关争议
(24)雇佣提供服务的人员	(24)提起控告、在诉讼中进行辩护,或参与其他司法程序
(25)保护信托财产进行控告、辩护等诉讼行为	(25)签署并交付合同及其他文件以利于受托人权力的行使
(26)实施或转移所有完成或便利受托人权力行使的法律文件	(26)信托终止时行使适当管理权

同英国一样,美国受托人投资权规定的变迁也是受托人权力扩张的重要组成部分。美国属于联邦制国家,信托立法权归属各州。在 19 世纪末期与 20 世纪早期,美国各州对受托人投资抱有两种态度:一些州采用了 King v. Talbot 案的规则,禁止受托人投资于普通股票或任何企业,因为信托财产"必然会因为被投资企业的成功与失败而暴露在或盈或亏的风险中";另一些州采用了 Harvard College v. Amory 案①的规则,废弃了法定名单制度,受托人必须"遵从一个谨慎的人会如何……管理他们自己的事务的标准,不是基于投机,而是考虑到可能的收益以及投资资本的安全性,对其资金作永久处理"。这个谨慎人规则虽然比法定名单方式更宽松一

① Harvard College v. Amory, 26 Mass. 446, 469 (1830).

些,但它依然禁止投资于投机性企业。① 到了20世纪中期,谨慎人规则发展成为严格限制的补充适用规则(highly constrained default)。例如,《信托法重述Ⅱ》经常被法院引用并对普通法产生深远影响的评论所采取的立场是:投资于投机性股票、用保证金买入证券或买入打折证券都被推定为不恰当。相反,“通常认为,受托人买入联邦、州或市政证券,土地上的第一抵押权或公司债券是适当的”。②

谨慎人规则支持“安全”的投资而不支持股票“投机”。新的谨慎投资人规则要求受托人设计投资组合以符合受益人的风险承受能力与信托目的。20世纪90年代初期大面积废止旧的谨慎人规则,主要原因有两个方面:一是1992年《信托法重述Ⅲ》关于谨慎信托投资条款的规定;二是1994年《统一谨慎投资人法》。《信托法重述Ⅲ》对原来的规则与先前的重述提出了批评,指出“把广泛的投资活动通常界定为投机性的做法本身就是不谨慎的”。新的谨慎投资人规则废除了在许可的投资活动上所有的明确限制,并明确放弃旧法对股票投资的敌意。

由于《统一谨慎投资人法》与《信托法重述Ⅲ》的出现,2007年前的20年里,所有的州都以新的谨慎投资人规则替代了旧的谨慎人规则。《统一谨慎投资人法》与《信托法重述Ⅲ》的起草者公开表明,改革的更深层面的激励是1974年通过的ERISA。如同1979年权威规制中的解释一样,ERISA中的谨慎投资人需要考虑每一种投资活动在作为一个整体的组合投资中所起的作用。因此,联邦法院在涉及ERISA的诉讼中采用了完全的组合投资路径。③ 根据州与机构层面1986年到1997年的数据,发现在采用新的谨慎投资人规则之后,机构受托人放弃“安全”的投资而持有的股票增加了1.5%~4.5%,研究时段内增加了10%~30%的股票持有量。结论是,尽管信托信义法名义上是补充适用法,但是机构受托人依然对规则的变化反应灵敏。④

① John H. Langbein, *The Uniform Prudent Investor Act and the Future of Trust Investing*, 81 Iowa Law Review 641 (1996).

② Restatement of Law of Trust (Second) 1959, § 227, comments f, m.

③ Max M. Schanzenbach & Robert H. Sitkoff, *Did Reform of Prudent Trust Investment Laws Change Trust Portfolio Allocation*, 50 Journal of Law and Economics 681 (2007).

④ Max M. Schanzenbach & Robert H. Sitkoff, *Did Reform of Prudent Trust Investment Laws Change Trust Portfolio Allocation*, 50 Journal of Law and Economics 681 (2007).

四、受托人权力扩张的成因

（一）信托财产形式的变化引起受托人职能的扩张

信托财产的形式变化促成受托人职能转变。美国早期信托法领域的著作，像吉尔伯特（Gilbert）从1734年到1811年的三个版本的《信托法》以及桑德斯（Sanders）从1791年到1844年五个版本的《信托法》中，信托财产主要是土地或其他形式的不动产。就传统的土地信托而言，受益人通常就生活在那片土地上并管理着它，受托人除了持有土地并把它转移给其余的受益人之外，别无其他权力与义务，这种受托人像股票持有人或被提名人（nominees）而不是管理人。因为传统的受托人几乎无事可做，在权力方面他们所需要的也很少。限制受托人的交易权，可以减少他们对受益人的伤害，然而，由公司股票、政府或公司债券、保险、养老基金与年金收益等金融资产组合成为现代信托财产的主要形式，组合金融资产形式的信托财产需要熟练与积极的管理，其间投资决定、行使表决权、收取并分配收益、支付费用等事项不可避免地会扩张受托人的职能。当金融资产取代家庭土地成为信托财产的标志形式，受托人必须被适当授予权力以进行管理工作。投资与金融资产管理需要广泛的自由裁量权，信托法必须进行大幅度的变革才能适应管理信托的需求，对受托人的赋权取代了以前对受托人权力的剥夺。①

另外，受托人专业化也引发受托人职能的变化，进而引发受托人权力的扩张。有学者强调，美国对信托法最大的贡献在于公司受托人的使用。英国直到1743年，检察总长（attorney-general）还认为公司不能作为受托人。最早授权公司作为受托人的例子，应该是1822年在纽约获得许可的农民火灾保险与贷款公司（Farmers' Fire Insurance & Loan Company）。从此之后，创建拥有管理信托权力的公司越来越普遍。最后，美国国会发现有必要允许国民银行享有类似的权力。虽然机构受托人主要是美国机制，但这种机制传播到其他国家，即使在比较保守的英国，公司受托人也变得越来越普遍。在英国，个人受托人为其工作得不到补偿，除非信托文件另有规定。但在美国，个人受托人可以获得补偿。② 公司这种商事主体作为信托受托人，在信托事务管理中具有自然人受托人所不能比拟的优势，如

---

① John H. Langbein, *Why Did Trust Law Become Statute Law in the United States*, 58 Alabama Law Review 1069 (2007).

② Robert Whitman, *Resolution Procedures to Resolve Trust Beneficiary Complaints*, 39 Real Property, Probate and Trust Journal 829 (2005).

专业化水平、长久稳定存续等特征,其逐步赢得社会认可,并在与委托人的博弈过程中争取到更广泛的管理权力。

简单地说,现代信托的目的从原来保管信托财产变换到现代管理信托财产。① 因此,受托人的职能发生变化,从而实现了权力的扩张。②

(二)现代经济理论的影响

在"二战"结束后,受托人传统的投资方式带来许多不满,因为权益证券通常会产生比传统信托投资更高的回报。在20世纪六七十年代里,保守的、"安全"的投资对受益人来说也会带来巨大风险,通胀率越高,吞噬的信托本金价值越多,投资人相应的不满也越多。相反,权益证券提供了不动产抵押以及政府、企业债券不能提供的通胀对冲。法定名单制度排除了所有对权益证券的投资活动,阻止受托人进行高回报的投资。即使是谨慎人规则,也不鼓励受托人从事投机性的投资活动。根据谨慎人规则,如果受托人投资于包含高风险、高回报的组合资产,他就可能承担违反信义义务的风险。谨慎人规则需要受托人对每一次的投资活动进行谨慎的评估。③ 因此,20世纪六七十年代法院的判决允许受托人投资于股票而"不管信托文件中把投资限定于固定收益工具的限制,因为通胀太高,吞噬了信托财产的真实价值"④。

当通胀侵蚀传统信托投资的价值时,学术理论开始对谨慎投资应当避免所有风险投资的观点提出疑问。⑤ 1952年马科维茨(Markowitz)在他的文章中提出了组合投资理论,通过分析,他认为组合投资可以有效降低风险。⑥ 现代组合投资理论的核心是谨慎的投资者应当寻求分散风险而不是避免风险,它建立在三个基本的前提下,这在《信托法重述Ⅲ》的评论中得到明确的赞同。第一,风险性的投资通常会产生更高的回报;第二,对期待回报不妥协的情况下,多元化投资会减少风险,适用于信托语境的推论

---

① Robert Cooter & Thomas Ulen, *Law and Economics*, 3rd edition, Addison Wesley, 2000, p. 98 - 101.

② John H. Langbein, *Why Did Trust Law Become Statute Law in the United States*, 58 Alabama Law Review 1069 (2007).

③ Stewart E. Sterk, *Rethinking Trust Law Reform: How Prudent is Modern Prudent Investor Doctrine*, 95 Cornell Law Review 851 (2010).

④ Jeffrey N. Gordon, *The Puzzling Persistence of the Constrained Prudent Man Rule*, 62 New York University Law Review 52 (1987).

⑤ Stewart E. Sterk, *Rethinking Trust Law Reform: How Prudent is Modern Prudent Investor Doctrine*, 95 Cornell Law Review 851 (2010).

⑥ Harry Markowitz, *Portfolio Selection*, 7 Journal of Finance 77 (1952)(这篇文章为马科维茨赢得了诺贝尔经济学奖).

是,只要进行了适当的多元化,任何信托投资都是合适的投资;第三,通过调整组合资产中高风险、高回报投资的比例,组合资产最佳地处分着“市场风险”或“补偿风险”。20 世纪 60 年代,经济学家提出的有效资本市场假设理论(efficient capital market hypothesis,ECMH)对投资有两个方面的影响:首先,在有效资本市场里,单个的投资者或企业不可能形成一项持续击败市场的投资策略,因为市场价格已经反映了投资者行动的信息;其次,在有效资本市场假设理论里,所有的投资都不会是坏的投资,因为投资的价格已经包含投资的风险。①

在这些新经济理论的影响下,学术界接受了现代组合投资理论,并试图把这些结论融合进信托法。为给客户带来高额回报,执业律师、信托公司也支持这些变革。美国法律协会和统一州法全国委员会是影响美国法制的两大领导机构,在现代组合投资理论的影响下,它们使用《信托法重述Ⅲ》与《统一谨慎投资人法》来改革信托法,现代组合投资理论成为两部法律变革的理论依据。美国法律协会开始准备《信托法重述Ⅲ》时,是以谨慎投资人规则作为发端的,并于 1992 年批准、出版了《信托法重述Ⅲ》有关谨慎投资人规则的一卷,这比其他卷的出版早了十年多。1994 年,统一州法全国委员会通过了《统一谨慎投资人法》,明确承认重述对它的影响。后来的 UTC 则完全采纳《统一谨慎投资人法》的规定。②

在现代组合投资理论的影响下,现代信托法发生了三个方面的重要转变:第一,《信托法重述Ⅲ》与《统一谨慎投资人法》废除了在信托投资上的绝对限制,受托人不必再为“风险性的”或“投机性”的投资活动承担责任;第二,《信托法重述Ⅲ》与《统一谨慎投资人法》对受托人信托投资活动施加了多元化配置的确定义务;第三,因为现代组合投资理论需要金融方面的熟练性,这是许多受托人特别是家庭成员受托人所不具备的,《信托法重述Ⅲ》与《统一谨慎投资人法》都推翻了受托人不得转让投资职能的传统规则。③

现代组合投资理论首先关注如何获取最佳的整体回报,其次才关注如何在收益受益人与本金受益人之间进行公平的分配。由于现代组合投资

---

① Stewart E. Sterk, *Rethinking Trust Law Reform*: *How Prudent is Modern Prudent Investor Doctrine*, 95 Cornell Law Review 851 (2010).

② Stewart E. Sterk, *Rethinking Trust Law Reform*: *How Prudent is Modern Prudent Investor Doctrine*, 95 Cornell Law Review 851 (2010).

③ Stewart E. Sterk, *Rethinking Trust Law Reform*: *How Prudent is Modern Prudent Investor Doctrine*, 95 Cornell Law Review 851 (2010).

理论的应用，受托人对于信托的管理方式发生较大变化，其权力也相应发生了明显扩张。1997 年《统一本金与收益法》(The Uniform Principal and Income Act of 1997, UPAIA)承认现代组合投资理论，不再关注传统的本金与收益的划分，而关注信托的整体回报，无论是源于利息收入还是资本利得。而根据传统的本金与收益法，固定收益投资所得(如利息，interest)通常分配给收益受益人，而从股票或股权转化所得(如出售升值股票所得)通常视为本金收益。①

在现代组合投资理论的影响下，现代信托法授予受托人对信托财产和信托收益的分配进行调整的权力(power to adjust)。

为了方便讨论，假设受托人把 100 万元本金投入股票市场可以获得 15% 的回报；把 100 万元本金投入固定收益的资产，可以获得 5% 的回报。根据传统的组合投资要求，应当把 100 万元的 60% 投向股票市场，40% 投向固定收益市场。按股票市场 15%、固定收益市场 5% 的收益率计算，投资的总收益为 11 万元，受托人应当向收益受益人支付 2 万元收益，向本金收益人支付 9 万元收益，如果向收益受益人支付的收益不足，受托人应当将投向股票市场的资金部分调整到固定收益投资。根据现代组合投资理论，受托人可以将整个 100 万元投向股票市场，并可获得 15 万元的回报，而不是分别投资机制下的 11 万元，这种投资机制对整个信托产生了更高的收益。为了公平对待收益受益人，1997 年《统一本金与收益法》授予受托人调整权，允许受托人在运用现代组合投资机制的背景下，运用公平观念而不是在传统的财产回报类型基础上划分收益与本金。如果受托人运用现代组合投资机制投资 100 万元于股票市场并获得 15 万元的回报，其可以行使调整权，向收益受益人分配 6 万元收益，向资本收益受益人分配 9 万元。这样受托人可以利用在股票市场获得的更多收益，在不损害本金受益人的利益的前提下增加收益受益人的收益。②

第二节　受托人权力行使的制约

一、受托人权力行使与职责制约

总的来说，早期信托法严格限制受托人权力，现代信托法则赋予受托

① S. Alan Medlin, *Limitations on the Trustee's Power to Adjust*, 42 Real Property, Probate and Trust Journal 717 (2008).

② S. Alan Medlin, *Limitations on the Trustee's Power to Adjust*, 42 Real Property, Probate and Trust Journal 717 (2008).

人广泛的自由裁量权。① 这一点在法院确定的受托人权力行使的一般原则中也体现出来。对于受托人权力行使的一般原则，法律上并没有完全清晰的界定，一般来说通常包括四项：法院不会强迫受托人去行使一项权力；法院不会强迫受托人对其行使或不行使权力的行为说明理由；一般而言，受托人行使权力时没有义务与受益人商讨，也不必按照受益人的指示行事；受托人如何行使其权力不应当听从委托人的指令。② 这说明受托人可以独立自主地决定行使权力，受托人权力是由受托人自由裁量行使的一种权力。

受托人权力与受托人职责是两个相对的概念，职责是由于受托人的信义地位或信托契约所产生的强制性义务（obligation），权力是受托人可以选择行使的权利。③ 受托人权力并非像受托人职责一样是强制性（mandatory）的，受托人没有义务去行使权力，权力只是向受托人提供便利。④ UTC 的评论中也强调，受托人拥有权力的事实并非意味着权力必须被行使的义务。⑤

受托人权力行使虽然不是强制性的，一旦行使则会受到信托人职责的严格约束。⑥ 在英美信托法中，受托人职责是围绕着忠诚与善意（good faith）来设定的。从内容上来看，在成文法与判例法所确定的受托人职责大体包括共同受托人一致行动、提供信息与说明、公正对待受益人、向有权获得分配的人进行分配、不获报酬而行事、不从信托获利、不以与受托人个人利益相冲突的方式行事、亲自行事、投资等多项义务。⑦ 有的研究从受托人与受益人的关系角度分析，把受托人所负有的义务大体上分为诚信义

---

① 张天民：《失去衡平法的信托——信托观念的扩张与中国〈信托法〉的机遇和挑战》，中信出版社 2004 年版，第 76 页。

② John Duddington, *Essentials of Equity and Trust Law*, Pearson Education Limited, 2006, p. 261 – 262.

③ Samantha J. Hepburn, *Principles of Equity and Trust*, 2nd edition, Cavendish Publishing Limited, 2001, p. 355.

④ Richard Edwards & Nigel Stockwell, *Trust and Equity*, 5th edition, Pearson Education Limited, 2002, p. 343.

⑤ Uniform Trust Code (Last Revised or Amended in 2010), p. 161.

⑥ 受托人是英国法上一个更一般的概念受信人（fiduciary）的具体类型之一。因此，经常说受托人负有"信义责任"（fiduciary duties）。在某些情形下，"trustee"与"fiduciary"可以视为同义词。然而，注意到存在四种基本信义关系类型是有益的：受托人与受益人之间、合伙人之间、公司董事与股东之间、代理人与本人之间。See Alastair Hudson, *Understanding Equity and Trusts*, Cavendish Publishing Limited, 2001, p. 65.

⑦ Richard Edwards & Nigel Stockwell, *Trust and Equity*, 5th edition, Pearson Education Limited, 2002, p. 343.

务与善良管理义务两类:诚信义务主要包括不允许受托人义务与其个人利益之间发生冲突、不从职位获取个人利益以及遵守信义义务的条款等内容;善良管理义务主要指受托人在履行义务时应为受益人在特定情形下实现最优利益进行可能的投资,对于义务的履行行为向受益人提供信息。①

当受托人的权力扩张不可避免时,忠实和谨慎义务成为受托人最重要的两条行为标准。② 受托人权力的行使要受以忠实义务与谨慎义务为核心的信义义务制约,除非信托条款作了修改。③ 因此,可以看出,受托人的职责或应当遵循的义务成为其权力行使的重要制约。

除了受托人职责对受托人权力的制约之外,受益人在一定程度上也对受托人权力的行使起着制约作用。虽然受益人无权命令受托人行使权力,但是他们有权确保受托人权力是在受托人适当考量下行使的。受益人对受托人权力行使行为有权提起诉讼,可以在三种情形下废止受托人行使的权力:受托人对于自由裁量权力的行使根本没有给予考虑;受托人基于不当动机而行使自由裁量权力;受托人行使自由裁量权力时敷衍塞责(如不经审查就批准)。受托人不能基于不当动机行使权力,因为受托人必须为了受益人利益诚实信用地行事。④

二、受托人投资权力行使标准的变迁

在英美信托法中,受托人可以选择行使其权力。受托人权力是由受托人自由裁量行使的权力,受托人权力的这些性质并不意味着受托人权力行使没有约束,也不意味着受托人可以随心所欲地行使权力,权力是否恰当行使、是否符合信托目的存在衡量标准。

信托法中约束受托人权力行使的规范,在受托人权力扩张的背景下也在不断变化。受托人权力的扩张,实质上是围绕着受托人对信托财产的投资权这一核心展开的,并且受托人权力的行使标准也在随着权力的扩张而发生变化。

在英国,从19世纪开始,受托人的投资权力行使一直遵循判例法所确定的"谨慎"标准,这表明谨慎是受托人的首要义务。2000年《受托人法》

---

① Alastair Hudson, *Understanding Equity and Trusts*, Cavendish Publishing Limited, 2001, p. 65 - 66.

② 张天民:《失去衡平法的信托——信托观念的扩张与中国〈信托法〉的机遇和挑战》,中信出版社2004年版,第76~77页。

③ Uniform Trust Code (Last Revised or Amended in 2010), p. 161.

④ Samantha J. Hepburn, *Principles of Equity and Trust*, 2nd edition, Cavendish Publishing Limited, 2001, p. 355 - 356.

把受托人的注意义务适用标准从“谨慎”改为“合理”。采用“合理”一词的基本目的是把受托人从投资活动中唯谨慎是从而不顾其他的做法中解放出来。“谨慎”与“合理”两个标准之间存在区别：如果受托人应当“谨慎”行事，这就意味着受托人应当避免可能造成任何重要损失的投资；如果受托人应当“合理”行事，这就允许受托人从事与特定信托相适合的带有一定程度的风险投资。① 从“谨慎”到“合理”，实质上是受托人权力扩张背景下注意义务标准的转变。同时，2000 年《受托人法》对受托人的权力与义务之间的关系作了新的规定：第一，受托人负有在具体情形下行使合理技能与注意的义务；第二，受托人在进行投资时，一要确保投资符合受托人所管理信托类型，二要确保信托的投资充分实现了信托投资的多样化；第三，对于信托投资，受托人必须采纳合理建议。②

在美国，伴随受托人投资权力的扩张，受托人投资行为规则经历了从“法定名单”规则、谨慎人规则到谨慎投资人规则的转变。始于英国的法定名单起初在美国也得到广泛的采用，但是，马萨诸塞州最高法院通过影响深远的 Harvard College v. Amory ③ 案首先放弃了法定名单规则，转而采用后来广为人知的谨慎人规则。法院认为，受托人必须“像一个谨慎、周全与聪慧的人处理自己事务那样来处理信托事务，对于基金的处分要考虑其适当的收益以及投资本金的安全，而不能进行投机活动”。在 19 世纪 40 年代，美国银行家协会推动发起了模范成文法的编纂活动，大多数州放弃了它们的法定名单制度。到了 20 世纪中期，《信托法重述Ⅱ》的谨慎人规则经常被法院引用，对普通法产生了深远影响，其立场是投资于投机性股票、用保证金买入证券或买入打折证券都被推定为不恰当；相反，“通常认为，受托人买入联邦、州或市政证券，土地上的第一抵押权或公司债券是适当的”。在 20 世纪的后半叶，熟悉现代组合投资理论的学者与老练的从业人员开始呼吁对谨慎人规则进行改革；事实上，《信托法重述Ⅲ》已放弃了原来的谨慎人规则，而采用了新的谨慎投资人规则，它指出“把广泛的投资活动通常界定为投机性的做法本身就是不谨慎的”。到 20 世纪 80 年代中期，许多州废止了原来的谨慎人规则而采用新的谨慎投资人规则；到了 20 世纪 90 年代初期，各州大面积废止谨慎人规则。

在现代组合投资理论的影响下，美国的《信托法重述Ⅲ》、《统一谨慎

---

① Alastair Hudson, *Understanding Equity and Trusts*, Cavendish Publishing Limited, 2001, p. 397.

② Alastair Hudson, *Understanding Equity and Trusts*, Cavendish Publishing Limited, 2001, p. 392 – 397.

③ Harvard College v. Amory, 26 Mass. 446, 469 (1830).

投资人法》与之前的信托成文法相比发生了三个方面的重要转变：第一，废除了在信托投资上的绝对限制，受托人不必再为“风险性的”或“投机性的”投资活动承担责任；第二，对受托人在信托投资活动中施加了投资多元化配置的确定(affirmative)义务；第三，因为现代组合投资理论需要金融投资活动上的熟练性，这是许多受托人特别是家庭成员受托人所不具备的，两部成文法推翻了受托人不能转让投资职责的传统规定。① 在《统一谨慎投资人法》与《信托法重述Ⅲ》的推动下，现在每个州都采用“谨慎投资人规则”。②

《信托法重述Ⅲ》中的谨慎投资人规则③与《信托法重述Ⅱ》中的谨慎人规则的判断标准存在明显不同。根据传统的谨慎人规则，受托人应当根据信托文件或适用的成文法规定，像以自己的财产进行投资一样对信托财产进行合理投资；而根据谨慎投资人规则，受托人对信托财产的投资是与类似情形下基金的谨慎投资人的投资进行比较的。谨慎投资人规则允许现代投资组合的经验与理论在受托人投资活动中适当灵活应用。这一规则在《统一机构基金管理法》(Uniform Management of Institutional Funds Act, UMIFA)与 ERISA 等成文法中也得到采用。谨慎投资人规则要求受托人设计投资组合以符合受益人的风险承受能力与信托目的。根据 1986 年至 1997 年的数据，在采用谨慎投资人规则之后，机构受托人放弃原来“安全”的投资，研究时段内大约增加了 10% ~30% 的股票持有量。尽管信托信义法名义上是补充适用法，但是机构受托人依然对规则的变化反应灵敏。④ 可以说，这些变革的方向旨在反映合理的社会政策，通过提高管理效率、减少规划的复杂性和风险等措施加强信托工具对于财产所有人及其意定受益人的效用。⑤

三、“造福受益人规则”对受托人权力行使的影响

从传统信托法制角度来说，设立私益信托就是为了受益人的利益，受

---

① Stewart E. Sterk, *Rethinking Trust Law Reform: How Prudent is Modern Prudent Investor Doctrine*, 95 Cornell Law Review 851 (2010).

② Max M. Schanzenbach & Robert H. Sitkoff, *Did Reform of Prudent Trust Investment Laws Change Trust Portfolio Allocation*, 50 Journal of Law and Economics 681 (2007).

③ 《信托法重述Ⅲ》第 227 条规定：受托人应当根据信托目的、条款、分配要求及其他情形，对受益人负有投资管理信托基金的谨慎投资人义务。

④ Max M. Schanzenbach & Robert H. Sitkoff, *Did Reform of Prudent Trust Investment Laws Change Trust Portfolio Allocation*, 50 Journal of Law and Economics 681 (2007).

⑤ Edward C. Halbach, Jr., *Uniform Acts, Restatements, and Trends in American Trust Law at Century's End*, 88 California Law Review 1877 (2000).

托人管理信托财产、行使权力只是为了维护受益人的利益。这实际上也是受托人权力行使中要遵守的一个重要原则。美国《统一信托法典》第404条规定,信托及其条款必须为了受益人的利益,学者则将其称为“造福受益人规则”(benefit-the-beneficiaries rule)。

在信托实践中,委托人拟定的信托文件有时会包括特定的投资管理指示,如要求受托人保有一定的组合投资或家族生意。之前的信托法支持这种限制,而按照新规则只会实施那些会给信托受益人带来利益最大化的规则。如果委托人对于受托人的限制不能通过经济利益目标测试,它们就可能会被废弃。① 根据胡贝因(Langbein)教授的观点,使受益人受益并不取决于委托人的主观意愿,而取决于谨慎与效率的客观观念。② 这一规则的目的是通过废止委托人不合理的投资限制,鼓励受托人进行最有效投资,进行资源的配置,③从而实现受益人利益的最大化。

传统信托中,委托人可以通过信托文件对受托人职责、权力等事项进行控制,而在造福受益人规则的影响下,委托人对于信托本身、对受托人的控制有所降低,而受托人的投资权力在造福受益人规则的名义下,可能会突破信托文件的限制,实现扩张。

看起来,造福受益人规则具有非常强的诱惑力。它通过废止早已被人遗忘的委托人不合理的投资限制来鼓励最有效的投资配置。但是,也有学者指出,造福受益人规则也未必能实现其最终目的。轻易废止(setting aside)委托人精心设计的规划,会产生大量预料不到的后果。如果信托法变得不那么让人容易理解,变得不那么灵活,不像以前那样作为补充适用规则来调整信托投资活动,大量的普通财产规划技术会失去很多的吸引力。因为委托人个人的安排要服从于现代投资理论公正的要求(dispassionate dictates),许多信托委托人,以及他们富有创造力的财产规划团队,就会因为不能满足其需求而排除适用现代信托法;他们会采用更受欢迎的司法区的法律和利用更便利的财产规划结构加以应对。因此,想把信托法变得更有效率的努力却减少了它的适用性。在一个委托人可以自由选择更受欢迎的司法区和法律体系的世界里,甚至一个假定

---

① Jeffrey A. Cooper, *Empty Promises: Settlor's Intent, the Uniform Trust Code, and the Future of Trust Investment Law*, 88 Boston University Law Review 1165 (2008).

② John H. Langbein, *Mandatory Rules in the Law of Trusts*, 98 Northwestern University Law Review 1105 (2004).

③ Jeffrey A. Cooper, *Empty Promises: Settlor's Intent, the Uniform Trust Code, and the Future of Trust Investment Law*, 88 Boston University Law Review 1165 (2008).

的强制性规则也不会束缚他们的手脚。总之，寻求控制其资金，委托人必然会找到实现其目的的办法，这将会使委托人放弃那些损害其控制能力而不是加强其控制能力的法律机制。这将是新出现的造福受益人规则的最终结果。①

第三节　信托商事化应用背景下的受托人权力规制

随着社会经济的发展，社会财产不断增加，财产的形式也呈现多元化的特点。由于信托所具有的制度弹性，它契合了现代社会人们财产管理的多种需求，因此，传统信托制度越来越多应用于商事领域。对于移植信托制度的大陆法系国家来说，其引进信托的目的主要在于信托的商事应用。“在日本，几乎见不到在英美等国被广为运用的私人信托（民事信托）。谈及信托，一般是指信托公司与信托兼营金融机构按照信托业法等相关法律的规定，以其为业所承受的营业信托。”②

信托的商事化应用越来越普遍，并且在很多国家出现了形式多样的商事信托。在许多国家，商事信托所管理的社会财富也非常大。仅以美国的共同基金为例，在2007年年初，所有中介持有的财产中有16%为共同基金所持有，有50%的美国家庭持有共同基金的股份；在过去的20年，共同基金所管理的财产从2920亿美元增长到10万亿美元。③ 在日本，截至2007年3月底，信托财产余额达744万亿日元。④

商事信托得以广泛应用的重要基础是受托人的商事化发展，而受托人的商事化发展也随之引发了规制的变革。

一、受托人商事化的发展

在英美法系中，商事信托是与无偿信托（gratuitous trust）相对的概念；在大陆法系中，商事信托是与民事信托相对的概念。商事信托在具体应用

---

① Jeffrey A. Cooper, *Empty Promises: Settlor's Intent, the Uniform Trust Code, and the Future of Trust Investment Law*, 88 Bosten University Law Review 1165 (2008).

② ［日］三菱日联信托银行编著：《信托法务与实务》（第5版），张军建译，中国财政经济出版社2010年版，第195页。

③ Frederic S. Mishkin & Stanley G. Eakins, *Financial Markets and Institutions*, 6th edition, Pearson Education, Inc., 2009, p. 393.

④ ［日］三菱日联信托银行编著：《信托法务与实务》（第5版），张军建译，中国财政经济出版社2010年版，第203页。

中存在多种形式,中外学者从不同的角度进行了研究与界定。① 在商事信托法律关系中,商事信托受托人处于非常重要的地位,受托人是信托关系的核心要素。② 受托人是识别信托性质的关键要素之一,有观点认为受托人所具有的商人身份的主体特征是界定商事信托的重要依据;③根据"行为说",若受托人接受信托是以营业为目的,则为商事信托;④受托人的组织化特征也是界定作为商事信托具体类型的商业信托的一个重要方面。⑤ 可以说,深化对商事信托受托人的研究,会更加深入地揭示商事信托的本质特征,从而为商事信托法律制度的完善提供更加全面的理论依据。

(一)受托人商事化的法律特征

1. 营利性

在英国传统信托中,信托是"信誉上的、基于受托人的名誉和良知的一种责任,此种责任的承担与经济利益的考量无关"。⑥ 传统信托受托人的身份体现着社会对受托人公正、正直等良好品质的道德肯定,也是受托人的一种荣誉,因此,受托人履行职责多是无偿的。然而,伴随公众持有财富形式的变化、投资活动专业化等社会现象,信托制度越来越多地应用于商事领域。在商事信托中,受托人以其专业技能对信托财产进行管理、处分与投资,受托人以营利为目的的商事主体特征决定了其履行受托人职责要收取报酬。作为对现实的回应,各国立法也一改传统信托法原则,承认了商事信托受托人收取报酬的权利。

如同日本学者所概括的,基本上,传统的信托制度已从中世纪无偿的

---

① 在广义上使用的商事信托指那些具有私益性质、由具有商人身份的主体担任受托人的信托(参见沈四宝:《商事信托制度的现代发展》,载《甘肃政法学院学报》2005 年第 4 期)。有学者认为,商事信托又称营业信托,是指商事组织以营利为目的,委托专业信托机构作为受托人根据商业活动的一般规则对资产进行收受、管理,并将信托利益交付受益人的信托(参见胡卫萍:《我国商事信托制度建构中的法理思考》,载王保树主编:《中国商法年刊(2008):金融法制的现代化》,北京大学出版社 2009 年版);美国学者 Schwarcz 在无偿信托与商事信托的比较中指出,商事信托的委托人,在财产转移时通常会收取补偿并且会保留信托财产上的剩余权益,商事信托是诉诸信托形式服务于其商业优势的议定的交换[参见 Steven L. Schwarcz, *Commercial Trusts as Business Organizations: An Invitation to Comparatists*, 13 Duke Journal of Comparative and International Law 321 (2003)];另有学者认为,若委托人设立信托是为了进行财产的无偿赠与,该信托为个人信托;若设立该信托的目的是从事商事交易,则为商事信托[参见 Bernard Rudden & John P. Dawson, *Gifts and Promises*, 44 Modern Law Review 1 (1981)]。

② [日]能见善久:《现代信托法》,赵廉慧译,中国法制出版社 2011 年版,第 70 页。

③ 沈四宝:《商事信托制度的现代发展》,载《甘肃政法学院学报》2005 年第 4 期。

④ 施天涛、周勤:《商事信托:制度特性、功能实现与立法调整》,载《清华法学》2008 年第 2 期。

⑤ 于朝印:《论商业信托法律主体地位的确定》,载《现代法学》2011 年第 5 期。

⑥ Ayliffe v. Murray (1740) 2Atk 58, p. 60.

信托，转变成有偿的现代性信托。①

2. 专业的社团性

人类社会进入工业社会以来，财富已从原来的土地（主要形式）转化为债券、股票等金融资产形式；另外，由于人们财富观念的转变，受托人需要积极地经营管理财产以使财产增值。② 财富形式的变化为商事信托的发展提供了客观基础，而人们财富观念的转变引领商事信托的发展方向。就像朗贝因教授所表明的，个人信托已从转移与保有祖传土地的工具发展成为允许财产所有人确保对其财产进行持续与代际专业管理的组织工具。③

根据各国信托法的规定，自然人、法人都有资格成为受托人。就商事信托而言，因为信托财产数额巨大，而个人的资金实力和管理能力都受到限制，因此其受托人多为信托公司、银行、基金管理公司等社团法人。受托人的社团性对于其履行职责所提供的制度保障主要是健全的社团治理结构、专业的投资管理技能与风险防范机制，这些制度优势是个人受托人所不具备的。

（二）受托人商事化引起的信托法律变革

当金融资产成为信托财产的主要形式时，受托人对信托财产负有的职责则从“保有信托财产”过渡到“经营信托财产”，因此，受托人出现了专业化的发展趋势，即专业机构从事专业经营投资活动，如专业信托公司、银行的信托部门等接受委托人委托而从事信托财产的管理与投资活动。英、美信托成文法也因此对信托法进行相应的调整，以适应受托人履行投资职责的实际需要。

在美国，《信托法重述Ⅲ》以谨慎投资人规则替代了《信托法重述Ⅱ》的谨慎人规则，而谨慎投资人与传统谨慎人的判断标准存在明显不同。根据传统的谨慎人规则，受托人应当根据信托文件与适用的成文法规定作出像对自己的财产进行投资一样的合理投资；而根据谨慎投资人规则，受托人对信托财产的投资行为是与类似情形下类似基金的谨慎投资人的行为进行比较的。《信托法重述Ⅲ》谨慎投资人规则的目的是允许包括现代组合投资理论在内的现代投资经验与理论在受托人投资活动中适当灵活应

① ［日］田中实、山田昭：《信托法》，学阳书房1989年版，第18页。转引自赖源河、王志诚：《现代信托法论》，中国政法大学出版社2002年版，第7页。

② 施天涛、余文然：《信托法》，人民法院出版社1999年版，第42～43页。

③ John H. Langbein, *The Contractarian Basis of the Law of Trusts*, 105 Yale Law Journal 625 (1995).

用。这一标准在《统一机构基金管理法》与 ERISA 等成文法中也得到了采用。

前述的受托人权力扩张也是受托人商事化的结果之一，其商事化的发展引起传统信托法在受托人投资权力方面的大幅度变革。英国 2000 年《受托人法》对受托人的权力与义务作了新的规定。第一，受托人拥有像信托财产绝对所有人一样的权力去行事，即除了投资于土地，没有其他任何限制（除非在信托文件中包含限制）。第二，受托人负有在具体情形下履行实施合理技能与注意的义务。第三，受托人进行投资时，必须要考虑投资标准：第一个标准是应确保欲进行的投资符合受托人管理的信托类型；第二个标准是确保投资充分实现了该类型信托投资的多样化。第四，对于信托投资，受托人必须采纳合理建议。2000 年《受托人法》总体上是以合理标准来限定受托人实施的注意义务，而一改传统的谨慎标准。①

现代信托法，对于受托人的权力授予也发生了很大变化。传统信托法对受益人利益保护是通过剥夺（disempowering）受托人权力的方式消除代理问题。在早期的信托法中，受托人的权力通常是那些在信托文件中明确授予的权力，并不享有从事市场交易的默认权力（default power）。传统信托法对于受托人权力的剥夺，虽然旨在保护受益人免于受托人的过失或渎职行为的侵害，但同时也使受托人无法从事对受益人有益的事。随着信托财产越来越多转化为金融资产，金融市场更需要灵活的管理，现代信托法在受托人信义义务的基础上，授予了受托人广泛的权力以从事任何类型的交易。现代信托法已经以信义义务制约下的授权来替代单一的权力剥夺，作为保护受益人利益的最佳方式，信义义务因此减少了交易成本。从这一视角看，现代信托法的信义治理目标是直观的。信义法的功能核心是威慑，其通过追究违反信义行为标准的事后责任，引导信义人为了受益人的最佳利益行事。核心的信义义务是忠诚义务和谨慎（或注意）义务。忠诚义务禁止受托人侵吞信托利益，并通过要求受托人为了委托人“最佳的”甚至“独自的”利益来调整利益冲突。通过由行业规范和实践界定谨慎或合理的含义进而明确客观的“谨慎”或“合理”标准，谨慎义务确定了信义人的注意义务标准。② 信托资产形式的变化所引发的管理方式的变革，使信托治理方式发生变化，通过信义义务制约受托人授权模式成为现代信托

① Alastair Hudson, *Equity and Trusts*, 6th edition, Routledge-Cavendish, 2010, p. 392 – 397.

② Robert H. Sitkoff, *Trust Law as Fiduciary Governance Plus Asset Partitioning*, in Lionel Smith ed., The World of the Trust, Cambridge University Press, 2013, p. 428.

制度的一大特点。

（三）受托人商事化的多元法律调整

商事信托是传统信托在商事领域中的应用与延伸，作为信托关系核心要素的受托人在商事信托中的作用更为明显。在很多商事信托形式中，如共同基金、证券投资基金等形式，受益人众多，且由受托人管理处分的信托财产数额巨大，因此，受托人的管理处分行为对信托目的的实现有决定性的影响。另外，因为多数商事信托都涉及金融投资活动，其专业性日渐突出，因此，仅通过传统的信托法来规范受托人的经营管理活动远不能适应商事信托广泛应用的现实状况。

虽然传统信托法在受托人规制方面结合信托商事化应用背景进行了改造，但是仅通过传统信托法对商事信托受托人进行规制则明显呈现力有不逮的状况。首先，信托法承认受托人与受益人之间的利益冲突（与受托人要履行的忠诚义务有关）和受益人之间的利益冲突（与受托人要履行的公正义务有关）的差异，但是，因为信托法是从无偿信托发展出来的，它并不必然调整商事信托的安排。① 虽然普通法与衡平法的相互作用是商事信托最明显的特征，但是在年金或其他经营型的投资工具中，一系列成文法规范相对于私法的概念是优先适用的，不是所有的传统信托原则都能适用于致力于实现合同目标的信托机制。② 可以看出，传统信托法已经无法满足对商事信托受托人法律规制的需要，专门调整商事信托的法律也大量出现。其次，对于商事信托及其受托人的规制也出现了多元化的特征。因此，专业从事信托财产管理与投资活动的受托人，一方面要遵守信托法规范，另一方面要遵守调整管理与投资经营活动的法律规范。

在英国，单位信托是商事信托的一种主要形式。虽然英国通过2000年《金融服务与市场法》实现了金融服务局（Financial Service Authority，FSA）对整个金融业的统一监管，但对于单位信托则是由FSA根据集体投资机制（collective investment scheme，CIS）规则来进行监管的。对于“单位信托由2000年《金融服务与市场法》这一成文法来调整，而不是仅由一般的信托法来调整，这表明了一种路径：信托中受托人的商事行为已经游离于调整受托人行为的信托法规范，以及在这一机制下所建立的受益人保护的一般规则，开始滑向现在的金融规制了”③。

---

① Steven L. Schwarcz, *Fiduciaries with Conflicting Obligations*, 94 Minnesota Law Review 1867 (2010).

② Sarah Worthington, *Commercial Law and Commercial Practice*, Hart Publishing, 2003, p. 514.

③ Alastair Hudson, *Equity & Trust*, 3rd edition, Cavendish Publishing Limited, 2003, p. 733.

在美国,银行是从事信托业务的主要金融机构,银行的信托业务是美国信托业的重要组成部分。1913 年国民银行最先获得许可从事信托业务,信托业务从此发展成为美国商业银行的一项主要业务。1933 年《银行法》在很大程度上把投资银行业务从商业银行业务中分离出去,但是允许商业银行保留它们从事信托业务受托人的权限。① 银行对个人提供广泛而又多种多样的信托服务,包括遗产清算、根据遗嘱设立的信托、由合同或宣言设立的信托、慈善信托、根据法院命令承担受托人职责、监护人职责(guardianship)、共同受托人(co-fiduciary relaitonship)及代理(agency)。

因此,银行行使信义职能(fiduciary funcitons)从事信托业务时,除了要遵守信托法规范以外,还应当遵守联邦证券法、消费者保护法、联邦储备法以及条例、公平信用法、财政部条例、联邦国内税法等法律规范。有些规范与行使这些职能本身有关,如与信托权力有关的联邦银行法,另一些规范则与这些功能附属的行为有关。一些规范直接适用于受托人或其他信义义务人,其他规范之所以适用,是因为财产由受托人拥有或管理。②

在美国,银行从事信托业务主要受到两个部门的监管。第一个是联邦存款保险公司(Federal Deposit Insurance Corporation,FDIC),按其制定的信托检查指南,银行在 1950 年 12 月 1 日之后获准联邦存款保险的,应当提交申请以行使信托业务权力(trust power)。获得联邦存款保险公司许可后,行使信托业务权力的金融机构的信托业务合并、收购与转让、履行受托义务的方式等事项需要获得联邦存款保险公司的同意。③ 第二个是货币监理署。根据美国《联邦法典》第 12 章的 92A(12 U. S. C § 92A-Trust Powers)的规定,货币监理署署长有权通过特别许可的方式赋予国民银行行使下列权利:以受托人、执行人、管理人、股票与债券注册人、财产管理人、转让人、受让人身份,或其他任何信托职能,从事相应的信托业务。④

在证券领域,美国证券交易委员会(Securities and Exchange Commission,SEC)在证券发行、交易等领域行使着对商事信托监管的权力。在《金融现代化法案》(Gramm-Leach-Bliley Act,GLBA)中,国会大大缩小了证券豁免的范围。根据《金融现代化法案》的规定,银行的普通信托基金依然可

---

① [美]哈威尔·E. 杰克逊、小爱德华·L. 西蒙斯编著:《金融监管》,吴志攀等译,中国政法大学出版社 2003 年版,第 210 页。

② *The Trust Regulatory Handbook*, Pricewaterhouse Coopers, 1999, p. 25.

③ Trust Examination Manual, section 10, https://www.fdic.gov/regulations/examinations/trustmanual.

④ 12 U. S. C. § 92 A-Trust Powers, http://www.gpo.gov/fdsys/pkg/USCODE-2011-title12/html/USCODE-2011-title12-chap2-subchapIV-sec92a.htm.

以作为投资公司豁免于 SEC 的登记。对于银行提供的经纪服务、财产管理服务或共同基金顾问服务,就必须仔细审视以确定哪些应当向 SEC 进行经纪自营商或投资顾问的登记。① 在美国,共同基金广泛采用信托机制,如果共同基金发行的基金份额构成 1933 年《证券法》规定的证券,SEC 则会根据 1933 年《证券法》、1934 年《证券交易法》、1940 年《投资公司法》与 1940 年《投资顾问法》对共同基金等商事信托形式进行监管。根据 1933 年《证券法》,基金要向新发行证券的购买者就发行者相关信息进行规定的信息披露,以防止欺诈;1934 年《证券交易法》主要调整发行后的证券交易,共同基金组合证券经理在其交易中必须遵守该法;根据 1940 年《投资公司法》的规定,股东数等于或超过 100 的投资公司必须向 SEC 进行登记并满足某些运行标准;根据 1940 年《投资顾问法》的规定,提供投资顾问服务的个人或公司要进行注册并遵守运行规范,基金顾问要受该法的规制。②

如果商业银行没有获得完全信托权力而只获得有限信托权力,或没有获得 FDIC 同意而从事信托服务,那么,审查者要确定提供了什么服务,并审查所有的书面消费协议。如果银行在行使职能中需要信托业务执行权,审查者审查后应当指明没有信托业务执行权从事信托服务是对州法的明显违反;在没有 FDIC 事先书面同意的情况下改变营业的一般性质是对《外商直接投资法》第 333 条第 2 款的明显违反;并且对经营活动提出建议,必须停止活动以接受相应的指令;如果停止从事信托服务不会危及银行的客户或招致其他责任时,它接到建议时应当停止从事信托服务;它必须向州有关当局就信托业务执行权提出申请;它必须向 FDIC 提出行使信托业务执行权的申请。③

二、受托人商事化背景下的权力滥用

为应对受托人商事化的发展趋势,各国立法除了对传统的信托法进行相应的修正以适应信托商事化的发展之外,还纷纷通过其他法律规范,以调整受托人的商事活动,使其不致损害受益人利益,不致破坏社会的经济秩序。然而,在目前各国越来越发达的监管法律体系下,以受托人为中心

---

① *The Trust Regulatory Handbook*, Pricewaterhouse Coopers, 1999, p. 4 – 5.

② Frank J. Fabozzi, Franco Modigliani & Frank J. Jones, *Foundations of Financial Markets and Institutions*, 4th edition, Pearson Education Inc., 2010, p. 137 – 138.

③ 12 U. S. C. §92 A-Trust Powers, http://www.gpo.gov/fdsys/pkg/USCODE-2011-title12/html/USCODE-2011-title12-chap2-subchapIV-sec92a.htm.

的商事信托应用中还是出现了各种各样的问题。根据2004年的数据,美国当时针对18家不同的基金公司提起了300件诉讼,共同基金公司希望和解以掩盖其恶行,9家公司同意向投资者支付16亿美元的补偿,并同意削减8亿多美元的费用。

(一)受托人权力滥用

以美国为例,在广泛应用信托机制的共同基金中主要存在两种共同基金的权力滥用(mutual fund abuses)现象:延后交易(late trading)与择机交易(market timing)。

延后交易是指允许下午4点后收到的本应按次日价格进行交易的交易指令按当日下午4点价格进行交易的行为,如同时任纽约检察总长Spitzer在国会举行的听证会上报告时所指出的那样,延后交易"像赛马中马经过终点后再下注一样"。

共同基金的择机交易是指共同基金的内部人对于共同基金固有结构与内部信息的复杂利用,以牺牲次优参与人(lesser-favored participant)利益为代价而向优先参与人(favored participant)提供利益。① 择机交易充分利用了允许套利机会的时区差异,特别是外国股票。尽管从技术上看是合法的,但择机交易事实上被所有共同基金的政策标准视为不道德的并被明确禁止。② 择机交易体现了为短期利益不法利用信息不对称的机会,这种行为强调掠夺投资者(predator-investors)与利益损失投资者(victim-investors)之间的不同,前者会在信义管理人的帮助下对后者进行掠夺。共同基金的择机交易引发许多重要问题。第一,SEC与州检察官以不同方式处理择机交易,引发国家重要的监管与司法问题。第二,择机交易表明对共同基金投资者进行平等与公平对待存在困难,如同它在叩问在证券市场中确保持续的投资这种平等与公平的对待是否有必要,以及共同基金中小额投资人的投资是否谨慎。第三,择机交易进一步说明共同基金作为投资机构所存在的结构性缺陷。③

SEC和国会都注意到共同基金存在的问题,并采取了多种措施。第一,设立更多的独立董事职位。到2006年1月,共同基金应当有独立的董

---

① Tamar Frankel & Lawrence A. Cunningham, *The Mysterious Ways of Mutual Funds: Market Timing*, 25 Annual Review of Banking & Financial Law 235(2006).

② Frederic S. Mishkin & Stanley G. Eakins, *Financial Markets and Institutions*, 6th edition, Pearson Education Inc., 2014, p. 410 - 411.

③ Tamar Frankel & Lawrence A. Cunningham, *The Mysterious Ways of Mutual Funds: Market Timing*, 25 Annual Review of Banking & Financial Law 235(2006).

事会主席和75%的独立董事,立法还规定,独立董事有权雇用工作人员以支持其监管的努力。第二,强化下午4点估值规则,对于下午4点后收到的交易,应当按次日基金净值交易,而不是按当日基金净值交易,应当阻止延迟交易行为。第三,增加并强化赎回费。多数共同基金都有反对择机操作的政策以及对于买进基金份额60日内或90日内再卖出的要缴纳赎回费的规定。这是强制性费用,对投资者有惩罚的作用,但在发生基金滥用权力时,董事会可能放弃这项费用。在2005年3月,又采用了自愿性的赎回费规则,这条规则表示由董事会来考虑为了保护投资者利益要不要收取赎回费。第四,增加透明度。董事、投资经理要按规定进行更多的信息披露。①

对于SEC所进行的共同基金治理结构的监管改革,学者从不同视角进行了审视。有研究指出,纽约检察总长Spitzer针对共同基金提起诉讼凸显了SEC对共同基金监管的无效。至于SEC对共同基金实施的额外规制,包括增加董事会外部董事的数量以及董事会主席与主要执行官的角色分离等规定,批评人士指出,SEC所采取的行动实质是政治化的产物,实践证明SEC的做法并没有阻止共同基金的丑闻,确保其更好的表现。② 根据1940年《投资公司法》的规定,对共同基金已经存在广泛的监管机制,包括对外部董事的要求。一方面,这些限制对于共同基金的投资人来说没有提供多少保护;另一方面,让SEC更加尴尬的是,这些公司治理规则被哥伦比亚特区上诉法院两度否决。从各方面来说,SEC修改的规则不过是挽回面子的一种姿态罢了,再多加警铃和警笛也不会产生好的结果。可以说,共同基金的公司治理形态完全失败了。③

(二)利益冲突问题

由于金融创新的深化,金融产品的设计日益精巧,而投资者之间的关系也变得日趋复杂。如果投资者属于同一金融产品的不同层级(tranches),那么在这些投资者之间就存在利益冲突。例如,以资产上的本金与利息为基础发行不同的证券,并分别出售给不同的投资人,那么,投资人之间就存在利益冲突。面对利益冲突的受益人,受托人不仅要负责对

---

① Frederic S. Mishkin & Stanley G. Eakins, *Financial Markets and Institutions*, 6th edition, Pearson Education Inc., 2014, p. 412.

② Jerry W. Markham, *A Financial History of Modern U. S. Corporate Scandals: From Enron to Reform*, Routledge, 2006, p. 400-439.

③ Jerry W. Markham, *Mutual Funds Scandals-Comparative Analysis of the Role of Corporate Governance in the Regulation of Collective Investments*, 3 Hastings Business Law Journal 67 (2006).

构成基本判断理由的将来事实进行事先的预测，而且还面对理解与平衡对存在利益冲突的投资者所负有的义务，现有的法律并没有完全解决受托人在利益冲突背景下义务履行的困境问题。① 在典型的例子中，基础资产是抵押贷款，服务商想重组其中的贷款［因为重组会产生比收回房产(foreclosing)更多的现金收益］，然而最佳利益标准给出的指南并不充分。如果服务商通过降低利率来重组贷款，这就会损害仅投资于利息的投资者；但是如果服务商通过降低本金来重组贷款，这就会损害仅投资于本金的投资者。两种情形下，重组贷款都会导致所谓的“档级冲突”。结果是，服务商不对贷款进行重组，而只是回收房产，这一方面，可能减少了投资者的整体收益；另一方面，使抵押人无家可归，产生了大量导致金融危机的空置房产。②

三、受托人商事化的法律应对

针对信托的商事化应用，有学者强调，信托法从历史的角度来看是从无偿信托发展出来的，③基于无偿信托与商事信托的区别，传统信托法并不能全面调整商事信托活动。现代信托是一种复杂的财产管理工具，如果完全适用传统的信托法制调整，它的效率就被某种程度上不适应现代需求与目的的限制性原则损害了。因此，美国很多州已经通过立法从不同程度上放宽了对受托人权力的限制。④ 鉴于传统信托法已经无法全面满足商事信托受托人法律调整的需要，各国纷纷在传统信托法制之外制定专门的法律规制体系，以适应受托人商事化的发展趋势。

(一)受托人权力行使机制的变革

在传统信托中，受托人权力由受托人独立行使，即使有多个受托人，也是作为共同受托人行使受托人权力，但是这种权力行使机制在受托人商事化的语境中发生改变。在契约型的基金中，如英国的单位信托和我国的证券投资基金，往往把基金资产的管理权和保管监督权分别赋予管理人与托管人，管理人与托管人相互间是独立的，由此建立了受托人之间的分权与

---

① Steven L. Schwarcz, *Fiduciaries with Conflicting Obligations*, 94 Minnesota Law Review 1867 (2010).

② Steven L. Schwarcz, *Fiduciaries with Conflicting Obligations*, 94 Minnesota Law Review 1867 (2010).

③ Steven L. Schwarcz, *Commercial Trusts as Business Organizations: An Invitation to Comparatists*, 13 Duke Journal of Comparative and International Law 321 (2003).

④ Willam F. Fratcher, *Trustees' Powers Legislation*, 37 New York University Law Review 627 (1962).

制衡制度。① 在公司型的基金中,英国的开放式投资公司必须设立董事会,董事分为授权董事与附加董事,前者管理公司的投资、买卖公司股份等事项,后者主要是对前者进行监督。在美国,根据1940年《投资公司法》的规定,共同基金应当注册为投资公司,公司的董事会监督公司事务、确定公司政策,公司的董事会中与公司不存在利益关系的独立董事最少不低于40%,同时董事会负责选定投资顾问,投资顾问事实上决定着基金持有的证券和证券的买卖。在资产证券化这一商事信托形式中,作为受托人的特定目的公司或特定目的信托受托人,其从事信托事务的权力受到资产证券化目的的严格限制。

传统信托法制中受托人权力行使机制之所以发生变革,主要是因为受托人是商事主体,它通过专业化与职业化的投资管理活动来获得自己的经济利益,为防止权力成为谋取受托人自身利益的工具,传统信托法中受托人权力行使的机制就被解构成分权与制衡的机制。

(二)受托人权力监督机制的变革

在受托人商事化的背景下,对受托人的权力行使不再仅仅通过信托机制自身进行制约与监督,还通过信托机制以外的监督管理机制进行规范。

在美国,银行是从事信托业务的主要金融机构。银行从事信托业务主要有FDIC和货币监理署两个监管部门。SEC在证券发行、交易等领域行使着对商事信托的监管权力。对于银行提供的财产管理服务或共同基金顾问等受托人服务,就必须仔细审视以确定哪些应当向SEC进行经纪自营商或投资顾问的登记。② 美国的共同基金广泛采用信托机制,如果共同基金发行的基金份额构成1933年《证券法》规定的证券,SEC则会根据1933年《证券法》、1934年《证券交易法》、1940年《投资公司法》与1940年《投资顾问法》对其进行监管。③

英国的单位信托是商事信托的一种主要形式。2000年《金融服务与市场法》确定由金融服务局对整个金融业进行统一监管,具体到单位信托,金融服务局是根据集体投资机制规则对其进行监管。对于单位信托来说,其运行依赖于传统信托法提供的信托运行机制,但是其具体投资管理活动则应当适用2000年《金融服务与市场法》这一成文法来调整。

在移植信托法制的其他国家和地区,对于商事信托活动中的受托人权

① 张路、罗旭、郭晓婧编译:《中美英基金法比较与实务》,法律出版社2007年版,第13页。

② *The Trust Regulatory Handbook*, Pricewaterhouse Coopers, 2001, p. 4 – 5.

③ Frank J. Fabozzi, Franco Modigliani & Frank J. Jones, *Foundations of Financial Markets and Institutions*, 4th edition, Pearson Education Inc., 2009, p. 137 – 138.

力行使也是通过“信托业法”以及其他法律法规来进行监督管理。例如，在日本，除了《信托法》以外，还有《信托业法》《金融机构兼营信托业务等之相关法律》《附担保公司债信托法》《贷款信托法》《投资信托法》等法律直接调整商事信托活动，规范商事受托人的权力行使，使其商事活动中的金融业务在相应的金融监管规范下进行，从而保障整个社会的金融秩序稳定。又如，在我国，除了《信托法》对受托人的一般规制之外，还有《信托公司管理办法》、《信托公司集合资金信托计划管理办法》、《信托公司治理指引》和《证券投资基金法》等规范性文件对信托公司、基金管理公司、基金托管人等商事受托人的活动进行规制。

(三)受托人商事化背景下权力行使路径的完善

在信托法制日益精细、规制日趋全面的背景下，商事信托受托人权力滥用、利益冲突依然存在，这表明在确认商事信托受托人营利正当性的前提下，仅从法律层面建立受托人权力规制体系并不能解决受托人权力滥用、利益冲突问题。在受托人商事化过程中，淡化受托人的道德操守和职业操守是引发受托人权力滥用、利益冲突问题的一个主要原因。要完善受托人权力监管制度，应当强化受托人的信义义务。

从起源来说，“现代信托的起源是用益制度，而用益制度就是针对普通法缺陷而发展起来的衡平回应”。① 英国的衡平法是基于良心和正义发展起来的法律原则，而信托法律制度的发展与衡平法密不可分，可以说信托制度是衡平法的中心。信托制度的具体内容体现着浓厚的衡平气息，如受益人对信托财产所享有的衡平法所有权，受托人的信义义务，受益人拥有的各种衡平救济等。可以说，英国的信托法是基于良心、良知和正义等具有强烈道德色彩的衡平法规则发展起来的。英国法上的“信托”在一定意义上就是日常用语中的“信任”在法律术语中的转化。它的概念起点就是“对于他人施加的信任”。这样施加的信任导致道德义务的产生，借助于立法，法院意图发展出与这种道德义务对应的法律制度。②

鉴于传统信托法规范不能完全调整商事信托活动的所有问题，现在很多国家都制定了专门调整商事信托的法律规范。英国的上议院提出了现存的衡平与信托原则是否可以合适地处理现代世界中广泛多样的问题。③

① Richard Edwards & Nigel Stockwell, *Trust and Equity*, 5th edition, Pearson Education Limited, 2002, p. 5.

② Graham Moffat, *Trust Law: Text and Materials*, 5th edition, Cambridge University Press, 2009, p. 1.

③ Alastair Hudson, *Understanding Equity and Trusts*, Cavendish Publishing Limited, 2001, p. 22.

然而,结合各国商事信托应用出现的各种受托人权力滥用与背信案例,通过对共同基金等商事信托受托人的法律规制的分析可以看出,“没有诚信文化,执法与政策不可能堵塞所有共同基金监管的漏洞……无论制定了什么样的法律与条例,也无论发展出内部机构控制如何具体的规则,以牺牲其他投资人利益而使优先投资人获利的漏洞风险还会存在”①。从另一个角度分析,运用强制性规范来增加信任,或许正好取得增加不信任以及损害信任创造机制的反向效果。②

信托可以理解为信赖的法律缩影,其最大的问题就是委托人与受益人面临的信托滥用风险问题,以及拥有强大的管理处分权限的受托人职权滥用问题。③ 坚守英国衡平法语境中发展起来的受托人信义义务,是防范受托人权力滥用的有效途径。信义义务是一种禁止性义务,它要求负有信义义务的人,除非得到相反的授权,否则不得利用其所处地位牟利,也不能把自己置于自我利益和信托利益相冲突的地位;典型的信义义务人,是一个被期望能够按照诚实的最高标准行事的受托人。④

商事信托是传统民事信托在商事领域中的应用与延伸,而受托人的营利化改造主要是遵守平等交换的市场法则,这无疑弱化了受托人对受益人道义上的负载,因此,商事信托在很大程度上就是民事信托“去道德化”的蜕变。在商事信托多元化应用、多元化监管的背景下,强化受托人的信义义务是保护受益人权益、实现信托本质功能的重要手段,也是异化的商业信托向本源意义信托的回归。

四、商业信托及其法律调整

除了传统信托受托人商事化的发展趋势外,在美国还出现了信托的组织化应用。

(一)作为法律实体的商业信托

普通法商业信托(statutory trust),也被称作商业信托(business trust),17 世纪就存在了。虽然 17 世纪、18 世纪奠定了商业信托的基础,但商业信托在 19 世纪晚期广泛应用的主要原因是,它是规避当时施加于公司之

---

① Tamar Frankel & Lawrence A. Cunningham, *The Mysterious Ways of Mutual Funds: Market Timing*, 25 Annual Review of Banking & Financial Law 235(2006).

② Larry E. Ribstein, *Law V. Trust*, Antonin Scalia Law School, https://www.law.gmu.edu/pubs/papers/00-38.

③ [日]神作裕之:《日本信托法及信托相关法律的最新发展与课题》,杨林凯译,载《中国政法大学学报》2012 年第 5 期。

④ [英]D. J. 海顿:《信托法》,周翼、王昊译,法律出版社 2004 年版,第 38 页。

上诸多限制性规定的有效工具。① 一般来说，普通法商业信托是非公司型的商业组织，它是由受托人为受益所有人利益持有与管理确定财产的法律文书创设的。普通法商业信托与传统信托存在明显的区别。②

因为普通法商业信托自身的许多局限与普通法在信义方面的限制，比如，投资者是否享有有限责任并不是很明确，③因此，在此背景下，美国至少有 30 个州制定了商业信托成文法。④ 另外，2002 年开始工作的统一州法全国委员会在 2009 年 7 月 15 日批准了《统一成文法信托实体法》，该法基本上以特拉华州成文法信托为蓝本并进行了一些创新而制定。

商业信托尽管在很大程度上受到公司、合伙或有限公司等组织形式的影响，但作为一种法律实体还是某些与抵押贷款、信用卡其他债务有关的金融交易实体所热衷采用的形式；并且许多共同基金、养老基金、不动产管理投资公司（real estate management investment companies，REMICs）、受监管的投资公司以及不动产投资信托等商事主体（real estate investment trusts，REITs）也都采用信托结构，⑤可见，作为法律主体的商业信托也存在广泛的应用空间。

成文法商业信托法的作用主要体现在两个方面：一方面，确定了成文法商业信托的法律主体地位；另一方面，确立了受托人、受益人的有限责任，美国有多个州的成文法商业信托法明确规定了受托人的有限

① Jonathan Silberstein-Loeb, *The Transatlantic Origins of the Business Trust*, 36 Journal of Legal History 192 (2015).

② 传统信托包含一个无偿转移，委托人不会因这项转移受到补偿，并且通常不保留在信托财产上的剩余利益。受托人普通法上的照管与公正的信义义务限定了信托财产在很多情形下的运用，特别是在遵守谨慎投资人规则时。相反，商业信托通常是由有偿交易创设的，目标是为营利而经营财产，委托人通常会作为受益人保留在财产上的权益，受益人与受托人分担损失的风险、分享可能的营利。在商业信托的安排中，受托人可以为营利进行风险投资并与受益人分担所产生的风险，这与受托人、受益人、委托人信义关系的传统理解截然不同。参见 Wendy S. Goffe, *An Introdction to Lesser-Known but Useful Trusts*, 37 Estate Planning 3 (2010)。

③ Tamar Frankal, *The Delaware Business Trust Act Failure as the New Corporate Law*, 23 Cardozo Law Review 325 (2001).

④ Uniform Statutory Trust Entity Act Pref. note (2009 Ann. Meeting Draft), http://www.law.upen.edu/bll/archives/ulc/ubta/2009_amdraft.htm.

⑤ Steven L. Schwarcz, *Commercial Trusts as Business Organizations: Unraveling the Mystery*, 58 Business Law 559 (2003).

责任,①受托人在商业信托中有限责任的确定实质上是商业信托法律责任主体地位确立的结果。② 这与公司股东承担有限责任源于公司是独立法律责任主体是同样的逻辑。

(二)商业信托的法律规制

商业信托是传统信托机制的一种组织化应用,作为法律实体从事商事经营活动主要不是由信托法调整,而是由调整相应经营活动的法律规范调整。

在英国,单位信托是商事信托的一种主要形式,是一种集体投资机制。单位信托没有公司的身份,份额持有人的权利源于信托契约,信托契约是设立单位信托的基础法律文件。单位信托由另外一个独立的管理公司经营,单位信托财产由受托人公司为份额持有人持有,并由受托人公司的管理人监督单位信托的运营。③

英国的单位信托以能否面向一般公众投资者为标准可以分为获得授权的单位信托(authorized unit trust, AUT)和未获得授权的单位信托(unauthorized unit trust, UUT)。AUT是获得2000年《金融服务与市场法》第243条授权的单位信托,是一种可以面向公众投资者的信托,第243条规定单位信托的管理人与受托人应当是相互独立的主体,且应当是在英国注册并且在英国拥有营业地点的实体。AUT可以设立为一个单独的基金,也可以设立为包含一定数量子基金的伞形基金。AUT可以作为英国三种被批准基金的法律载体。UUT是未获得2000年《金融服务与市场法》第243条授权的单位信托,它面对的投资者只限于机构投资者、有经验的投资者或高净值投资者,但UUT具有更高的投资灵活度和自由度。

对于采取了信托机制的单位信托,信托法的主要作用体现在这种集体投资机制的构建上;而设立后的单位信托像其他众多的投资主体一样,更多需要一般意义上的金融监管,而其监管框架基本上建立在1986年《金融服务法》与后来2000年《金融服务与市场法》所确定的格局上。

在美国,共同基金可以在公司、商业信托或成文法信托、有限公司或有限合伙等多种组织形式中进行选择。多数共同基金采用了马里兰公司、特

---

① 如明尼苏达州1961年《商业信托法》第2条规定:受益权益股份所有人、受益人、股东,或受托人对此前此后组建的商业信托的债务,不承担个人责任。特拉华州《法定信托法》第3条b款规定:除非信托文件另有规定,否则受托人以该身份行事的行为对法定信托和受益人以外的任何人不承担个人责任。

② 于朝印:《论商业信托法律主体地位的确定》,载《现代法学》2011年第5期。

③ Ernest V. Klein, J. Richard Millar & Alan Cameron, *Takeover Bids for Collective Investment Vehicles in the US, UK and Australia*, 17 International Business Law 305 (1989).

拉华成文法信托或马萨诸塞商业信托的形式。共同基金的监管可以回溯到1929年华尔街股灾后所建立的证券监管机制。1934年《证券交易法》设立了SEC,规定其对共同基金行业的监管权。现在,SEC对共同基金适用投资公司法及其他联邦证券法和监管规则负责。SEC通过其检查人员、审计人员或律师的外联(outreach)、出版物等方式提高共同基金的守法水平。就向公众出售的证券来说,1933年《证券法》规定基金应当向投资人披露特定信息。1940年《投资公司法》与1940年《投资顾问法》是对共同基金进行监管的两部主要法律。根据1940年《投资公司法》,所有共同基金公司都应当注册为该法监管下的投资公司。基金管理层必须提交N-1A表格,该表格要求提供的信息包括基金投资策略、投资目标与投资风险,运营成本与费用,以及如何购买份额、基金顾问和基金业绩等内容。共同基金每年都应当提交N-1A表格,以更新其费用和业绩。共同基金的投资顾问受到1940年《投资公司法》与1940年《投资顾问法》的共同调整,共同基金投资顾问应当向SEC进行注册,并且必须采用与所有SEC监管规则一致的政策与程序。投资顾问属于受信人,他们必须为了客户的最佳利益行事。根据1940年《投资公司法》的规定,所有共同基金必须把财产交由适格的托管人托管,托管人可以是经纪/交易商,或者满足必要资本要求的银行。

如同英国一样,美国采用了信托形式的共同基金主要是作为一个重要的投资主体存在,其设立与运营主要受到SEC的监管,监管框架则主要由1933年《证券法》、1934年《证券交易法》、1940年《投资公司法》、1940年《投资顾问法》等证券法规范确定。

第五章 受托人义务:信义义务的视角

第一节 信义义务概述

信义法自1726年的经典案例 Keech v. Sandford① 开始就成为普通法的一部分,并在20世纪70年代和80年代得以复兴。② 信义法、信义义务和信义责任成为很多领域适用的概念和制度,对现代法制产生了不可忽视的影响。

当信义法开始在英国法中发展时,它在概念上与信托并不存在区别。那时,很多涉及一方对另一方施加了信任的衡平诉讼,包括现在我们所说的违反信义义务或违反信任案件,通常都被称为"信托"(trust)案件。后来,信义法发展成为非信托受托人适用的领域,他们处于受信任的位置,或基于特定目的接受托付,但是并不符合明示信托的标准。③ 从信义法的发展过程看,信义法与信托法具有同源关系,或许因这种关系的存在,信义法始终没有作为一个独立的法律部门得到发展。

一、信义关系

(一)信义关系的基础:信任

信义关系(fiduciary relationship)是产生信义义务的前提,信义关系的重要内容导致一系列信义义务的产生。④ 法院处理信义诉求时,先要审视

---

① Keech v. Sandford(1726)的案情:未成年的 Keech 继承了一份财产,Sandford 受托为 Keech 看护这些财产直到 Keech 成年。财产租约在 Keech 成年之前到期了,但是东家(landlord)告知 Sandford 他不想与未成年的 Keech 续约了,而是很乐意把续约的机会给予 Sandford,因此 Sandford 与东家订立了租约。Keech 成年后,起诉 Sandford,要求返还得到租约所获得的利益。King 大法官判定 Sandford 订立租约违反了他作为受托人的义务。

② Leonard I. Rotman, *Fiduciary Law's Holy Grail: Reconciling Theory and Practice in Fiduciary Jurisprudence*, 91 Boston University Law Review 921 (2011).

③ Leonard I. Rotman, *Fiduciary Law's Holy Grail: Reconciling Theory and Practice in Fiduciary Jurisprudence*, 91 Boston University Law Review 921 (2011).

④ Lawrence E. Mitchell, *The Fairness Rights of Corporate Bondholders*, 65:5 New York University Law Review 1165(1990).

这些诉求是否产生于确定的信义关系之中。① 因此,准确把握信义关系对于理解信义义务具有重要意义。像加拿大、美国、英国、澳大利亚、新西兰等普通法系国家经常在非常广泛的情景中谈论信义的概念。② 当然也有学者强调,应当避免信义关系的泛化使用,像合伙人,就不是受信人,因为他们没有把无限制的控制权(open-ended control)授予其他合伙人。如果把信义关系扩展到特定情形之外,则会增加诉讼以及订约成本,降低所有人治理权利的效率,削弱真正受信人的法律激励与非法律激励。③ 基于信义关系是产生信义义务的基础,信义关系的范围不应当任意扩大,而使社会关系的调整失去应有的灵活性。因此,信义概念并不适用于所有形式的人际关系,根植于衡平法或成文法的明显政策原因,它只能适用于保护、强化某些关系的完整性、活力和价值。④

然而,英美法系有不少学者认为"信义"是一个比较难以把握的概念。法律对确定性的需求及分类学的倾向导致很多人希望通过提供一个绝对定义来驯服信义的概念,⑤但是这种努力到目前为止并未成功。有学者强调,没有几个法律概念能像信义关系一样如此经常引人注目但却如此不确定。⑥ Birks 教授甚至认为,信义的概念是"我们法律上的一个瑕疵和分类学上的一个噩梦"。Ribstein 教授索性提出,对于产生信义义务的信义关系没有必要给出一个精确的定义。⑦ 可能由于这些概念性的挑战,法学教授通常对信义法着墨不多,这使对其首要原则的探索变得更加复杂。⑧

---

① D. Gordon Smith, *The Critical Resource Theory of Fiduciary Duty*, 5 Vanderbilt Law Review 1399 (2002).

② 信义法曾经适用于下列当事人之间的关系:父母与子女、监护人与被监护人、医生与患者、董事或官员与公司、税务顾问与客户、合伙人之间、合营者之间、土著族群与国王(Aboriginal band and Crown)、前间谍与政府、军队官员与政府、许可人与被许可人、不动产代理商与客户、律师与客户、小偷与他的存款银行、银行(banks)间、雇主与雇员、公司与股东、公司与债权人、大矿业公司与小矿业公司(senior mining company and junior mining company)、施虐父亲与被虐女儿、市长与城市、特许经营许可人与被许可人、证券经纪人与客户、朋友(friendships)间、基金管理人与受益人。See Leonard I. Rotman, *Understanding Fiduciary Duties and Relationship Fiduciarity*, 62 McGill Law Journal 975 (2017).

③ Larry E. Ribstein, *Are Partners Fiduciaries?*, 1University of Illinois Law Review 209(2005).

④ Leonard I. Rotman, *Understanding Fiduciary Duties and Relationship Fiduciarity*, 62 McGill Law Journal 975 (2017).

⑤ Leonard I. Rotman, *Fiduciary Law's Holy Grail: Reconciling Theory and Practice in Fiduciary Jurisprudence*, 91 Boston University Law Review 921 (2011).

⑥ Lac Minerals Ltd. v. International Corona Resources Ltd., 2 SCR 574 (1989), 596 – 597.

⑦ Larry E. Ribstein, *Are Partners Fiduciaries?*, 1 University of Illinois Law Review 209(2005).

⑧ D. Gordon Smith, *Contractually Adopted Fiduciary Duty*, 5 University of Illinois Law Review 1783 (2014).

信义概念之所以难以界定，主要是信义概念建立在正义与良知这一广泛、衡平观念基础之上，这造成精准界定“信义类事物”的困难。[①] 因此，信义概念的衡平起源应当成为信义目的与原则的任何重要讨论或分析的中心议题。[②] 于是，对信义概念来说，只能“以最广泛的术语表述并以特定的注意适用于每个案件的特定情形”。[③]

信义关系是一种在高度信任基础上产生的社会关系。一方当事人就特定交易、个人的一般事务或经营等事项对另一方当事人施予完全的信任时，信义关系就产生了。司法实践中，法院通常以双方当事人之间是否存在信任关系作为判断信义关系产生的重要基础。如果在一种社会关系中涉及一个人对另一个人的判断与建议施加了相信、信任、信托或信赖（faith，confidence，and trust and the reliance），信义关系就产生了。[④] 但另有观点强调，当一方对其他人施加普通信任时并不会产生信义义务，只有在重要的社会、经济关系中施加高度信任时才会产生信义义务。从这个意义上说，信义法保护的是重要的社会与经济人际高度信任关系。[⑤] 与此相对，另有学者从受信人的角度提出，信义关系在受托人接受了任命后，就与信托的受益人形成信义关系。[⑥] 虽然上述两种信义关系产生的时间并不一致，但是可以得出的一个相同结论是，信任是信义关系产生的一个前提条件，并且普通的信任关系并不足以产生信义关系。

（二）信义关系的外在标志：自由裁量权

信义关系产生于当事人之间的高度信任，而受信人自由裁量权则是信义关系的外在表现特征。信义关系的标志是一方受另一方自由裁量权控制的法律地位。[⑦] 如果两人建立的关系，一方并没有把自由裁量权授予受

---

① Leonard I. Rotman, *Understanding Fiduciary Duties and Relationship Fiduciarity*, 62 McGill Law Journal 975 (2017).

② Leonard I. Rotman, *Understanding Fiduciary Duties and Relationship Fiduciarity*, 62 McGill Law Journal 975 (2017).

③ Leonard I. Rotman, *Fiduciary Law's Holy Grail: Reconciling Theory and Practice in Fiduciary Jurisprudence*, 91 Boston University Law Review 921 (2011).

④ Kleer v. Tactical Allocation Grp., LLC., No. 298915, 2011 WL 4375237, Petroleum Enhancer, LLC. v. Woodward, 690 F. 3d 757, 765 (6th Cir. 2012).

⑤ Leonard I. Rotman, *Understanding Fiduciary Duties and Relationship Fiduciarity*, 62 McGill Law Journal 975 (2017).

⑥ Austin W. Scott & William F. Fratcher, *The Law of Trusts*, Little, Brown and Company, 1987, p. 311.

⑦ Ernest J. Weinrib, *The Fiduciary Obligation*, 25 University of Toronto Law Journal 1 (1975).

信人,那么受信人的行为就不受信义义务限制。[①] 可见,自由裁量权是信义关系广为人们承认的一个重要方面。[②] 可以说,没有授予自由裁量权的关系就不是信义关系,自由裁量权是确定信义义务的重要考量因素。美国劳工部在 1975 年 6 月 25 日发布的解释公报里表明,专业服务的提供者,如律师、会计、精算师以及咨询顾问,不是通常意义上的受信人,因为这些建议人通常对受益计划的最终决策不负责任。[③] 换言之,这些专业的提供者并不能在服务过程中行使自由裁量权,因此,他们与服务对象并没有形成信义关系。美国劳工部在 1975 年 10 月 3 日发布的解释公报里,规定"一个人为了一个雇员受益计划,在别人制定的政策、解释、规则、实践和程序的框架内,仅仅提供纯粹的管理功能,则不属于受信人,因为这类人就计划的管理而言没有自由裁量的权力或进行自由裁量的控制,也没有就计划财产的管理与处分实施任何权力与处分"。[④] 这一解释也再次申明了自由裁量权对于信义关系的重要性,它是信义关系的必要组成部分,没有自由裁量权就不存在信义关系。

当然,受信人实施的自由裁量权是指其为了受益人的利益作出决定的能力,包括在一系列可能的选择中作出决定的能力。而且,信义自由裁量权只是为了增加受益人的利益才授予的实施决策权的权威(authority)。[⑤] 因此,信义语境中的自由裁量权是一种具有利他属性的权力。另外,信义关系中的自由裁量权是基于高度信任产生的,委托人并没有足够的手段和途径对受信人的自由裁量权行使进行有效的控制,因此信义义务在其他手段无法有效控制自由裁量权的特定情况下就能正当使用,[⑥]可见,信义义务是对自由裁量权的一种制衡机制。

享有自由裁量权的受信人作出承诺,才是其承担信义义务的决定性因素。加拿大最高法院在 Galambos v. Perez 案中指出,在任何情形下,受信人都应当通过明示或默示的方式承诺依据忠实义务为了他人的利益行事,这种承诺是行使法定权利的结果,是明示或默示的合意条款。[⑦] 如果没有

---

① Deborah A. DeMott, *Beyond Metaphor: An Analysis of Fiduciary Obligation*, 5 Duke Law Journal 879 (1988).

② D. Gordon Smith & Jordan C. Lee, *Fiduciary Discretion*, 75 Ohio State Law Journal 609 (2014).

③ 29 C.F.R. § 2509.75-5, Q&A D-1, https://www.law.cornell.edu/cfr/text/29/2509.75-5.

④ 29 C.F.R. § 2509.75-8, Q&A D-2, https://www.law.cornell.edu/cfr/text/29/2509.75-5.

⑤ Remus Valsan, *Fiduciary Duties, Conflict of Interest, and Proper Exercise of Judgment*, 62 McGill Law Journal 1 (2016).

⑥ Larry E. Ribstein, *Are Partners Fiduciaries?*, 1 University of Illinois Law Review 209 (2005).

⑦ Galambos v. Perez 2009 SCC 48.

受信人的承诺,即为了受益人利益实施自由裁量权的行为,受信人是不用承担信义义务的。

(三)信义关系的要素

识别信义关系的核心要素一直是个极具争议的话题,并且也没有什么进展。[①] 在司法领域,对于信义关系的分析则主要集中于以下两个要素:第一,为他人作出承诺,这标志着受信人自愿触发信义义务;第二,影响他人利益的权力或自由裁量权,影响他人法律上或事实上利益的自由裁量权是信义关系的重要特征。

除了信义关系"二要素"说之外,还有"三要素"说。"三要素"说认为,第一个要素为法律欲培育(nurture)的信任与信赖,即法律向一方当事人施加的忠实与守信义务;第二个要素为财产或权力的托付,没有财产与权力的托付,受信人则无以提供服务;第三个要素为受信人可能会损害其提供服务的有效性,在情况变动不居的情况下,受信人有权根据情形作出决定,但有些情形中控制受信人的决定是不可能的。[②]

"二要素"说与"三要素"说从不同角度揭示了信义关系的特点,"二要素"说主要从受信接受自由裁量权对他人利益施加影响的角度判断,"三要素"说的提炼则更全面揭示了信义关系产生的社会基础。

当然,信义关系不必像信托中那样是正式或合法设立的关系,而可能是基于受信人出色的知识或技能而承担的道德或个人责任而产生,就像受信人处理其个人事务一样。[③] 因此,信义关系可以产生于当事人之间明确订立的合同,也可以基于双方特定的关系而产生。但是有学者强调,信义关系只能产生于合同关系,一个人只有通过合同才会成为受信人,包括通过合同订立法律所认为的产生信义义务的关系。信义关系与广泛意义上的代理关系有区别。简单地说,信义关系必须是代理关系,但是代理关系未必是信义关系。[④] 如果把信义关系限定在合同关系的范畴内,那么,信义关系的范围可能会缩小,可能会把法律规定的特定情形下的信义关系排除在外。

(四)信义关系的特征

Frankel 教授概括了信义关系的三个特征:第一,信义关系主要产生于

① Lionel Smith, *Fiduciary Relationships: Ensuring the Loyal Exercise of Judgment on Behalf of Another*, 130 Law Quarterly Review 608(2014).

② Tamar Frankel, *Toward Universal Fiduciary Principles*, 39 Queen's L. J. 391 (2014).

③ *Fiduciary Relationship*, The Free Dictionary, https://legal-dictionary.thefreedictionary.com/fiduciary+relationship.

④ Larry E. Ribstein, *Fencing Fiduciary Duties*, 91 Boston University Law Review 899 (2011).

社会经常需要专业知识服务的情形，如医疗、法律服务、财产管理、公司管理等领域；第二，受信人为了有效提供服务必须获得财产或权力的托付；第三，托付会使托付人面临风险，包括受信人不值得信任的风险与市场风险。① 在 LAC Minerals 案中，Sopinka 法官从不同的角度概括了信义关系的三个特点：第一，受托人具有行使裁量权的空间；第二，受托人行使裁量权足以影响受益人事实上或法律意义上的利益；第三，受益人特别容易受到受托人的伤害，或受到受托人的控制。② 前述两种概括的角度不同，但是都强调了受信人的自由裁量权，以及受益人的利益易受自由裁量权影响的事实。自由裁量权是柄"双刃剑"，一方面它使受信人根据实际情况灵活处理受托事务；另一方面使受益人利益处于易被受信人损害的风险之中。基于权力与义务均衡配置的原则，广泛的自由裁量权必然会有严苛的信义义务制约。

基于信义关系的特点，受益人或本人面临着两种受信人明显不法行为所带来的风险。一是受信人可能会侵占本人的财产或财产的部分价值，二是受信人忽视财产管理。应对受信人每一种不法行为都是通过对受信人施加法律义务实现的，对于侵占行为通过忠诚义务予以控制，对于忽视管理的行为则通过注意义务进行控制。因为受信人因侵占行为而获利难以证明，对于信义法来说，最好通过受信人的表现来推断受信人的不忠诚行为。一旦不忠诚行为表现确定，举证责任转换到受信人自证清白。如果受信人不忠诚行为是被证明的而不是推断的，那么，信义法就可以增加处罚，而不仅限于追缴所侵占的财产。相反，受信人未尽合理注意义务并不能获利，如果注意的标准是确定的，由未尽合理注意义务应承担的法律责任足以阻止这种行为。③

信义处罚具有强烈的惩罚性特征，旨在防止受信人违背信义义务。信义救济不必是惩罚性的，尽管有时在适合的情形中可能会适用。它的严苛性，便于受益人依赖于其受信人的善意行为。这解释了信义概念能够调整超越自我利益局限的利他行为的原因。当受信人没能按照信义的高标准行事时，对其施加的严苛的处罚包括返还利益或可避免损失的金额。④

---

① Tamar Frankel, *Fiduciary Law*, Oxford University Press, 2011, p. 2.

② LAC Minerals Ltg. v. International Corona Resources Ltd., (1989) 61 DLR(4th) 14.

③ Robert Cooter & Bradley J. Freedman, *The Fiduciary Relationship: Its Economic Character and Legal Consequences*, 66 New York University Law Review 1045 (1991).

④ Leonard I. Rotman, *Understanding Fiduciary Duties and Relationship Fiduciarity*, 62 McGill Law Journal 975 (2017).

信义关系的特征,可以从多视角予以揭示。

从经济学角度分析,信义关系是一种代理,因为它具有所有权与控制权分离的特点,但这并不是说所有的经济代理都构成信义关系。① 这种观点从形式上揭示了信义关系的一些特点。在大部分的信义关系中,会涉及受信人对委托人财产的管理与处分,体现了财产所有权与控制权分离的特征。这可以视为信义关系的形式特征,其实质特征表现为受信人为了受益人的最佳利益管理、处分受托财产。

从司法对信义关系的影响角度分析,信义义务是一个可形塑的概念(plastic concept),允许法院事后对双方的合同进行完善,并对受信人从事的与当事人预料情形中达成合意行为不一致的行为施加责任。信托信义法下受托人的基本信义责任为忠诚义务与谨慎义务。保存档案、标识信托财产、告知受益人重要进展等义务是特定情形下忠诚义务与谨慎义务的具体化。②

信义关系也会存在于一些不存在特定受益人的社会关系中。这些重要的信义关系体现了治理授权(governance mandates)的特征,其中受信人主要决定或推进某些抽象目的,如慈善目的信托的管理、国有公共事业公司的管理以及传统公司的管理;而信义服务授权则是指受信人为特定受益人的利益管理事务或财产。在慈善信托、国有公共事业公司的语境中,信义关系就难以确定受益人。在这种信义治理授权模式中,受信人的信义义务与信义责任的确定有别于信义服务授权模式,受信人的忠实义务应当从其对目的的忠诚角度判断。如果公共事业公司涉及治理授权,那么就不用再考量董事对股东的信义义务问题了,而应当从其对抽象公司目的忠诚上考察其信义义务和信义责任。这可能为公司法、行政法和宪法的核心问题提供了一个新的视角。③

二、信义义务的产生基础

信义义务(fiduciary duty)是受信人为他人最佳利益(best interests)行事的承诺。国内学者研究有时把信义义务翻译成“受信义务”④,也有译成

---

① Larry E. Ribstein, *Are Partners Fiduciaries?*, 1 University of Illinois Law Review (2005).

② Max M. Schanzenbach & Robert H. Sitkoff, *The Prudent Investor Rule and Market Risk: An Empirical Analysis*, 14 Journal of Empirical Legal Studies 129 (2017).

③ Paul B. Miller & Andrew S. Gold, *Fiduciary Governance*, 57 William and Mary Law Review 513 (2015).

④ 甘培忠、周淳:《证券投资顾问受信义务研究》,载《法律适用》2012 年第 10 期。

诚信义务、受托义务的。

对于信义义务产生的基础,大体有"信任说"与"合同说"两种观点。

"信任说"认为,一方当事人对另一方当事人的信任、信赖是信义关系产生的基础。如果双方关系涉及一方对另一方所提供的判断与建议的信托、信任和信赖,那么信义关系就产生了。① 但是信义关系的双方当事人之间存在的信赖通常产生于依赖的情形:一方依赖于另一方的经验、知识或判断,如果不具备这个前提,信义关系也不会产生。如在 Tyra v. Woodson 案中,法院认为,一个商人信任另一个人并依赖其履行合同的承诺,这些证据并不足以证明、支撑、推定信托的信义关系。②

"合同说"认为,信义义务主要是合同性的。③ 信义原则从根本上说是一个标准的合同术语。④"合同说"认为,信义关系是一种具有高昂监管(monitoring)成本特征的合同关系。忠诚义务取代了详细的合同条款,并且法院把当事人喜欢的行为方式规定下来从而使忠诚义务具体化了。⑤ 法院为何要规定忠诚义务,因为忠诚义务是对不可能完全列举当事人义务合同的一个回应。合同的一方当事人可能有一个目标(如获得一项投资的最大收益,获得诉讼的有利结果),但他既没有计划也不关心如何实现这个目标。如果这个任务比较复杂,要花费较长时间,本人不能评估代理人的付出,对结果的评估不能替代对付出的评估(因为有时结果可能要归因于运气或竞争者更出色的努力),那么,一个详尽的合同是不明智的。⑥

在"合同说"看来,信义义务并不是特殊的义务,它们没有特别的道德根基(footing),它们与其他合同任务(undertaking)是同一种类义务,都是相同方式下产生并以相同方式强制实施。

上述学者的信义义务"合同说"引起了不少批评。有学者认为两位作者的论证存在描述性分析与规范分析两方面的不足。就描述性分析而言,首先,论证未能恰当说明信义关系是如何形成的;其次,论证未能准确揭示信义关系的特征;再次,论证未能说明信义义务的内容;最后,论证与司法

① Kleer v. Tactical Allocation Grp. ,LLC. ,No. 298915,2011 WL 4375237.

② Tyra v. Woodson, 495 S. W. 2d 211,212 (1973).

③ Larry E. Ribstein,*Are Partners Fiduciaries?*,1 University of Illinois Law Review 209(2005).

④ Frank H. Easterbrook & Daniel R. Fischel,*Corporate Control Transactions*,91 Yale Law Journal 698 (1982).

⑤ Frank H. Easterbrook & Daniel R. Fischel,*Contract and Fiduciary Duty*,36 Journal of Law and Economics 425 (1993).

⑥ Frank H. Easterbrook & Daniel R. Fischel,*Contract and Fiduciary Duty*,36 Journal of Law and Economics 425 (1993).

实践不一致。就规范分析而言,第一,其文章未能分别说明合同关系与信义关系中假定正当行为内在的不一致性;第二,其文章只是信义义务合同正当性的不当暗示;第三,其文章的有些结论立基于合同主义(contractualist)而不是合同分析。① 其他学者则从信义义务的道德属性对"合同说"提出挑战,"受信人的义务不仅仅是公平与诚实,还要求受信人为更好实现受信人的最佳利益而行事。受信人必须避免其利益与受益人利益的冲突"②。另有学者指出,合同关系与信义关系在理论结构、道德基础方面存在区别,③互相守信与类似的信义特点使信义关系具有了正义与正直的要素,从而提高了自由度。"合同说"会使信义关系疏远正义与正直,损害其善的价值,因此信义关系不是合同关系。④

另外,"合同说"的另一个结论让人颇感困惑。⑤ 坚持"合同说"的Easterbrook法官在判例中明确提出,"合同的当事人不是彼此的受信人"⑥。波斯纳法官也在判例中论道:"合同法并不要求彼此间无私行事,它并不基于我是我兄弟的看护人的哲学来运行,这种哲学增加了信义法的活力,但是合同的当事人并不是彼此的受信人。"⑦"合同说"这种自我矛盾的观点说明,该学说对信义义务的性质阐释不足,既然信义义务是合同关系,那么在合同当事人之间应当产生信义义务;如果合同当事人不是彼此的受信人,那么如何解释信义关系是合同关系?

有学者从义务发生的角度对信义义务与合同义务进行了区分,认为当一项义务产生于合同的约定,这项义务就是合同义务;如果一项义务产生于普通法,且关系的结构与信义关系的描述相同,这项义务就是信义义务。⑧

"合同说"学者认为信义关系是合同关系,否认信义关系的道德属性,

---

① Paul B. Miller, *Justifying Fiduciary Duties*, 58 McGill Law Journal 969 (2013).

② Deborah A. DeMott, *Beyond Metaphor: An Analysis of Fiduciary Obligation*, 5 Duke Law Journal 879(1988).

③ Scott FitzGibbon, *Fiduciary Relationships Are Not Contracts*, 82 Marquette Law Review 303 (1999).

④ Scott FitzGibbon, *Fiduciary Relationships Are Not Contracts*, 82 Marquette Law Review 303 (1999).

⑤ Scott FitzGibbon, *Fiduciary Relationships Are Not Contracts*, 82 Marquette Law Review 303 (1999).

⑥ Jordan v. Duff & Phelps, Inc., 815 F. 2d 429, 446 – 47 (7th Cir. 1987).

⑦ Original Great Am. Chocolate Chip Cookie Co. v. River Valley Cookies, Ltd., 970 F. 2d 273, 280 (7th Cir. 1992).

⑧ D. Gordon Smith, *Contractually Adopted Fiduciary Duty*, 5 University of Illinois Law Review 1783 (2014).

主要原因是其分析工具是法律的经济分析,如前所述,在“合同说”学者眼中,受信人忠诚义务不是道德层面的要求,而是对合同订立过程中无法预料情形的一种回应办法,是提高效率的一种举措。当然,“合同说”也从一个侧面揭示了信义关系的一些特征,即很多的信义关系是通过合同产生的,特别是商业活动领域中的信义义务,如投资顾问与投资人、合伙人之间的信义义务产生与其之间的合同关系密切相关。但是,也应当看到,信义义务是在当事人之间合同关系的基础上产生的,并不能说明信义关系就是合同关系,信义义务就是合同义务,因为很多合同关系的当事人之间并不会产生信义义务,产生信义义务的合同只是少数的特定类型合同。另外,还有不少信义义务的产生并不需要合同这个媒介,如很多民事信托中受托人的信义义务产生并不需要在委托人与受托人之间订立信托合同,只需要受托人同意接受信托文件的任命,信义义务就相应产生了。因此,信义义务在当事人之间的合同关系中产生,并不能说明信义关系就是合同关系。

从普通法系合同法的角度分析,合同法不适用于应对信义关系中产生的问题。普通法系合同法认为,当事人可以自我保护并具有平等的订约能力,这与信义关系中当事人在托付(entrustment)方面并不平等这一基本必要条件是冲突的。合同当事人可以订立合同条款确保义务的履行,但合同并不足以保证有些难以详细规定的信义义务的履行。因此,合同法并不适于保护委托人。除此之外,普通法系的合同对违反允诺所提供的救济并不体现惩治违背道德的色彩,而这正是防止受信人滥权所施加的一种必要的压力。①

相比之下,对信义义务三个来源的分析更加合理和全面。有学者提出,信义义务产生于三个来源:普通法、成文信托法与信托文件。② 普通法信义义务是指由法院创制的适用于受信人的义务。这些义务可以适用于各种类型的受信人,如执行人、受托人、监护人、律师、保管人、代理人、银行、合伙人、合营企业或公司管理人。一般来说,普通法信义义务在信义关系设立时由法院自由解释。成文法信义义务是由立法机关设立的适用于某些指定类型受信人的义务。这些义务适用于成文法特别列明的受信人。如果出现普通法信义义务与成文法信义义务重叠的情况,成文法信义义务优先于普通法信义义务适用。信托文件设立了信义关系,可能就会创制特定的信义义务。在信托文件设立的信义义务与普通法信义义务、成文法信

① Tamar Frankel, *Toward Universal Fiduciary Principles*, 39 Queen's Law Journal 391 (2014).

② Frank N. Ikard, Jr., *Trust Litigation Suing and Defending a Trustee for Breach of Fiduciary Duty*, https://fliphtml5.com/xidf/ikzn/basic/101－108.

义义务出现重叠时，信托文件设立的特定信义义务优先于其他两种信义义务。但是，信托文件不能免除受信人自我交易、恶意行事、有意从事不利于受益人的行为或对受益人利益漠不关心情形下的信义责任。①

三、信义义务的道德属性

（一）信义规范与道德规范的高度融合

信义原则是从信托法与衡平法院管辖的历史传统中发展出来的，其运行规则可以简单表述为"一个人为了另一个人的利益承担任务，必须只为了另一个人的利益行事，完全放弃个人利益"。这一规则暗示受信人对受益人负有忠诚义务，受信人不能从信义关系中受益。② 从这个意义来说，信义法以无私利他的道德人为标准规定了受信人在信义关系中的权力与义务。从功能上说，信义概念具有与其他私法机制完全不同的和更加广泛的功能，旨在维护具有社会、经济重要性或必要性的高度信任人际行为的正直。这一目的比任何其他的私法机制都高远，它主要致力于提升个体间的正义。信义概念服务的目的越来越广泛，这为向受信人施加严格的规则提供了充分的理由。③

但也有评论指出，判例中对信义义务使用的明显道德化用语是一种"布道"（sermonizing），这只能说明信义概念模糊甚至空洞。④ 尽管存在对信义义务的质疑，但是信义义务所确定的较高行为标准是公认的。

信义义务具有较强的道德色彩，是较高标准的法律义务。法院通过施加高标准的道德义务来规范受信人，道德主题是信义法的重要组成部分。⑤ 信义法与道德观念、保留传统形式关系的意念深度融合。⑥ 卡多佐法官曾说：在日常生活中很多普通人可为之事，却成为负有信义义务之人的禁为之事。受托人的行为规范要比市场规范严格得多。不仅忠诚是

---

① Frank N. Ikard, Jr., *Trust Litigation Suing and Defending a Trustee for Breach of Fiduciary Duty*, https://fliphtml5.com/xidf/ikzn/basic/101 – 108.

② Douglas A. Alderson, *LAC Minerals and the Fiduciary Obligation: The Limits of Commercial Morality*, 10 Estate and Trust Journal 231 (1991).

③ Leonard I. Rotman, *Understanding Fiduciary Duties and Relationship Fiduciarity*, 62 McGill Law Journal 975 (2017).

④ Robert C. Clark, *Agency Costs versus Fiduciary Duties*, in John W. Pratt & Richard J. Zeckhauser eds., Principals and Agents: The Structure of Business, Harvard Business School Press, 1985, p. 76.

⑤ Tamar Frankel, *Fiduciary Law*, Oxford University Press, 2011, p. 829 – 830.

⑥ John C. Coffee, Jr., *The Mandatory/Enabling Balance in Corporate Law: An Essay on the Judicial Role*, 89 Columbia Law Review 1618 (1989).

行为规范,而且最敏感的荣誉约束(punctilio of an honor)也是行为规范。衡平法院对于任何通过特定例外事例以“瓦解侵蚀”的方式损害不可分割忠诚(undevided loyalty)规则的请求从不妥协。只有如此,信义人的行为水平才能保持在比普通人高的水平上。它不会因法院的任何判决有意识地降低。① 信义观念有天然的道德属性,因为它们关注从法律上来说要处罚或禁止的人类行为在某些特定情形下作为可接受行为的范围。②

受信人职位的道德属性可以从描述其职责的用语和其后形成的关系中表现出来,如“信任”“忠诚”“义务”“诚实”等词都包含道德与伦理的假设。信义义务的道德属性由目的(teleological)要素和义务(deontological)要素组成。目的要素要处理以下问题:关系建立的目的和目标是什么?关系建立是为了谁的利益?无论一方的行为是事实上的还是默示的,是否导致一方只为了另一方的利益承担一项任务?如果这些初步问题得到肯定的答案,那么就可以进一步考虑第二个要素:义务要素。双方建立的关系产生了什么义务?无论事实上的还是默示的关系目的,是否使信义义务的忠诚义务及避免冲突原则成为必要?关系目的以及支撑这种安排的相应政策、法律原则在不施加义务时会不会受到阻碍?施加的信义义务是否只为了证明救济方式的合理性?如果这些问题得到肯定的回答,法院就可以认定双方之间的信义关系及其救济机制。③

根据学者研究,司法把道德融入信义法的原因和理由有以下几个方面:第一,法院求诸道德这一高标准行为规范的原因存在历史沿革,早期的宗教与衡平法院对受信人行使了司法管辖权。第二,法律中的道德意旨会向受信人施加压力以履行其信义关系中的义务。道德对于法律的有用之处表现在道德义务会带来期望的行为。第三,强调信义法的道德属性会实现授予受信人权力的目的,使其相对于其他可能吸引受信人的价值,更加优先实现特定利益。第四,把受信人视为道德人,区别于自私、寻求利益的个体的原因在于,委托人感到受信人是能够实现其利益的人,否则他不会与其建立信义关系。第五,受信人的道德定位与委托人在信义关系中的弱势、易受伤害密切相关。第六,信义法的道德属性旨在通过专注于受信人

① Meinhard v. Salmon, 164N. E. 545 (N. Y. 1928)

② Douglas A. Alderson, *LAC Minerals and the Fiduciary Obligation: The Limits of Commercial Morality*, 10 Estate and Trust Journal 231 (1991).

③ Douglas A. Alderson, *LAC Minerals and the Fiduciary Obligation: The Limits of Commercial Morality*, 10 Estate and Trust Journal 231 (1991).

必须实现的目标，在利他主义与个人主义之间建立桥梁。[①]

（二）忠诚：信义义务法律化的道德表述

虽然信义义务的适用边界在各个司法区存在差异，但是对其“忠诚”的本质存在共识。无论信义法对受信人有什么样的要求，它都毫无例外地要求受信人忠于受益人；无论受信人遵守的规范存在什么差异，忠诚义务适用于所有的受信人，[②]也就是说，如果一个人与另一个人处于特定的关系中并负有信义义务，这个人（受信人）必须对另一个人的利益忠诚。[③] 对于所有受信人来说，忠诚义务是基本相同的，只是存在强度（intensity）上的差异。[④]

忠诚义务体现在受信人对受益人利益的忠诚。作为信义义务本质的忠诚义务，它主要保护受益人免于受信人机会主义行为的伤害，[⑤]如前所述，信义关系中一方当事人基于对受信人的信赖，授予受信人高度的自由裁量权，极易受到受信人的伤害，因此必须建立受信人的行为约束机制，以防范受益人利益受到侵害。信义义务的核心为忠诚义务，一种无私的义务，[⑥]这种无私的忠诚义务是信义义务不可削减的核心内容，意味着受信人不得在履行信义义务时谋取个人利益。[⑦] 这表明信义义务规范中的忠诚义务是受信人不能通过合同、约定等手段予以规避和删减的。

忠诚义务禁止受益人从事利益冲突行为。这一禁止通常通过两条规则表现出来。“利益冲突规则”禁止受信人个人利益与受益人利益现实地或潜在地冲突，这条规则禁止基于受信人自我利益的不忠诚行为。“义务冲突规则”禁止受信人在相互冲突的指令下行事。换句话说，受信人对两个第三人负有义务存在冲突，即使不涉及受信人的自我利益，也禁止受信人从事对任何一个第三人的不忠诚行为。义务冲突规则因此禁止与受信人忠诚义务不一致的不忠诚行为。[⑧]

尽管信义义务的表述经常不精确，并且包裹在强烈的道德语言里，但这并不体现信义义务的内在弱点。相反，这是它的力量所在。信义案例的

---

① Tamar Frankel, *Fiduciary Law*, 71 California Law Review 795 (1983).

② Paul B. Miller, *Justifying Fiduciary Duties*, 58 McGill Law Journal 969 (2013).

③ Deborah A. DeMott, *Beyond Metaphor: An Analysis of Fiduciary Obligation*, 5 Duke Law Journal 879(1988).

④ Warren A. Seavey, *Handbook of the Law of Agency*, West Publishing Co., 1964, p. 4.

⑤ D. Gordon Smith, *The Critical Resource Theory of Fiduciary Duty*, 5 *Vanderbilt Law Review* 1399 (2002).

⑥ Ethan J. Leib, *Friends as Fiduciaries*, 86 Washington University Law Review 665 (2009).

⑦ Ernest J. Weinrib, *The Fiduciary Obligation*, 25 University of Toronto Law Journal 1(1975).

⑧ Paul B. Miller, *Justifying Fiduciary Duties*, 58 McGill Law Journal 969 (2013).

道德化表述非但没有掩饰概念界定的不足,而且反映了深植于受信人忠诚义务中的信任(trustworthiness)、忠实(fidelity)的道德观念。另外,信义义务不精确的定义对应了信义关系自身高度情境化的特征,信义义务的确定超越了一般的忠诚与注意规范,应根据特定情形下忠实的管理人会如何行事以确定信义义务内容,而不是根据先验的法律构造确定信义义务内容。①

四、信义义务在相关行业中的应用

信义义务的主要观念在于防止受信人在应当为受益人最佳利益行事时谋取自己利益。② 从这个意义来说,信义义务就是一个防止受信人"自肥"的机制,受信人不能利用为受益人谋取最佳利益的机会获得个人利益,这构成信义义务在金融行业运用的基础。

Frankel 教授认为,英美普通法系的信义义务调整规范主要源于财产法,财产法模式下的信义法具有以下几个方面的特征:第一,以财产法为基础的信义法并不禁止受信人像所有人一样处分受托财产或行使权力。第二,普通法限制当事人在财产交易方面设计与变更其关系条款的自由;涉及市场交易的财产关系属于非常有限的标准化法定类型。第三,在普通法中,财产权利可以进行二元划分,提供服务的受信人持有托付财产的法定所有权及权力,作为财产真正所有人的委托人享有财产的受益权及其权力。第四,普通法对违反信义义务提供的救济远比违反合同所提供的救济广泛和严厉。③ 下文主要梳理美国信义义务制度在几个应用较为广泛行业的基本情况。

(一)信义义务在证券行业中的应用

1. 投资顾问的信义义务

截至2018年年底,在SEC注册的投资顾问有13,299名,管理着84万亿美元的资产,在各州注册的投资顾问有17,268名,管理着3340亿美元的资产,由SEC注册的投资顾问提供咨询的账户多达4100万个。④

为了应对华尔街的股市崩盘以及由此引发的经济大萧条,美国国会在

---

① Robert W. Tuttle, *The Fiduciary's Fiduciary: Legal Ethics in Fiduciary Representation*, 1994 University of Illinois Law Review 889 (1994).

② Remus Valsan, *Fiduciary Duties, Conflict of Interest, and Proper Exercise of Judgment*, 62 McGill Law Journal 1(2016).

③ Tamar Frankel, *Toward Universal Fiduciary Principles*, 39 Queen's Law Journal 391 (2014).

④ *Commission Interpretation Regarding Standard of Conduct for Investment Advisers*, 17 CFR Part 276 (Release No. IA-5248; File No. S7-07-18).

1933年通过《证券法》,要求对证券首次发行以及证券交易中的重大事项进行披露;1934年通过《证券交易法》对证券经纪商的经营活动进行规范与调整。1940年通过的《投资顾问法》不像前述两部法律一样有明显的危机应对的使命,但它与前述两部法律所体现的共同特征是以"全面披露"哲学代替"买者自负"哲学,并以此为基础建立证券行业更高标准的商业道德。①

《投资顾问法》要求投资顾问消除或披露利益冲突。该法的起草者相信,"除非投资顾问与客户之间所有的利益冲突被全部消除,否则他们不可能完全履行其基本的功能,即基于个人能力公正、持续地向客户就投资管理提供建议"。在立法宗旨上,《投资顾问法》意图禁止任何可能会导致投资顾问有意或无意作出不公正建议的利益冲突,并强制投资顾问披露这种利益冲突。尽管存在这些适用广泛的原则,但是利益冲突还可能会使投资顾问带有偏向并影响其提供的建议。投资顾问按账户向客户收取统一标准的年费(flat yearly fee)或按财产基数收费,这意味着提供额外的工作未必能获得额外的补偿。这就引发了一个风险,即投资顾问只顾收取年费而忽略了客户的账户,也就是实践中众所周知的反向频繁交易(reverse churning)。类似的是,通过一定比例的财产补偿,投资顾问也会受到一种激励,使其比客户愿冒更多的风险;客户可能更喜欢通过管理增加资本的金额。②

虽然《投资顾问法》没有明确规定投资顾问的信义义务,但是因为投资顾问与客户之间关系的性质而引发的法律适用,投资顾问被施加了信义义务。根据SEC 2019年6月发布的投资顾问行为标准的解释,投资顾问的信义义务广泛应用于投资顾问与客户的全部关系。就投资顾问与客户的关系而言,投资顾问提供了广泛的服务,从为客户一次性付费的单一财务规划,到客户根据资产价值按期限付费的持续组合资产管理。投资顾问还服务于大量各式各样的客户,从只有有限资产和投资知识、经验的个人客户,到拥有大量组合资产和丰富知识、经验和分析资源的机构客户。因为投资顾问与客户之间的关系存在实际差异,投资顾问对客户所负信义义务也存在实际差异。但是,投资顾问对客户所负的《投资顾问法》下的联邦信义义务是不可放弃的,为客户最佳利益行事的义务是投资顾问的首要原则;信义义务要求投资顾问应当接受客户的投资目标与目的,其必须始

---

① SEC v. Capital Gains Research Bureau, Inc., 375 U.S. 180, 186 (1963).

② Benjamin P. Edwards, *Fiduciary Duty and Investment Advice: Will a Uniform Fiduciary Duty Make a Material Difference*, 14 Journal of Business and Securities Law 105 (2014).

终服务于客户的最佳利益。从具体行为上说,投资顾问的信义义务要求其把自身利益置于客户利益之后;不得在为客户账户买进证券之前为自己买进证券;尽全力保证投资建议是基于完整准确的信息,分析应当尽可能全面;必须避免利益冲突,必须向客户披露任何利益冲突或潜在利益冲突。同时,《投资顾问法》中以原则为基础的信义义务可以为投资顾问行为标准提供足够的灵活性,无论其提供的服务或服务的对象,双方之间的信义关系都是确定的。①

在法院相关案件的审理过程中,法官也逐步把信义义务作为投资顾问的行为规范来对待。1963 年,联邦最高法院认为根据《投资顾问法》,投资顾问负有信义义务。② 法院与监管部门进一步解释,信义义务超越诚实、善意与公平交易(honesty,good faith,and fair dealing)这些基本概念,并禁止任何投资顾问利用投资者信任获取不当优势。考虑到投资者与投资顾问之间的关系已不仅仅是商业联系,投资顾问所服务的投资者在整个《投资顾问法》中被称为"客户"。③ 很多法院在判决中认为该法"确定了联邦信义标准调整投资顾问的行为",至少这些信义标准对受信人施加了最大诚信(utmost good faith)、重要事实全面与公平披露(full and fair disclosure)的积极义务,以及应以适当的注意避免误导客户的积极义务。④

投资顾问信义义务之下的具体行为取决于其具体的职能,投资顾问向与其存在持续关系的客户提供综合的、自由裁量建议服务时所负有的义务,与向已经通过合同确定了服务内容并限定了权限注册的投资公司或私募基金提供服务时所承担的义务,有很大不同。

但是总体来说,投资顾问的信义义务主要包括忠诚义务与注意义务。投资顾问的忠诚义务需要他为了客户的最佳利益行事,并且不得让客户的利益从属于自己的利益,也就是投资顾问不得将其利益置于客户利益之上;忠诚义务还包括披露所有利益冲突的义务。另外,投资顾问必须消除或至少全面公平地披露所有可能会使投资顾问有意或无意改变服务的利益冲突。注意义务的内容包括向客户提供符合其最佳利益建议的义务;当投资顾问有责任选择经纪交易商执行客户交易时,寻求客户交易的最佳执行的义务;提供建议并时常监测,以确保符合客户的最佳利益。投资顾问

---

① *Commission Interpretation Regarding Standard of Conduct for Investment Advisers*, 17 CFR Part 276 (Release No. IA-5248; File No. S7-07-18).

② SEC v. Capital Gains Research Bureau, Inc., 375 U.S. 180 (1963).

③ Kristina A. Fausti, *A Fiduciary Duty for All*, 12 Duquesne Business Law Journal 183 (2010).

④ Transamerica Mortg. Advisors, Inc. v. Lewis, 444 U.S. 11, 17 (1979).

的注意义务还包括在调查了客户的金融状况和投资目标后提供合适的投资建议的义务。

2. 经纪交易商的适当性义务与信义义务

投资顾问的适当性义务让人想起金融业监管局(Financial Industry Regulatory Authority,FINRA)的适当性规则,SEC 同时制定了规则建立评价的框架,以评价投资顾问的建议在给出的时候是否恰当。总体来说,调整投资顾问注意义务的信义规范相较于 FINRA 的适当性规则要落后一些。①

投资顾问与经纪交易商受到不同成文法的调整,投资顾问主要遵循《投资顾问法》,而经纪交易商主要是受《证券交易法》和 SEC、FINRA 规则的约束。《证券法》与《证券交易法》的制定有明显的应对经济危机的用意,而《投资顾问法》则不再肩负这一使命,因此,从这个角度看,立法者与监管者对经纪交易商和投资顾问的认知与监管逻辑是存在差异的。通常来说,适当性规则适用于经纪交易商,信义规则适用于投资顾问。②

从语言学的角度分析,经纪交易商在业务活动中也负有信义义务。在英文的语境中,customer 与 client 的用法是有区分的。customer 一般是指从商场、商店或企业购买商品或服务的个人或组织,而 client 则一般指购买高度专业性服务的个人。很多情形下 customer 与商家发生的是一次性交易,因此双方之间的关系比较松散;而 client 通常与商家发生较为紧密的长期联系,因此双方之间会产生信义关系。③ 在美国的证券实务领域中,一般把经纪交易商的服务对象称为 customer,而把投资顾问的服务对象称为 client。把与经纪交易商的交易对象称为"消费者"(customer),从更深层次上反映了其与经纪交易商之间关系的商业性质。④ 基于这种用词的传统,经纪交易商对其服务对象不负有信义义务,而投资顾问对其服务对象负有信义义务。

但是,随着最佳利益规则(regulation best interest,BI)的发布,以 customer 与 client 的传统用法区分信义关系存在与否的做法已然不成立。对信义义

---

① Benjamin P. Edwards, *Fiduciary Duty and Investment Advice: Will a Uniform Fiduciary Duty Make a Material Difference*, 14 Journal of Business and Securities Law 105 (2014).

② Steven D. Irwin, Scott A. Lane & Carolyn W. Mendelson, *Wasn't My Broker Always Looking Out for My Best Interests: The Road to Become a Fiduciary*, 12 Duquesne Business Law Journal 41 (2009).

③ Jakub Kliszczak, *Client vs Customer: Key Differences and When to Use Which*, https://www.channels.app/blog/client-vs-customer.

④ Kristina A. Fausti, *A Fiduciary Duty for All*, 12 Duquesne Business Law Journal 183 (2010).

务确定起决定作用的并不是 customer 与 client 两个词的含义与用法,而是经纪交易商与投资顾问提供服务的性质,经纪交易商对典型的非自由裁量经纪账户的客户并不负有信义义务,而对自由裁量经纪账户的客户负有信义义务。

经纪交易商的经营行为受到证券交易法与 FINRA 规则的调整。SEC 一直对经纪交易商适用"招牌理论"(shingle theory),即经纪交易商向公众表明已准备好进行交易,并会与消费者进行公平交易。根据《证券交易法》的反欺诈条款的规定,经纪交易商对消费者负有公平交易的义务。同样,FINRA 2010 行为规则(FINRA Conduct Rule 2010)规定了经纪交易商行为基准,要求遵守"商业荣誉的高标准与交易的公平、衡平原则"。SEC 与 FINRA 要求的注意标准长期以来也被视为体现经纪交易商在投资市场中作为销售人角色的商业标准。在公平交易义务上衍生的监管要求是适当性(suitability)、最佳执行(best execution)、重要事实披露与收取合理费用。①

适当性的监管规则规定了经纪交易商的适当性义务。SEC 在 20 世纪 30 年代为经纪交易商制定了适当性规则,即 NASD 规则 2310。该规则规定:第一,向客户推荐买卖、交易任何证券时,任何经纪人都应当有合理的理由相信,基于客户揭示的其持有的其他证券以及他的财务状况与需求等事实基础,他的推荐是合理的;第二,在执行向非机构客户推荐的交易之前,除了客户的交易限定于货币市场共同基金,经纪人应当尽到合理努力获取以下信息:客户的财务状况,客户的税收状况,客户的投资目标,以及经纪人在决定向客户推荐时会使用的或被认为合理的其他信息。②

后来该规则被 FINRA 规则 2111 替代,新规则包含三个方面的适当性:合理依据的适当性(reasonable-basis),匹配客户的适当性(customer-specific)与数量适当性(quantitative)。合理依据的适当性要求投资顾问基于合理谨慎规则,有合理依据相信推介适合于某些投资者。一般而言,合理谨慎的标准会根据证券或投资策略所伴随的风险与复杂程度,以及投资顾问与证券或投资策略的熟悉程度而有差别,它必须向投资顾问提供推介的证券与策略的潜在风险与利益,不具备这种理解就违背了适当性规则。匹配客户的适当性要求投资顾问有合理的根据相信,基于客户的投资状况,推介适合于该特定客户。数量适当性要求投资顾问有合理的根据相

---

① Kristina A. Fausti, *A Fiduciary Duty for All*, 12 Duquesne Business Law Journal 183 (2010).

② 2310 Direct Participation Programs, https://www.finra.org/rules-guidance/rulebooks/retired-rules/2310,该规则已经被 FINRA 规则 2111 替代。

信,即使就单个推介而言是适当的,但考虑到客户的投资状况,一系列的交易推介并不过度或并非不适当。对于过度行为并没有单一的测试界定,但是像换手率、权益成本率(cost-equity ratio)、在客户账户中买进卖出的使用等事实,可以作为判断是否违反数量适当性义务的依据。①

经纪交易商对客户负有适当性义务的一般认知为其业务创新所颠覆。自20世纪90年代以来,经纪交易商开发了广受投资者欢迎的折扣经纪账户,由于很多投资者愿意在没有经纪交易商代表的帮助下以更低的费用交易证券,因此,这类账户大量涌现,很多专职的经纪交易商开始提供诸如包管账户(wrap account)、对客户账户的自由裁量管理、基于费用基础的服务而不是基于交易基础的服务等新型业务。作为应对,2005年SEC制定一项规则,规定经纪交易商如果对账户不实施投资自由裁量、任何建议只是附随于经纪服务、已经披露表明账户不是咨询账户,那么其提供基于费用基础的服务就不认为其是1940年《投资顾问法》下的投资顾问。但是在随后的一个案件中,该规则被哥伦比亚特区巡回法院否决,认为SEC制定该规则显然超越其权限。②

虽然《证券法》与《证券交易法》并没有规定经纪交易商的信义义务,但是,司法案例逐步确定了经纪交易商对客户的信义义务。有判例从经纪交易商与本人之间关系的总体角度认为,根据相关法律,经纪人与本人之间的关系是信义性质的,经纪人有义务本着最高的善意为本人服务。③ 还有判例从经纪人与本人之间具体的关系认定其信义的属性,经纪人向其客户进行说明的义务是信义性质的义务,这导致一项实施最大善意的义务。④ 许多法院把账户分为非自由裁量账户与自由裁量账户,前者指经纪交易商只是执行客户的特定指令的账户,后者是指客户授权经纪交易商买卖证券而不必对每次交易都进行认可。经纪人掌握客户的自由裁量账户为客户进行判断时享有很大的自由,因此,有判例确定了两者之间的信义关系,经纪人管理自由裁量的账户就负有信义义务。⑤ 目前,多数法院和评论人士发现,如果经纪人对一个账户享有自由裁量的控制,那么他就负有持续的信义义务。可见,产生适当性义务与信义义务争议的主要原因在

---

① 2111 suitability,https://www.finra.org/rules-guidance/rulebooks/finra-rules/2111.

② Steven D. Irwin,Scott A. Lane & Carolyn W. Mendelson,*Wasn't My Broker Always Looking Out for My Best Interests:The Road to Become a Fiduciary*,12 Duquesne Business Law Journal 41 (2009).

③ Hobbs v. Bateman Eichler,Hill Richards,Inc.,210 Cal. Rptr. 387,403 (Ct. App. 1985).

④ E. F. Hutton & Co. v. Weeks,304 S. E. 2d 420,422 (Ga. Ct. App. 1983).

⑤ SEC v. Zandford,535 U. S. 813,823 (2002).

于自由裁量账户。一般来说，经纪交易商如果享有交易自由裁量权，就会对客户负有信义义务。另外，法院也会发现一种“事实上”（de facto）的自由裁量账户，如果经纪交易商对非自由裁量账户进行控制，客户对经纪交易商依赖的程度足够大，该账户就会成为自由裁量账户。而被视为自由裁量性质的经纪关系，就应当符合信义标准。①

BI 是 SEC 2019 年依据《证券交易法》发布的规则，它为经纪交易商在向客户介绍任何股票交易及投资策略时确定了行为标准。它要求经纪交易商只能向客户推荐符合其最佳利益的金融产品，并且清晰地明确了经纪交易商出售金融产品会存在的各种潜在利益冲突、财务激励。它的出台与美国劳动法部分的信义规则密切相关。

在 BI 发布后，有批评者指出，BI 为退休计划的投资顾问增加了意料外的信义障碍。根据 BI，某些经纪交易商与其他投资顾问需要消除利益冲突，或需要在一张新的 CRS 表上披露这些冲突并应当采取措施去减少这些冲突的影响。CRS 表只有 4 页，包括投资顾问与客户关系的简要概述、根据 BI 适用的行为标准以及与该关系相伴产生的费用与薪酬结构。CRS 表必须包含一个详述公司违法记录的条款，并应当指示客户如何去获得更多的相关信息。在很多情形下，经纪交易商与其他投资顾问公司必须重新评估其薪酬结构以便消除某些顾问为了推销竞赛、配额或其他奖励而推销某一证券或某类证券，而事实上没有真正考虑交易是否符合客户的最佳利益。为了符合规则，经纪交易商必须进行合理的分析，首先理解伴随任何证券交易与推介产生的潜在的风险与收益。为了向客户进行推介，分析必须得出交易或系列交易符合客户的最佳利益。另外，在考虑交易的所有成本与利益时，经纪交易商必须有合理的根据相信，交易并没有把顾问的最佳利益置于客户利益之上。如果向客户作的推介涉及退休的财产的展期交割（滚存）时，顾问现在需要遵守 BI 并确定展期交割符合客户的最佳利益。②

还有学者认为，BI 本质上降低了 1940 年《投资顾问法》规定的投资顾问应当遵循的信义水平，但同时提升了由 FINRA 实施的针对经纪交易商

---

① Steven D. Irwin, Scott A. Lane & Carolyn W. Mendelson, *Wasn't My Broker Always Looking Out for My Best Interests: The Road to Become a Fiduciary*, 12 Duquesne Business Law Journal 41 (2009).

② William H. Byrnes & Robert Bloink, *SEC's Reg BI Adds Unexpected Fiduciary Hurdle for Retirement Advisors*, https://www.thinkadvisor.com/2019/07/03/secs-reg-bi-adds-unexpected-fiduciary-hurdle-for-retirement-advisors/.

的适当性监管要求。比如,注册投资顾问(registered investment advisors, RIAs),只要进行了披露,就不必消除所有会妨碍其为了客户最佳利益行事的利益冲突。但是经纪交易商不仅需要进行适合于客户的投资推介,将客户利益优先于其自身利益,还需要在特定的利益冲突发生时进行适时披露,但是不必消除所有的潜在利益冲突。为提高单只产品销售量而给予经纪人奖励的竞争性销售应予禁止,而为了多只产品综合销售量的积累而给予奖励的竞争性销售则不在禁止之列。BI“创造了一个看上去与适当性标准类似的最佳利益标准,并且改变了金融顾问的定义”。对混合顾问的要求增加了混乱,他们有时是同一客户的受信人,又是该客户的经纪交易商,因为规制的规则并不相同。经纪人与投资顾问需要在一个新的表格里界定他们与客户的关系,要提供有关服务、费用与成本、利益冲突、行为的法律标准的信息,以及对企业或顾问违规、违约记录的披露。在 BI 生效之前,源自注册金融规划师标准委员会(Certified Financial Planner Board of Standards)的一部新的《行为道德与标准法典》规定所有经认定的注册金融规划师(CFPs),包括那些经纪交易商,只要在以受信人的身份提供建议时,应当在任何时候为了客户的最佳利益行事。BI 不需要经纪交易商像受信人一样经营,这就对经纪交易商与投资顾问的规制增加另外一层复杂性。“既然 SEC 已经为投资顾问发布了它的最佳利益规则以及相关的指南,客户就应当知道近 85,000 名注册金融规划师也有义务根据信义标准提供金融服务。”根据注册金融规划师标准委员会的声明,它不会在这个要求前退缩。然而,它可能会推迟实施。最后,美国劳工部希望在 2019 年 12 月发布为退休计划工作的顾问制定的行为标准规则,劳工部与 SEC 就将来的新规则进行协调。劳工部以前的信义规则是在奥巴马时期发展起来的,而最终于 2018 年 6 月为联邦上诉法院所否决,而特朗普政府决定不再上诉。①

对于经纪交易商来说,通常情形下要承担适当性义务,但在规定的情形下则要承担信义义务。一个受信人与遵守适当性规则的主体负有的义务是不同的。一些金融职业,如经纪人、保险代理人并不负有信义义务,只需要履行适当性义务,向客户提供适当的建议,而受信人必须把客户的最佳利益置于自身利益之上。② (见表 5 - 1)

---

① Bernice Napach, *The Long, Uncertain Road to Implement Reg BI*, https://www.thinkadvisor.com/2019/07/08/the-long-uncertain-road-to-implement-reg-bi/.

② *What Is a Fiduciary Financial Advisor? Definition, Types and Example*, https://smartasset.com/financial-advisor/what-is-fiduciary-financial-advisor.

表 5-1 信义义务与适当性义务

信义义务	适当性义务
推介必须符合客户的最佳利益	推介必须适合于客户
需要披露利益冲突	利益冲突的披露要求宽松一些
必须对客户忠诚并且本着善意	不必对客户忠诚

(二)信义义务在养老金行业中的应用

在 ERISA 这部联邦成文法出台之前,没有成文法明确列举受托人与其他受信人的权力与义务,后来国会采用普通信托法来界定其权力与责任的一般范围。[①] ERISA 规定了私营行业养老金计划的最低管理标准,并确定联邦所得税对伴随管理这种养老金计划的交易的影响。该法还规定了雇员计划参与人以及其受益人提起诉讼的诉由。根据 ERISA,雇主负有信义责任,雇员计划的参与人可以起诉雇主违反信义义务。ERISA 对于违反信义义务提供衡平救济。

ERISA 的信义规则源于传统信托法,立法者对传统信托法规则进行了修改,以适应控制雇员受益项目的不当管理以及权力滥用的要求。美国联邦最高法院在 Varity Corp. v. Howe 案中指出,ERISA 信义义务的主要内容源于普通信托法,信托法调整了 ERISA 实施之前的多数受益计划。[②] 包括美国联邦最高法院在内的很多法院发现,国会的立法意旨在于结合现代雇员受益计划特殊的性质、目的和重要性,把信托法的标准融入 ERISA。自 1974 年以来,判例法主要强调 ERISA 信义标准与一般信托法之间的相似性,但是也处理了一些成文法与信托法规则有分歧的情形。[③] 美国国会在 1974 年实施 ERISA,实际上就是对当时财产管理中广为人知腐败行为的回应。国会采用了信托法的范式来解决这一问题,它把普通信托法中发育出来的信义行为原则在 ERISA 中法典化。ERISA 信义标准的起点成为"所有雇员受益计划都应当由一个或一个以上的受托人持有"的要求。立基于信托法范式,ERISA 第 404(a)(1)条确定了各种基本义务(基本来自普通的信托法)来调整 ERISA 信义人的行为。这些基本义务包括:第一,

---

① Central States, Southeast & Southwest Areas Pension Fund v. Central Transport, Inc., 472 U. S. 559, 570 (1985).

② Peter J. Wiedenbeck, *Untrustworthy: ERISA's Eroded Fiduciary Law*, 59 Willam and Mary Law Review 1007 (2018).

③ Robert N. Eccles, *Fiduciary Litigation under ERISA*: 1975 – 1988, 23 Real Property, Probate and Trust Journal 679 (1988).

忠诚义务;第二,谨慎义务;第三,谨慎多元化义务(prudent diversification);第四,根据计划文件要求履行职责的义务,只要这些文件符合 ERISA 第四部分第一章的规定。根据第 404(a)(1)(A)(i)条的规定,受信人就计划履行义务时通常必须为了参与人和受益人的利益,并只为了向参与人和受益人提供利益。这一义务被称为"忠诚义务"或"唯一受益规则"。根据第 404(a)(1)(B)条的规定,受信人在履行义务时应当"根据当时的情形,像具备类似能力、熟悉类似事务的谨慎人在有类似特征、类似目标的企业行为中一样,运用注意、技能、谨慎和勤勉"。这就是谨慎专家规则或谨慎义务。第404(a)(1)(C) 条的规定是"谨慎多元化任务",要求负有责任的受信人根据情形谨慎地"对计划进行多元化的投资",以减少巨大损失的风险,除非当时情形表明这样做是谨慎的。第 404(a)(1)(D)条阻止雇主在制定计划条款时滥用权利。尽管雇主在制定条款时是作为委托人而不是受益人,但其管理计划时并不是以受信人的身份。一个重要的成文法修改提高了 ERISA 保护力度的是第 1110(a)条。该条废除了普通法实践中通过加入免责条款免除受托人违反信托责任的做法。该条规定"协议或文件中企图免除受信人在第四部分第一章中责任、义务或职责的任何条款,都是违反公共政策和无效的"。①

但是,把传统信托法信义原则引入 ERISA,也应当注意两者之间存在的区别。总体来说,依赖于传统的信托法通常不能充分恰当保护计划参与人和受益人的利益。这是因为信托法是从遗嘱和生前信托的背景中发展起来的(通常旨在把特定的财产转移给特定的自然人或一小群人),而典型的雇员受益计划覆盖的人群则达到几百或几千,与遗嘱信托在目的与性质方面有很大不同。②

根据普通信托法,只有受托人才是受信人。引入普通信托法规范的 ERISA 则有所不同。ERISA 对此进行了修改,主要是扩张了受信人的范围。由于受信人要遵守严格的信义规则,要承担严苛的信义责任,因此,确定受信人范围成为一个重要的主题。ERISA 把信义人界定为任何为了费用或直接、间接的补偿而提供投资建议的人,而无论是否对计划或财产管理实施了权力与控制。③ 1975 年 6 月 25 日发布的解释公报(interpretive bulletin)表明,专业服务的提供者,如律师、会计、精算师以及咨询顾问,不

---

① Colleen E. Medill, *Regulating ERISA Fiduciary Outsourcing*, 102 Iowa Law Review 505 (2017).

② H. R. REP. No. 93 – 533, at 12 (1973), reprinted in 2 Erisa Legislative History, at 2348, 2359.

③ ERISA § 3(21)(A)(ii), 29 U. S. C. § 1002(21)(A)(ii).

是通常意义上的受信人,因为这些建议人缺乏对受益计划的最终决策权。[①] 1975 年 10 月 3 日发布的解释公报规定"一个人为了一个雇员受益计划,在别人制定的政策、解释、规则、实践和程序的框架内,仅仅提供纯粹的管理功能,不是受信人,因为这类人就计划的管理而言没有自由裁量的权力或自由裁量的控制",他"也没有就计划财产的管理与处分实施任何权力与处分"。[②]

根据 ERISA,一个雇员受益计划可以(通常是)有多层次的受信人。ERISA 总共承认了五种受信人,从最正式的负有最广泛信义责任的指定受信人到最不正式的信义义务界定最不清晰的受信人,他们分别是:第一,ERISA 第 402(a)(1)条规定的指定计划受信人;第二,ERISA 第 3(16)条规定的计划管理人;第三,ERISA 第 403 条规定的计划受托人;第四,ERISA 第 3(38)条规定的计划投资经理人;第五,ERISA 第 3(21)(A)条规定的功能受信人。ERISA 第 402(a)(1)条要求每一个计划必须有至少一个指定的受信人,他是计划文件中指定的对计划的运营与管理拥有全面控制与管理权的人。指定计划受信人的目的在于准确地通知计划的参与者谁对计划及其财产负有全面的管理与运营义务。除了指定计划受信人,每个计划需要 ERISA 第 3(16)条规定的计划管理人。计划管理人当然可以执行其他的计划运营与管理的自由裁量的信义功能。如果计划没有指定受信人,那么受益计划的雇主就成为 ERISA 第 3(16)条下的管理人。如果受益计划的公司实体雇主不想对计划的运营承担伴随的信义管理责任,可以指定一个自然人或一个委员会来做 ERISA 第 3(16)条下的管理人。或者,雇主也可以将其 ERISA 第 3(16)条下管理人的职责外包给第三方专业计划管理人。除了指定受信人和计划管理人以外,ERISA 第 403 条规定需要一个或多个受托人以信托持有计划财产。受托人就管理计划财产的权力可以通过不同的方式来构造。一个自由裁量的受托人可以拥有管理计划财产的全部自由裁量权,或一个指示受托人只能拥有按照指定受信人或 ERISA 第 3(38)条投资经理人的指示进行管理的权力。计划的指定受信人、计划管理人、受托人以及投资经理人都是正式的受信人,拥有成文法承认的头衔和信义功能。第五种功能信义人明显不同。根据 ERISA 第 3(21)(A)条的规定,任何人就计划发挥了某些功能,但仅就这些功能会被认定为受信人。根据 ERISA 第 3(21)(A)条的规定,一个人实

① 29 C.F.R. § 2509.75－5,Q&A D－1 (2017).

② 29 C.F.R. § 2509.75－8,Q&A D－2 (2017).

施计划的行为触发了信义责任，而不管其是否被正式指定为受信人甚或他是否知道他是该计划的受信人。ERISA 第 3(21)(A)条的受信人包括任何对计划的管理或运营享有自由裁量权或控制权的人，或对计划财产进行控制的人，还包括任何就计划财产提供"投资建议"而获得直接或间接费用或其他补偿的人。另外，联邦最高法院也认为，任何人拥有表面授权(apparent authority)通知计划参与人收益的情况都是 ERISA 第 3(21)(A)条下的受信人。所有 ERISA 规定的受信人都应当服从 ERISA 第四部分第一章规定的受信人责任。①

信托受托人违反信托时，可能受到个人责任支撑的严格忠诚与注意义务的制约，但是这种风险是可以回避的。譬如，意定的受托人可以拒绝接受任命，或者只在委托人放松信义义务的制约、在信托文件中加入免责条款才接受任命。但是，根据 ERISA 的规定，强制信义责任不可规避。美国国会采用受信人的功能性概念，因此所有受益计划的决策人、财产管理人以及获得报酬的投资顾问均可以被要求负责，而不是只有资产的法定所有人才负责。总之，行为和权力才是确定谁对计划的参与者负有责任，而不是正式的转让与同意。并且通过废除免责条款，国会禁止雇员受益计划发起人降低 ERISA 事先确定的可接受的受信人行为标准。相比之下，ERISA 明显为养老金与福利受益计划的发起人与服务提供人创制了一种全新的高风险环境，一种施加广泛适用但不得降低标准的义务机制。②

五、信义义务发展的新趋向

尽职投资原则(principles for responsible investment，PRI)、③联合国环境规划署金融倡议(The United Nations Environment Programme Finance Initiative，UNEPFI)④与世代基金会(The Generation Foundation，GF)⑤于 2016 年 10 月联合发布了《21 世纪的信义义务：美国路线图》(以下简称

---

① Colleen E. Medill，*Regulating ERISA Fiduciary Outsourcing*，102 Iowa Law Review 505 (2017).

② Peter J. Wiedenbeck，*Untrustworthy*：*ERISA's Eroded Fiduciary Law*，59 Willam and Mary Law Review 1007 (2018).

③ PRI 是在联合国支持下于 2006 年成立的国际组织。PRI 与其国际范围内的签约方致力于把尽职投资六原则付诸实践，其目标在于理解环境、社会与治理问题的投资影响并支持签约方把这些问题整合进投资与所有权的决策中。六项原则由投资者发展起来并得到联合国的支持，它在 50 多个国家有 1700 多个签约人，代表了 70 万亿美元的资产。

④ UNEPFI 是联合国环境规划署与合理金融行业在 1992 年建立的一个独特的合伙组织，它与 200 多家签署 UNEPFI 声明的金融机构及其他合伙人组织紧密合作，在金融机构的经营和服务中融入环境因素的考量。

⑤ 世代基金会于 2004 年发起设立，目标是加强可持续发展的资本主义。

《路线图》)。《路线图》认为,如果在投资中未能考虑长期价值投资驱动因素,包括环境(environmental)、社会(social)与治理(governance)问题(ESG),那么投资就没有尽到信义义务。《路线图》意在把现代意义上的信义义务解读体现在美国的投资活动中,并在七个领域提出了建议:投资者教育、公司报告、投资顾问、律师建议、管理与参与、组织程序与披露、ERISA 投资计划的治理。①

《路线图》展现了一种更高层次的信义义务构建思路,把环境、社会与治理作为信义义务的考量因素,而不是把受益人最佳利益作为信义义务的唯一考量因素。但这与传统的维护受益人单一利益的信义义务是否存在冲突,在实践中也不无争议。

有研究发现,22%的美国受访投资专业人士并不采用 ESG,因为他们认为如果考量 ESG 因素会违反信义义务,②这也表明如果他们能明确与他们所肩负的信义约束不冲突,则会考量 ESG 因素。③ 另一项调查显示,在受访的 310 名受信人回应中,47%的人认为采用 ESG 因素与信义义务存在冲突或可能存在冲突。④

随着 ESG 问题的重要性在投资领域不断提高,受信人履行信义义务时需要考量的因素就更加复杂,一方面要实现受益人的最佳利益,另一方面还要把具有社会责任色彩的 ESG 问题纳入投资决策的考虑之内。传统的信义法的"单一利益原则"要求受信人只需考虑受益人的利益,而无须考虑其他任何人的利益,包括受信人的个人利益或其他第三人的利益;而 ESG 投资原则则要求作为受信人的投资人在作投资决策时应当考虑受益人之外的因素。因此,兼顾受益人最佳利益实现和落实 ESG 投资原则需要作为受信人的投资人更高的智慧。有观点指出,总体来说,对于受信人来说,如果能做到以下两点,根据美国信义法,进行 ESG 投资是可行的:第一,受信人合理地得出结论认为,通过提高风险调整回报,ESG 投资项目会使受益人直接受益;第二,受信人采用 ESG 投资项目的唯一动机是为受益

---

① *Fiduciary Duty in the 21st Century-US Roadmap*, https://www.unpri.org/fiduciary-duty/fiduciary-duty-in-the-21st-century-us-roadmap/265.article.

② Amir Amel-Zadeh & George Serafeim, *Why and How Investors Use ESG Information Evidence from a Global Survey*,74:3 Financial Analysis Journal 1(2018).

③ CFA INST., *Environmental, Social, and Governance Issues in Investing: A Guide for Investment Professional* 33 (2015), https://perma.cc/GU5Q-8L7A.

④ Fi360, *ESG Survey for Fi360 Designees* 2 (2019), https://www.fi360.com.

人获取这种直接收益。①

但是考虑ESG因素毕竟还是职业投资人的一种自觉行为,其对于投资人的约束只限于投资人的认可,ESG最终能否转化为一个国家的立法约束,取决于包括受益人在内的社会多层面对它的接受与认可。

在信义义务应用存在泛化的趋势下,有学者对信义义务与信义法的适用提出了一些原则。

其一,信义法的补充适用原则。信义法可以矫正普通合同法、侵权法或不当得利法等法律不能矫正的非正义,②但是信义法并不保护个体间的所有关系,它只保护那些重要的施加了高度信任的社会经济关系,受益人对受信人存在明显的依赖或处于特别的弱势地位。仅对他人施加普通的信任可能会产生合同或侵权义务,而只有在重要的社会经济关系中施加了高度信任才会产生信义义务。信义法只适用于存在依赖性和脆弱性的散发社会关系与情形。为保护这些弱势关系,信义法把这些个人利益置于其更广泛的社会经济目标当中,其首要关注的是关系而不是个体。③ 因此,信义法是对合同法、侵权法和不当得利法的补充,弥补了它们在法律原则或意图方面不能适用或适用不足的缺陷。④

其二,信义义务适用"最后保留原则",也就是它"只有在所有其他源自宪法、成文法、条例(regulations)、命令(ordinances)、普通判例与合同等可潜在适用的规范不能满足调整需求的时候,才能启动适用"。⑤ "最后保留原则"解释了信义义务规范的产生规律,即信义义务规范是在找不到可适用规范之后才被创制出来的,是对原有法律规范的创新与补充。但是有些信义义务规范已经明确规定在成文信托法、公司法、投资基金法、投资顾问法等法律文件中,"最后保留原则"多少有些不符合现在信义义务规范适用的现实。另外,"最后保留原则"也从一个侧面揭示了信义义务的特征,即信义义务不能通过传统的法律规范进行调整,它需要超越传统法律

---

① Max M. Schanzenbach & Robert H. Sitkoff, *Reconciling Fiduciary Duty and Social Conscience: The Law and Economics of ESG Investing by a Trustee*, 72 Stanford Law Review 381 (2020).

② Leonard I. Rotman, *Fiduciary Law's Holy Grail: Reconciling Theory and Practice in Fiduciary Jurisprudence*, 91 Boston University Law Review 921 (2011).

③ Leonard I. Rotman, *Fiduciary Law's Holy Grail: Reconciling Theory and Practice in Fiduciary Jurisprudence*, 91 Boston University Law Review 921 (2011).

④ Leonard I. Rotman, *Fiduciary Law's Holy Grail: Reconciling Theory and Practice in Fiduciary Jurisprudence*, 91 Boston University Law Review 921 (2011).

⑤ D. Gordon Smith, *Doctrines of Last Resort*, in Jean Braucher et al. eds., Revisiting the Contracts Scholarship of Stewart Macaulay: On the Empirical and the Lyrical, Oxford and Portland, 2013, p. 427.

原则、法律规范的新规范进行调整,适用更高的标准、更严格的义务进行相应的调整。

"最后保留原则"与补充适用原则核心思想基本一致,都表明了信义义务、信义法的应用应当限定在合理的范围内,而不能任意扩大其适用的优先性。

第二节　信托受托人的信义义务

在信托法律关系中,几乎受托人的每一法律行为都会伴随着相应的权利与义务安排。其实每一法律行为中的权利义务都不尽相同,都有其特殊性。基于研究的需要,立法者与学者还是尝试把受托人的义务进行了类型化的梳理。在《斯格特与阿舍尔论信托》一书中,受托人的义务有16项,包括管理信托的义务、忠诚义务、受托人转委托中的义务、保存与提供账户的义务、提供信息的义务、实施合理注意与技能的义务、实施并保持控制的义务、保护信托财产的义务、主张权利(claim)的义务、为行为辩护的义务、分别保存信托财产的义务、对银行存款的义务、保持信托财产效益性(productive)的义务、根据信托条款分配或应用收益与资本的义务、公平的义务以及与共同受托人相关的义务。① 只有在具体的法律行为中对义务进行研究才更具有实际意义,如忠诚义务是受托人最重要的义务,但是它会出现在十数种行为中,它在每种行为中的内容是存在一定差异的。基于研究的需要,本部分对受托人义务的研究主要集中在忠诚义务、公平义务与谨慎义务三个方面。

受托人的信义义务属于典型的信义义务。信义法的功能核心是威慑,它通过追究违反信义行为标准的事后责任,引导信义人为了受益人的最佳利益行事。因此,信义义务减少了交易成本。不用对将来的每一种意外事件都作出书面规定,双方当事人只需要对那些重要的和足以保证交易成本的事件作出明确规定。对于其他的事件,信义义务就可以填补空白。从这一视角看,现代法的信义治理目标是直观的。②

---

① Austin W. Scott, William F. Fratcher & Mark L. Ascher, *Scott and Ascher on Trust*, Wolters Kluwer Law & Business, 2006, p. 1075 - 1264.

② Robert H. Sitkoff, *Trust Law as Fiduciary Governance Plus Asset Partitioning*, in Lionel Smith ed., The World of the Trust, Cambridge University Press, 2013, p. 428.

一、受托人的忠诚义务

受托人最重要的义务是忠诚义务。它并不是源于信托条款的任何规定,而只是产生于每个信托中受托人与受益人之间的信义关系。① 自私自利是人的天性,在利益冲突面前人多是选择首先维护自己的利益。忠诚义务需要受托人以更高的行为标准行事,以克服人性中的自私自利,实现委托人设立信托的目标。

(一)两种规则下的忠诚义务

一般来说,信义义务所包含的忠诚义务有两种不同的表现。一种是"唯一利益"(sole interest)规则,英文中还有"sole benefit""exclusive benefit"的表述,受托人必须"只为受益人的利益管理信托",受托人对信托事务的管理不应当受到任何受益人之外第三人利益的影响或信托目的之外动机的影响。唯一利益规则在美国《信托法重述Ⅲ》与UTC中都有明确的规定。如果受托人同时为了受益人及第三人利益从事信托管理或从事相应交易,则会触发"不可辩驳的不当行为假定"(irrebuttable presumption of wrongdoing)。唯一利益规则是一种禁止性规则而不是调整性规则,受益人证明受托人违反该规则只需要证明其行为动机的非唯一性事实。在该规则下,如果受托人不是基于为受益人的唯一利益的动机或理由从事某一行为,受托人即使没有从事自我交易也构成对忠诚义务的违反。受托人从事信托管理或从事相应交易受到其个人利益或第三人利益的影响就是不忠诚,因为受托人没有为了受益人的唯一利益行事。但是唯一利益规则的适用却存在领域的差异,在ERISA中的唯一利益规则是强制性规则,当事人不能通过合同等约定手段进行变更或删减,而在信托法中唯一利益规则为补充适用规则,只在当事人没有相反约定或排除适用时才会适用。②

信义义务的另一种忠诚义务表现为"最佳利益"。这种忠诚概念在公司法中较为典型,如果唯一利益规则不能适用就可以适用最佳利益规则,受信人行为中的利益冲突不再被绝对禁止,而是必须为了参与人的"最佳利益"行事。最佳利益规则通常是通过"完全公平"测试("entire fairness" test)加以完善的。"完全公平"测试有时在公司法中表述为要求公平价格和公平交易。同样,即使唯一利益原则不再适用,受托人依然必须"为了受

① Austin W. Scott, William F. Fratcher & Mark L. Ascher, *Scott and Ascher on Trust*, Wolters Kluwer Law & Business, 2006, p. 1077.

② Max M. Schanzenbach & Robert H. Sitkoff, *Reconciling Fiduciary Duty and Social Conscience: The Law and Economics of ESG Investing by a Trustee*, 72 Stanford Law Review 381 (2020).

益人的利益，行事公平、善意”。根据唯一利益规则，不允许对任何未经授权的冲突进行辩护，最佳利益规则允许受信人对完全公平的冲突行为进行辩护。也就是说，唯一利益规则实施了绝对禁止，至于利益冲突行为是否公平则在所不问。而最佳利益规则对于利益冲突交易的调整则通过“完全公平”测试。不同规则反映了它们适用的不同语境。①

（二）唯一利益规则下的忠诚义务

唯一利益规则被普遍认为是信托法最重要的规则。② 受托人负有只为受益人利益管理信托事务的义务，并把个人利益和第三人福利排除在考虑之外。如果受托人从事有违忠诚的交易，受益人可以获得衡平救助以阻止受托人的行为或寻求其他救助，而无论受托人的善意或受托人行为对受益人的影响或受托人所获得的利益。法院对忠诚义务的履行首先关注的是通过阻止受托人处于利益冲突的地位来提升信托管理，防止特定受益人的损失或受托人的不当得利则在其次。③ 几个世纪以来，信托法固执地坚持认为，当受托人从与信托的利益冲突交易中获利，受益人可以使交易无效，除非受托人获得了事先许可。④

《信托法重述Ⅲ》第 78 条是唯一利益规则下忠诚义务的全面体现。第 1 款规定，除了信托条款另有规定，受托人负有只为受益人利益管理信托，或只促进它的慈善目的的义务。第 2 款规定，除了在具体情形中，受托人严禁从事自我交易，或其他涉及受信人信义义务与个人利益之间冲突的交易。该款也称为严格禁止条款。第 3 款规定，无论以受信人还是以个人的身份行事，受托人都应当公平对待受益人，应当把其知道或应当知道的重要事实告知受益人。⑤

美国两大信托法权威著作都认为唯一利益规则是信托法“最重要”（the most fundamental）的规则。唯一利益规则禁止受托人将自己置于其个人利益与受益人利益冲突或可能冲突的位置。基于唯一利益规则所产生的受托人利益冲突行为的肯定无效假定，获得一个独特的名称：“不再审

---

① Max M. Schanzenbach & Robert H. Sitkoff, *Reconciling Fiduciary Duty and Social Conscience: The Law and Economics of ESG Investing by a Trustee*, 72 Stanford Law Review 381 (2020).

② George G. Bogert & George T. Bogert, *The Law of Trusts and Trustees*, 2nd edition, West Publishing Co., 1992, p. 217; Austin W. Scott & William F. Fratcher, *The Law of Trusts*, Little, Brown and Company, 1987, p. 311.

③ George T. Bogert, *Trusts*, 6th edition, West Publishing Co., 1987, p. 341.

④ George G. Bogert & George T. Bogert, *The Law of Trusts and Trustees*, 2nd edition, West Publishing Co., 1992, p. 217 – 220.

⑤ Restatement (Third) of Trusts, § 78.

查”(no further inquiry)规则。①

受托人违反忠诚义务的行为属于不忠行为(disloyal act)。绝对禁止受托人的不忠行为主要是基于预防的原因,其合理性基础在于一个公认的事实,即受托人的个人利益与信义义务冲突时,受托人很难拒绝利益的诱惑。因此,对于信托关系,信托法的政策是消除所有产生诱惑的情形,而不是监督受托人的行为,并在受托人事实上已经屈从于诱惑时去揭露、惩罚其滥权行为。②

自我交易是受托人不忠行为的最常见形式,经常发生于受托人为信托从事交易时企图为自己、伙伴或亲属谋取利益的情形中。③ 根据《信托法重述Ⅲ》第87条的相关评论,受托人个人购买信托持有的财产、受托人把个人财产出售给信托、受托人个人向信托借款、受托人向信托提供贷款、受托人与信托进行财产交换,都构成违反信托的自我交易行为。另外,受托人为其信托管理有关行为私自接受来自第三人任何费用、佣金或其他补偿,也构成自我交易,违反信托的忠诚义务。

在受托人自我交易中,受托人是否本着善意以诚实的意图行事并不相关,交易公平并未经过适当考量、受益人并未因受托人的不忠行为遭受损失也不重要,尽管受托人多数情况下获得了利益,但受托人自己没有因为不忠行为获得利益并不是问题的实质。④ 问题关键在于受托人违背了只为受益人利益行为规范。如果受益人证明受托人在交易中获得了个人利益,受托人就应当承担个人责任,适用不再审查规则,即使受托人的交易并没有对信托造成损害。

如果受托人个人在抵押权到期的拍卖(foreclosure)或欠税拍卖(tax sale)或判决执行的拍卖中购买了信托财产,则构成违反信托,根据不再审查规则,不再给予受托人机会辩解并证明已经采取了所有合理的步骤以阻止出售,并尽可能增加投标人的数量、提高投标人的热情。⑤ 而且,根据不再审查规则,“受托人能否证明存疑的交易是本着善意从事、交易条款公平、自己未获利并不重要”⑥。

---

① John H. Langbein, *Questioning the Trust Law Duty of Loyalty: Sole Interest or Best Interest*, 114 Yale Law Journal 929 (2005).

② Restatement (Third) of Trusts, § 78 cmt. b.

③ George G. Bogert, Dallin H. Oaks, H. Reese Hansen & Stanley D. Neeleman, *Law of Trusts*, 7th edition, Foundation Press, 2001, p. 402.

④ George T. Bogert, *Trusts*, 6th edition, West Publishing Co., 1987, p. 343.

⑤ Restatement (Third) of Trusts, § 78 cmt. d.

⑥ Restatement (Third) of Trusts, § 78 cmt. b (Tentative Draft No. 4, 2005).

除了受托人不得从事自我交易外,受托人也不得与某些与其存在亲密关系的人从事信托交易。如果一些人与受托人存在紧密联系或关联,忠诚义务禁止受托人与这些人进行交易。忠诚义务也禁止受托人以受托人身份与其家庭成员,如受托人的配偶、父母、子孙或子孙的配偶,进行交易。除非受托人的家庭成员是信托的受益人并且雇佣与信托目的、受益权益一致,否则受托人不能雇佣其家庭成员进行信托管理。一般而言,银行或信托公司不能购买自己的股票作为信托财产,即使股票是从第三方手中购得并不涉及自我交易。同样,即使遗嘱信托委托人死亡时,作为原始投资收到的股票、作为委托人或其他生前信托的受托人的继承人获得的股票,公司受托人也不能持有。①

唯一利益规则在养老金领域的表达呈现出一些变化。ERISA 中的忠诚标准要求受信人就计划履行职责时,只为了参与人或受益人的利益并且只为了向参与人或受益人提供利益这一唯一目的,并为管理计划支付合理费用。② 众所周知,唯一利益规则一直被解释为把受信人限于经济目标性投资和社会责任性投资。在 2008 年发布的解释公告里,美国劳工部直截了当地表明 ERISA 的直白文本不允许受信人基于计划经济利益之外的目的作出投资决定。③ 劳工部在 2015 年发布新的指南替代了 2008 年的公告。新的指南认为 2008 年的公告不当地妨碍了受信人考虑经济目标性投资与社会责任性投资因素。新的指南意在厘清计划受信人可以适当考虑的影响投资与回报的因素,如社会责任性投资因素。④

根据《信托法重述Ⅲ》第 87 条的相关评论,严格禁止的条款不适用于下列类型的交易:第一,法院批准的交易。法院认为交易对受益人有利,才会批准受托人与信托进行交易;如果法院发现有其他买方愿意以和受托人一样的出价购买信托财产,则法院不会批准这一交易。第二,信托条款授权的交易。信托条款可以明示或默示授权受托人进行自我交易,信托条款包括所有受益人同意修改的条款。但是,即使受托人获得授权进行自我交易,他也不能免除为受益人利益行事、谨慎管理信托的义务。第三,受益人同意的交易。在这一点上,应当强调的是获得所有受益人的同意,如果没有获得全体受益人的同意,受托人也违反信托,但不需要对已经获得适当

---

① Restatement (Third) of Trusts, § 78 cmt. e.

② U. S. C. § 1104(a)(1)(A)(i) - (ii).

③ 73 Fedition Reg. 61,734,61,735 (Oct. 17,2008).

④ Paul Rose, *Public Wealth Maximization: A New Framework for Fiduciary Duties in Public Funds*, 2018 University of Illinois Law Review 891 (2018).

同意的受益人承担责任。第四，受托人为其提供的服务获得合理报酬的情况。第五，某些自雇行为的例外。尽管受托人的自雇行为通常会被视为自我交易行为加以禁止，但在某些情形下，受托人可以提供一些因谨慎管理信托所必需或合理的特别服务并为此获得合理补偿。同时，受托人在决定服务是否合理、必要及由谁来提供最好时负有谨慎并为了受益人利益的一般义务。第六，对信托的某些贷款与信托资金存储的例外。禁止条款并不适用于受托人的个人基金为信托管理的正当费用或为了保护信托财产进行的预付，也不适用于受托人为了管理的正当需要不能从其他途径获得资金因而以合理利率向信托进行贷款的情形。第七，与其他信托或受信财产进行的交易的例外。受托人以受信人身份可以与其他信托或遗嘱人的其他财产或托管财产进行交易。第八，专有共同基金（proprietary mutual funds）的法定例外。根据美国多州实施的成文法，只要投资是谨慎的，受托人可以把信托资金投资于受托人以其他身份就职并提供服务的投资公司的股票或投资信托，即使因为投资信托或投资公司以为信托提供服务所取得的收费对受托人进行了补偿，也无不可。①

二、对受托人忠诚义务唯一利益规则的质疑

美国著名的信托法学者朗贝因对受托人忠诚义务的唯一利益规则提出了疑问，并对唯一利益规则提出了修正意见。

（一）唯一利益规则产生的时代背景

Langbein 教授认为，严苛的唯一利益规则产生的原因，主要是 20 世纪以前，衡平法院在查明事实方面存在严重缺陷，而把避免查明事实的规则置于优先地位。② 信托法唯一利益规则的严苛性之所以被容忍了 200 多年，主要是因为该规则"雷声大雨点小"（its bark has been worse than its bite）的特点。实践中，许多免除责任的原则甚至绝对交易豁免已经大大减少唯一利益规则的适用范围。③ 另外一个原因在于受托人得到良好的建议，唯一利益规则可能造成的伤害一方面受到除外原则的严格限制，如委托人授权、受益人同意或事先法院批准；另一方面可以通过更进一步的绝对豁免加以限制。因此，唯一利益规则的冲击实际上由典型的盎格鲁－美

---

① Restatement (Third) of Trusts, § 78 cmt. c.

② John H. Langbein, *Questioning the Trust Law Duty of Loyalty: Sole Interest or Best Interest*, 114 Yale Law Journal 929 (2005).

③ John H. Langbein, *Questioning the Trust Law Duty of Loyalty: Sole Interest or Best Interest*, 114 Yale Law Journal 929 (2005).

利坚私法的替罪羊(fall guy)们承受了,他们没有经验,也雇不到律师,或者碰巧落在了坏律师的手里。①

总的来看,唯一利益规则的除外情况与绝对豁免广泛存在于当前的美国信托管理中,使得继续把唯一利益规则作为基准规范(baseline norm)越发不现实。大量的信托实践,特别是专业受托人提供服务时,唯一利益规则不能准确地描述美国的信托法与实践了。② 并且在很多情形下,唯一利益规则过于简化很多机制的性质,不当描述了很多利益的真实性,误导了法院,引发了不适当的分析,并产生了不合理的结果。③

在19世纪早期英美法院确定唯一利益规则时,机构受托人并不存在,而现在机构信托人广泛存在。现代受托人越来越多地把双边交易互惠的商业模式嵌入信托管理。银行信托部门及其他机构受托人允许把信托基金存在受托人的商业银行部门或把信托基金投资于受托人发起的投资产品(investment pools),如按揭贷款多方参与安排(mortgage participations)④、共同基金、共同信托基金等。⑤ 从制度成本角度分析,施加于受托人的信义规则也是有成本的。信义义务限制自由裁量权的行使,因此,反对自我交易规则可能阻止对委托人与受托人两方都有利的交易,不能转委托原则限制了专业化,谨慎投资义务可能导致有利可图的机会被忽略,对补偿的限制也使有些适格的人拒绝出任受托人。⑥ 在机构受托人的语境里,其自身的商业性、营利性特征与唯一利益规则存在难以调和的矛盾。

(二)最佳利益:唯一利益规则的变革路径

为提高受益人最佳利益而谨慎从事的交易就是对忠诚义务最好的履行,即使受托人从事或可能从事获取自身利益的事。如果受托人能证明存在利益冲突或利益重叠的交易是为了受益人的最佳利益谨慎从事的,则交

---

① John H. Langbein, *Questioning the Trust Law Duty of Loyalty: Sole Interest or Best Interest*, 114 Yale Law Journal 929 (2005).

② John H. Langbein, *Questioning the Trust Law Duty of Loyalty: Sole Interest or Best Interest*, 114 Yale Law Journal 929 (2005).

③ Daniel R. Fischel & John H. Langbein, *ERISA's Fundamental Contradiction: The Exclusive Benefit Rule*, 55 University of Chicago Law Review 1105 (1988).

④ 按揭贷款多方参与安排是一种类型的房屋贷款,该贷款允许不同的当事人协作以分享按揭房产的出售或出租所获得的任何收益。

⑤ John H. Langbein, *Questioning the Trust Law Duty of Loyalty: Sole Interest or Best Interest*, 114 Yale Law Journal 929 (2005).

⑥ Daniel R. Fischel & John H. Langbein, *ERISA's Fundamental Contradiction: The Exclusive Benefit Rule*, 55 University of Chicago Law Review 1105 (1988).

易应予维持。在此情形下，查清事实真相要比“不再审查”好得多。① 并且近来的民事诉讼程序的改革以及普通法院与衡平法院的合并，赋予了法院以有效事实发现程序执行信托的权力。信托文件保存的标准、实践与技术的发展以及披露义务的强化，已经很大程度上缓解了一直以来存在的担忧。②

唯一利益规则在信托实践中并不具备绝对的适用地位，实践中的多种安排与做法可以有效避免其适用。根据信托条款，受托人可以把信托财产只出售给自己，或者以受托人的身份购买自己的财产，或把其持有的信托资金借给自己，或为自己利益与信托财产进行交易。尽管存在唯一利益规则，但是信托管理中通常也允许利益冲突存在，其中一个原因是唯一利益规则是一种补充适用规则，在特定信托中会让位于相反约定的信托条款。③ 信托条款中嵌入除外与例外（exclusions and exceptions）条款，其一般原则是，受托人必须为了受益人的最佳利益行事，而不必为了受益人的唯一利益行事；与受益人最佳利益一致的利益交叉是允许的。④ 绝对豁免在司法中的应用表明了立法与司法确定的态度：某类利益冲突的交易极有可能对受益人有利，在没有根据具体情况事先批准的情况下，唯一利益规则应当被废弃。⑤

在 Langbein 教授看来，修正唯一利益规则并不困难，把利益冲突无效假定的绝对适用转向允许受托人辩解就可以实现。代替“不再审查”的路径，就是允许审查。允许因违反忠诚义务被诉的受托人证明利益冲突的交易是为受益人的最佳利益谨慎从事的，这样就可以对信托法的忠诚义务进行从唯一利益规则到最佳利益规则的重塑。这种努力已经在 UTC 第 802(c)条变成现实。⑥

---

① John H. Langbein, *Questioning the Trust Law Duty of Loyalty*: *Sole Interest or Best Interest*, 114 Yale Law Journal 929 (2005).

② John H. Langbein, *Questioning the Trust Law Duty of Loyalty*: *Sole Interest or Best Interest*, 114 Yale Law Journal 929 (2005).

③ John H. Langbein, *Questioning the Trust Law Duty of Loyalty*: *Sole Interest or Best Interest*, 114 Yale Law Journal 929 (2005).

④ John H. Langbein, *Questioning the Trust Law Duty of Loyalty*: *Sole Interest or Best Interest*, 114 Yale Law Journal 929 (2005).

⑤ John H. Langbein, *Questioning the Trust Law Duty of Loyalty*: *Sole Interest or Best Interest*, 114 Yale Law Journal 929 (2005).

⑥ John H. Langbein, *Questioning the Trust Law Duty of Loyalty*: *Sole Interest or Best Interest*, 114 Yale Law Journal 929 (2005).

（三）对唯一利益规则之质疑

Langbein 教授是当代最有影响力的信托法学者之一，是负责起草 UTC 的委员会成员之一。UTC 的忠诚义务规定与 Langbein 教授的观点体现出高度的一致性。① 但是，也有学者对 Langbein 教授的观点提出了质疑。

唯一利益规则之所以能长期存在，自有其存在的合理价值。唯一利益规则对无私忠诚（undivided loyalty）严苛性的不妥协，绝不是干巴巴的形式主义；法院一直认为，规则的刚性是其有效运行的基础。法院之所以没作出例外规定，主要基于三个方面的考虑：第一，法院承认，如果一个人的利益牵涉其中，要求他公正行事不是不可能，但是很困难。第二，法院已经意识到，信义关系已经使受托人处于控制地位。第三，法院已经充分理解一个现实，受托人的不忠诚行为很难发现。②

UTC 忠诚义务放弃“不再审查”规则，事实上把机构受托人从很多施加了不再审查规则束缚的利益冲突交易中解脱出来，这会明显使机构受托人经营更轻松、营利更多，且允许机构受托人运用与信托公平交易有关的证据对自我交易进行辩解。很关键的一点，在于检验它们能否为信托受益人带来可比较的利益。这是信托法的重大变化。③ 论者进一步指出，Langbein 教授的观点并不成立，因为他没能也不可能确定不再审查规则在何等重要程度上造成过度阻碍。更重要的是，他未能探查他观点的代价，放弃不再审查规则无法阻止受托人的机会主义。比较不再审查规则与 Langbein 教授的最佳利益规则，会发现后者对全体受益人阶层更有害。并且，不再审查规则的例外也不是规则有效性的反面证据。④ 而以最佳利益规则取代不再审查规则能确保提高机构受托人的金融地位。然而，这并没有为受益人提供多少慰藉；对受益人来说，不再审查规则依然在提供重要的保护。⑤

三、受托人的公平义务

如果信托只有单一的受益人，受托人就不存在公平对待受益人的义

① Melanie B. Leslie, *In Defense of the No Further Inquiry Rule: A Response to Professor John Langbein*, 47 Willam and Mary Law Review 541 (2005).

② Robert W. Hallgring, *The Uniform Trustees' Powers Act and the Basic Principles of Fiduciary Responsibility*, 41 Washington Law Review 801 (1966).

③ Melanie B. Leslie, *In Defense of the No Further Inquiry Rule: A Response to Professor John Langbein*, 47 Willam and Mary Law Review 541 (2005).

④ Melanie B. Leslie, *In Defense of the No Further Inquiry Rule: A Response to Professor John Langbein*, 47 Willam and Mary Law Review 541 (2005).

⑤ Melanie B. Leslie, *In Defense of the No Further Inquiry Rule: A Response to Professor John Langbein*, 47 Willam and Mary Law Review 541 (2005).

务。但信托通常会有不同类型的多个受益人,如终生受益人与剩余受益人两个种类多名受益人,在这种信托中,受托人就对各个受益人负有公平义务。受托人应当防止以牺牲剩余受益人利益去偏袒终生受益人利益,或者反过来;这是受托人很难履行的义务,也一直是受益人与受托人之间发生诉讼的一个重要原因。①

《信托法重述Ⅲ》第79条规定了受托人的公平义务(duty of impartiality)。第1款规定,受托人有义务以公平的方式对待信托不同的受益人,应当在投资、保护和分配信托财产时,以及在其他的管理活动中,公平对待信托条款所规定的不同受益人利益,并且在咨询中或与受益人其他的交流中,受托人必须以公平反映受益人关注、权益多样性的方式进行。第2款规定,如果信托是为了两个以上先后连续的受益人或信托目的设立,并且任何受益人的权利或为了慈善目的的花费是根据信托的收益来确定的,受托人的公平义务就包括据此进行投资和管理信托,或据此分配本金与收益,以便信托财产能产生与信托目的、现在与未来受益权益多样化合理匹配的收益。

公平义务适用于受托人的所有义务。公平义务适用于多个受益人或多重信托目的的情况,而无论其目的是私益的、慈善的还是混合的,也无论其目的是连续的还是并存的。这项义务不仅对平衡终生受益人与剩余受益人天然的冲突至关重要,而且对于多个收益受益人存在不同的需求和税务地位,或多个剩余受益人存在明显不同的目标或风险承受能力情形,也是重要遵循。②

从历史角度看,受托人的公平义务规则也在不断变化。受托人公平义务的核心内容是围绕着收益(income)与本金(principal)的区分展开的。在20世纪的大部分时间里,信托所得(earnings)向收益与本金的分配取决于所得产生的方式。因为信托财产的运用而获得的利益(benefit)以及由信托财产所产生的利润(profit)通常被视为信托收益。③ 信托收取的作为原始信托财产的替代物、交换物被视为信托本金。利息、租金通常被视为收益,但持有公司股份所获得的现金红利(cash dividend)、股票红利等公

---

① Kristi Arakaki, *Promoting Trustee Adherence to the Fiduciary Duty of Impartiality: A Case for Enacting Unitrust Conversion Statutes in Conjunction with Equitable Adjustment Statutes*, 28 University of Hawaii Law Review 105 (2005).

② Restatement (Third) of Trusts, §79 cmt. a.

③ 英语中的benefit与profit含义基本相同,但两者也存在一些重要差别。有时,profit暗示利润的产生利用了某人或某事,benefit通常不在这个意义上使用,并且通常不指金钱形式的利益。

司分红什么情形下归入收益,什么情形下归入本金存在不同的规则。宾夕法尼亚州的普通法规定,现金红利应在维持股票账面价值的必要限度内优先分配给信托本金,因为法院强调"保持(信托财产)原初完整价值才能维护剩余受益人的现状"。① 马萨诸塞州的普通法则把现金红利全部归入收益,而无论什么类型的现金分红。② 对于股票红利,宾夕法尼亚州的普通法曾规定,维持股票原初投资价值的必要额度属于本金,超出部分则按来源分别归入收益或本金。马萨诸塞州的普通法规定,如果受托人持有一个公司的股份,该公司宣布对其股票分配股票红利,则股票红利归入资本;如果该公司宣布对其持有的全部子公司的股票分配股票红利,则这些股票红利应归入信托收益。③

1931 年美国统一州法全国委员会制定了第一部《统一本金与收益法》,该法采用了相对简单的马萨诸塞州规则。统一州法全国委员会为了回应 1931 年 UPIA 的不足,并通过修订原法提供进一步的分配指南,发布了 1962 年《修订统一本金与收益法》,该法在分配方面最重要的规则是资本利得(capital gain)的分配应当归入信托本金,尽管很多法院和投资者认为投资的资本利得应当归入信托收益。受托人在《修订统一本金与收益法》时代的主要义务是提供收益满足收益人的需求,同时避免本金损失。社会普遍认为,受托人的主要功能在于保持财富价值而不是为信托带来最大回报。这与现代投资理论相冲突,现代投资理论认为,在一定的风险容忍度内应当采用组合投资以获得最大回报。采用了现代组合投资理论的 1997 年 UPIA 授予了受托人权力可在受托人认为必要的限度内对本金与收益进行调整,以赋予受托人向收益受益人与剩余受益人分配收益时所需要的更多灵活性。④

公平义务是对受益人忠诚义务的延伸,但是在典型的信托情形中,不可避免地涉及经济利益相互竞争的不同受益人在可允许范围内的冲突问题。如果把公平等同于"平等"(一样地)对待或关注,也就是说,认为受托人在权衡所有受益人权益时,它们具有同等的优先性、相同的权重,那未免过于简单化甚至误导了。公平意味着受托人对待受益人或在信托管理中

① In re Estate of Harvey, 149 A.2d 104, 107 (Pa, 1959).

② George T. Bogert, *Trusts*, 6th edition, West Publishing Co., 1987, p. 415.

③ George T. Bogert, *Trusts*, 6th edition, West Publishing Co., 1987, p. 421.

④ Kristi Arakaki, *Promoting Trustee Adherence to the Fiduciary Duty of Impartiality: A Case for Enacting Unitrust Conversion Statutes in Conjunction with Equitable Adjustment Statutes*, 28 University of Hawaii Law Review 105 (2005).

的行为不受其对某个受益人的偏袒或憎恶的影响,即使憎恶源于在管理过程中产生的对抗。受托人也不可以因为疏忽或忽略,或因为某一个受益人有更多的途径接触受托人,或一个受益人更具侵略性,或只是因为受托人不知道法律规定的这项义务,从而无视某些受益人的权益。平衡相互间竞争的权益,合理反映与信托条款、目的、环境不同的偏向与优先,不仅是适当的,也是公平义务所必需的。但不幸的是,受托人难以作出决定会引发公平义务适用的复杂化;委托人意图和目标某些方面存在模糊性,只能留待解释与推断,也会导致公平义务适用的复杂化。简言之,受托人有义务合理并不带个人偏见地寻求确定并按信托条款明示或默示规定的先后顺序实现不同受益人的权益。①

公平义务并不是平均均衡不同的权益,而是对权益以合理关注的方式进行平衡,也就是与信托条款和目的相一致的关注。这包括尊重委托人对某些受益人确定的偏爱,例如,一个终生受益人(在世的配偶或子女)相对于受益人的继承人或其他的未来权益获得者的优先权安排,在用语或信托情形中出现的频率有明显区别。平衡不同权益还存在多个终生受益人或多个剩余受益人需求与目标不同的情形。又如,不同的当前利益受益人可能有不同的需求、目标和税务状况,导致信托投资中不同的偏向(强制高收益或资本增值或免税收益)。同样,不同的未来权益受益人可能对资本的增长与安全、财产最终分配的税务性质,有明显不同的目标或关注。②

举例说明,T 是一个较大的自由裁量信托的受托人,信托的受益人是 S 的妻子 W 和后代。信托条款规定 W 是"主要"(primary)受益人,授权受托人自由裁量随时向 W 或其后代进行信托本金与收益的分配。S 的子女 B、C、D 在 S 死亡时都是成年人并都有自己的子女。D 有段时间与其父母和兄弟姐妹疏远,受托人 T 对此事知情。T 与 B、C 及 W 定期会晤(但不包括 D),告知受益人信托事务并与他们讨论他们的财务状况以及信托管理的意愿。结果,T 发现除了为避免信托财产累积所产生的繁重所得税,没有必要进行分配。W 不需要信托的财产分配,信托收益就在每年年末向每个子女平均分配,或根据他们的指示,向他们的子女进行分配。D 的份额会与节日问候一起到达,并说明钱是根据其母亲的指示寄送的。D 的需求远远超过其他兄弟姐妹,对信托事务所知无几。在这种情形下,T 就违反了他的公平义务。③

---

① Restatement (Third) of Trusts, § 79 cmt. b.

② Restatement (Third) of Trusts, § 79 cmt. c.

③ Restatement (Third) of Trusts, § 79 illustration on cmt. c and d.

四、谨慎义务

投资功能是信义义务概念最核心的内容。[①] 受托人进行投资应当尽到谨慎义务,而谨慎的内容和标准却随着时代的发展而变化着。

受托人的谨慎义务(duty of prudence)是指受托人管理信托财产应当符合、注意的客观标准。受托人的谨慎义务产生于谨慎人规则,即受托人对信托财产进行的任何投资都应当独立审查确定是否为谨慎投资。根据该规则,受托人不能投资高风险的股票,因为如果投资不能带来高回报,就与该规则冲突。后来,谨慎投资人规则产生,据该规则,受托人应当遵守完整的财产组合标准;符合该规则的关键在于多元化;受托人可以将投资权限转授予他人,但依然要对第三人的投资进行评估;受托人对信托财产不能投了就不管不问。

在普通法中,受托人履行谨慎义务时,应当像一个谨慎的人处理自己的财产一样,结合信托目的、条款、分配、要求及其他情形管理信托事务,必须尽到合理的注意、实施了合理的技能与谨慎。因此,受托人的行为要基于全部事实进行评价以确定是否符合谨慎标准。谨慎义务包括对投资风险与回报的敏感,多元化及适当情形下的转委托。受托人有义务对信托财产进行多元化处理,除非受托人认为由于信托目的的特殊情形,不进行多元化处理更符合信托利益。法院认为不进行多元化处理有合理理由的案例非常有限。不进行多元化处理的特殊情形,通常是指信托财产包括家庭财产的情况。如果受托人不确定某行为是不是最佳选择时,就应当进行调查并搜集所有必要信息作出有根据的决定。即使受益人同意受托人的行动,受托人也要确保他们的自由裁量行为是合理的、符合受益人最佳利益。在谨慎管理信托期间,受托人应当只花费合理的费用。受托人应当考虑哪些事由他自己做是合理的,哪些由专业人士做是合理的。如果受托人雇佣外部人从事某项工作,他应当为该项工作议定合理的费用。如果受托人拥有自己的独特技能,他应当运用其技能。

(一)英国的受托人谨慎义务

1720年英国"南海泡沫事件"引发大规模私人投资灾难,随后英国普通法院首次提出了谨慎规则,要求受托人只投资英国政府支持的证券。后来该规则也为美国所接受,美国也像英国一样投资限于政府债券或优先抵

① John H. Martin, *A Preface to the Prudent Investor Rule*, 12 Michigan Probate and Estate Planning Journal 11 (1992 - 1993).

押权，并禁止股权投资。“法定名单”的表述最早出现在1859年通过的《圣伦勒德勋爵法案》(Lord St. Loonard’s Act)，之后1925年《受托人法》做了轻微的修改。一般而言，成文法把受托人的投资活动限于英国政府债券、英格兰银行的股票，以及某些有担保的铁路与运河的股票与债券。因此，受托人不能投资于私有性质的公司股票或债券。①

“法定名单”的局限性非常大，与我们今天所认为的“谨慎”投资相去甚远。与今天的信义投资理论相比，法定名单规则显得有些简单(primitive)。② 在一个案例中，法院根据法定名单规则认为，信托投资不能由受托人进行投机，而应当限于能够生息债券的安全投资。受托人可以合法地把自己的资金进行风险投资，但在信托中他不能这样做，因为他与信托之间关系的性质不允许他这样做。③ 起初，法定名单规则在美国也得到广泛的采用，该规则通常支持受托人投资于政府证券、第一抵押权与规定的股票投资活动。

对于受托人的投资权力行使，从19世纪开始英国的判例法对受托人一直适用“谨慎”标准，表明谨慎是受托人的首要义务。2000年《受托人法》把受托人的注意义务适用标准从“谨慎”改为“合理”。采用“合理”一词的基本目的是把受托人从投资活动中唯谨慎是从而不顾其他的做法中解放出来。“谨慎”与“合理”两个标准之间存在区别：如果受托人应当谨慎行事，这就意味着受托人应当避免可能造成任何重要损失的投资；如果受托人应当“合理”行事，这就允许受托人从事与特定信托相适合的带有一定程度风险的投资。④ 从“谨慎”到“合理”的转变，使受托人投资行为模式发生转变，也体现出注意义务标准转变下受托人权力的扩张。

(二)美国受托人谨慎义务的演变

在美国，伴随受托人投资权力的扩张，成文法中调整受托人投资权力行使的规则，实际上也经过了从法定名单规则、谨慎人规则到谨慎投资人规则的转变过程。

在19世纪末期与20世纪早期，美国各州对信托投资抱有两种态度。一些州采用了King v. Talbot案的规则，禁止受托人投资普通股票或任何

---

① Howell Ward & Robert Shockney, *Texas Trust Act: Investment Power of a Trustee*, 37 Texas Law Review 66 (1958).

② Philip J. Ruce, *The Trustee and the Prudent Investor: The Emerging Acceptance of Alternative Investments as the New Fiduciary Standard*, 53 South Texas Law Review 653 (2012).

③ King v. Talbot, 40 N. Y. 76 (1869), 89.

④ Alastair Hudson, *Equity and Trusts*, 6th edition, Routledge-Cavendish, 2010, p. 397.

企业,因为信托财产"必然会因为被投资企业的成功与失败而暴露在或盈或亏的风险中"。其他州采用了 Harvard College v. Amory 案的规则,废弃了法定名单规则,而采用受托人必须像"一个谨慎的人会如何……管理他们自己的事务,不是基于投机,而是考虑到可能的收益以及投资资本可能的安全性,对其资金作永久处理"。谨慎人规则尽管比法定名单方式更宽松一些,但它依然还是禁止投资投机性企业。①

1. 法定名单规则

颇具远见的 Harvard College v. Amory 案所确定的规则在实践中受到挑战。大约 40 年后纽约上诉法院在 King v. Talbot 案中采用了限制更加严格的英国标准,重拾禁止投资私有公司股票的死板立场,在 1889 年纽约州立法机关把该原则予以成文化,后来因为它列举的合法投资活动而成为广为人知的纽约规则或法定名单规则。接下来的近 50 年里,美国多数州适用了法定名单规则,而只有少数州采用了哈佛学院规则。② 纽约州立法机关制定的法典确定了投资标准以图保护信托受益人,受信人投资法就是受信人可投资的初始"法定名单"。③ "法定名单"的立场是投资投机性股票、用保证金买入证券或买入打折证券都被推定为不恰当;相反,"通常认为,受托人买入联邦、州或市政证券,土地上的第一抵押权或公司债券是适当的"。如同《信托法重述Ⅲ》所指出的那样,基于一些在某种程度上被抽象认为过分的风险,从而把广泛的投资活动与投资技术都归为"投机"之列,这种做法本身就是不谨慎的。④

从 19 世纪 90 年代到 20 世纪 30 年代,美国大多数州采用了法定名单规则,只有为数不多的州采用了哈佛学院规则。在 20 世纪 30 年代初期,受信人开始挑战法定名单规则,因为适用 Harvard College v. Amory 案所确定的谨慎人规则的州比采用法定名单规则的州在投资方面获得了更高的回报。在大萧条时期,整个国家层面都在重新思考谨慎人规则,有评论曾指出,"因为立法不可能是全能的,法定名单也不可能是完美的,因此,谨慎人规则看起来更可取,因为它能更好地适应变化的市场条件和商业实践"⑤。另外,

---

① John H. Langbein, *The Uniform Prudent Investor Act and the Future of Trust Investing*, 81 Iowa Law Review 641 (1996).

② Robert J. Aalberts & Percy S. Poon, *The New Prudent Investor Rule and the Modern Portfolio Theory: A New Direction for Fiduciaries*, 34 American Business Law Journal 39 (1996).

③ Restatement (Second) of Trusts, § 227, cmt. p (1959).

④ Restatement (Third) of Trusts, Ch. 17, intro. note(2007), p. 290.

⑤ Howell Ward & Robert Shockney, *Texas Trust Act: Investment Power of a Trustee*, 37 Texas Law Review 66 (1958).

法定名单与当时的司法技术保持了同步,当时像受托人与受益人之间的代理问题是通过限制代理人的权力予以解决的。然而,限权也使代理人无法为本人从事有益的活动,使代理的目的落空。[①] 可以说,法定名单规则也是对受托人与受益人之间关系难以调整的一种消极回应。

2. 谨慎人规则

Harvard College v. Amory[②] 案放弃了法定名单规则,转而确定了谨慎人规则,该规则要求受托人在选择信托投资时履行谨慎与注意职责,留心潜在的收益与风险。Harvard College v. Amory 案标志着谨慎人规则的诞生。[③] 在该案中,遗嘱信托的委托人为其妻子设立信托,由受托人把信托收益和利润按季度或每半年向受益人支付,其妻子死亡后,信托财产则在剩余收益人哈佛学院与马萨诸塞州总医院之间进行平均分配。后来剩余受益人针对受托人提起诉讼,认为受托人投资制造业公司与保险公司的股票是不谨慎的,因而要求受托人对股票这部分信托财产因价格下跌承担责任。剩余受益人认为,受托人应当投资像银行股票或公共基金这种更安全的股票。法院指出,在剩余受益人所说的股票中也蕴含着重大风险。对于受托人的投资,只要他忠诚行事并尽到合理谨慎就可以了。法院认为,受托人必须"像一个谨慎、果断与聪慧(prudence, discretion and intelligence)的人处理自己事务那样来处理信托事务,对于基金的处分要考虑其适当的收益以及投资本金的安全,而不能进行投机活动"[④]。该案界定的谨慎人规则对受托人来说是非常概括、非常灵活的指南。[⑤] Harvard College v. Amory 案有些超前,过了几十年后谨慎人规则才被广泛接受。

在 20 世纪 30 年代,很多相关方,特别是银行争取废除法定名单制度。研究表明,像采用了哈佛学院规则的马萨诸塞州的信托获得 4% 的回报,而采用法定名单制度的州仅获得 2% 的回报。[⑥] 20 世纪 40 年代由美国银行家协会推动发起了模范成文法的编纂活动,大多数州放弃了它们的法定名单制度。1935 年出版的《信托法重述》和 1959 年出版的《信托法重

---

① Max M. Schanzenbach & Robert H. Sitkoff, *The Prudent Investor Rule and Market Risk: An Empirical Analysis*, 14 Journal Empirical Legal Studies 129 (2017).

② Harvard College and Massachusetts General Hospital v. Amory, 26 Mass (9 Pick.) 446 (1831).

③ Robert A. Levy, *The Prudent Investor Rule: Theories and Evidence*, 1 George Mason University Law Review (Student Edition) 1 (1994).

④ Harvard College and Massachusetts General Hospital v. Amory, 26 Mass (9 Pick.) 446 (1831).

⑤ John H. Martin, *A Preface to the Prudent Investor Rule*, 12 Michigan Probate and Estate Planning Journal 11 (1993).

⑥ Mayo Adams Shattuck, *The Development of the Prudent Man Rule for Fiduciary Investment in the United States in Twentieth Century*, 12 Ohio State Law Journal 491 (1951).

述Ⅱ》都实际采用了谨慎人规则。①《信托法重述Ⅱ》要求受托人在投资时运用保护自己财产或保护他人财产的谨慎人会运用的谨慎。从20世纪40年代开始,各州逐步放弃了法定名单制度而采用谨慎人规则。《信托法重述Ⅱ》的谨慎人规则经常被法院引用,它对普通法产生了深远的影响。法定名单制度排除了对所有权益证券的投资活动,阻止了受托人进行高回报的投资。谨慎人规则扩大了受托人投资的范围,提高了信托投资管理的灵活性,因此谨慎人标准一度是效率与适应性的典范。②

虽然谨慎人规则比法定名单制度有了不少进步,但是根据当时社会对于投资与风险的认知,依然对谨慎人规则下的受托人投资活动进行了不少的限制。各种限制中最具代表性的是禁止投机性投资活动。谨慎人规则需要受托人对每一次的投资活动进行谨慎的评估。如果受托人投资包含了高风险、高回报的组合资产,他就可能承担违反信义义务的风险。③ 谨慎人规则禁止投机性的投资活动,投机一般被视为受托人采取的不恰当投资策略,与信托的通常目的相冲突。因此,受托人不应当基于投机进行投资,而应当基于对信托资金的持续管理(permanent disposition)并考虑可能的收益以及资金安全进行投资;早期的案例与成文法规定投资普通商业公司股票仅限于知名公司及优质公司(established and seasoned corporation),而不能投资新公司或小公司的股票,也就是说,受托人应当选择可能会持续产生合理收益流并能保障本金安全的证券。受托人的义务是保有而不是增加信托资金。受托人无须为获得高收益回报而危及本金安全,也无须为获得保有本金较高程度的保障或为获得本金的回报而不当减少直接收益。④ 从谨慎人规则对投机的态度可以看出,该规则对投资持有一种较为保守的观念,维护信托资产的安全是其首要的价值选择。

Harvard College v. Amory 案提出了受托人注意的核心标准,到20世纪中期,Harvard College v. Amory 案所确定的谨慎人规则成为补充适用规则。尽管确定标准有多方面的益处,但是把受托人限制于谨慎人规则所认为的"谨慎"投资还是存在不少问题。就创制信托的目的而言,受托人负

---

① Jerold I. Horn, *The Prudent Investor Rule: Impact on Drafting and the Administration of Trusts*, 20 ACTEC Notes 26 (1994).

② Thomas D. Johnston, *Prudence in Trust Investment*, 8 University of Michigan Journal of Law Reform 491 (1975).

③ Stewart E. Sterk, *Rethinking Trust Law Reform: How Prudent is Modern Prudent Investor Doctrine*, 95 Cornell Law Review 851 (2010).

④ Amy M. Hess, George G. Bogert & George T. Bogert, *The Law of Trusts and Trustees*, 3rd edition, West Group, 2000, p. 28 – 31.

有的主要义务是在分配之前一直持有信托财产，而不是积累信托财产。因此，在谨慎人规则下，不允许受托人进行浪费者信托财产的投资，不允许受托人为了再销售的目的投资于不动产，获得授权购买土地的受托人无权使用信托财产对土地进行改良，使用信托财产进行交易也一直被视为不适当的投资。①

在谨慎人规则中，谨慎标准孤立地适用于每项投资活动，受托人要对不适当投资的任何损失承担责任，而无论整个财产组合的表现。② 在 In re Bank of New York 案中，法院指出，任何单独的投资档案不会像将其置于一个密闭的房间里一样进行孤立的审视，因为在一定程度上，单独的投资决定可能恰当地受到基金整体运营的影响，犹如单个证券的投资决定是基于多元化的考虑。对于单一证券投资决定谨慎的调查，还是集中于诸如与整个组合资产相关因素及其他因素。尽管信托组合财产显示总价值有很大提升，但单一的投资失败并不能使受托人免于责任。法院认为，要是不让受托人承担责任实质会难以避免在成熟市场中的信义免责。③ 可见，如果一项风险较大的投资活动未能取得成功，即使投资在整个财产组合看来是合理的，受托人也要面对责任风险。这条规则固执地对抗着投资的多元化。④

在谨慎人规则的适用中，还出现了“事后诸葛亮”式的偏见（hindsight bias）。法院在适用谨慎人规则的过程中出现了一个很过分的案例：In re Chamberlain's Estate 案。⑤ 在该案中，法院对一个受托人追加处罚，因为他没有在 1929 年 9 月，即在导致了“经济大萧条”的股票市场崩盘之前，将信托财产持有的股票进行多元化的配置。“这是常识”，法院认为，“不仅在银行家和信托公司的群体里，而且在普通公众的眼里，1929 年 9 月的股票市场状况是不健康的，价值被抬高了很多，崩盘几乎是确定发生的”。人们纳闷的是，法官判断确定要发生崩盘时，是否在 1929 年 9 月卖出了股票。⑥

---

① Howell Ward & Robert Shockney, *Texas Trust Act: Investment Power of a Trustee*, 37 Texas Law Review 66 (1958).

② Paul G. Haskell, *The Prudent Person Rule for Trustee Investment and Modern Portfolio Theory*, 69 North Carolina Law Review 87 (1990).

③ In re Bank of New York, 364 N. Y. S. 2d 164, 168 (1974).

④ Max M. Schanzenbach & Robert H. Sitkoff, *The Prudent Investor Rule and Market Risk: An Empirical Analysis*, 14 Journal of Empirical Legal Studies 129 (2017).

⑤ In re Chamberlain's Estate, 156 A. 42, 43 (N. J. Prerog, 1931).

⑥ Jesse Dukeminier & Robert H. Sitkoff, *Wills, Trusts, and Estates*, 9th edition, Wolters Kluwer Law & Business, 2013, p. 619.

以不可预料的社会事件发生所带来的损失来断定受托人未尽谨慎义务,未免武断。另外,司法实践中对于投资人的投资是否为“投机”(speculative)的判断,很多时候只根据投资的亏损来判断。如果投资如同计划的一样成功了,受托人或许被视为有远见的聪明人和有天赋的受信人;当同样“聪明”的投资收益下降,法院的案例则会显示司法会将其标示为风险太大并会惩罚受托人。这种事后“双标”(after-the-fact double standard)成为受托人要面对的问题。①

虽然谨慎人规则被解读成要求结合所有情况进行个案裁决的规则,但是在适用上,法院通过以前的案例把规则概念化,以至于出现了“规定受托人可被允许的投资活动的类型和特征的子规则”。这实质上延续了法定名单一直强调的规避风险原则。② 因此,有学者指出,虽然信托成文立法活动采纳了 Harvard College v. Amory 案所确立的谨慎人规则,但是成文法并没有继承 Harvard College v. Amory 案所确立的谨慎人规则的精髓。对谨慎人规则的现代解读,特别是《信托法重述Ⅱ》指向了 Harvard College v. Amory 案所倡导的灵活方式以外的内容,指向了英国普通法中更加严格的谨慎标准,并没有完全接受 Harvard College v. Amory 案的规则。③ 有观点甚至提出,谨慎人规则“用词不当”,因为它不允许与现代谨慎投资理念一致的投机性资本投资。鉴于《信托法重述Ⅱ》禁止任何形式投机性投资,受托人在面对通胀时,很难遵循谨慎人规则维持信托资产获得信托收益。④

为了适应时代发展对受托人投资活动的要求,联邦层面的立法不断扩展受托人在谨慎人规则下的投资权限。UMIFA 采用了“普通商业注意与谨慎”(ordinary business care and prudence)标准,但是该法只适用于慈善机构持有的基金,并不适用于慈善信托与非慈善信托。另外企图扩大谨慎人规则范围的法案是《国内税法典》的第 4944 条,根据该条制定的条例也采用了“普通商业注意与谨慎”标准,并建议在评价投资的适当性时从整个组合资产的角度进行审视。1974 年的 ERISA 也偏离了传统的谨

---

① Philip J. Ruce, *The Trustee and the Prudent Investor: The Emerging Acceptance of Alternative Investments as the New Fiduciary Standard*, 53 South Texas Law Review 653 (2012).

② Max M. Schanzenbach & Robert H. Sitkoff, *The Prudent Investor Rule and Market Risk: An Empirical Analysis*, 14 Journal of Empirical Legal Studies 129 (2017).

③ Austin Fleming, *Prudent Investments: The Varying Standards of Prudence*, 12 Real Property, Probate and Trust Journal 243 (1977).

④ Paul G. Haskell, *The Prudent Person Rule for Trustee Investment and Modem Portfolio Theory*, 69 North Carolina Law Review 87 (1990).

慎人规则。① ERISA 实际上已经采用了现代组合投资理论,在其评价谨慎时作出巨大跨越,如果受信人考虑组合财产投资时兼顾了损失的风险、收益的机会、多元化、流动性、现金流以及总体回报要求等内容,相关条例会向受信人提供“安全港”救济。②

3. 谨慎投资人规则

谨慎人规则一直持续到 20 世纪 90 年代,在一些州,谨慎人规则一直持续到 21 世纪初期。③

谨慎人规则退出历史舞台,替代它的谨慎投资人规则提供了一个更加合理的框架以汇集组合资产。有令人信服的实证与理论表明,应当在组合财产的语境中对谨慎进行评价。④ 长期来看,投资的高风险伴随高收益。例如,从 1926 年到 1991 年,股票的平均年回报率为 10.4%,公司债券为 5.4%,而美国国债为 3.7%。⑤

谨慎投资人规则是一种观念的产物:在谨慎人规则下发展起来的投资方式阻止了法律融合现代组合投资理论,因此阻止了能更好服务于私益信托设立目的的投资活动。⑥ 因此,可以说,谨慎投资人规则是谨慎人规则的现代化化身,后者对谨慎的评价基于所投资的单一股票,而前者则是从整个组合中证券的相互关系来审视的。⑦ 谨慎投资人规则的出现与发展离不开组合投资理论和有效资本市场假设两种理论的推动,与经济理论的发展密不可分。

(1)经济理论向受托人投资规则的渗透

在 20 世纪的后半叶,经济学界提出了现代组合投资理论(Modern Portfolio Theory,MPT)。现代组合投资理论有三个假定:第一,高风险的投资通常会产生高回报;第二,多元化可以减小风险;第三,组合投资能最

① John H. Martin, *A Preface to the Prudent Investor Rule*, 12 Michigan Probate and Estate Planning Journal 11 (1993).

② Robert A. Levy, *The Prudent Investor Rule: Theories and Evidence*, 1 George Mason Law Review 1(1994).

③ Jesse Dukeminier & Robert H. Sitkoff, *Wills, Trusts, and Estates*, 9th edition, Wolters Kluwer Law & Business, 2013, p. 620.

④ Robert A. Levy, *The Prudent Investor Rule: Theories and Evidence*, 1 George Mason Law Review 1(1994).

⑤ Robert A. Levy, *The Prudent Investor Rule: Theories and Evidence*, 1 George Mason Law Review 1(1994).

⑥ Jerold I. Horn, *The Prudent Investor Rule: Impact on Drafting and the Administration of Trusts*, 20 ACTEC Notes 26 (1994).

⑦ Robert A. Levy, *The Prudent Investor Rule: Theories and Evidence*, 1 George Mason Law Review 1(1994).

好地应对市场风险。① 现代组合投资理论承认并不是所有的风险都可以多元化(diversifiable),每个投资活动的表现都与其他投资活动相关联。有学者用"市场风险"或"系统风险"来表述那些投资者不能实现多元化的风险。现代组合投资理论的启示在于,在决定投资者组合资产的内容时,投资者首先必须对其能够承担的市场风险水平进行评估。然后投资者就应当持有两种类型的组合物,一种高风险、高回报的多元化的组合资产的投资;另一种零风险的投资——根据投资者的风险承受能力所确定的比例。②

20 世纪 60 年代,经济学家提出了有效资本市场假设理论,认为如果存在有效资本市场,价值就会提供准确的市场分配信号。③ 经济学家对资本市场进行实证研究后得出结论,认为证券价格会快速、全面地反映有关证券的有效信息。这验证了 ECMH 的结论对投资理论产生了重要影响。首先,如果有效资本市场假设理论是正确的,单个的投资者或企业就不可能形成一项持续击败市场的投资策略,因为市场价格已经反映了投资者行动的信息。其次,如果有效资本市场假设理论是正确的,所有的投资都不会是坏的投资,因为投资的价格已经包含投资的风险。④

学术界接受了现代组合投资理论,并试图将其融入信托法。执业律师、信托公司都希望为其客户带来高额的回报,也支持这些变革。因此,现代组合投资理论成为现代信托法改革的核心。当美国法律协会开始准备《信托法重述Ⅲ》时,它也是以谨慎投资人规则作为发端的。1992 年率先批准并出版的《信托法重述Ⅲ》中有关谨慎投资人规则的一卷,比出版《信托法重述Ⅲ》其他卷的内容早了 10 年多。两年后,统一州法全国委员会在制定《统一谨慎投资人法》时,更加明确地承认现代组合投资理论的影响。《统一谨慎投资人法》后来被纳入 UTC。因此,美国法制构建中的两个领导机构美国法律协会和统一州法全国委员会,开始把信托法改造成与现代组合投资理论一致的法律。⑤ 从此,美国的谨慎投资人规则就出现在《信

① Stewart E. Sterk, *Rethinking Trust Law Reform: How Prudent is Modern Prudent Investor Doctrine?*, 95 Cornell Law Review 851 (2010).

② Stewart E. Sterk, *Rethinking Trust Law Reform: How Prudent is Modern Prudent Investor Doctrine?*, 95 Cornell Law Review 851 (2010).

③ Eugene F. Fama, *Efficient Capital Markets: A Review of Theory and Empirical Work*, 25 Journal of Finance 383 (1970).

④ Stewart E. Sterk, *Rethinking Trust Law Reform: How Prudent is Modern Prudent Investor Doctrine?*, 95 Cornell Law Review 851 (2010).

⑤ Stewart E. Sterk, *Rethinking Trust Law Reform: How Prudent is Modern Prudent Investor Doctrine?*, 95 Cornell Law Review 851 (2010).

托法重述Ⅲ》和UTC两部信托成文法中。

现代组合投资理论对现代信托法的影响，莫过于它对“风险”与“回报”全新诠释的输送。虽然谨慎人规则和谨慎投资人规则都认可谨慎投资的目标，即确保信托本金的安全并实现合理的回报；但是两者对其的解释有很大不同。根据谨慎投资人规则，“本金的安全”包括在通胀阶段保持本金真实价值。“回报”指总体回报，而不仅是收益，还包括资本增值。对于投资的评价也不再单纯以投资本身进行谨慎与否的评价，而是将其作为整个信托组合财产的一部分进行评价。① 可见，在两部成文法所确定的谨慎投资人规则中，信托的回报是从包括资本增值或贬值以及信托的会计所得等内容在内的总收益角度界定，与现代投资管理中“回报”的定义是一致的。② 根据《信托法重述Ⅲ》和UTC采用的现代组合投资理论的回报概念，被谨慎人规则批评为投机的投资行为，根据谨慎投资人规则，结合信托目的以及其信托的财产组合，就成为可接受的投资了。③ 这种回报的定义也在一定程度上减少了对受托人的束缚，使受托人为受益人寻求回报时不必受限于回报是会计所得还是资本增值。④ 不过，尽管谨慎投资人规则根据总的回报来评价投资的谨慎，但是多数信托文件依然根据“收益”“本金”等传统的信义会计观念来表述受益人的权益。多数州依然坚持以收益和本金的方式对信托财产进行分配。⑤

《信托法重述Ⅲ》和UTC中的谨慎投资人规则要求谨慎投资人考虑一些影响整个投资策略成功或失败的可变因素，包括一般经济形势、通货膨胀与通货紧缩、税收、每项投资对整个组合财产的作用、资本与收益的预期回报率、固定期间的收益需求、对资本流动性的维持或资本升值等因素。通过对这些可变因素的考量，受托人必须确定在总体投资策略下所有特定投资的风险与回报目标。⑥《信托法重述Ⅲ》和UTC都强调风险不应当孤

---

① Amy M. Hess, George G. Bogert & George T. Bogert, *The Law of Trusts and Trustees*, 3rd edition, West Group, 2000, p. 29 – 31.

② Robert J. Aalberts & Percy S. Poon, *The New Prudent Investor Rule and the Modern Portfolio Theory: A New Direction for Fiduciaries*, 34 American Business Law Journal 39 (1996).

③ Amy M. Hess, George G. Bogert & George T. Bogert, *The Law of Trusts and Trustees*, 3rd edition, West Group, 2000, p. 32.

④ Robert J. Aalberts & Percy S. Poon, *The New Prudent Investor Rule and the Modern Portfolio Theory: A New Direction for Fiduciaries*, 34 American Business Law Journal 39 (1996).

⑤ Amy M. Hess, George G. Bogert & George T. Bogert, *The Law of Trusts and Trustees*, 3rd edition, West Group, 2000, p. 52.

⑥ Robert J. Aalberts & Percy S. Poon, *The New Prudent Investor Rule and the Modern Portfolio Theory: A New Direction for Fiduciaries*, 34 American Business Law Journal 39 (1996).

立评价，而应当在整个信托组合财产的语境中判断，这与现代组合投资理论也是一致的。①

现代组合投资理论强调投资的多元化，采用了现代投资组合理论的《信托法重述Ⅲ》与《统一谨慎投资人法》的谨慎投资人规则强调，多元化是谨慎投资的核心，根据这些原则，谨慎是确定的，谨慎不是针对单一财产的，而是针对信托全部财产的。多元化的义务包括最少化或减少“可分散风险”，而不是减少可以通过市场投资定价补偿的市场风险或非可分散风险。②

（2）现代经济理论塑造的谨慎投资人规则

事实上，《信托法重述Ⅲ》的制定实际上受到前述两种经济理论的影响，已放弃了原来的谨慎人规则，采用了新谨慎投资人规则，它认为“把广泛的投资活动通常界定为投机性的做法本身就是不谨慎的”。《信托法重述Ⅲ》中的谨慎投资人规则的重大突破在于承认现代投资组合理论，法律学人花了 50 多年才承认了这种信义投资方式的价值。总体来说，《信托法重述Ⅲ》中的“谨慎投资人”标准③与《信托法重述Ⅱ》中的谨慎人规则的判断标准明显不同。根据传统的谨慎人标准，受托人应当根据信托文件与适用的成文法规定，像以自己的财产进行投资一样进行合理投资；而根据谨慎投资人规则，受托人对信托财产的投资是与类似情形下基金的谨慎投资人的投资进行比较的。谨慎投资人规则允许现代投资组合的经验与理论在受托人投资活动中适当灵活应用。这一标准在 UMIFA 与 ERISA 等成文法中也得到了采用。

到 20 世纪 80 年代中期，许多州废止了原来的谨慎人规则而采用了新的谨慎投资人规则；到了 20 世纪 90 年代初期各州大面积废止谨慎人规则。④ 随着 1992 年美国法律协会制定《信托法重述Ⅲ》以及 1994 年统一州法全国委员会通过 UPIA，到 2006 年所有的州都采用了 UPIA 或功能类似的法案。⑤

---

① Robert J. Aalberts & Percy S. Poon, *The New Prudent Investor Rule and the Modern Portfolio Theory: A New Direction for Fiduciaries*, 34 American Business Law Journal 39 (1996).

② Amy M. Hess, George G. Bogert & George T. Bogert, *The Law of Trusts and Trustees*, 3rd edition, West Group, 2000, p. 23 – 26.

③ 《信托法重述Ⅲ》第 227 条规定：受托人应当根据信托目的、条款、分配要求及其他情形，对受益人负有投资管理信托基金的谨慎投资人义务。

④ Max M. Schanzenbach & Robert H. Sitkoff, *Did Reform of Prudent Trust Investment Laws Change Trust Portfolio Allocation*, 50 Journal of Law and Economics 681 (2007).

⑤ Max M. Schanzenbach & Robert H. Sitkoff, *The Prudent Investor Rule and Market Risk: An Empirical Analysis*, 14 Journal of Empirical Legal Studies 129 (2017).

在现代组合投资理论的影响下，相对于谨慎人规则，谨慎投资人规则有两方面的重大变革：第一，对受托人单项信托财产作出的投资与管理决定不能孤立地评价，而是应当在整个信托财产组合的视角下，并结合风险与回报目标的总体投资策略进行审视。第二，受托人必须进行投资的多元化配置，除非受托人能合理决定投资，特定的情形或信托目的可以不进行多元化投资而得以更好地实现。① 根据UPIA第3条的规定，多元化投资的义务也不是绝对的。受托人没有必要进行多元化投资，如果“因为特殊情形，不进行多元化的投资能更好地服务于信托的目的”。最直接的例子就是持有家庭度假村的信托。② 基于整体评价原则，如果受托人在一项投资上失败，但是获得了整体投资成功，他很可能不会承担责任。根据谨慎投资人规则，受托人在考虑相关因素后，事实上可以进行任何他认为合适、合理的投资。③

《信托法重述Ⅲ》第90条规定了谨慎投资的一般标准。受托人对受益人负有就信托资产根据信托目的、条款、分配要求及信托其他情形像一个谨慎投资人一样进行投资与管理的义务。(a)谨慎投资的一般原则要求受托人运用合理的注意、技能和谨慎，该原则不应当在投资活动中孤立应用，而应当在信托组合投资以及作为总体投资一部分的语境中应用，该原则还应当引入与信托相契合的风险与回报目标。(b)受托人在作出及完善投资决定时，对信托投资负有多元义务，除非根据情况不如此是谨慎的。(c)另外，受托人必须遵守基本的忠诚与公平信义义务；在决定是否以及如果授权其他人、选择与监督代理人时应当谨慎从事；只应当产生数量合理、与受托人投资职责相匹配的费用。④

组合投资理论融进了该条的规定，从该条的内容分析，它包含信托法重述的起草者们引导受托人进行谨慎投资的五项原则：第一，合理多元化是风险管理的基础，因此受托人应当普遍遵循；第二，风险与回报直接相关，受托人有义务分析并就风险水平作出合理决定以与目的、分配要求及信托管理的其他情形相适应；第三，受托人有义务避免与信托投资项目实际需要和真实目的无关的费用、交易成本和其他费用；第四，在多数信托中信义公平义务要求，至少根据传统的资本—收益规则，平衡当前收益与保

① Max M. Schanzenbach & Robert H. Sitkoff, *The Prudent Investor Rule and Market Risk: An Empirical Analysis*, 14 Journal of Empirical Legal Studies 129 (2017).

② Jesse Dukeminier & Robert H. Sitkoff, *Wills, Trusts, and Estates*, 9th edition, Wolters Kluwer Law & Business, 2013, p. 635.

③ Robert J. Aalberts & Percy S. Poon, *The New Prudent Investor Rule and the Modern Portfolio Theory: A New Direction for Fiduciaries*, 34 American Business Law Journal 39 (1996).

④ Restatement (Third) of Trusts, § 90.

护信托财产购买力之间的关系;第五,受托人有义务也有权力像一个谨慎的投资人一样进行转委托。①

引入组合投资理论后,一方面,《统一谨慎投资人法》在信托管理及受托人投资决定方面发生了重大变化:第一,把组合财产视为一个整体,而不是孤立地看待每一项财产;第二,承认风险资产在现代多元化组合资产中的作用以及受托人平衡风险与回报的义务;第三,允许受托人把投资责任转给第三方专业人士,而不需要受托人作出所有的投资决定。② 另一方面,《统一谨慎投资人法》向受托人提供了在广泛投资范围内选择的灵活性。相对于谨慎人规则而言,有五个方面的变化:第一,谨慎的标准适用于全部组合投资中的任何投资活动,而不是仅适用于单一的投资活动。第二,在所有的投资中,风险与回报之间的权衡是受托人考量的核心问题。第三,对某些类型投资的绝对限制已经废除,只要在应对信托风险、实现回报目标中规定了适当的定位并满足了谨慎投资的其他要求,受托人可以进行任何投资。第四,长期以来,受托人应当进行投资多元化的要求已经融入谨慎投资的概念。第五,之前信托法禁止受托人转委托投资与管理职能的规则广受批评,现在只要符合安全要求,则允许转委托。③

可以说,谨慎投资人规则的引入是《信托法重述Ⅲ》给传统信托法带来的最大变革。它既是对传统信托投资规则的继承,又是对传统信托投资规则的革新。谨慎投资人规则源于 Harvard College v. Amory 案,在《信托法重述Ⅱ》中被表述为谨慎人规则。谨慎投资人规则旨在帮助那些采用了谨慎人规则的州进行信托法规则的现代化改造以及明晰规则的适用。④

(3)谨慎投资人规则引起的变化

从谨慎人规则到谨慎投资人规则,是信托投资法的重新定位,体现了投资层面从原来注重风险规避,转向了现代组合财产理论视角下的组合财产层面的风险管理,这种转变把受托人从过时的投机成见中解脱出来。⑤谨慎人规则关注的是一项特定的资产在当时的情形下是否为一个谨慎的人所购买或持有,而谨慎投资人规则关注的是受托人自己或在专业投资人

① Restatement (Third) of Trusts, Ch. 17, intro. Note, 2007, p. 290.

② Jane G. Ditelberg, *The Prudent Investor Rule Past, Present and Future: A View from Illinois*, 45 ACTEC Law Journal 17 (2019).

③ Philip J. Ruce, *The Trustee and the Prudent Investor: The Emerging Acceptance of Alternative Investments as the New Fiduciary Standard*, 53 South Texas Law Review 653 (2012).

④ Restatement (Third) of Trusts, § 90, general note.

⑤ Max M. Schanzenbach & Robert H. Sitkoff, *The Prudent Investor Rule and Market Risk: An Empirical Analysis*, 14 Journal of Empirical Legal Studies 129 (2017).

的帮助下,是否创造了一项谨慎、多元与情势相适应的组合资产,包括平衡当前与将来受益人需求,以及在确定的市场条件下获得适当的总回报。①基于此,谨慎投资人规则影响、改变了受托人可以恰当选择投资范围的观点和态度。投资的范围也会因此而发生改变。②

谨慎投资人规则实质上扩展了受托人的投资活动范围,谨慎人规则禁止的投机行为成为受托人合理的投资选择。《信托法重述Ⅲ》的起草者清醒地认识到,现代投资的知识、实践与经验表明对信托投资的绝对限制既不必要也无成效,传统谨慎人规则下发展起来的禁止性规定已经成为受托人不公正责任的潜在来源,如受托人的信义地位要求或至少允许其为减少整个组合投资的风险水平而应用某些像风险投资的高风险高回报投资策略,或像期货、期权交易等交易技术,传统规则下限制经验丰富的受托人进行合理判断。大量的文献与实证研究支持对传统谨慎人规则的批评,联邦与州层面的立法也表明对谨慎人规则进行现代化或至少进行厘清的倾向。谨慎人规则与现代财产管理实践之间的冲突,也要求对规则进行修订。③

一般而言,谨慎人规则不认可消极投资策略。根据谨慎人规则,受托人的某些投资活动存在争议,像受托人将信托资金投资于诸如共同基金之类的集合理财产品是否违反受托人的投资义务。投资"市场"或"指数"基金也可以完成多元化投资目标,但是有些司法区认为这种投资与受托人的投资义务并不相符,包括授权选择信托投资。根据《信托法重述Ⅲ》与《统一谨慎投资人法》中的谨慎投资人规则,某些形式的消极策略④,如投资于指数基金会得到认可,不再被认为违反信义义务。⑤

---

① Jane G. Ditelberg, *The Prudent Investor Rule Past, Present and Future: A View from Illinois*, 45 ACTEC Law Journal 17 (2019).

② John H. Martin, *A Preface to the Prudent Investor Rule*, 12 Michigan Probate and Estate Planning Journal 11 (1993).

③ Restatement (Third) of Trust (Prudent Investor Rule), Ch. 7, Intro. Notes(1992).

④ 消极投资策略是指持有股票,通常在相对较长时间内很少更换持有的公司股票或固定收益证券。这种方式假定总体证券价格是相对公平的,股价没被过度高估也没有被过度低估,其目的在于获得总体的市场回报。消极投资策略中最重要的一条规则是进行广泛的多元化投资。一种普通且低廉的投资策略是投资于像标普500指数一样的指数共同基金。积极投资策略主要体现为寻找定价低估的股票,假定股票是错误定价的。这种策略通常会引发较高的交易成本,包括股票分析和证券买卖。另外,这种策略比消极策略的风险要大,因为确定错误定价的股票时存在不确定性。但是《信托法重述Ⅲ》并没有排除受托人的积极投资策略,只要受托人选择的证券能够为信托的整体组合财产的多元化和回报目标有所贡献就可以。See Robert J. Aalberts & Percy S. Poon, *The New Prudent Investor Rule and the Modern Portfolio Theory: A New Direction for Fiduciaries*, 34 American Business Law Journal 39 (1996).

⑤ Amy M. Hess, George G. Bogert & George T. Bogert, *The Law of Trusts and Trustees*, 3rd ediiton, West Group, 2000, p. 27 - 28.

受托人投资行为本身应当符合一定的行为标准。谨慎投资人的本质包括注意、技能与谨慎三个核心要素,也是受托人投资行为的标准。受托人在评估投资机会时,应当通过研究以往的投资经历并考虑专家的意见就其安全性以及可获得的收益尽到合理的注意。他也必须实施合理谨慎人程度的技能。实施这一外部标准目的在于,如果受托人没有投资经验,他的表现就会以合理谨慎人程度的技能来评价,但是如果受托人拥有高于一般谨慎人水平的技能,他必须实施更高水平的技能。受托人投资时必须谨慎,只应当选择那些谨慎人根据信托本金安全与固定的收益才会选择的投资。多元化是谨慎投资人规则的从属要素。① 因此,谨慎义务应当分具体情形加以确定,像银行家、医生与律师等专业人士不能以专家身份获得业务,而后以普通人的标准为自己的错误辩护。专业人士与公司受托人应当遵从一个更高的标准。美国的得克萨斯、亚利桑那、佐治亚、夏威夷、肯塔基、新泽西、纽约、宾夕法尼亚、威斯康星等州采用了“专业规则”(skill rule),即专业人士应当具备更高水准的能力。专业人士的能力评价标准是具备同样能力的合理谨慎专业人士在类似情形下会如何行事,并不依赖于专业人士的作为与不作为进行评价。像具备特别技能的公司受信人负有积极义务施展其专业技能,仅像一个普通人那样作为是不够的。②

谨慎投资人规则在某些州发展出了更高标准与准则。2020 年 1 月生效的伊利诺伊州《信托法典》包含自己的谨慎投资人标准,相对于《信托法重述Ⅲ》的谨慎投资人标准,它删除了转委托通知条款,删除了投资顾问受让投资责任的信义标准,要求代理人尽到与授权条款一致的合理注意义务。同时增加了《信托法重述Ⅲ》和 UPIA 谨慎投资人标准中没有的新内容,即投资决策时的环境、社会与公司治理考量,也可以称作“社会责任”或“可持续”投资。③

谨慎投资人规则要求,受托人设计投资组合以符合受益人的风险承受能力与信托目的。1986 年至 1997 年的数据研究发现,在采用新的谨慎投资人规则之后,机构受托人放弃原来“安全”的投资,研究时段内大约增加了 10% ~30% 的股票持有量。尽管信托信义法名义上是补充适用法,但

---

① Leslie Joyner Bobo, *Nontraditional Investments of Fiduciaries: Re-Examining the Prudent Investor Rule*, 33 Emory Law Journal 1067 (1984).

② J. Alan Nelson, *The Prudent Person Rule: A Shield for the Professional Trustee*, 45 Baylor Law Review 933 (1993).

③ Jane G. Ditelberg, *The Prudent Investor Rule Past, Present and Future: A View from Illinois*, 45 ACTEC Law Journal 17 (2019).

是机构受托人依然对规则的变化反应灵敏。① 可以说,这些变革的方向旨在反映合理的社会政策,通过提高管理效率、减少规划的复杂性和风险等措施加强信托工具对于财产所有人及其意定受益人的效用。②

(三)受托人投资规则的传承与演变

谨慎人规则与法定名单规则对受托人都要求谨慎,除此之外很少存在交叉,谨慎人规则扩大了受托人管理、投资信托财产的权限,在信托投资方式上,谨慎人规则是对法定名单的否定。而谨慎人规则与谨慎投资人规则之间的关系则更多体现了后者对前者的传承与超越。

谨慎投资人规则延续了谨慎人规则中有关受托人义务的相关规定。第一,谨慎人规则依然适用于信托管理与投资。如果信托合同条款、成文法与法院没有相反规定,在多数州受托人处理信托财产、进行信托投资时依然受到谨慎人规则的调整。这一原则以不同形式体现在《统一遗嘱认证法典》、《模范谨慎人投资法》(Model Prudent Man Investment Act)、《信托法重述Ⅱ》以及 ERISA 等几部成文法中。第二,在谨慎人规则、《信托法重述Ⅲ》谨慎投资人规则与 UTC 谨慎投资人规则三者之间存在不少的共性。信托设立之初,受托人无论从委托人、委托人的代表人还是前任受托人处收到信托财产,都应当对信托财产进行检查,以确定其适当性和适用性。根据谨慎人规则,受托人应当考虑信托文件的规定,包括信托目标、受益人需要、相关的州投资成文法和法院命令、证券或其他财产的特征,谨慎投资人规则并没有减少这些义务,《信托法重述Ⅲ》与《统一谨慎投资人法》似乎要求受托人在重组信托财产时扮演更加积极的角色。③ 第三,谨慎人规则并不反对现代组合投资理论倡导的多元化投资理念。根据谨慎人规则,一个合理谨慎的受托人应当考虑多元化投资。一般有经验的商人不会冒险把所有财产投资于一个企业,而是会分散购买一定数量的不同股票,以在一定程度上对冲不利的商业情况、不谨慎或任何领域的不诚实状况所引发的风险。有法院判决认为,根据谨慎人规则在单一证券或一类证券上的投资占据了信托资产的太大比例则构成违反信托行为。④ 谨慎投资人规

① Max M. Schanzenbach & Robert H. Sitkoff, *Did Reform of Prudent Trust Investment Laws Change Trust Portfolio Allocation*, 50 Journal of Law & Economics 681 (2007).

② Edward C. Halbach, Jr., *Uniform Acts, Restatements, and Trends in American Trust Law at Century's End*, 88 California Law Review 1877 (2000).

③ Amy M. Hess, George G. Bogert & George T. Bogert, *The Law of Trusts and Trustees*, 3rd edition, West Group, 2000, p. 20.

④ Amy M. Hess, George G. Bogert & George T. Bogert, *The Law of Trusts and Trustees*, 3rd edition, West Group, 2000, p. 22.

则根据现代组合投资理论把多元化投资作为受托人的义务进行了强化的规定,但是多元化投资理念也是谨慎人规则的应有之义。可以说,多元化投资是谨慎人规则与谨慎投资人规则的共同之处。基于两种规则的共性,谨慎人规则有时会与谨慎投资人规则更加具体的标准产生某些混淆。①

虽然两种规则存在共同之处,表现出明显的传承关系,但两者之间也存在明显的差异。

第一,两者的适用范围存在明显的区别。谨慎人规则概括适用于受托人包括忠诚义务、公平义务、管理信托义务、不转委托的义务等在内的所有义务,除非信托文件另有约定,而谨慎投资人规则只适用于受托人的投资义务。② 或者说,谨慎投资人规则更加专业化并明确适用于受托人照管、看护本金与/或产生的收益等方面的义务。③ 因此,谨慎投资人规则更具有专业化特点,适用的范围比谨慎人规则窄得多。

第二,投资职能的转让是与谨慎人规则与谨慎投资人规则最明显的分野。一般来说,受托人不能将其投资职能转让给其他人,受托人或许需要寻求有经验的评估人的独立评估,特别是持有股票、土地或建筑物的情形中,但是受托人要对信托投资决定承担最终责任。《信托法重述Ⅱ》只允许管理职能的转让而不允许自由裁量投资决定职能的转让。④《信托法重述Ⅲ》与《统一谨慎投资人法》都允许投资职能的转委托。受托人投资义务的转让在谨慎投资人规则下远比谨慎人规则清晰得多,因为谨慎投资人规则明确承认在受托人专业领域之外获取专业建议的需求。谨慎投资人规则明确要求受托人在选择代理人、确定授权范围与监督代理人行为时尽到注意与谨慎义务。⑤

第三,两种规则有不同的风险评价标准。谨慎人规则对风险的评价主要集中于单项投资的资本损失风险,这与现代组合投资理论强调的从组合财产的总体角度评价风险与预期回报的观念相冲突。谨慎人规则狭隘的

① Robert J. Aalberts & Percy S. Poon, *The New Prudent Investor Rule and the Modern Portfolio Theory: A New Direction for Fiduciaries*, 34 American Business Law Journal 39 (1996).

② J. Alan Nelson, *The Prudent Person Rule: A Shield for the Professional Trustee*, 45 Baylor Law Review 933 (1993).

③ Robert J. Aalberts & Percy S. Poon, *The New Prudent Investor Rule and the Modern Portfolio Theory: A New Direction for Fiduciaries*, 34 American Business Law Journal 39 (1996).

④ Robert J. Aalberts & Percy S. Poon, *The New Prudent Investor Rule and the Modern Portfolio Theory: A New Direction for Fiduciaries*, 34 American Business Law Journal 39 (1996).

⑤ Amy M. Hess, George G. Bogert & George T. Bogert, *The Law of Trusts And Trustees*, 3rd edition, West Group, 2000, p. 33 - 36.

评价标准限制了受托人服务于受益人的最佳利益，导致不灵活的投资指引和财产分配限制。① 在谨慎投资人规则之下，风险是从财产组合的整体和整体回报的角度进行评价的，这种评价标准赋予受托人在投资领域更大的空间和更高的灵活度。

第四，两种规则对待风险的态度截然不同。谨慎人规则要求受托人尽可能规避风险，不能进行投机性的投资。而谨慎投资人规则基于事实与情势原则（fact-and-circumstances），其根本原理不在于制定绝对的规则确定某种程度的风险是不是谨慎的。谨慎投资人规则并不是倡导避免风险，而是对风险进行谨慎管理。谨慎投资人规则要求总体投资策略的风险和回报目标与信托合理匹配，在财产管理过程中，通过信托组合财产获得或高或低的回报应当确定对应的适当程度风险，其中受托人的主观判断基本上无法避免。如对风险的容忍度就是一个主观判断的问题，像投资人的财产状况或其他情形、信托目的或受益人的相关情况对风险容忍都会提出不同的要求；一个为维持老年寡妇生活的信托对风险的容忍度，肯定与一个为年轻子孙积累大量财富的信托的风险容忍度有所不同。②

当然，也有学者对谨慎义务提出了疑问。谨慎既不能通过任何单一、事先确定的信义行为路径来界定，也不能基于任何单一的方案、任何事先拟定的程序、清单或方法予以确定。信托与投资领域的多样性与复杂性不可能适应简单的黑白分明的投资与管理指令。然而，不幸的是，好像有帮自封的"谨慎警察"坚持严格遵守事先规定的程序规则。财富管理需要受托人展示技能，而不能以忽视投资回报怎么产生以及受托人回报产生策略风险为代价，仅仅支持善良的意图。③

五、指示信托视域下信义义务的分配

近年来，虽然法律制度不断完善，但始终存在一定程度的法律不确定性。在法律不确定性的语境中，指示信托成为美国信托实践中的一种新现象。指示信托允许委托人设立信托时，在受托人与其他作为受信人的个人或实体之间分割管理权限，如投资顾问、分配顾问或信托监察人。以前，如果受托人与其他主体分割管理权限，即便其他主体在信托中享有独立权力

---

① Robert J. Aalberts & Percy S. Poon, *The New Prudent Investor Rule and the Modern Portfolio Theory: A New Direction for Fiduciaries*, 34 American Business Law Journal 39 (1996).

② Max M. Schanzenbach & Robert H. Sitkoff, *The Prudent Investor Rule and Market Risk: An Empirical Analysis*, 14 Journal of Empirical Legal Studies 129 (2017).

③ Patrick J. Collins, *Prudence*, 124 Banking Law Journal 29 (2007).

作出决定,受托人也要对其他主体的决定承担最终责任。[①]

权力与义务相伴而生是信托管理的一个基本原则。受托人拥有综合全面的权力管理信托财产或其他权力实施信托条款以实现信托目的,但是以受托人身份持有的权力的行使必须遵从受托人的信义义务。即便权力为信托文件或成文法明确授予,其行使也应当受到谨慎、忠诚与公平义务的制约,受到信托条款规定义务的制约,受到其他受托人信义义务的制约。[②]

美国统一州法委员会及各州制定的调整指示信托的法律,目的就在于把根据信托顾问指令行事的受托人从责任中解脱出来,把信义责任只施加于发出指令的顾问或监察人,除非信托文件另有规定。

UTC 第 808 条对有关信托指示权作了四方面的规定:第一,如果信托为可撤销信托,受托人应当遵从委托人发出的与信托条款相冲突的指令;第二,如果信托条款授予可撤销信托委托人之外的人指示权,受托人应当遵照指示权行事,除非指示权的行使与信托条款明显冲突,或受托人知道指示权人对受益人负有信义义务,其意图的权力行使会严重违反信义义务;第三,信托条款可以授予受托人或其他人修改或终止信托的指示权;第四,受益人之外的人持有指示权就被视为受信人,其应当本着善意,根据信托目的与受益人的利益行事。持有指示权的人应当对违反信义义务所造成的任何损失承担责任。[③] UTC 认可了信托活动中信托保护人与信托顾问的角色,并对其身份与责任做了基本的确认。

美国 UDTA 的基本思路是把权力对应的主要信义责任分配给享有权力的人。如果一项权力属于指示人,那么主要的信义责任就属于指示人,而不是属于仅仅为指示人权力行使提供便利的被指示受托人。因此,UDTA 将被指示受托人从单一受托人的全部信义责任中解脱出来,使被指示受托人所承担的责任局限于在决定是否遵守指示人指令时存在"故意不当行为"(willful misconduct)。[④] 根据 UDTA 第 8 条的规定,在指示信托中信托指示人属于受信人。该条规定,信托指示人与类似地位与类似情形下的受托人负有相同的信义义务与责任。UDTA 基本上以受托人作为参照确定信托指示人的信义义务与责任。如果信托指示人独自持有权力,那么

---

① Mary D. Cascino, Lyman W. Welch & Susan T. Bart, *Trusts & Trustees Act Modernized: Decanting and Directed Trusts*, 100 Illinois Bar Journal 596 (2012).

② Restatement (Third) of Trust, § 70 cmt. a.

③ Uniform Trust Code, § 808.

④ John D. Morley & Robert H. Sitkoff, *Making Directed Trusts Work: The Uniform Directed Trust Act*, 44 ACTEC Law Journal 3 (2019).

他承担单一受托人的信义义务。如果信托指示人与受托人或其他指示人共享权力,那么指示人负有共同受托人的信义义务。信托条款对于信托指示人义务或责任的差异化规定,可以像对类似地位类似情形下受托人义务或责任的差异化规定一样。换句话说,如果和类似情况下的受托人一样,受托人的义务是任意性的,信托指示人的义务就也是任意性的;受托人的义务是强制性的,信托指示人的义务就也是强制性的。

UDTA 对被指示受托人的信义义务与责任也作出了相应的规定。该条规定,被指示受托人对在遵从信托指示人行使或不行使权力时所做出的合理行为,并不用承担什么责任。如果被指示受托人遵从信托指示人的指令会引发故意不当行为,那么被指示受托人就不得遵从信托指示人行使或不行使权力的指令。简单地说,只要被指示受托人执行信托指示人的指令过程中没有出现"故意不当行为",他就不用承担什么责任。

UDTA 对被指示受托人的信义义务采用"故意不当行为"标准,基于几个方面的考量:第一,起草委员会认为故意不当行为标准与传统的信义政策体现了更多的一致性,该标准为受托人保留了最低限度的信义义务,也就保留了受托人是受信人的传统观念。第二,起草委员会担心不规定被指示受托人信义义务的成文法最终会被证实为不当。在司法实践中,法官拒绝接受受托人在信托管理方面零信义义务的观念,他们总能发现受托人信义义务的依据。第三,受到特拉华州故意不当行为标准适用的影响。但不同的是,UDTA 并没有像特拉华州一样对故意不当行为进行明确的界定。①

还有研究指出,无论受托人是否为被指示受托人,都不能从事某些不法行为,如洗钱、违反货币规制禁令、欺诈或重大误述等行为。受托人不应当完成这种指令,不是因为这是投资顾问的故意不当行为,也不是因为受托人作相同决定会成为故意不当行为,而是因为被指示受托人不得故意违反法律。② 这种观点比 UDTA 的标准有所拓展,即被指示受托人执行了信托指示人本身违法的指令时也应当承担相应的信义义务与责任。

我国实然意义上的信义义务调整规范并不像 Frankel 教授所认为的那样,主要产生于合同法。目前实然意义的信义义务调整规范主要产生于《信托法》、《公司法》和《证券投资基金法》,以及资产管理领域中监管部门

① John D. Morley & Robert H. Sitkoff, *Making Directed Trusts Work: The Uniform Directed Trust Act*, 44 ACTEC Law Journal 3 (2019).

② Jane Ditelberg, *Am I My Brother's Keeper: Willful Misconduct and the Directed Trustee under the Uniform Directed Trust Act*, 44 ACTEC Law Journal 207 (2019).

出台的诸多规范性文件中。因此,信义义务调整规范首先是由立法者或监管者通过正式的法律文件予以确定,然后,从业者又根据相关的法律规定通过合同的约定负有了信义义务,如受托人与受益人之间、基金管理人与基金份额持有人之间。但是有些主体的信义义务并不全然是通过合同的路径产生的,像公司的董事对公司负有的信义义务并不是基于合同确定的,而基本上是基于公司法的规定产生的。

总的来说,我国立法上没有使用"信义义务""信义关系"等表述,除信托法领域外,也没构建起与英美国家基本相似的信义义务制度框架,但这并不能否认我国存在实然意义上的信义义务规范。

结合信义义务理论对我国相关的领域进行研究,应当首先厘清信义关系的特征及信义义务的制度特点,不能以创新的名义无限扩大信义义务的适用范围,因为信义义务适用于具有高度信任基础、一方很容易利用其地位对另一方造成利益损害的特定的需要特别保护的社会关系,不在这个前提下研究信义义务,很可能会使信义义务制度所特有的制度功能和价值削减。

在信义义务与诚实信用的关系方面,既应当注意两者之间的重合,更应当注意两者之间的差异,不能把两者混为一谈。《证券投资基金法》中基金管理人与托管人所负的诚实信用义务并不相同,以一般意义上的诚实信用等同于信义义务会降低信义义务较高的行为标准和较严苛的法律责任,无从发挥信义义务独特的制度优势。

第六章　信托受益人的受益权

在英美信托法中，信托财产权益通常分为普通法所有权与衡平法所有权，受托人享有普通法所有权，而受益人享有衡平法所有权。因此，要准确理解并把握双重所有权的含义，首先应当对英美法上的普通法权益与衡平法权益进行明确的区分。

现在没人真正认为法律承认在相同的财产上存在两种竞争的权益，普通法承认受托人作为所有人，而衡平法承认受益人作为所有人。如果受托人不拥有他拥有的权利，那么受益人也不能享有他享有的权利，没有法院对此做过相反的表示。衡平法从来没有无视存在于财产上的普通法所有人的权利。受益人利益具有“权利上的权利”（right to a right）的特征，即受益人权利是基于受托人的权利才能存在的权利。①

第一节　受益人受益权的性质

一、普通法权益与衡平法权益

衡平法是作为普通法的补充出现于英国的法制发展过程的，它矫正了普通法适用的严苛与僵化。没有普通法的衡平法就像空中的城堡一样，不可能存在。②

因此，依据普通法所产生的权益（legal interest）与依据衡平法所产生的权益（equitable interest）之间既存在联系，也存在区别。在程序法角度，普通法提供的基本上是损害赔偿的裁决，而衡平法院通过签发强制性的裁决要求当事人从事某些行为以解决争议。在实体法领域，二者之间最终也出现了分野，衡平法院开始负责创制信托和地役权（equitable servitude）这些普通法上未形成的制度。③ 如果土地成为信托财产，非限定继承的地产

---

① J. E. Penner, *The (True) Nature of a Beneficiary's Equitable Proprietary Interest under a Trust*, 27 Canadian Journal of Law and Jurisprudence 473 (2014).

② FW Maitland, *Equity, Also the Forms of Action at Common Law*, Cambridge University Press 1929, p. 19.

③ Thomas W. Merrill & Henry E. Smith, *Property: Principles and Policies*, Foundation Press, 2007, p. 41.

权的普通法权益授予了受托人,信托文件界定的受益权或衡平权益可以采取终生权益、指定继承人的不动产或其他形式的权益。①

(一)普通法权益

普通法通常可以在三种含义上使用,第一,与民法法域相对的普通法法域;第二,与议会制定法相对的法官造法的普通法;第三,与衡平法院发展出来的规则组成的衡平法相对的普通法。② 在本章所探讨的普通法权益与衡平法权益对应的是第三种意义的普通法与衡平法。

普通法权益代表着一种可以通过普通法实施的所有权。对财产享有法定权益的所有人,在其他人企图进入他的所有权范围时,可以提起诉讼。对财产享有普通法权益的人是对财产享有完整所有权的人,拥有提起诉讼的所有权利与权力,以此保障对财产的占有。所有人拥有财产上的普通法权益,在所有权受到侵害时拥有很多法律救济措施。

普通法权益是约束任何其他人的,包括不知情的善意买受人。基于普通法权益的这种对世约束力,立法者意图减少普通法地产权益的数量来保护买受人或衡平权益持有人的权益。相反,衡平法权益则没有相似的约束力。但是英国 1925 年《土地费用法》(Land Charges Act)允许衡平法权益持有人通过注册他们的商事利益来保护他们的衡平法权益。衡平法权益的注册对于所有潜在的买受人发生有约束力的通知效力。英国议院在 1925 年的土地法改革中表述了这个区别。③

英国制定 1925 年《财产法》之后,英国法现在只承认两种普通法地产权。它们是自主持有的非限定继承绝对地产权(fee simple absolute in possession)与租赁持有的绝对定期地产权(the term of years absolute)。④ 除此之外,英国法还承认在他人土地上的五种普通法权益:地役权、收租权、抵押权、与定期付款有关的权益和进入租地权。⑤

传统上,普通法的救济注重弥补原告的损失,而衡平法则偏向考虑被

---

① David A. Thomas, *History of American Land Law*, *Vol.* 1, *English Origins and the Colonial Experience*, Vandeplas Publishing, LLC. ,2013, p. 515.

② [英]斯蒂芬·加拉赫:《衡平法与信托法:数世纪的结晶》,冷霞译,法律出版社 2020 年版,第 8 页。

③ David A. Thomas, *History of American Land Law*, *Vol.* 1, *English Origins and the Colonial Experience*, Vandeplas Publishing, LLC. ,2013, p. 515.

④ David A. Thomas, *History of American Land Law*, *Vol.* 1, *English Origins and the Colonial Experience*, Vandeplas Publishing, LLC. ,2013, p. 512.

⑤ David A. Thomas, *History of American Land Law*, *Vol.* 1, *English Origins and the Colonial Experience*, Vandeplas Publishing, LLC. ,2013, p. 513.

告的所得,即被告因违法或背信行为所获得的利益。①

（二）衡平法权益

衡平法权益是指当事人就所涉财产享有的金融利益(financial interest)。衡平法权益人可以在对财产不实际享有法定权益的情况下享有财产利益,能从任何财产升值(value appreciation)中间接受益。衡平法权益持有人需要尊重协议或合同确定的条款。衡平法权益的主要优势在于他人取得法定权益、出售财产后,衡平法权益持有人可以获得实质的金钱利益,也就是衡平法权益持有人可以在没有合法拥有财产的情况下享受财产(收益)。

除了前述土地上普通法权益,英国法把其他所有与土地相关的地产权、权益都归为衡平法权益。例如,终生权益或指定继承人的不动产不再是普通法地产权,但可以在信托的框架内存在。②

（三）普通法权益与衡平法权益的联系与区别

衡平法权益产生的一个重要原因在于普通法向当事人提供的救济不足(deficiencies),衡平法发展出普通法不能提供的新救济方式,承认了新的权利,或提供了比普通法更适合的救济方式。其中比较重要的是实际履行(specific performance)、禁令(injunction)、撤销(rescission)与矫正(rectification)。实际履行的指令强令被告履行他在交易中的义务,而禁令则阻止某人从事某项行为。这些衡平法发展出的救济与普通法的损害赔偿救济不同,服从于法官的自由裁量,因此在适用上,法官就需要决定要求获得衡平救济的人是清白的,他们还应当公平行事并且在寻求衡平救济时未有迟延。普通法为违反合同所提供的救济,是对确定数量之债务或未定数额之损害作出金钱判决。如果一个人许诺转让财产给另一个人,但而后反悔,在普通法上则不会强制他履行许诺,而根据衡平法则可以作出要求这个人实际履行的判决,如果他不服从判决,则由执行官强制执行。③ 另外,在衡平救济所保护的衡平法权益中,最为长久的就是信托基金受益人所享有的衡平法权益,诸如产生于合同实际履行请求权上的衡平法权益,则通常是短暂的。④

并非所有的财产都会同时存在法定所有权人和衡平法所有权人,衡平

---

① [英]格雷厄姆·弗戈:《衡平法与信托的原理》,葛伟军等译,法律出版社2018年版,第30页。

② David A. Thomas, *History of American Land Law, Vol. 1, English Origins and the Colonial Experience*, Vandeplas Publishing, LLC., 2013, p. 514.

③ [英]F. H. 劳森、B. 拉登:《财产法》,施天涛等译,中国大百科全书出版社1998年版,第60页。

④ [英]F. H. 劳森、B. 拉登:《财产法》,施天涛等译,中国大百科全书出版社1998年版,第60页。

法下的对物权需要创设才能产生与存在，如通过设立明示信托的方式创立衡平法权益，在归复信托和推定信托中产生的衡平法权益。衡平法对物权产生后，需要有两个不同的主体分别享有普通法权益与衡平法权益，如果两种权益由同一个人取得，则会导致衡平法权益的消灭。①

尽管现代英美的司法体制实现了普通法与衡平法合并，但是基于普通法与衡平法之间的内在区别依然重要，实践中依然存在法定义务（legal obligation）与衡平义务（equitable obligation）的区别。在美国大多数州，普通法与衡平法已经合并且由同一法院实施，但是衡平法官依然在适用衡平程序与救济寻求正义的结果。②

从历史的角度看，衡平法比普通法的地位要高。在普通法的保护之下，财产是不能分割的：你要么拥有什么东西，要么不拥有什么东西。衡平法捍卫了信托并承认受托人与受益人的财产权利。今天的信托法是不同的分支与部门构成的大量规范，每个组成部分都有独特的规则或例外。信托创立两种衡平财产：受托人的衡平财产与受益人的衡平财产，之所以称为衡平财产，是因为其源于衡平法而不是普通法。③

从上述有关普通法权益与衡平法权益的区分来看，信托受益人的权益属于衡平法权益自然无疑，因此，受益人权益应当通过衡平法上的救济手段进行保护。有观点提出，信托是一种财产机制，信托的基础是受托人持有受益权归他人的财产。明示信托以法律上没提供的方式实现了财产从委托人到受益人的结构化转移。信托与赠与类似，但信托条款又不像赠与人与受赠人之间的赠与合同，而是一些约束继受者财产权利的财产条款。因此，这一财产观念要求必须具备信托财产，且信托财产普通法所有权与衡平所有权分离。④ 因此，可以说信托是融合了普通法权益与衡平法权益的一种新财产机制，单纯从普通法权益或衡平法权益的角度解释信托受益人的权益都可能是偏颇和不全面的。

---

① ［英］格雷厄姆·弗戈：《衡平法与信托的原理》，葛伟军等译，法律出版社2018年版，第24～25页。

② Robert Whitman, *Resolution Procedures to Resolve Trust Beneficiary Complaints*, 39 Real Property Probate and Trust Journal 829 (2005).

③ *Introduction to the Law of Trusts*, http://www.duhaime.org/LegalResources/ElderLawWillsTrustsEstates/LawArticle-336/Introduction-to-the-Law-of-Trusts.aspx.

④ Jessica Palmer, *Theories of the Trust and What They Might Mean for Beneficiary Rights to Information*, 2010 New Zealand Law Review 541 (2010).

二、信托受益人的受益权:对人权与对物权

奥斯汀(Austin)教授强调了对物权(right in rem)与对人权(right in personam)的区别,并对普通法与衡平法进行了比较。[①] 对物权通常被界定为一种可以有效对抗整个世界的权利,对应着向整个世界施加了一种义务。整个世界指的是不特定的人,不确定有多少人,没必要指世界上的每一个人。与对物权不同,对人权指的是一种可以有效对抗特定人的权利,对应着向特定人所施加的义务。现在法定义务是所有权的相对物(subject)[②]。如果第三人故意以及没有正当理由干涉了其财产,就构成了侵权行为,就会面临权利人诉讼索赔。权利人对义务人拥有对人权,并且他拥有对物权,可以要求整个世界都不能故意以及没有正当理由干预他对义务人所享有的权利。对人权的创设必然会导致对物权的创设。[③]

(一)作为对人权的受益权

有句古老的衡平法格言"衡平法是对人的",可以解释为衡平法从来不是对物的,而总是对人的,因为衡平法上的对物权无法对抗支付对价取得物权的善意第三人,并不具有对世效力。因此,信托受益人不拥有对抗整个世界的权利,而只拥有对抗某些人的权利(not rights against the world at large,but rights against certain person)。[④] 但是这句格言的基本原理是衡平法介入在于确保法定财产权被富有道义地行使,而不是剥夺法定所有人的财产,即衡平法创设了对人权益而非对物性财产权利。[⑤] 有观点进一步指出,受益人拥有的权利只是寄生于受托人权利的权利,但是受益人的权利有时会影响第三方。如果第三方不法导致信托财产损害,受益人无权提出主张,只有受托人有权利提出主张。受托人享有信托财产上的法定所有权,而信托受益人的权利是存在于受托人对信托财产权利之上的权利,也就是受益人权利就是受托人对受益人所负义务的对立物(converse)。普通法信托不是通过改变财产观念创立的,也不是通过把所有权划分为"普通法所有权"和"衡平法所有权"的判决创立的;而是通过改造义务法规范

---

① Frederic W. Maitland, *Equity*, revised by John W. Brunyate, reissue edition, Cambridge University Press, 2011, p. 106.

② 把 subject 译为相对物,是考虑权利人的对世权与义务人的义务相对的角度、相伴相生的角度。

③ Austin Wakeman Scott, *Nature of Rights of the Cestui Que Trust*, 17 Columbia Law Review 269 (1917).

④ Frederic W. Maitland, *Equity*, revised by John W. Brunyate, reissue edition, Cambridge University Press, 2011, p. 107.

⑤ [英]格雷厄姆·弗戈:《衡平法与信托的原理》,葛伟军等译,法律出版社2018 年版,第56 页。

创立的，特别是广为接受的第三方干预他人义务承担责任的可能性。①

这种观点遭到另一派学者反驳，有多种类似的情形，一个人对财产拥有法定所有权但在财产出售给善意购买人后丧失了在财产上的权益。比如，一个人对土地拥有法定所有权但没有适当的登记契据，不记名债券的所有人，多种有形动产的所有人，以及货币所有人都会在向善意购买人出售后面临丧失权益的风险。但是，在上述各种情形中，在出售之前，所有人无疑拥有财产上的权益。可以确定地说，衡平大法官没有给予受益人针对善意购买人的救济是基于良知的考量，受益人与善意购买人都是无辜的，衡平大法官拒绝介入。② 因此，以受益人对善意购买人无法主张权益而否认其财产性权利的主张似乎没有坚实的理论基础。

梅特兰曾对受益人权益的性质作出经典的表述，"受益人对任何执行信托的人……对其所有的债权人、那些根据事实上或推定的信托通知(notice of trust)获得东西的人享有可执行的权利(enforceable right)"；"受益人对除善意的购买人之外的所有人都享有可执行的权利……善意的购买人支付了对价在没有明示或推定信托通知情形下获得了某财产的法定所有权。"③可以看出，以梅特兰为代表的学者，认为不存在衡平法上的受益人财产权益这种东西，也就是通过不予承认衡平法财产权益来避免普通法与衡平法上的所有权冲突。这种观点只承认财产权利持有人(受托人)为了信托受益人的利益行使其所有权的个人义务。因此，信托基本上就是义务性质的，而不是所有权性质的。④ 任何拥有衡平法权益(或财产)的人只拥有对抗为其拥有并管理财产的人，其权利基本上是一种对人权。⑤

兰代尔(Langdell)教授认为，法定权利与衡平权利是两种完全独立和不同的权利，它们有不同的来源与起源，法定权利是国家法律的产物，衡平权利是衡平法的产物。⑥ 衡平权利看起来只存在于衡平法的冥想(contemplation)中，它们是衡平法为了提高正义所进行的杜撰(fiction)。⑦虽然兰代尔教授非常不情愿承认衡平权益，但他也不能无视衡平权益的存

① Lionel D. Smith, *Trust and Patrimony*, 38 Revue Generale de Droit 379 (2008).

② Austin W. Scott, William F. Fratcher & Mark L. Ascher, *Scott and Ascher on Trusts*, Wolters Kluwer Law & Business, 2006, p. 810.

③ Frederic W. Maitland, *Equity*, revised by John W. Brunyate, reissue edition, Cambridge University Press, 2011, p. 115.

④ J. E. Penner, *The (True) Nature of a Beneficiary's Equitable Proprietary Interest under a Trust*, 27 Canadian Journal of Law and Jurisprudence 473 (2014).

⑤ D. W. M. Waters, *The Nature of the Trust Beneficiary's Interest*, 45 Canadian Bar Review 219 (1967).

⑥ C. C. Langdell, *Brief Survey of Equity Jurisdiction*, 10 Harvard Law Review 71 (1896).

⑦ C. C. Langdell, *Brief Survey of Equity Jurisdiction*, 10 Harvard Law Review 71 (1896).

在。在对法定权益与衡平权益的关系进行了多方面的概括后，他指出，每项衡平权利都是直接或间接来源于法定权利。基于一项法定权利可以产生多项衡平权利，衡平权利都要依赖于这项法定权利。并且只有那些可以转让的法定权利才能成为产生衡平义务的基础，像组成所有权的各项权利都可以成为产生衡平义务的基础，而像人身权这种绝对权则不能成为产生衡平义务的基础。①

基于此，不少观点认为受益人的权利都是对人性的权利（personal rights），当任何人干预受托人对受益人的利益时，这些权利就会体现出生命力。换句话说，梅特兰认为，受益人的权利是强制受托人恰当管理信托，不应当视为一种信托财产所有权。② 信托受益人享有的只是一种对人权，他根本不享有普通法上的权利，如果受托人不对其履行相关的义务，受益人可以借助诉讼程序使信托得以强制履行。③ 衡平法对人权的确认对英格兰法有深远影响，衡平法对人权主要产生于信义关系，当受信人违反信义义务时，受益人就可以行使衡平法上的对人权。④

（二）作为对物权的受益权

在受益人权利性质上，以梅特兰、兰代尔、埃姆斯（Ames）及霍兰德（Holland）为代表的学者持对人权的立场，而以奥斯汀、萨蒙德（Salmond）、波默罗伊（Pomeroy）、斯格特等为代表的学者则持对立立场，认为受益人的权益具有对物权性质。⑤

对物权学派认为，衡平法对英格兰法的主要贡献在于衡平法对物性财产权益的确认，虽然受益人对物性财产权与对人权之间的界限并不是非常清晰。⑥ “受益人是信托财产的衡平所有人，完全所有或部分所有。受托人只是个代表，其功能是照料信托财产的安全并以信托文件规定的方式为受益人获取利益。”委托人设立信托并要求受益人间接享有财产利益的事实“并不意味着受益人应当对信托、信托财产的性质和管理的细节一无所知”⑦。

---

① C. C. Langdell, *Brief Survey of Equity Jurisdiction*, 10 Harvard Law Review 71 (1896).

② D. W. M. Waters, *The Nature of the Trust Beneficiary's Interest*, 45 Canadian Bar Review 219 (1967).

③ ［英］F. H. 劳森、B. 拉登：《财产法》，施天涛等译，中国大百科全书出版社 1998 年版，第 53 页。

④ ［英］格雷厄姆·弗戈：《衡平法与信托的原理》，葛伟军等译，法律出版社 2018 年版，第 27 页。

⑤ D. W. M. Waters, *The Nature of the Trust Beneficiary's Interest*, 45 Canadian Bar Review 219 (1967).

⑥ ［英］格雷厄姆·弗戈：《衡平法与信托的原理》，葛伟军等译，法律出版社 2018 年版，第 27～28 页。

⑦ George G. Bogert & George T. Bogert, *The Law of Trusts and Trustees*, 2nd edition, West Publishing Co. 1992, p. 547.

以斯格特教授为代表的学者认为,衡平义务与法定义务一样,是所有权的相对物。衡平义务,当然只能在衡平法中得到保护,干预这种义务的第三方就违反了衡平法而不构成普通法上的侵权。因此,受益人不仅拥有针对受托人的对人权,还拥有可以对整个世界行使的对世权。① 斯格特教授指出,受益人拥有两种权利是正确的,其享有一些积极的、消极的权利,可以有效对抗受托人;另外,作为信托财产的衡平所有人,有权要求整个世界尊重他的所有权,要求其不得以与信托不一致的方式使用其信托财产,如果一个人行为不利于受托人,如抢夺或侵占,这一权利就不能行使,这并不是因为衡平法不把受益人视为信托财产的受益所有人,而是因为它认为受托人恰当地代表了受益人。双重所有权的功能是清楚的,受托人是受益人与整个世界之间的缓冲,对抗受益人之外的世界,他拥有所有人的权利,但是这些权利是为了信托受益人利益持有的,这些义务的负担,受托人可以通过法院转换由信托财产承担,有时可以由受益人本人来承担。但如果有必要保护受益人,衡平法也会承认受益人就是信托财产上真正的受益所有人。② 有学者进一步指出,衡平法在近现代创设了对物权,这已经成为信托的核心,即认可受益人在信托财产上的对物权,而不是仅仅局限于对受托人违反信托时的对人救济。③

以梅特兰为代表的学者并不承认受益人所享有的衡平法所有权。梅特兰认为,实际上并不存在受益人在衡平法上的财产权益。④ 梅特兰通过否认受益人在衡平法上的财产权益,以避免在普通法与衡平法上所有权冲突的问题。⑤

受益人受益权之对物权与对人权的性质争议,很大程度上源于学者对同一概念的不同理解。有些学者认为,对物权是指一种排除不确定多数人的权利,把受益人权益本身及在信托财产上的权利视作所有权不存在什么困难。对于这些学者来说,既然衡平法上的权益是对人权,那么受益人在信托上的权益也就几乎不可能产生对物权。对另一些学者来说,实际占有

---

① Austin Wakeman Scott, *Nature of Rights of the Cestui Que Trust*, 17 Columbia Law Review 269 (1917).

② Austin Wakeman Scott, *Nature of Rights of the Cestui Que Trust*, 17 Columbia Law Review 269 (1917).

③ [英]格雷厄姆·弗戈:《衡平法与信托的原理》,葛伟军等译,法律出版社2018年版,第66~67页。

④ Frederic W. Maitland, *Equity, Also the Forms of Action at Common Law*, Cambridge University Press, 1929, p. 19.

⑤ J. E. Penner, *The (True) Nature of a Beneficiary's Equitable Proprietary Interest under a Trust*, 27 Canadian Journal of Law and Jurisprudence 473 (2014).

或者至少占有权,同样是对物权的基本特征,他们就被迫限制使用对物权这个术语。如果信托受益人对受托人享有强制其适当管理的对人权,那么受益人就享有其对人权不受干预的对物权(除了对抗善意第三人之外的所有人的权利)。任何第三人侵害对物权都会引发受益人对抗第三方的新的对人权。① 即便对受益人受益权的对人权取得共识,也会有一些学者认为受益权是具有对物权属性的对人权。

衡平法对物性权益具有可分割性。衡平法权益的可分割性表现为权益内容在不同受益人之间的横向可分割性,以及时间维度上的纵向可分割性。针对财产设置连续性的权利能力是衡平法的重要特征之一。② 如一个委托人设立遗嘱信托,规定妻子享有终生受益权,在妻子死后则由其子女平均分享受益权。在这个遗嘱信托中,时间维度上,存在妻子与子女在衡平法权益时间上的接续;在子女之间则存在权益内容的横向分割。

(三)司法实践中的受益权认定

现在美国各州的信托法对于受益人权益的性质也存在两种不同的认定。一些州认为,受益人对信托财产拥有所有人权益(proprietary interest),像加利福尼亚、亚利桑那、伊利诺伊、印第安纳、马萨诸塞、俄克拉何马、宾夕法尼亚、得克萨斯、威斯康星。另外,澳大利亚、加拿大、英格兰、爱尔兰、苏格兰的判例都确认受益人对信托财产享有所有人权益。美国其他的州,则更倾向于认为受益人的权益不是所有人权益,而只是针对受托人的权利集合,像科罗拉多、密歇根、蒙大拿、纽约、北达科他、南达科他。需要指出的是,在美国某些州,既存在认为受益人对信托财产享有所有人权益的判例,也存在认为受益人对信托财产不享有所有人权益的判例。③ 而学者在受益人权益性质的认定上依然存在争议。

司法实践中强调,受益人权益的性质是由信托条款决定的。④ 有些衡平法权益是附随在财产之上的,有些衡平法权益则具有人身性,两种衡平法权益不能等同。⑤ 因此,单纯地说信托受益人权益是对人权还是对世权,都没有从更加全面的视野考察受益人权益的实际情况。结合目前信托实践的多样性,受益人的受益权也多种多样,用单一性质来界定受益人权

---

① D. W. M. Waters, *The Nature of the Trust Beneficiary's Interest*, 45 Canadian Bar Review 219 (1967).

② [英]格雷厄姆·弗戈:《衡平法与信托的原理》,葛伟军等译,法律出版社2018年版,第27页。

③ Austin W. Scott, William F. Fratcher & Mark L. Ascher, *Scott and Ascher on Trusts*, Wolters Kluwer Law & Business, 2006, p. 811 – 812.

④ Hays v. Harmon, 809 N. E. 2d 460, 469 (Ind. Ct. App. 2004).

⑤ [英]F. H. 劳森、B. 拉登:《财产法》,施天涛等译,中国大百科全书出版社1998年版,第60页。

益怕是不符合信托多样性的现实与受益人权益维护的需要。

或许,像有学者指出的那样,不用重提老话题,问受益人是否像信托债权人一样,不享有物权(real rights)而只对受托人享有请求权(claim)。受益人的权益产生或许可以从另外一个角度得到解释。可以确定地说,这些受益人权益有时对第三方产生影响。如果第三人不当行为对信托财产造成损害,受益人不能对第三人提出权利主张,只能受托人提出权利主张,还应当注意有些信托财产的受让人取走财产会受到受益人权利主张的阻碍。受托人的债权人不能取走信托财产,从概念上来说,不是因为受益人对信托财产享有权利,而是不允许第三方干涉受托人对信托财产的义务关系。普通法信托不是由变化的财产观念创造的,也不是由任何分离"法定所有权"与"衡平法所有权"的决定创造的,而是由一种扭曲的义务法规则创造的,特别是广泛传播并被普遍接受的干涉他人义务的第三方责任的可能性。(第三人不能干涉受托人对信托财产所负的义务。)①

还有一种观点认为,在信托设立时,伴随法定所有权的权利与权力就分离了。处理所有权的权力由受托人持有,受托人如同法定所有权的持有人。而财产受益的权利,则由受益人持有,通常有多个受益人。这种观点意在信托框架之下作为一种财产权利分析受益人权益的性质,便赋予了这种权利某些"概念性"的特征,这样做也可以不用顾及衡平法与普通法形塑规则的起源问题。② 这种分析也涉及受益人权益与受托人权益之间的关系。受益人的权益派生于受托人的权益,而不是与受托人权益相竞争的权益。③ 梅特兰也曾说,没有普通法的衡平法就如空中城堡,是不现实的。④

随着实践的发展,受益权之对物权与对人权性质的区分变得更加困难。根据英国1972年《土地负担法》的规定,某些衡平法权益可以登记,从而成为一种对物权。如果所有的受益人都具有完全民事行为能力,被给予了全部的信托利益,全体受益人可以一致决定终止信托,将信托财产全部

---

① Lionel D. Smith, *Trust and Patrimony*, 38 Revue Generale de Droit 379 (2008).

② J. E. Penner, *The (True) Nature of a Beneficiary's Equitable Proprietary Interest under a Trust*, 27 Canadian Journal of Law and Jurisprudence 473 (2014).

③ Paul Matthews, *From Obligation to Property, and Back Again? The Future of the NonCharitable Purpose Trust*, in David Haytoned., Extending the Boundaries of Trusts and Similar Ring-Fenced Funds, Kluwer Law International, 2002, p. 206.

④ Frederic W. Maitland, *Equity, Also the Forms of Action at Common Law*, Cambridge University Press, 1929, p. 19.

分配给他们。这种权利就很难断定其对人权与对物权的性质。① 另外,基于普通法权益与衡平法权益存在一些根本的区别,普通法意义上的对物权与对人权的区别也可能并不完全适用于衡平法权益。除非普通法权益是未来利益,普通法权益持有人通常享有财产的实际占有权。相反,衡平法权益的持有人并不享有普通法上的占有权,其所享有的权利只是在衡平法上可以强制的权益。②

三、受益权的追及性

追踪的权利(right of tracing)实际上是一种衡平法财产权利,它并不是一种基于受托人责任的性质而授予的优先权利。其原理是,要求债务人归还财产的信托基金所有人负有举证责任,他的金钱或其他财产转换成的财产就在债务人的财产中。③ 追踪信托财产并不意味着一种在被告特定财产或所有财产上施加留置的意图,它也不是一种优先权利的主张。

英国普通法有一个基本原则,所拥有财产的形式变化并不改变所有权;在美国的法律理论中,财产所有人对财产的产出物享有权利也是一个常识。土地的所有人对土地上植物产品享有所有权,股票或债券的所有人对红利或利息享有所有权。因此,信托财产的所有人对于信托财产因为出售、交换或其他形式的处分而变化的财产也应该并且确实享有权利。④

在普通法上存在财产追踪程序,任何财产的普通法所有人可以追踪被非法侵占的财产,但这种追踪以可以清晰地识别被侵占财产及其转化形式为限。在 Taylor v. Plumer 案中,沃尔什违背了普卢默委托,将委托其购入英国国库券的钱购买了美国的投资资产和金条并试图逃离。在沃尔什被抓获后,普卢默取回了金条与投资。后来,沃尔什被宣告破产,破产管理人试图收回这笔财产。法院判决该笔财产属于普卢默。因为沃尔什持有的美国投资资产与金条是普卢默的财产转化而来,普卢默还是被视为所有人。但是普通法上的追踪在被侵占财产与其他财产混合之后就受到阻碍了。比如,一个会计师取走客户的资金存入自己有余额的银行账户,而后用其账户里混合后的资金买了一辆车,因为客户的资金与会计师资金混合

---

① 何宝玉:《信托法原理与判例》,中国法制出版社 2013 年版,第 45 ~ 46 页。

② Samantha Hepburn, *Principles of Equity and Trusts*, 2nd edition, Cavendish Publishing Limited, 2001, p. 42.

③ Holbrook Irrigation District v. First State Bank of Cheraw, 84 Colo. 157 (1928).

④ George G. Bogert & George T. Bogert, *The Law of Trusts and Trustees*, 2nd edition, West Publishing Co., 1992, p. 428.

在一起,不能确定用谁的钱买了这辆车,客户就不能对会计师购买的车进行普通法上的追踪。① 普通法上的追踪适用于普通法上的财产所有人,如果在信托中信托财产被不法侵占或处分,受益人或委托人不是信托财产上的普通法所有人,是不能适用普通法上的追踪程序的。但是,对于衡平法下的信托财产来说,"所有属于信托的财产,不管它的属性与特征如何变化,出现了什么形式的替代;这些财产的所有孳息,不管是原始状态还是替代的形态,都是受信托影响或制约的"②。

在传统上,运用衡平法上的追踪程序应当满足三个条件:第一,受托人与受益人之间存在信义关系;第二,财产表现为可追踪的形式;第三,追踪必须是衡平的。③ 美国的法院称,某些州法已经承认追踪救济的基本理念,要求受益人或后续受托人追踪信托基金时,应当使法院确信其所欲从没有履行职责的受托人或其他人手中追回的债券、银行账户、股票、不动产或其他财产,可能是部分或全部的原始信托财产,也可能是原始信托财产通过出售、交换、再投资收到的收益或利润或其他程序的产出物,而权利行使的对方不是善意购买人。④

衡平法上追踪的真正价值在于它追踪混合资金的能力,无论是追踪到银行账户还是其他财产。受益人行使衡平法上的追踪遵循了一个重要原则:受托人或受信人总是被推定为了信托或者他的委托人的最佳利益行事。⑤

如果一个人享有一项财产上的衡平法对物性财产权益,而该财产被法定所有权人转让给第三人,即便第三人取得了该财产的法定所有权,该财产的衡平法权益的享有人依然对被转让的财产享有受益所有权。⑥ 如果受托人违背信托转让信托财产,受益人对被转让的信托财产可以追溯或追踪,除非受让人是对受托人违背信托不知情的善意有偿的买受人,或通过善意受让人取得信托财产。受益人的追溯权力不仅及于辗转流入他人之

---

① [英]斯蒂芬·加拉赫:《衡平法与信托法:数世纪的结晶》,冷霞译,法律出版社 2020 年版,第 468~470 页。

② Pennell v. Deffell, 1853,4 De G. ,M. & G. 372,388.

③ [英]斯蒂芬·加拉赫:《衡平法与信托法:数世纪的结晶》,冷霞译,法律出版社 2020 年版,第 474 页。

④ George G. Bogert & George T. Bogert, *The Law of Trusts and Trustees*, 2nd edition, West Publishing Co. ,1992,p. 430.

⑤ [英]斯蒂芬·加拉赫:《衡平法与信托法:数世纪的结晶》,冷霞译,法律出版社 2020 年版,第 475 页。

⑥ [英]格雷厄姆·弗戈:《衡平法与信托的原理》,葛伟军等译,法律出版社 2018 年版,第 26 页。

手的同一信托财产,而且可以追及信托财产转化的其他财产形式,如基于连续投资而形成的各种特定客体的同一基金。①

受益人衡平法上的追踪规则已经趋于完善,总的来说,当信托财产与不法行为者的财产混合时、信托财产与无辜第三人的财产混合、混合财产在价值上减少或增加时,受益人都可以运用衡平法上的追踪程序保护自己的权益。② 然而,受托人运用信托基金支付了他的个人债务时,能否追踪被受托人如此使用的信托基金则成为一个问题。很明显这是一项消极的交易,它虽然消除了受托人的负担,但是被滥用的信托基金没有产生可以被认为是其变化、增值的财产,因此不能追踪。这种观点被一些法院的判例采纳。但在其他的一些判例中,受益人在此情形下被允许追踪破产受托人的财产,其原理在于,用信托基金偿还个人债务,受托人就不用自己财产清偿债务了,以致他在破产时增加了个人财产数量,因此可以说,使用信托财产清偿受托人个人债务,在确定其债权人权利及其他主张时,受托人财产实际上"膨胀"了,这一理论被称为"财产膨胀"原则。当然,美国一些州也出现了前后矛盾的判决,在没有明显的正当理由的情况下,州最高法院先是接受这一原则后来又否决了,或者先不承认而后又接受了。③

衡平法上的追踪也存在限制,当信托财产不可辨识或者信托财产已经被挥霍,追踪就变得不可能。④ 另外,衡平法上的追踪也不得向不知情的善意购买人行使。⑤

第二节　受益人权益的处分与追索

委托人为了受益人利益设立信托,作为信托受益人,受益人是否享有权利处分其在信托中的权益,受益人享有的信托权益能否隔离其债权人的追索,以及能在何种情形下、能在多大程度上隔离其债权人的追索,成为现代信托制度实践中的热点问题,也是理论研究关注的重点问题之一。现代

---

① [英]F. H. 劳森、B. 拉登:《财产法》,施天涛等译,中国大百科全书出版社 1998 年版,第 56 页。

② [英]斯蒂芬·加拉赫:《衡平法信托法:数世纪的结晶》,冷霞译,法律出版社 2020 年版,第 476 页。

③ George G. Bogert & George T. Bogert, *The Law of Trusts and Trustees*, 2nd edition, West Publishing Co. ,1992, p. 441 – 445.

④ [英]斯蒂芬·加拉赫:《衡平法信托法:数世纪的结晶》,冷霞译,法律出版社 2020 年版,第 484 页。

⑤ [英]斯蒂芬·加拉赫:《衡平法信托法:数世纪的结晶》,冷霞译,法律出版社 2020 年版,第 486 页。

信托法中，委托人的意愿是决定受益人在信托中利益的关键。① 委托人不仅决定受益人权益的类型与范围，还可以通过信托条款的设计，对受益人处分受益权以及债权人对受益人受益权的追索进行限制。

一、受益人对受益权的转让

通说认为，受益人对信托财产享有衡平法所有权。受益人所享有的权益是财产，可以将信托权益像转让其他财产一样进行转让。这是受益人进行信托权益转让的理论基础。② 因此，《信托法重述Ⅲ》第 51 条规定，除非另有约定或规定，信托受益人可以在生前像转让其他合法权益一样自愿转让其信托受益权。受益人可以全部转让或部分转让其信托权益，转让的对象可以为其他受益人、受托人，或可以成为信托受益人的其他人。③ 但是，信托受益人放弃信托利益不被视为转让。不过，如果意图放弃信托利益的受益人对已经放弃的利益及获取物再行处分或指示，则构成对信托利益的接受并导致信托利益的转让。④

Timpson's Executors v. Yerbury (HM Inspector of Taxes)案指出，处分衡平法权益有四种方式：转让、指示受托人、转让协议、宣言信托。权益处分必须事实上通过书面形式而不是仅仅以书面形式证明。信托受益人把其固定收益转让给他人，将被视为处分衡平法利益，除非以书面形式，否则无效。另外，转让人必须作出立即处分的不可撤销意愿，转让人对受让人直接或间接的通知是转让的必要条件。⑤

(一)固定信托权益的转让

信托上的固定权益是一种具有所有权特征的衡平法权益。

根据 Brydges v. Brydges⑥ 案，英国法的一般规则是所有的衡平法权益像普通地产权(the legal esate)一样享有同样的所有权利益，也一样是"可处分的、可遗赠的、可阻止的"(disposable, devisable and barrable)。该案例还是一种观念的来源："拥有衡平法权益的人可以像受托人不存在一样行事，没有受托人干预或不存在受托人阻止受益人行使所有权的可能性，法院会认定其行为的效力。"受益人可以在受托人同意也可不经受托人

① Bohac v. Graham, 424 N. W. 2d 144 (N. D. 1988).

② Blair v. Commissioner of Internal Revenue, 300 U. S. 5 (1937).

③ Restatement (Third) of Trusts, § 51 cmt. b(2003).

④ Restatement (Third) of Trusts, § 51 cmt. f(2003).

⑤ (1936) 1 K. B. 645, at p. 664.

⑥ (1796) 3 Ves Jr. 120.

同意而转让他们固定的衡平法权益。如果信托创立了绝对衡平法权益,就像不能阻止普通法权益转让一样,不能阻止或限制受益权益的转让。因此,信托中任何寻求限制受益权益转让的限制性条款将是无效的。转让是自愿还是有对价并没有区别。转让衡平法权益经常是通过合同的方式,也可以一般的书面方式进行。①

但是,同时应当强调,受益人只能转让其在信托中享有的衡平法权益,而不能转让信托财产本身,并且对受益人权益附加的条件与限制也适用于信托权益的受让人。②

(二)未确定衡平法利益的转让

未确定衡平法利益的转让要区分情况进行转让。

衡平法利益的转让的一般原则是权益转让要符合受益人转让权的性质与范围,其运作取决于权益本身的性质与范围。在附条件信托(conditional trust)中,应当区分包含未来财产的权益与包含未来不确定利益的利益。未来权益(future interest)可以界定为"授权在未来的时间享受财产的权益,它可以是既定的也可以是未确定的(vested or contingent)"。严格来说,未确定利益在未来条件满足以前并没有赋予受益人什么权利,衡平法通过把其视为将来享有的既存未定权利进行转让。现在英国法中,未确定衡平法权益的转让标的为既存财产的话是可以转让的。如果确定了财产设立信托,A 享有终生权益,若 B 在 A 死亡时依然在世,B 就可以在不考虑对价的情况下转让权益。在 Re Lind 案中,一个儿子把他享有的其母亲死亡时的动产份额进行了处分。这种处分被视为有效,可在获得财产事件发生时自动直接约束其获得财产,儿子不必采取任何进一步的行动。③

(三)自由裁量信托受益人权益的转让

为理解自由裁量信托受益人转让其享有的信托权益的能力,需要对权益进行分析以确定权益是否在性质上具有足够的所有权属性从而可以转让。Re Brooks' Settlement Trusts 案④确定了一条原则,自由裁量信托中受益人权益转让的前提必须是价值交换(for value)。在这一原则之下,转让

---

① William Hancock & Anna Youll, *The Power of a Beneficiary to Transfer Their Interest in a Trust*, 31 Estate, Trust and Pensions Journal 156 (2012).

② [美]爱德华·C. 哈尔巴赫:《吉尔伯特信托法》,张雪楳译,法律出版社 2017 年版,第 140 页。

③ William Hancock & Anna Youll, *The Power of a Beneficiary to Transfer Their Interest in a Trust*, 31 Estate, Trust and Pensions Journal 156 (2012).

④ Re Brooks' Settlement Trusts(1939) Ch. 993.

就可以在原初受益人在获得受托人分配的权利时有效赋予受让人对金钱的权利。当然,还有一些其他需要考虑的问题,比如预定的转让标的是什么,它如何影响转让的实施,以及受让人能否向受托人进行善意的履行(good discharge)。关键是,受托人行使的有利于受让人而不利于原初受益人利益的自由裁量权是否构成权力的欺诈行使。当受托人为了受益人的利益行使自由裁量权并指定了信托财产,受益人成为实际财产的权利人时,自由裁量信托下的标的转让就开始了。①

在自由裁量信托中,受益人权益转让应当考虑的主要问题是委托人对权益转让所施加的限制。在所有的普通法司法区,自由裁量信托的受益人不能转让他的受益权益,受益人的债权人不能强迫受托人进行分配。但是美国法律走得更远,承认了浪费者信托。浪费者信托的受益人不能转让其受益权益,他的债权人不能扣押受益人的受益权益,即使受益人对强制分配(mandatory distribution)拥有现实权利(present right)也是如此。②

UTC 第 502 条使浪费者信托条款有效并可强制执行,浪费者信托条款的生效必须禁止自愿与非自愿的受益人利益转让。

另外,还有一些联邦层面的法律对某些信托受益人的权益转让作出了规定。如 ERISA 规定:"每一个退休金计划都应当规定根据计划提供的利益不能过户给债权人或转让他人。"③ERISA 还规定,这些利益可以为子女抚养、生活费或婚姻权利所追及。④

二、受益人的追索

(一)追索的一般含义

追索(tracing)可能是最复杂的法学话题之一。在英国法的视野里,通常来说,它是追踪(following)财产的一种程序(process)。在 Foskett v. McKeown and Others 案中,Millet 法官对追索进行了阐释,"追索既不是权利主张(claim)也不是救济。它只是一个程序,由权利人证明它的财产发生了什么,识别财产收益以及处理或取得财产收益的人,以证明财产收益可以恰当被视为代表了其财产"⑤。在另一个案件中,法官同样强调"追索

---

① William Hancock & Anna Youll, *The Power of a Beneficiary to Transfer Their Interest in a Trust*, 31 Estate, Trust and Pensions Journal 156 (2012).

② Jesse Dukeminier & Robert H. Sitkoff, *Wills, Trusts, and Estates*, 9th edition, Wolters Kluwer Law & Business, 2013, p. 687.

③ 29U. S. C. § 1056(d)(1)(2012).

④ 29U. S. C. § 1056(d)(3)(2012).

⑤ Foskett v. McKeown and Others, (2000) UKHL 29, (2001) 1 AC 102.

既不是权利,也不是救济,只是一个程序,在这个程序中,原告确定其财产发生了什么,并提出主张,其权利所针对的财产可以被恰当视为代表了其财产"①。

举例说明,假设我有一个苹果,甲拿走了我这个苹果,我就会想把苹果从甲那儿取回来。如果甲把我的苹果放进了一个满是苹果的袋子里,我还是想把我的苹果从那个袋子里取回来。假设甲把我的苹果换了个橘子,我还是想要回点东西,我可以要求第三人把苹果还回来,或者要求甲把橘子还回来。在第一种情形中,我如何从甲手中取回苹果;在第二种情形中,我如何从那个袋子取回我的苹果;在第三种情形中,我如何从第三人手中取回苹果或从甲手中取回橘子,这就是追索规范要解决的问题。② 在前述案例中的第一种情形,苹果只是转移到了另一个人的手中,财产并没有发生变化,跟踪与识别都相对容易。在甲手中依然处于可识别状态,可以适用跟踪程序取回苹果;在第二种情形中,因为苹果与袋子中的其他苹果发生混同,处于不可识别状态,跟踪规则的适用因混同中是否存在过错会产生不同的结果。③ 不过,对跟踪的适用也有不同的看法,跟踪的本质是确定原告享有对物性财产权益的财产已由被告受让,当受让财产已经耗尽或混同于其他财产时,则无法被跟踪。④

但是在美国法的视野里,追索是受益人所享有的一种救济,是对违反救济所产生之物施加衡平留置的替代。所有权意味着在已识别或可识别财产上的财产权益。追索信托财产并不意味着对被告的特定财产或全部财产欲施加留置的意图,它也并不是一种优先的权利主张。⑤

追索与追踪在程序上存在差别。追踪是一个适用于同一财产在不同主体间转手的程序,追索是一个识别作为原初财产替代物的新财产的程序。如果原初财产已经与其他财产进行了交换,权利人可以选择适用追踪程序向原初财产的新所有人主张权利,也可以选择追索程序向原初财产交换价值形成新财产的所有人主张权利。⑥ 追踪通常来说比较简单,主要涉及财产的物理定位。比如,小偷偷了一块钻石,他就实际占有了钻石。钻石的占有之后历经了几人之手,钻石的实际定位就是追踪。相反,追索针

---

① Trustees of the Property of EC. Jones & Co. v. Jones,(1996) 14 Ail E.R. 721,729.

② Eoin O'Dell, *Tracing*, 21 Dublin University Law Journal 131 (1999).

③ Eoin O'Dell, *Tracing*, 21 Dublin University Law Journal 131 (1999).

④ [英]格雷厄姆·弗戈:《衡平法与信托的原理》,葛伟军等译,法律出版社2018年版,第849页。

⑤ George G. Bogert & George T. Bogert, *The Law of Trusts and Trustees*, 2nd edition, West Publishing Co., 1992, p. 427.

⑥ Foskett v. McKeown,(2000) 2 W.L.R. 1299,1324 – 1325.

对的是替代物。追索识别出一件新财物作为权利主张的潜在对象,其成立的基础是新的财物,作为一个替代物,取代了原始财物,因此是同样权利主张的对象。①

普通法与衡平法都存在追索,它们的适用存在差异。在普通法上,追索只适用于没有混合的可识别财产。只要财产没有和其他财产混合,财产就是可识别的,像一个容器内的货币、账户中的余额或不动产。如果财产被置于一种混合状态,在普通法下就没有办法追踪被混合的财产了。因为普通法不承认衡平,就信托来说,信托受益人就不能根据普通法追踪受托人控制下的财产。② 普通法追索规则限于原告对财产享有法定对物性财产权利的情形。具体来说,如果财产的代位物尚未混同于其他财产,处于可识别的状态,则原告可以在代位物中识别并所索归其所有的价值;原告还可以基于财产的运用而产生的收益追索价值,如果对原告的财产进行运用所产生的价值并未与被告的其他财产相混同,则原告可以对全部财产收益提出主张。但是,普通法追索规则无法对被混同的财产价值进行追索。普通法认为,当财产出现混同时,无法区分原告对混同财产的具体哪一部分享有对物性财产权益。③ 根据普通法提起的追索案件大体上有两类:一是取回被人非法占有动产之诉讼(detinue),二是金钱返还之诉(money had and received)④。根据普通法,财产在不法行为人控制下已经处于不可识别状态,或财产已经流转到善意第三方买方,财产都不可以被追索。随着追索混合基金中财产的衡平特别规则的发展,普通法的限制也会随之修改。在普通法与衡平法管辖中的互动与协调越来越多,普通法的追索实践会更多受到衡平法的影响。⑤

普通法追索规则无法适用于被混同的财产价值的追索,显示了衡平法

---

① *The Law of Tracing*, https://www. alstonasquith. com/insights/the-law-of-tracing/tonasquith. com/insights/the-law-of-tracing.

② John Scott Kelly, *Principles of Tracing Property Commingled or Converted*, 6 Estates and Trusts Quarterly 89 (1983).

③ [英]格雷厄姆·弗戈:《衡平法与信托的原理》(下册),葛伟军等译,法律出版社2018年版,第857~859页。

④ 金钱返还之诉是一种用于阻止不当得利的衡平原则。它包括两个要素,一是被告持有金钱;二是根据衡平与良知,金钱属于原告。如原告意外把钱打入被告的账户,或无意中送给被告一张支票,在这两种情形下,根据衡平与良知,被告持有的金钱属于原告,被告不能通过什么不法行为取得原告的金钱。参见 *Cause Of Action for Money Had and Received*, https://www. dallascollectionlawyers. com/cause-of-action-for-money-had-and-received/。

⑤ Samantha Hepburn, *Principles of Equity and Trusts*, 2nd edition, Cavendish Publishing Limited, 2001, p. 236.

追索规则的重要意义。普通法与衡平法追索规则的适用范围不同,主要源于两者对财产的不同对待,前者主要将财产视为物理意义上的财产,而后者主要从抽象层面看待财产。衡平法追索规则的适用也要满足几个方面的条件:第一,原告需要证明其所享有衡平法对物权的财产经负有信义义务的受托人违反信义义务转让于被告;第二,原告追索享有衡平法对物权的资金在未混同或混同的情形下适用不同的追索规则;第三,当原告享有衡平法权益的财产或资金耗尽时,其衡平法权益不复存在,追索规则就无从适用。①

信托受益人追索权的行使属于衡平法上的追索。如果信托财产可以在受托人与其他人的交易中一步步地追索,那么信托财产的替代物经过了多少种形式变化以及现在的性质如何都是无关紧要的,即便受托人利用信托财产进行了出售与投资等50次不同的交易。② 根据衡平法上的一般原则,受益人可以恢复被不当使用的信托财产,不管财产位于何处,只要可以追索,即使财产已经为一个并不是善意的第三人所控制。被追索的财产不必是起初被不当利用的原初财产,只要原初财产与可追索财产之间的联系可以被确定即可。就此而言,衡平法假定财产是以一种独立基金(separate fund)或混合基金不可辨别(latent)的一部分的形式持续存在。衡平法追索财产的基本要求是存在违反信义义务的证据,以及所追索的财产依然可以识别的证据。③

(二)追索的基础:识别

在英国普通法中有一条重要的原则,即所拥有财产形式上的变化并不改变所有权,如乙把甲拥有的葡萄酿成了酒,甲在葡萄上的财产利益并不消失。④ 在普通法系各国,一个简单的观念统一着当代的追索理论:追索遵循着一条价值(value)的持续线索,人们通过识别一个或更多的交易链接把一种权利转换成另一种权利。追索的典型如这样一个直接的例子,甲为乙的利益在信托中持有10英镑票据,后来甲用票据买了一瓶酒,价值就从对票据的权利转化为对酒的权利,因此,乙对票据上的任何权利主张就

---

① [英]格雷厄姆·弗戈:《衡平法与信托的原理》,葛伟军等译,法律出版社2018年版,第860~873页。

② George G. Bogert & George T. Bogert, *The Law of Trusts and Trustees*, 2nd edition, West Publishing Co., 1992, p. 435.

③ Samantha Hepburn, *Principles of Equity and Trusts*, 2nd edition, Cavendish Publishing Limited, 2001, p. 236 – 237.

④ Silsbury v. McCoon, 1850, 3 N. Y. 379.

转化为对一瓶酒的权利主张。但这种追索方式在现代支付机制下变得越来越困难,如果一个人要通过多个中间账户进行追索,他应当提供一系列直接替代的证据,连接借、贷(debits to credits)的连续链条。法官也通常认为,金钱被支付到透支的账户或清算系统,追索程序就自动受挫。因此,追索程序就与支付的具体方式密切相连,这是一个完全超出权利人控制的变量。① 例如,甲为了乙的利益在信托中持有账户。甲从信托账户中向丙的账户转入1000英镑。在这个例子中,乙就不能追索原始的信托权利,当甲进行银行转账时,转入方并没有取得转出方所放弃的权利。因为除了一串电子符号外也没有什么可以追踪的。如果从“交换”(exchange)这个词狭义理解,一方放弃某项权利但换取另一项权利,银行转账也没有任何交换可言。②

由于追索程序针对的是原初财产的替代物或混合物,因此追索程序中首先应当解决财产的识别问题。在原初财产与其他财产发生混合并难以识别的情形下,有学者提出应当就混合有无过错进行区分适用规则。如果对混合行为不存在过错,则适用混合的一般规则。第一,如果一方的财产与另一方混合,其可以主张其财产在混合物价值中对应的部分,这当然要考虑其他对混合物形成提供财产的权利人也会提出相同的主张;第二,应当按原初财产在混合财产中所占比例进行分割;第三,权利人从混合财产中取出的首先冲抵他对混合物形成的贡献。如果对混合行为存在过错,则适用过错规则,一个人的过错行为造成了困难,困难的解决将不会有利于他。③ 在信托管理过程中,受托人可能会把信托财产与自己的财产或第三人的财产混在一起,但这并不意味着信托财产不能被追索。在早期的一个案件中,一个律师接受不同的两方当事人委托的证券,随后律师把证券出售后所获收益存入个人账户,律师去世时破产。两方委托人都企图追索律师的个人账户,后来上诉法院允许两方权利人从账户中支取出售证券所得。④

(三)英国法上的两个追索原则

在受益人追索领域,英国法上存在两个原则,即不得向后追索(no backward tracing)与最低中间余额原则(lowest intermediate balance rule)。

---

① Tatiana Cutts, *Tracing, Value and Transactions*, 79 Modern Law Review 381 (2016).

② Tatiana Cutts, *Tracing, Value and Transactions*, 79 Modern Law Review 381 (2016).

③ Lionel D. Smith, *The Law of Tracing*, Clarendon Press, 1997, p. 76 – 77.

④ Re Hallet's Estate (1880) 13 Ch D 696.

1. 不得向后追索

作为一项基本原则,追索只是伴随交易识别信托财产或其交换物的程序。基于这种认识,向后追索在传统上是被英国法院所拒绝的。① 在违约的受托人滥用信托资产前已经获得一项财产,这项资产则不能被追索,原因在于该项资产在收到信托资金前已经存在,该项资产不是在信托资金的援助下取得的。② 一种财产权益不能转化成持有人已经拥有的东西,后来获得的东西不是先前存在东西的源泉。这是不得向后追索原则的解释。③ 在之后的部分案例中,如 Foskett v. McKeown 案、Relfo Ltd. v. Varsani 案等案例判决中,有法官提出是否赋予衡平法的救济,应当看交易的实质内容,而不是事件发生的严格时间顺序。④ 这些判例对传统的禁止向后追索原则提出了挑战,在一定程度上动摇了不得向后追索原则的适用。

而 2015 年英国枢密院审理的 Federal Republic of Brazil v. Durant International Corp 案,则确定了不得向后追索原则的适用。在该案中,名义上的原告是巴西联邦共和国,实际的原告是圣保罗市政府。市政府被欺诈;当时的市长 Maluf,秘密地亲自以及通过代理人接受 15 笔贿赂。其中 13 笔贿赂相当于 1050 余万美元的资金被换成美元并于 1998 年 1 月 9 日至 2 月 6 日存入 Maluf 儿子所控制的纽约银行的账户中(以下简称 C 账户)。在 1050 余万美元的资金完全存入 C 账户之前,从 1998 年 1 月 14 日至 23 日从 C 账户分六笔向一家在不列颠维珍岛注册的 Durant 公司银行账户(以下简称 D 账户)转入 1312 万美元。从 1998 年 1 月 22 日至 23 日,从 D 账户向另一家不列颠维珍岛注册的公司 Kildare 账户(以下简称 K 账户)转入 1350 万美元。在剩余的 280 万美元贿赂资金向 D 账户转入之前,770 万美元的贿赂资金转入 D 账户,从 D 账户中提取了 1310 万美元转入 K 账户。原告还认为,贿赂所得款的 1050 余万美元依然在 K 账户中,并主张 K 账户中该笔资金因关涉对市政府的欺诈行为是可以追索的。被告援引了所谓的向后追索理论,被告认为原告只能追回 770 万美元,因为后来三笔存入 C 账户 280 万美元资金时,C 账户

---

① Alexandra Clarke, *The Future after Durant*: *Is Backwards Tracing the Way Forward*, 2016 Oxford University Undergraduate Law Journal 91 (2016).

② Bishopsgate Investment v. Homan, (1995) Ch. 211, 221.

③ Federal Republic of Brazil v. Durant International Corp., (2015) UKPC 35.

④ [英]格雷厄姆·弗戈:《衡平法与信托的原理》,葛伟军等译,法律出版社 2018 年版,第 876 ~ 877 页。

已经向D账户完成了六笔支付1312万美元。因此，对未进入D账户内三笔支付280万美元不能追索，根据顺序，后来存入C账户的三笔支付280万美元发生在C账户向D账户完成支付之后，三笔支付280万美元不可能成为原始贿赂支付替代财产，因为它没有存入D账户。法院认为，洗钱技术变得越来越复杂和精巧，经常涉及中介间织成的一个由借和贷组成的网络，这种发展对法院来说尤其重要的是，不能让相互联结的交易假象来阻碍检视其总体目的与效果。衡平救济的有效性应当信赖交易的实质而不是相关事件发生的严格时间顺序。原告可以相应地追索并取得在K账户中的1050余万美元的资金。①

与传统的英国判例法不同，图尔森(Toulson)大法官拒绝了从来不会有向后追索的抗辩，并基于信托资金耗尽与作为追索标的的获得资产之间的协调提出了测试办法，以确定什么情形下可以向后追索。他指出，权利人必须在信托资金的耗尽与作为追索标的的已经获得的财产之间确定存在匹配的关系，进而审视整个交易，以使法院可以将获得的利益归因于不当利用信托资金。② 对此，有批评观点指出，匹配测试有时也会存在适用困境，因为在有些案例中，匹配并不明显，这一测试并不有助于解决问题。比如，被侵占的信托资金用于支付已经获得财产所产生的债务，这只能说存在一定程度的匹配，并未达到确定的匹配关系。从图尔森大法官表述来看，匹配测试仅限于金融机制下的匹配，而不是指密切相关交易意义上的任何形式的匹配。

2. 最低中间余额原则

最低中间余额原则，是指受托人把信托资金不当转入混合基金并随后进行提取，从资金不当转入到提出权利主张的任何时间，权利人可以要求的金额不得超过账户最低余额。最低中间余额原则是来自信托法的一种追索理论。③ 如果原始财产权益不存在，它就不可能转化成其他的财产权益，这解释了最低中间余额原则的应用。④ 最低中间余额原则建立在一个理论假设基础上，如果受托人从一个混合账户中为个人目的提款，这种提款应当被视为先提取的是非信托资金，以此来尽可能多保留信托资金。⑤

① Federal Republic of Brazil v. Durant International Corp.,(2015) UKPC 35,40.

② Federal Republic of Brazil v. Durant International Corp.,(2015) UKPC 35,40.

③ Brown Williamson Tabacco Corp. v. First Naitonal Bank of Blue Island, 504 F.2n 998 (7th Cir. 1974).

④ Federal Republic of Brazil v. Durant International Corp.,(2015) UKPC 35.

⑤ In re Dameron v. Tyler,155 F.3d 718 (4th Cir. 1998) 724.

根据最低中间余额原则，如果在混合基金的存款余额一直等于或超过信托金额，信托金额应当全额返还。相反，如果混合基金已经被全部取空，则视为损失。①

该规则是由 Roscoe v. Winder 案确立的。甲公司与 W 约定，规定日期前，书籍欠款应支付给甲公司。后来书籍欠款支付后，W 把欠款资金存入了个人账户。之后，W 提取账户的大部分资金用于个人目的，把自己的资金存入该账户。W 死亡时，甲公司提起诉讼，要求获得账户中所有资金，以追索 358 英镑的书籍欠款。W 的破产受托人认为，在 W 把欠甲公司的钱不当转入账户后，账户中的最低金额(25 英镑)才归甲。法院判决，甲公司只能获得账户中最低中间余额(25 英镑)②。另外一个例子也说明了最低中间余额原则的适用。受托人把 10,000 美元信托资金和 10,000 美元个人资金混合存入其个人账户。受托人后来从账户取走 10,000 美元。根据最低中间余额原则，受托人首先提取的为个人资金，账户中剩余的 10,000 美元为信托资金。假设后来受托人又取走 5000 美元，账户中只剩下 5000 美元，信托资金的余额也就降低为 5000 美元。之后，受托人又向账户存入 5000 美元个人资金，使账户资金余额达到 10,000 美元。因为新存入的 5000 美元不属于信托，信托资金余额依然为 5000 美元。尽管之后的取款应当先从后存入的资金中取出，但受托人所能取回的资金不超过 5000 美元。因此，受托人可以取回的资金为信托资金与其他资金混合后账户内信托资金留存的最低额度。③

法院经常在转换诉讼(conversion action)的追索中适用最低中间余额原则，但是该原则作为一种衡平假定，如果衡平不能保证结果，该原则就不得适用。如果混合账户主要是由其他被欺诈人的资金组成，法院就会拒绝适用该原则。

最低中间余额原则的适用并不是允许债务人不当得利，因为权利人依然有权对责任人的财产提出权利主张，以获得信托可以追索到的资金与全部支付之间的差额。权利人可获得的信托财产数量并不等于抵销了全部债务，它只是需要权利人像债务人的其他无担保债权人一样主张权利就可以了。对权利人的这种对待与其地位的真实情形是一致的。④

---

① Connecticut General Life Insurance Company v. Universal Insurance Company et al., 838 F. 2d 612, 619.

② Roscoe v. Winder, (1915) 1 Ch 62.

③ In re Mahan, 817 F. 2d at 685.

④ In re Mahan & Rowsey, Inc. 817 F. 2d 682 (1987), 685.

（四）美国法上追索原则的发展

在美国的法制理论中，财产所有人对财产的产出物享有所有权是一个常识；雌性动物的所有人对雌性动物所产幼崽、土地所有人对土地所产作物、股票或债券的所有人对红利或利息享有所有权。

与英国法上追索原则大体一致，美国的法院也要求寻求追索信托基金的受益人或继任受托人向法院证明，其欲从未履行职责的受托人或其他不是善意第三人的主体追索的债券、银行账户、股票、不动产或其他财产为原始信托财产的全部或一部分，或前述财产是通过原始信托财产的出售、交换或再投资、收取收益或利润等行为产生的。① 因此，受益人要行使追索权，应当以原初信托财产继续存在或原初信托财产处分后存在各种形态财产为前提，如果证据表明，受托人使用信托财产偿付了个人生前债务，信托财产因受托人赌博而丧失，则因为信托财产不存在，追索的标的也就不存在了。②

受益人利用追索原则追索财产，应当证明信托财产由受托人控制并持续到受托人死亡或破产之时。但是，也有法院通过引入推定规则帮助受益人追索，即推定信托财产一直由受托人控制，直至受托人死亡或破产之时。法院认为，当受益人向法院证明信托财产已由受托人控制，他就完成了初步证明（prima facie），接下来就应当由受托人或其继任人证明财产在受托人死亡或破产时并不由其持有。在一个案例中，权利人对破产银行提起追索诉讼，权利人证明在银行破产前七天已经收到为其持有的信托财产，接下来应当由破产银行证明其收到的信托财产在银行破产时已经不在银行的财产中。③

受托人在把信托财产与个人财产或其他财产混淆且不能区分时，要承担个人财产或其他财产归入信托财产的后果。如果受益人证明固定金额的信托资金进入受托人的财产并依然存在于其财产中，但由于受托人对信托财产与受托人个人财产混淆，受益人无法在受托人或其继承人的任何特定物上确定信托资金的存在，“物的混淆”（confusion of goods）原则就会适用，受托人或其继承人必须把信托财产或其衍生物从其概括财产中分离出

① George G. Bogert & George T. Bogert, *The Law of Trusts and Trustees*, 2nd edition, West Publishing Co., 1992, p. 430.

② George G. Bogert & George T. Bogert, *The Law of Trusts and Trustees*, 2nd edition, West Publishing Co., 1992, p. 434.

③ Rossman v. Blunt, C. A. 6, 1939.

来,否则要面对失去整个概括财产的惩罚。① 在一个案例中,受托人把信托财产和其他财产混合在一起导致无法被追索,法院判决所有财产归属于信托。② 在另一个案例中,受托人把信托资金与其个人资金都用于某项资产,以致受益人无法证明该项财产中含有的信托资金数额,法院判决受益人可以取得该项资产的全部,除非受托人能把其个人财产部分与信托财产部分区分开。③

对于现金或商业票据的追索,只要权利人能证明,信托财产存在于银行的现金金库(vault)中、银行账户或存款金额(credit)中,便可以追索。尽管起初曾要求权利人识别哪些硬币或纸币等特定的金钱是信托财产,但长期以来,法院认为,货币是可替代物,权利人只要能证明原始的货币混入并一直存在于一宗货币中,他就有权获得与原来货币数量相等的担保。并且这种可替代性使法院认为,货币与票据相同的功能,信托基金中既有现金又有票据的,不必区分现金与票据的金额。④ "原告的金钱未作标记从而不能识别并不重要,只要能追索到银行的金库,发现一笔等额的金钱一直到破产接管人(receiver)接手时都存在于银行金库里就足够了。现代衡平规则的要求不过如此。"⑤

受托人把信托资金与个人资金混合存入一个账户中,并且存在为信托目的提取资金、也有为非信托目的提取资金的情况,对信托资金确认就属于比较复杂的情况。有时候银行或受托人把持有信托现金或存款与其持有的自有资金混杂在一起,或者在银行的普通存款账户中,既有信托存款又有受托人的个人存款,或受托持有的股票或债券中,既有属于信托的又有属于受托人个人的。如果受托人从混合账户中提取资金进行标记,并为信托财产的合法信托投资买卖,就推定受托人提取了信托资金,即使他没有表明提取信托资金的意图。如果受托人从混合账户提取资金用于其不可否认的个人目的,如支付个人用度、个人债务等,这种支付,只要混合账户中个人部分还存有现金或存款,就会被视为从混合账户中个人部分支付的。只有个人部分的现金或存款已经耗尽,为个人目的或未知目的的支付才会认为是从信托部分支付的。早期适用于混合账户的一条规则,

---

① George G. Bogert & George T. Bogert, *The Law of Trusts and Trustees*, 2nd edition, West Publishing Co. ,1992,p.454.

② Cassedy v. Johnstown Bank, 1936,286 N. Y. S. 202.

③ Moseley v. Fikes,Tex. Civ. App, 1939,126 S. W. 2d 589.

④ George G. Bogert & George T. Bogert, *The Law of Trusts and Trustees*, 2nd edition, West Publishing Co. ,1992,p.458 -461.

⑤ Bulter,J. ,in Massey v. Fisher,C. C. Pa. ,1894,62 Fedition 958,959.

即"先进先出"(first in,first out)规则已经被废弃。对于混合账户应当确定新规则,如果不能确定受托人提取混合账户内资金的真实意图,就应当考虑提取资金的后果。如果表明提取资金是为了受托人个人利益,不管受托人的意愿是什么,从其个人部分的资金中进行抵扣才是公平的。如果提取资金的意图不明,但是为了受托人的个人利益,则应当从受托人个人资金部分抵扣。举例来说,受托人T在银行开立账户,其中存有1000美元的信托存款和500美元的个人存款。T以顺序进行了资金提取:向信托受益人签发500美元支票支付信托收益;提取300美元支付受托人个人账单;签发受托人背书的可支付现金的300美元支票。之后受托人死亡并破产。第一笔支付应当从信托部分资金支付,因为它明显是基于信托目的,因而信托资金减记为500美元。第二笔支付是以受托人个人为目的的支付,因为受托人个人存款还有500美元,该笔支付从其个人部分资金中抵扣,个人资金减记为200美元。第三笔支付目的不明,则推定为受托人个人目的支付资金,因此该笔支付先从受托人个人部分剩余资金200美元进行抵扣,余额则从信托资金中抵扣,信托资金余额减记为400美元。账户的全部余额400美元为信托财产,受益人可以作为一般债权人对破产受托人财产主张受托人在混合账户中因第三笔支付不当使用的100美元。①

普通法与成文法支持金融或商业票据权利人主张的追索原则的自由化倾向,部分原因在于当特定权利人面对数量众多的一般债权人的代表时,法院对特定权利人所表现出的无意识的优待。更可能的解释是,它立基于这样一种观点:受益人的权利产生于有更高要求的信托基础之上,受托人一般债权人权利产生于合同基础之上,前者产生基础要比后者产生基础高得多。受益人承受的是受托人的忠实风险而不是破产风险,而一般债权人承受的是受托人的破产风险。②

信托财产的追索要遵循严格的信托财产识别规则,在实践中,严格的识别规则也存在两种类型的例外:第一,在一小部分各式各样的案例中,批准适用宽松的追索技术。第二,大量判决接受了"膨胀财产"(swollen assets)理论,认为如果证明信托财产被用于支付受托人的个人债务,使受托人免于用其个人财产偿还债务,导致其净财产增加,受益人或其代表可

---

① George G. Bogert & George T. Bogert, *The Law of Trusts and Trustees*, 2nd edition, West Publishing Co., 1992, p. 470－477.

② George G. Bogert & George T. Bogert, *The Law of Trusts and Trustees*, 2nd edition, West Publishing Co., 1992, p. 463－464.

以对受托人的一般财产(general property)进行追索。① 假设T作为受托人为C持有1000美元现金。T在银行拥有一个个人账户,账户内存有1000美元及价值1000美元的债券,还负有5000美元的个人债务。T将1000美元信托现金存入其个人账户,随后,T从个人账户中支出2000美元偿还个人债务。后来,T去世,遗留下账户中的价值1000美元的债券和3000美元未偿还的债务,以及C要求主张返还的信托资金。根据"膨胀财产"理论,C有权向T账户中的价值1000美元的债券进行追索。虽然1000美元的信托资金并没有购买这些价值1000美元的债券,但T用信托资金偿还了个人债务,不然的话,受托人就得出售自己的债券偿还债务,其在死亡时也就不会留下1000美元的债券了。也就是说,信托资金使得T的资产从零膨胀至1000美元。②

采用"膨胀财产"理论可能源自三个可能的解释:第一,成功让法院接受"膨胀财产"规则的很多权利人是诸如市、县或学区资金的公共基金持有人,保持基金的完整性才能持续提供更多所需的公共服务,这种诉求天然强大,使"膨胀财产"理论成为满足诉求的路径之一。第二,一位在法院出席庭审的特定债权人陈述其权利主张细节从而提出的诉求,显然要比一群缺席庭审而由一个对所主张的财产份额没有多少个人利益的代理人的诉求强有力得多。第三,在一些案件中,银行或其他受托人有义务单独保管信托财产但未能履行单独保管特定的一笔金钱或商业票据。如果受托人履行了单独保管的义务,债权人就会拥有信托财产,基于此所提出的诉求就比那些从来没有打算在债务人的任何财产上获得担保或信托利益的一般债权人的诉求有力得多。③ 但是,在美国很多州,"膨胀财产"理论的适用却存在冲突。在没有明显合理理由的情况下,有些州的最高法院开始接受该理论,而后来又推翻;而有的州最高法院的做法则恰恰相反。④

① George G. Bogert & George T. Bogert, *The Law of Trusts and Trustees*, 2nd edition, West Publishing Co., 1992, p. 441.

② George G. Bogert & George T. Bogert, *The Law of Trusts and Trustees*, 2nd edition, West Publishing Co., 1992, p. 447.

③ George G. Bogert & George T. Bogert, *The Law of Trusts and Trustees*, 2nd edition, West Publishing Co., 1992, p. 449.

④ George G. Bogert & George T. Bogert, *The Law of Trusts and Trustees*, 2nd edition, West Publishing Co., 1992, p. 445.

三、债权人对受益人受益权的追索

运用信托的主要目的就是保障特定受益人的利益，免于破产或债权人的追索所带来的生活困顿。需要指出的是，早期的信托设计主要是为了受益人的利益而隔离共同生活家庭成员债权人的追索，而现在信托制度逐渐培育出了隔离受益人债权人追索的制度。

19世纪早期，美国的多数信托是短期的"看护"信托，为了家庭的弱势成员(如已婚妇女、未成年人或失能者)设立。还有一种常见情形，某人为了避免把财产留给已破产的儿子或女婿而设立信托。托马斯·杰斐逊为了女儿设立信托就把生前财产交由外孙托马斯·J.伦道夫和两个朋友，女儿的丈夫托马斯·M.伦道夫已经破产。受托人以"世袭地产"的方式持有不动产，"可以在所说的女婿死亡时决定财产的处置"，那时就可以把财产交给女儿及其继承人。这种安排就排除了"法律运作"导致的把"权利、权力和权限"转移给女婿的可能，这样财产就不受女婿债权人的追索了。在宾夕法尼亚州的一个案件 Ashhurt v. Given(1834)中，死者授予他的儿子吉文(Given)受托人职责，管理"Kidderminster 财产不可分割的一半，包括工厂建筑、住房、水电站、机械设备和定期存款等在内的财产"。吉文为了他的孩子的利益管理财产，并可以从"信托财产中获得合理支付"。通过这种迂回策略，遗嘱人希望为家庭提供财产，并避免把财产置于"因吉文在倒霉生意中所产生的债务"的追索中。①

美国 UTC 的第五章专门对浪费者信托与自由裁量信托中的债权人追索作了规定，涉及浪费者信托条款的效力与债权人的权利等内容。有学者曾指出，"信托受益人债权人的权利"连同"委托人同意受益人要求终止不可撤销信托的权力"、"法院解任受托人的权力"和"受托人向受益人告知和汇报的义务"三项内容号称 UTC 的四大热点问题(hut button)②

(一)浪费者信托中债权人对受益人权益的追索

英国法不承认浪费者信托。英国法院认为，受益人的利益是可以转让的，无论委托人允不允许。但是，受益人的利益依然可以通过自由裁量信托或保护信托屏蔽债权人的主张。③ 因此，浪费者信托是一个美国创造

---

① Lawrence M. Friedman, *A History of American Law*, Simon & Schuster Inc., 1985, p. 251 – 252.

② David M. English, *Hot Button Issues under the Uniform Trust Code*, American College of Trust and Estate Counsel 2007 Annual Meeting, Symposium (2007).

③ Jesse Dukeminier & Robert H. Sitkoff, *Wills, Trusts, and Estates*, 9th edition, Wolters Kluwer Law & Business, 2013, p. 718.

物。浪费者信托缺乏英国传承,这也就解释了美国法上对债权人权利规定的多样性。①

美国法偏离英国法和其他普通法国家的政策,主要在于允许"死手"控制信托中受益人利益的转让。在英格兰和其他普通法国家,法院把信托财产概念化为受益人的财产。相反,在美国的传统,信托被视为附条件的赠与,受益人取得信托中的利益需要服从委托人施加的限制。在美国,自由处分的内容包括对受益人享有信托财产利益施加条件的权利,限制受益人对信托利益进行自愿或不自愿转让。② 法院支持浪费者信托,并不是出于帮助受益人逃避债务的考虑,也不是愿意支持受益人逃避债务,而只是为了尊重赠与人的财产权利。③ 在 Broadway National Bank v. Adams 案中,法官认为"债务人的财产用于支付其债务的公共政策规则,并不能当然使赠与人的财产用于支付他的受益人的债务,也没有给予债权人权利去抱怨:当赠与人行使其他绝对的处置权时,赠与人已经觉得把财产给予债权人不合适,而使财产不能为债权人所追及"④。

美国承认浪费者信托主要源于两个重要案例:Nichols v. Eaton (1875)和 Broadway National Bank v. Adams (1882)。Nichols v. Eaton (1875)案承认了浪费者信托的合法性,该案为保护受益人免于债权人追索的合法方式的广泛接受铺平了道路。⑤ 伊顿(Eaton)女士的丈夫先去世,在伊顿女士去世前立遗嘱时,她有三个儿子和一个女儿。通过遗嘱,伊顿女士将其所有财产托付给三个受托人,通过信托把信托财产上的所有收益在子女在世期间进行平均分配,子女去世后,在其孙子女满 21 岁前进行信托管理。遗嘱中还有一个条款规定,如果三个儿子分别转让或处分根据遗嘱信托条款获得的收益,或者因为破产或其他原因,不能享有从信托获得的收益,但会使其他人获得这些收益,则受托人应当立即停止支付并作出决定。如果发生这种情形,在该受益人的余生中,原应由其享有的信托

---

① David M. English, *Hot Button Issues under the Uniform Trust Code*, American College of Trust and Estate Counsel 2007 Annual Meeting, Symposium 5(2007).

② Jesse Dukeminier & Robert H. Sitkoff, *Wills, Trusts, and Estates*, 9th edition, Wolters Kluwer Law & Business, 2013, p. 696.

③ Weston C. Overholt, Jr., *Tort Liability of the Beneficiary of a Spendthrift Trust*, 57 Dickinson Law Review 220 (1952).

④ Broadway National Bank v. Adams, 133 Mass. 170(1882).

⑤ J. Gordon Hylton, *The U. S. Supreme Court's Most Important Decision Affecting the Law of Trusts & Estates Was Decided a Very Long Time Ago*, https://law.marquette.edu/facultyblog/2010/10/the-u-s-supreme-courts-most-important-decision-affecting-the-law-of-trusts-estates-was-decided-a-very-long-time-ago/.

收益则支付给其妻子及子女,或妻子,或子女。伊顿女士的一个儿子阿马萨(Amasa)因为生意失败,1867 年 3 月将其所有财产为了债权人的利益向尼克尔斯(Nichols)作了整体转让(general assignment),并于 1868 年 12 月申请破产,尼克尔斯进而被指定为受让人。当时阿马萨未婚也没有子女。受托人根据遗嘱的信托条款,停止向阿马萨支付信托利益,并基于其没有妻子及子女可以继受其信托利益的事实,决定根据遗嘱条款的规定,阿马萨应获利益变为基金累积至其去世,或直到其有妻子或子女可以继受其利益。尼克尔斯提起诉讼,要求阿马萨应当获得的信托利益由其作为受让人为了债权人的利益来管理。法官在判决书中指出,根据财产公认的性质,遗嘱人通过遗嘱转让财产,遗嘱人给予时不要求金钱的回报,也没有从受赠人得到任何财产回报,在受赠人在世期间,对赠与财产的持续利用,不受干扰地对利益附加一些权利,我们没找到任何理由反对遗嘱人这样做。① 通过该案例,法院认可了委托人可以通过信托条款对给予受益人的权益施加一些合理的限制,这体现了法院对委托人财产处分自由原则的尊重。

在 Broadway National Bank v. Adams(1882)案中,原告百老汇国家银行(Broadway National Bank)对被告亚当斯(Adams)享有到期债权。亚当斯的兄弟通过遗嘱为其设立了信托,由信托持有 75,000 美元,每半年向亚当斯支付一次收益。如果亚当斯去世,收益则平均支付给其妻子(如果在亚当斯去世后健在)和子女,但其妻不得再婚。银行要求用亚当斯在信托中的收益偿还债务。法院的判决书指出,如果信托的委托人给予受益人在收益上合格的、受限制的非绝对权益,受益人就不能预期转让,其债权人也不能依据普通法和衡平法追索这些权益。本案中的委托人是其财产的绝对所有人。他拥有处分其财产的完整权利,可以把财产完全赠与其兄弟,也可以通过他认为合适的施加一些限制但不违反法律的方式赠与。委托人在遗嘱中的意愿清晰明了,他不想给予他兄弟亚当斯在收益上的绝对权和提前转让收益的权利,只是给予他每半年收取一次信托上收益的权利。信托收益只有在支付给亚当斯之后,而不是之前,才成为其绝对财产。委托人的意愿应当实现,除非违反公共政策,给予受益人的财产性质并不能阻止这一点。提前转让信托权益的权利并不是这种信托财产或权益的必然特征或特权,因此限制委托人的阻止转让权会引入冲突或不一致的因素。②

---

① Nichols v. Eaton, 91 U. S. 716 (1875).

② Broadway National Bank v. Adams,133 Mass. 170(1882).

浪费者信托是通过对受益人权益的转让施加禁止性限制创立的。浪费者信托的受益人不能自愿转让他在信托中的权益,其债权人也不能"扣押"他的权益。浪费者信托受益人的债权人不能获得法院命令阻止受托人向受益人进行支付,或为了受益人的利益进行支付或扣押将来的支付。① 尽管在承认浪费者信托的效力过程中存在一些争议,但美国大多数州的法院判决或成文法已经认可浪费者信托的效力,但在不同程度上施加了一些限制。如宾夕法尼亚州法院支持浪费者信托,既不是出于对受益人逃避其正当义务的考虑,也没有意愿帮助其逃避正当义务,而只是为了保护赠与人的财产权利。② 现在,全美国承认浪费者信托的当前政策争议焦点转换到是否对于某些类型的债权人,如配偶、子女或侵权的受害人作例外的规定。③ 现在成文法与判例承认了经济社会政策所表明的对浪费者信托进行限制的意愿。尽管各州对限制的形式不尽一致,但是《信托法重述》的起草者把限制实现了类型化的构建。④ 尽管信托是一个浪费者信托或供养信托,但受益人的权益可以用来满足针对受益人的可执行诉求:第一,受益人的妻子、儿女供养要求,或离婚抚养费;第二,向受益人提供必要的服务或向受益人提供必需的供给;第三,为维护受益人利益所提供的服务或物质。⑤

UTC 第 501 条规定,如果受益人的利益不受浪费者条款的制约,法院就可以裁决债权人或受让人通过"扣押"对受益人现在或将来的分配或利益或其他方式主张权利。该条只有在信托不包含浪费者条款或信托包含的浪费者条款不适用于特定受益人利益的情形下才能适用。委托人可以将浪费者信托条款适用于某个受益人,而不适用于其他受益人。委托人可以将浪费者信托条款适用于受益人部分权益而不是全部权益,例如,只适用于受益人的收益而不适用于本金。因此,在无有效浪费者信托条款的背景下,债权人可以像向受益人任何其他财产提出主张一样对受益人权益提出权利主张。但这也不意味着债权人能获得向受益人进行的所有分

---

① Jesse Dukeminier & Robert H. Sitkoff, *Wills, Trusts, and Estates*, 9th edition, Wolters Kluwer Law & Business, 2013, p. 694 - 695.

② Weston C. Overholt, Jr., *Tort Liability of the Beneficiary of a Spendthrift Trust*, 57 Dickinson Law Review 220 (1952).

③ Jesse Dukeminier & Robert H. Sitkoff, *Wills, Trusts, and Estates*, 9th edition, Wolters Kluwer Law & Business, 2013, p. 697.

④ Weston C. Overholt, Jr., *Tort Liability of the Beneficiary of a Spendthrift Trust*, 57 Dickinson Law Review 220 (1952).

⑤ Restatement of Trusts, § 157.5.

配，因为有的受益人的权益可能因为太不确定，债权人不能追索，也可能因为受益人的权益根据所在州的一般债权人豁免成文法规定符合豁免条件。①

UTC 第 502 条规定，浪费者条款只有既限制受益人自愿转让利益又限制非自愿转让利益时才有效；信托的条款规定受益人的利益是根据“浪费者信托”或者类似表述持有的，则足以限制受益人利益的自愿性或非自愿性转让；受益人不能违反有效的浪费者条款规定转让其权益，除非另有规定，受益人的债权人或受让人不能在受益人收到受托人分配利益之前进行追索。根据该条的规定，委托人有权限制受益人转让其权益，无论是其对收益的权益，还是对本金的权益，或者二者兼有。除非属于规定的例外情况，受益人的债权人不能“扣押”被保护的受益人利益，只能在受益人获得支付后直接催收(collect)。该条规定与《信托法重述Ⅲ》的第 58 条、《信托法重述Ⅱ》的第 152 条与第 153 条的规定类似。②

UTC 第 503 条 b 款规定，浪费者条款不得对三类人实施：第一类为获得法院命令或判决要求受益人提供抚养或维持的受益人的子女、配偶，或者前配偶；第二类为保护受益人在信托中的利益而提供了服务的判定债权人(judgment creditor)，如律师；第三类为联邦或州政府，但以该州或联邦法律有此规定为限。此处规定的三类例外债权人与《信托法重述Ⅲ》的规定类似。但两者也存在不少差异，与《信托法重述Ⅲ》不同，UTC 规定向受益人提供必需品的人不是例外债权人，UTC 也不认为受益人侵权行为的受害人是例外债权人。虽然《信托法重述Ⅲ》没有明确为受益人侵权行为的债权人规定例外，但它却表明公共政策支持这种例外。很多实施 UTC 的州对例外债权人的规定做了修改，如阿肯色州与堪萨斯州全部删除了其第 503 条，因此在这两个州不存在例外债权人。③

例外债权人的适用需要满足下列所有条件：债权人具有受益人的配偶(或前配偶)、子女等身份；适格债权人获得了法院供养或维持其生活的判决或命令；受托人要么没有遵守信托分配标准，要么滥用了其自由裁量权。即使例外适用，配偶或子女也不能获得在信托上不受限制的权利，法院要求受托人向配偶或子女支付“与具体情况相适用的合理数额，而不能超过受托人可以分配的数额，或为受益人利益而遵守了分配原则，没有滥用自

① Uniform Trust Code, § 501 comment.

② Uniform Trust Code, § 502 comment.

③ Kevin D. Millard, *Rights of a Trust Beneficiary's Creditors under the Uniform Trust Code*, 34 ACTEC Journal 58 (2008).

由裁量权”。①

法院认可浪费者信托条款的效力，把受益人的利益置于债权人追索之外，主要原因在于法院认为债权人应当对这样的人授信自负其责。法院指出，在授信之前，债权人完全可以确认债务人财产的范围和性质。② 但是，在这一方面，侵权之债的债权人的情形与合同之债的债权人的情形则非常不同。一个要被汽车撞倒的行人是没有机会调查司机的信用状况或避免受伤的，无论司机的财产是什么。③

但是多数考虑过这个问题的州，拒绝了侵权行为受害人的例外。在 Sligh v. National Bank of Holmes County④ 案中，法院认为侵权行为受害人可以从侵权人浪费者信托利益获得赔偿，但就在次年，该州颁布了《家庭信托保护法》，推翻了 Sligh 案并且使浪费者信托豁免于受益人侵权行为债权人的追索。UTC 第 503 条也不承认侵权行为债权人的例外，并在官方评论中明确表示这是有意为之。现在唯一承认受益人侵权行为受害人例外的州是佐治亚州。⑤

《信托法重述Ⅲ》以黑体字的形式强调不承认对侵权行为债权人的例外，但是同时，评论也注意到“变化的政策”可能“正当承认其他的例外……受益人侵权行为的性质和类型……可能在政策的基础上便于法院拒绝浪费者信托，为豁免保护受益人的信托利益和生活方式提供辩护，特别是在一个受益人恶意或欺骗的行为或持续鲁莽的行为给他人造成严重伤害的情形下”。⑥

浪费者信托规则的发展也一直受到学者的批评与质疑。浪费者信托规则在于保护受益人免于合同债权人的追索，但是法制发展使浪费者信托文件具有阻止受益人侵权行为债权人追索的效力。信托是衡平法的产物，应当采取与真正的衡平一致的方式进行管理。⑦ 有观点就认为，为了保护浪费者信托受益人的利益，普通债权人就受益人债务人经济地位进行调查

---

① Kevin D. Millard, *Rights of a Trust Beneficiary's Creditors under the Uniform Trust Code*, 34 ACTEC Journal 58 (2008).

② Jesse Dukeminier & Robert H. Sitkoff, *Wills, Trusts, and Estates*, 9th edition, Wolters Kluwer Law & Business, 2013, p. 700.

③ Austin W. Scott, William F. Fratcher & Mark L. Ascher, *Scott and Ascher on Trusts*, Wolters Kluwer Law & Business, 2006, p. 1007.

④ Sligh v. National Bank of Holmes County, 704 So. 2d 1020(Miss 1997).

⑤ Jesse Dukeminier & Robert H. Sitkoff, *Wills, Trusts, and Estates*, 9th edition, Wolters Kluwer Law & Business, 2013, p. 700.

⑥ Restatement (Third) of Trusts, § 59 cmt. a(2)(2003).

⑦ Erwin N. Griswold, *Spendthrift Trusts*, 2nd edition, Matthew Bender & Co., 1947, § 339.

之前而进行的授信只能自认倒霉。至于侵权行为中的受害人(债权人),信托法的起草者谨慎地提出,他们就有意在侵权行为中的债权人能否追索浪费者信托中受益人的权益的问题上不作任何表态。侵权行为中的债权人与普通的合同债权人明显不同,被受益人侵害的人并没有机会通过调查受益人财务状况来避免受到侵害。一个人伤害了他人,却被允许继续享受其财产而不用补偿他人,这种观念着实让人有些震惊。①

(二)自由裁量信托中债权人对受益人权益的追索

UTC 第 504(b)条规定,除非该条另有规定,不管信托是否包含浪费者条款,受益人的债权人不能强迫受托人进行受到自由裁量权制约的分配,即使自由裁量表述为一种标准形式的分配;或者受托人滥用了自由裁量权。同时,如前述第 503(b)条规定了三类例外债权人可以追及浪费者信托受益人的权益。第 504(c)条规定,就受托人没有遵守分配标准或滥用自由裁量权的范围内,法院可以要求受托人进行分配以履行判决,或命令对受益人子女、配偶或者前配偶提供抚养或维持;法院会指示受托人根据情势需要向受益人子女、配偶或者前配偶进行合理数量的支付,但不能超过受托人遵守分配标准、不滥用自由裁量权时需要支付的数量或为受益人利益需要支付的数量。

该条主要涉及受益人的债权人对受益人在自由裁量信托中受益利益的追索问题。和《信托法重述Ⅲ》一样,UTC 消除了自由裁量信托与供养信托的区别,统一了适用规则。消除了这一区别之后,债权人的权利趋同了,则不用管分配标准是不是自由裁量的,分配是不是受到标准的制约,或者二者兼具。②

可见,UTC 的一般规则是受益人的债权人不能追索自由裁量信托中的利益,无论信托是否包含浪费者信托条款,甚至即使受托人没有遵守分配标准或滥用了自由裁量权,受益人的债权人不能强制受制于受托人自由裁量权的分配。根据第 504(d)条的规定,由于滥用自由裁量权或不遵守分配标准而要求强制分配的权利只属于受益人,作为受益人的债权人则无权行使该项权利。根据第 504(b)条的规定,无论信托是自由裁量信托,还是施加了分配标准的信托,甚至是受托人滥用了自由裁量权的情形,受益人的债权人被禁止追索信托财产。在债权人权利的语境中,UTC 消除了自由裁量信托与供养信托之间的区别。只有受托人享有自由裁量权决定

① Weston C. Overholt, Jr., *Tort Liability of the Beneficiary of a Spendthrift Trust*, 57 Dickinson Law Review 220 (1952).

② Uniform Trust Code(2010), § 504 comment.

是否进行分配，基于债权人权利保护的目的，都被视为自由裁量信托，无论是完全自由裁量信托还是施加了分配标准的信托。是否为完全自由裁量信托，还是施加了分配标准的信托以及受托人自由裁量权的范围，会继续对受益人要求执行信托产生影响，但对债权人权利的确定却不再相关。①

自由裁量信托所提供的保护与授予受托人的自由裁量程度直接相关。对受益人最佳的保护是由完全的自由裁量信托提供的，特别是信托条款中含有“扩展自由裁量权”，如“受托人可以根据自己的自由裁量权决定向受益人分配信托财产”。如果信托条款授予受托人自由裁量权但同时包含分配的标准，信托就处于强制分配信托与完全自由裁量信托之间。如果属于供养信托，受托人应当为了受益人的供养进行分配，债权人因向受益人提供了供养之需就可以追索信托财产，但是其他的债权人则不能追索。债权人不能追索信托财产是因为债权人与受益人处于同一境地（stand in the shoes of the beneficiary），而受益人不能强制信托分配，这一理论是错误的，因为无论如何广泛地误解受托人的自由裁量权，它还是要受到法院滥用自由裁量权的审查。②

虽然有批评观点指出，UTC 弱化了浪费者信托与自由裁量信托的保护功能，但这一观点在很大程度与事实不符。因为在 8 年时间里，21 个州实施了 UTC，表明了其广受欢迎。UTC 主要把受益人债权人的普通法（判例法）权利进行了法典化，包含对浪费者信托与自由裁量信托的基本保护，也包括了判例法支持配偶、子女、保护受益人信托利益的人。同时，UTC 通过把向受益人提供必需品的人和侵权行为受害人排除在例外债权人名单里，压缩了潜在债权人权利。因为判例法在这些问题的实践体现出多元化的特点，多数实施 UTC 的州修改了有关受益人债权人权利的规则，以使其与该州以前的规定相一致。尽管存在修改，UTC 还是带来了明确、清晰与确定性③。

（三）可撤销信托中债权人对受益人权益的追索

根据早期的普通法，除非成文法另有规定，委托人保存的撤销权不能为其债权人所主张……债权人不能强迫委托人为了他们的利益撤销信托。

---

① Kevin D. Millard, *Rights of a Trust Beneficiary's Creditors under the Uniform Trust Code*, 34 ACTEC Journal 58 (2008).

② Kevin D. Millard, *Rights of a Trust Beneficiary's Creditors under the Uniform Trust Code*, 34 ACTEC Journal 58 (2008).

③ Kevin D. Millard, *Rights of a Trust Beneficiary's Creditors under the Uniform Trust Code*, 34 ACTEC Journal 58 (2008).

但是现在规则有变。①

UTC 第 505 条规定,在可撤销信托委托人在世期间,委托人的债权人可追及信托财产。因为可撤销信托的委托人通常会保留在信托中的权益,根据传统法律原则,具有受益人身份的委托人不能利用信托作为屏蔽债权人的工具。这一点与阿拉斯加与特拉华两州的做法不同,这两个州允许委托人保留免于债权人追索的受益权益。根据 UTC,可撤销信托中不管是否包含浪费者条款,委托人的债权人都可以追索到受托人可以支付给委托人(受益人)的最大数量的财产。如果受托人享有自由裁量权,可以把全部收益与本金支付给委托人,债权人享有的权利如同信托没设立一样。②

委托人(受益人)的债权人对可撤销信托持有的财产提出权利主张,这一结果并不取决于信托是“虚幻的”或“遗嘱的”,或转移财产是欺诈性的转移,而是立基于合理的公共政策:债权人的权利应当建立在实质的基础上,而不是建立在受益人财产权利的形式上。例如,甲把土地与一些动产转移给乙设立信托,甲为终生受益人,甲死亡后剩余财产归甲的子女。甲保留修改信托的权力与生前取回全部或部分财产的权力。该信托不是遗嘱信托,甲(受益人)的债权人可以主张以信托财产清偿其债权,对甲个人的财产提出的权利主张也可以信托财产进行清偿,就如同该信托财产为甲所有并在死亡后通过遗嘱留给子女一样。③

(四)自设财产保护信托中对受益人权益的追索

自设财产保护信托是一种屏蔽信托财产未来债权人的复杂信托。④

---

① Restatement (Second) of Trusts, § 330 cmt. o.

② Uniform Trust Code (2010), § 505 cmt.

③ Restatement (Third) of Trusts, § 25 cmt. e (2001).

④ 对于自设财产保护信托的承认是从加勒比、南太平洋和其他域外离岸地区开始的。在 20 世纪 80 年代,一些离岸司法区,包括巴哈马、百慕大、伯利兹、开曼群岛、库克群岛、塞浦路斯、直布罗陀、格拉纳达、列支敦士登、毛里求斯、尼维斯、萨摩亚、圣卢西亚以及特克斯与凯科斯,修改了它们的信托法,允许委托人设立其债权人不能追及的自益信托。2004 年修改的库克群岛 1984 年《国际信托法》规定,委托人可以设立其债权人不能“扣押”委托人享有的受益人利益的自益信托,但前提是委托人不是库克群岛的居民。这一法案使得自设财产保护信托成为库克群岛以外全世界人民可以运用的工具,“该成文法的一个确定的信号就是吸引外国资本”。该法规定,外国法院作出的针对任何库克群岛信托的任何利益,针对信托委托人、受托人或受益人的判决,将不会得到库克群岛法院的执行。在 1997 年,阿拉斯加州的立法机关引进了 APT 的概念。几个月后,特拉华州制定了自设财产保护信托成文法,其目的在于“保持特拉华州作为最受欢迎的国内信托设立司法区的地位”。自此以后,夏威夷州、密苏里州、内华达州、新罕布什尔州、俄亥俄州、俄克拉何马州、罗得岛州、南达科他州、田纳西州、犹他州、弗吉尼亚州、怀俄明州也制定了承认自设财产保护信托的立法。See Jesse Dukeminier & Robert H. Sitkoff, *Wills, Trusts, and Estates*, 9th edition, Wolters Kluwer Law & Business, 2013, p. 705.

自设财产保护信托可以用来保护不动产、动产、银行账户、商业及其他财产免于未来债权人的追索。通常做法是委托人把财产转入信托，委托人不再享有所有权，因此，在某些情形下，向委托人提出金钱主张的人就不能追索到信托中的财产。

一个人不能通过把财产放入只为他自己利益的信托里来躲避债权人。即使信托是自由裁量信托、浪费者信托，或是两者的结合，委托人的债权人都可以追及在任何情形下受托人可以向委托人支付的最大数额或为了委托人的利益可申请的最大数额。在自益信托中，委托人同时也是受益人，允许赠与人对转让施加限制的自由处分的原则在此就不能适用了。① 在 Phillips v. Moore 案中，法院指出，“自益浪费者信托的无效源于这种观念，没有委托人应当被允许把他的财产置入他是受益人的信托，并用浪费者条款保护财产，因为这样做只是怀着规避债权人的企图把财产从一个口袋换到另一个口袋里”②。

在美国的实践中，个人申请获取医疗补助计划的资格，就会涉及其在自益信托中的权益问题。在美国，只有拥有很少金融资产的人才能有资格获得医疗补助计划和公共支持，因为自益信托通常妨碍获得医疗补助计划的资格，所以有人想把毕生积蓄留给后人，有时就会通过把大量的财产直接送出或设立信托而使自己变得贫困，通常只保留能覆盖他们医护可能所需的财产，直到他们符合医疗补助计划的资格。联邦法律在自益信托（在评估金融需求时通常会包含在内）和第三人设立的信托（通常不包含在内）之间做了明确的划分。“如果一个人的财产构成了信托财产的全部或一部”，并且信托是由这个人、这个人的配偶或法院根据法律权限为了这个人或应这个人或其配偶的要求设立的，为了医疗补助计划的目的，信托属于自益信托，因此要在确定资格时予以考虑。如果是申请人设立可撤销的信托，信托的本金和所有收益都被视为申请人的有效资产；如果是不可撤销信托，在任何情形下可以支付给申请人或为了申请人的利益使用的任何收益或任何本金都被视为这个人的资产。因此，如果是自由裁量信托，医疗补助计划的申请人在受托人为了他的利益行使全部裁量权时可以获得的最大数量的分配被视为他的资产。同时有两个重要的例外：第一，配偶一方通过遗嘱为在世的配偶的利益设立的自由裁量信托不被视为在世配

---

① Jesse Dukeminier & Robert H. Sitkoff, *Wills, Trusts, and Estates*, 9th edition, Wolters Kluwer Law & Business, 2013, p. 704.

② Phillips v. Moore, 690 S. E. 2d 620 (Ga. 2010).

偶的有效财产。第二,如果信托是失能人(disabled)的父母、祖父母或监护人,或法院设立,并且信托规定政府会在失能人死亡时取得信托财产中相当于政府已经支付的医疗补助金额的财产,则该信托不会被视为医疗计划补助申请人的有效财产。①

另外,1974 年 ERISA 规定每一个退休金计划提供的利益可以为子女抚养、生活费或婚姻权利所追及。②

但是,在信托业竞争的背景下,美国很多州为了增加吸引力,纷纷制定成文法批准委托人拥有其债权人不能“扣押”的受益权的自益信托。目前,美国至少有 14 个州制定了这样的成文法,导致被称为自设财产保护信托的出现。③ 承认自设财产保护信托基础的政治主张与承认永久信托的政治主张是类似的。当地的银行家和律师支持信托财产流入的利益,游说这些立法。但是,使用自设财产保护信托的动机与使用永久信托的动机存在非常大的区别。对永久信托的兴趣源于避税,对自设财产保护信托的兴趣植根于避免个人责任的暴露风险。④

UTC 既有补充适用规范,也有强制性规范。第 5 条规定的浪费者信托条款的效力、某些债权人与受让人追及信托的权利属于强制性规范。通过把债权人权利制定成为强制性规范,UTC 确定了可适用的债权人权利框架,债权人不再受委托人意愿与信托条款的制约。虽然实施 UTC 的诸州对第 5 条作了一些修改,具体的规则并不完全一致,但是实施 UTC 的各州都把涉及债权人权利的规定制定为强制性条款。⑤

第三节　受益人对信托的变更与终止

根据美国 UTC 的规定,信托终止的一般原因主要包括信托被撤销,信托条款规定的期限届至,信托目的已经实现,信托目的变为非法、违背公共

---

① Jesse Dukeminier & Robert H. Sitkoff, *Wills, Trusts, and Estates*, 9th edition, Wolters Kluwer Law & Business, 2013, p. 714 – 715.

② 29U. S. C. § 1056(d)(3)(2012).

③ Jesse Dukeminier & Robert H. Sitkoff, *Wills, Trusts, and Estates*, 9th edition, Wolters Kluwer Law & Business, 2013, p. 704.

④ Jesse Dukeminier & Robert H. Sitkoff, *Wills, Trusts, and Estates*, 9th edition, Wolters Kluwer Law & Business, 2013, p. 687.

⑤ Kevin D. Millard, *Rights of a Trust Beneficiary's Creditors under the Uniform Trust Code*, 34 ACTEC Journal 58 (2008).

政策或不可能实现。① 信托的终止可以为整体终止,也可以为部分终止。除前述的一般信托终止外,其他类型的终止则需要法院、受托人或受益人采取行动。②

信托一般终止之外的终止,与信托的变更、合并、分立一样,都需要相关的当事人,如委托人、受托人或受益人,寻求法院批准或不批准的指令。下文主要集中于受益人对信托的变更与终止。

一、受益人变更或终止信托的现行法规定

美国 UTC 第 411 条对受益人变更或终止非慈善不可撤销信托作出规定。第 411(a)条规定,非慈善不可撤销信托可以在委托人和所有受益人同意的情况下变更或终止,即使变更或终止与信托的实质目的不一致。在此情形下,法院应当批准当事人的修改或终止请求。第 411(b)条规定,如果法院认为,信托的存在对于实现任何信托实质目的都非必要,非慈善不可撤销信托可以在所有受益人都同意的情况下终止。如果法院认为,信托的变更与信托实质目的不一致,非慈善不可撤销信托可以在所有受益人都同意的情况下变更。第 411(c)条规定浪费者条款不构成信托的实质目的。第 411(d)条规定,根据(a)款与(b)款的规定终止信托后,受托人应当根据受益人的协议分配信托财产。第 411(e)条规定,如果所有受益人并未就信托的变更与终止根据(a)款与(b)款的规定达成一致,在达成下列条件下,法院也可以批准信托的变更与终止:如果所有受益人都同意,信托就会变更或终止,不同意的受益人的利益会得到恰当保护。

第 411(a)条与(b)款的规定推进了早期判例确定的 Claflin 原则,③下文有专门论述。

《信托法重述Ⅲ》第 65(2)条与 UTC 第 411(a)条的规定类似,允许委托人与受益人联合终止信托。联合终止信托不需要法院认定信托实质目的落空。

《信托法重述Ⅲ》第 65 条规定了经受益人同意的信托终止或变更。第(1)款规定,除了第(2)款规定的情形,如果所有不可撤销信托的受益人同意,可以强制终止或变更信托。第(2)款规定,如果第(1)款中信托终止或变更与信托的实质目的不一致,受益人不能强制信托终止或变更,除非获得委托人的同意,或者委托人死后,法院认为终止或变更的原因比信托的

---

① Uniform Trust Code (2010), § 410(a).

② Uniform Trust Code (2010), § 410 cmt.

③ Uniform Trust Code (2010), § 411 cmt.

实质目的更重要,由其批准终止或变更。

《信托法重述Ⅲ》第65(2)条的规定比UTC第411(b)条的规定走得更远,前者规定如果终止信托理由的合理性超过信托存续的实质目的,则允许受益人强制终止依然服务于实质目的的信托。

二、受益人对信托的修改与终止

(一)美国信托法上信托终止的两个原则

根据处分自由原则,美国法传统上只承认两种法院未经委托人同意对信托进行修改和终止的原因:第一,修改和终止与委托人的实质目的不冲突,全体受益人一致同意;第二,委托人没有预料到的情形会使信托目的落空或严重损害信托目的的实现,即衡平偏离原则。法律改革在某种程度上对这些规则进行了自由化的改造,尽管其中很多改革存在争议,但改革的意图在于实现委托人可能的目的,因此它们与自由处分原则是一致的。①

1. Claflin 原则

美国信托法的Claflin原则可以简单概括为,只有与委托人的"实质目的"(material purpose)不冲突,信托可以为所有受益人一致行动所修改或提前终止,否则信托的修改与提前终止就需要在世的委托人同意。② 如果所有受益人要求修改或终止信托的要求与委托人的实质目的相左,那么就不能修改或终止信托。在标志性案例Claflin v. Claflin案③中,委托人为了儿子设立信托,本金在儿子30岁时进行支付。21岁后,儿子起诉终止信托,诉称他是唯一的受益人。法院拒绝允许终止信托,因为这会违反遗嘱人的意愿。"遗嘱人有权附加与法律不冲突的约束和限制来处分自己的财产,以他认为合适的方式……他的意愿应当实现,除非它们与法律的规则相抵触,或违背了公共政策……在该案中,不能说这些限制对原告占有与控制财产是完全没用的,因为花费受托人控制下的财产与花费自己控制下的财产的危险是不一样的。"

Claflin原则后来也有一些新的发展,允许一些由法定监护人或实际代表人为未出生或不确定的受益人作出替代形式的同意。因为没有这种替代形式的同意,所有受益人的同意就不可能达成。另外一个新的发展趋势

① Jesse Dukeminier & Robert H. Sitkoff, *Wills, Trusts, and Estates*, 9th edition, Wolters Kluwer Law & Business, 2013, p. 717.

② Austin W. Scott & William F. Fratcher, *The Law of Trusts*, Little, Brown and Company, 1987, p. 495 - 496.

③ Claflin v. Claflin, 20 N. E. 454 Mass. 1889.

是厘清实质目的限制,以提供更多的灵活性。①

Claflin 原则调整的是受益人同意下的信托修改或终止。如果实现委托人的实质目的需要不得改变的持续状态,那么受益人就不能强制修改或终止信托。困难在于什么是委托人的实质目的。通常来说,下列四种情形不能终止:第一,浪费者信托;第二,受益人在达到特定年龄以前不能获得本金(也就是享有延后);第三,自由裁量信托;第四,供养受益人的信托。②

2. 衡平偏离原则

衡平偏离原则的适用不需要情势变化,只需要委托人设立信托没有意识到某种情形,这种情形不需要处于紧急状态。该原则适用的目的在于确定委托人设立信托时可能的意愿。法院应当决定变更是否能推动信托目的的实现。衡平偏离原则适用于以下几种情形:非法或不可能;小额信托无效率;预防对受益人的伤害;仅因只对受益人有利而不采用;不会破坏信托目的。③

法院行使权力允许或指示偏离信托条款发生在慈善信托的情形多于发生在私益信托,因为慈善信托可以无限期存在,出现委托人不能预见的情形的可能性更大。并且,法院对于慈善信托不仅能行使像在私益信托里行使的允许偏离信托管理的权力,而且可以允许偏离信托的目的。根据所谓的近似原则,法院所行使的权力已经远远超过在私益信托中行使的权力。法院允许慈善信托将持有的财产出售时,它不必借助于近似原则,尽管这项出售为信托条款所不许或禁止。④

(二)英国信托法上的信托终止

如果委托人和所有的受益人都同意,一个不可撤销信托即使包含浪费者条款也可以修改或终止。受托人没有资格反对。但是,如果委托人已经死亡或委托人不同意,所有受益人都同意能否修改或终止信托就成了问题。在这一问题上,英美两国的法律得出了非常不同的结论。⑤ 美国信托

---

① Edward C. Halbach, Jr., *Uniform Acts, Restatements, and Trends in American Trust Law at Century's End*, 88 California Law Review 1877 (2000).

② Jesse Dukeminier & Robert H. Sitkoff, *Wills, Trusts, and Estates*, 9th edition, Wolters Kluwer Law & Business, 2013, p. 719.

③ Alan A. May, *Doctrine of Equitable Deviation*, 27 Michigan Probe and Estate Planning Journal 25 (2008).

④ Austin W. Scott & William F. Fratcher, *The Law of Trusts*, Little, Brown and Company, 1987, p. 329 – 331.

⑤ Jesse Dukeminier & Robert H. Sitkoff, *Wills, Trusts, and Estates*, 9th edition, Wolters Kluwer Law & Business, 2013, p. 718.

法的现代化倾向是对受益人协议规制信托终止与修改的规则进行自由化改造。但是在美国多数州,没有像英国1958年《信托变更法》这样的法律;而英国也不承认在美国普遍接受的Claflin原则。①

对于死手控制的厌恶解释了英国法上受益人信托修改和终止规则的原因。在英国和英联邦国家,信托变为不可撤销之后,信托财产被视为受益人的财产,死手只能通过受益人的容忍才能继续控制。在Goulding v. James② 案中,Mummery大法官指出,"这一原则承认了受益人的否决权利,并且其胜过遗嘱人或委托人的意愿"。

在英国信托法重要的判例Saunders v. Vautier案中,遗嘱人把他直到去世持有的全部东印度公司股票及获得的收益托付给受托人,要求其在受益人Vautier年满25周岁时进行交付。遗嘱人去世时,受益人21岁,受益人要求向其转移信托基金。法院认为,受益人已经成年,具有完全民事行为能力,可以取回股票并终止信托。Langdale认为,即使遗产要后延到受益人年满25周岁,但是遗产继承人已经成年,具备完全民事行为能力,对遗产享有绝对权益,受益人不必等到规定的期限届满而可以在其具备有效处分能力时要求向其支付财产。③ 这一原则不仅适用于只有一个享有绝对权益的受益人,还适用于几个同样受益人的情况,只要所有的成年完全民事行为能力受益人一致同意,信托可以在任何时间被终止。④ 后来,在1958年,应一些想急迫修改信托以逃避严重税收的信托受益人的请求,国会制定了1958年《信托变更法》,该法大大地扩展了英国法院修改或终止信托的权力。该法规定,如果法院认为对受益人有利,为了失能、未成年人或未出生的受益人的利益可以同意信托的终止或修改。该法授予法院权力批准"任何变更或撤销所有或任何信托安排,或扩大受托人运营、管理任何信托财产的权力"。但是法院根据自由裁量权批准一项变更计划应当满足四个条件:第一,无论是不动产还是动产,都应当是信托持有的财产。第二,信托是通过遗嘱或生前安排或其他安排设立的。第三,受益人事实上或可能属于下列四种情形:一是根据信托规定,任何人在信托上享有直接或间接信托利益,无论是确定的还是不确定的,但由于未成年或其他无民

---

① Edward C. Halbach, Jr., *Uniform Acts, Restatements, and Trends in American Trust Law at Century's End*, 88 California Law Review 1877 (2000).

② Goulding v. James, (1997) 2 All E. R. 239(C. A.).

③ Saunders v. Vautier, (1841) 49 Eng. Rep. 282(M. R.).

④ Samantha Hepburn, *Principles of Equity and Trusts*, 2nd edition, Cavendish Publishing Limited, 2001, p. 369.

事行为能力则不能表示同意；二是他可能在未来一个日期或未来事件发生时直接或间接获得信托利益，被特别限定或属于特别限定群团，但不包括任何所规定日期已经来临或所述事件已经发生即将成为限定的人或限定群团的成员；三是任何未出生的人；四是在保护信托中本金受益人的利益并未落空或并未确定时，其在该保护信托下享有任何自由裁量权益。第四，除了上述第四种人，如果为了受益人的利益执行该安排。举例来说，受托人在信托中为成年受益人 A 的终生持有信托财产，剩余财产用于未成年受益人 B，之后的剩余财产绝对地归于成年受益人 C。对于法院来说，它可以为了 B 的利益批准某一安排，但不会就 A 与 C 的安排作出批准。①

关于法院变更安排的效力，有法官提出，如果变更安排在受益人未成年时作出，未成年受益人应受法院变更安排的约束，因为法院得到 1958 年《信托变更法》的授权为未成年受益人的利益进行批准并为此作出命令。如果受益人已经成年并事实上不同意法院的变更命令，他就不受该命令的影响，因为他不受其约束。② 虽然 1958 年《信托变更法》授予了法院在批准与信托条款不一致安排方面享有广泛的自由裁量权，但是法院的自由裁量权也存在一定的界限。法院已经采用"不重写"（not rewriting）信托政策，相应地在变更与重置（resettlement）之间划清了界限。"变更"需要保留信托的基本目的，但是改变信托某些重要的特征；而重置则会破坏信托原初设计或目的的基础或本质。③

第四节 "造福受益人规则"下信托法制新进展

一、"造福受益人规则"在立法上的确定

UTC 有两个条文涉及"造福受益人规则"。其中一条为第 105（b）（3）条，规定信托的要求及其条款应当为了受益人的利益，信托目的合法，不与公共政策冲突，并且可以实现，在这一点上，信托条款并不能优先于 UTC 的规定。另外一条为第 404 条，其规定与前条规定大致相同，强调信托及其条款必须为了受益人的利益。《信托法重述Ⅲ》第 27 条第 2 款规定，私

① Mohamed Ramjohn, *Sourcebook on Law of Trust*, 2nd edition, Cavendish Publishing Limited, 1998, p. 846 – 847.

② Re *Holmden's Settlement Trusts* (1968) AC 685.

③ Mohamed Ramjohn, *Sourcebook on Law of Trust*, 2nd edition, Cavendish Publishing Limited, 1998, p. 849.

益信托的条款和管理必须是为了受益人的利益。学者称这些条款为“造福受益人规则”。因此,信托文件通常规定受托人为了受益人的利益持有信托财产。① 受托人的义务就是使受益人受益,无论利益怎么到达受益人,重要的信托观念是受益人有权获得这些利益。②

UTC 第412(b)条允许法院修改不现实、挥霍的信托管理条款,或损害信托管理的条款,这就是信托及其条款必须造福受益人条款的特定应用。③ 该法的立法解释强调,所有人对其财产任意处分的自由在财产置于信托造福他人时就结束了。④《信托法重述Ⅲ》认为,委托人要求把钱扔进大海、土地耕种撒盐、木板封门不居住、持续从事浪费的活动和行为是不合理的,⑤而拒绝实施这些条款的理由在于它们会偏离为了受益人的利益进行分配与管理的目标。⑥《信托法重述Ⅲ》第65条规定,受益人在委托人死后可以根据法院的授权,在修改或终止信托的理由胜过信托的实质目的情形下强制修改或终止信托。⑦ 因而,强制造福受益人规则与传统的判例法发生分离,也就是在情况没有变化的情形下,信托条款也可以被修改。这个条款实际上赋予了法院在信托条款未造福受益人时修改信托的权力。

需要指出的是,“造福受益人规则”是一种强制性的、不可放弃的规则。“造福受益人规则”不仅适用于整体信托和其一般目的,也可适用于信托的每一个条款。例如,《信托法重述》在承认委托人要求受托人维持某项投资能力的同时,它也表明这些受托人在投资不尽如人意时,负有义务向法院申请偏离信托条款的约束。⑧

二、“造福受益人规则”确定的原因分析

从历史传统来看,美国法一直倾向于维护委托人处分自由。美国赠与转移法的组织原则是处分自由。事实上,信托与财产法的组织原则就是赠与人的意愿应当在法律允许的范围内最大程度得到实现。⑨ 可以说,自19

---

① *George T. Bogert*, *Trusts*, 6th edition, West Publishing Co., 1987, p. 4.

② George G. Bogert & George T. Bogert, *The Law of Trusts and Trustees*, 2nd edition, West Publishing Co., 1992, p. 7.

③ Uniform Trust Code (2010), § 404 cmt.

④ Uniform Trust Code (2010), § 412 cmt.

⑤ Restatement (Third) of Trusts, § 47 cmt. e. (2003).

⑥ Restatement (Third) of Trusts, § 29(c) cmt. m. (2003).

⑦ Restatement (Third) of Trusts, § 65(2).

⑧ Restatement (Third) of Trusts, § 91 cmt. e. (2003).

⑨ Restatement (Third) of Property: Wills & other Donative Transfers, § 10. 1.

世纪以来,美国的信托法就以委托人友好型(grantor-friendly)的方式发展着。① 但是,在美国的信托法中一直存在潜在的冲突,在如何平衡委托人意愿或指示与受益人在信托中的衡平利益的问题上存在矛盾。这种矛盾是信托基本属性的自然结果,委托人把财产的法定所有权转移给受托人,把衡平所有权转移给信托受益人。信托财产管理权与信托受益权之间的分割创造了一种易于引起冲突的环境。在信托管理期间平衡这些内生的竞争性利益,依然是盛行的中心议题,②而"造福受益人规则"是信托法则,是平衡利益冲突的结果,是尊重委托人意愿与履行内含于信托的最低限度的信义义务两者之间平衡的产物。信托法就委托人选择受益人、确定受益份额等方面赋予了委托人事实上不受任何限制的自由,但是信托不允许委托人破坏信义义务。在信托设立方面长期存在的一条强制性规则,就是信托必须创立可强制的义务。③

从传统信托法制角度来说,设立私益信托就是为了受益人的利益,受托人管理信托财产、行使权力只是为了维护受益人的利益。这实际上也是受托人权力行使中要遵守的一个重要原则。但是在实践中,受益人常见的抱怨有:受托人向其支付数额太少;受托人的费用太高;投资表现不够好;把钱置入信托并不明智,如果直接支付给受益人,情况会好得多;起草信托文件的律师该剐,因为没有人曾经想过事情应当这样。④ 同时受益人遭受不公平对待的例子并不鲜见。受益人企图获得州外受托人的会计报告,受益人认为她应当获得接近 3 万美元的财产。在受托人长时间不回应的情况下,受益人因为愤怒在给受托人的一封信中称其为"骗子"(crooks)。随后受托人在其所在州对受益人提起诽谤之诉,并获得了缺席判决。因为受益人无力付款到受托人所在州应诉为自己辩护,据说较"友好"(friendly)的法官判决受益人赔偿受托人 200 万美元。⑤ 可见,有时提出异议的受益人,因为缺乏资源、专业知识,甚至由于司法体制的结构而处于不利地位,因此,应当建立一个适当保护受益人利益的机制。

---

① Thomas P. Gallanis, *The New Direction of American Trust Law*, 97 Iowa Law Review 215(2011).

② Lee-ford Tritt, *The History, Impact, and Future of the Benefit-of-the-beneficiary Rule: Parts I &II*, in Edward F. Koren ed., Estate, Tax and Personal Financial Planning (update Dec. 2014/Jan. 2015).

③ John H. Langbein, *Burn the Rembrandt-Trust Law's Limits on the Settlor's Power to Direct Investment*, 90 Boston University Law Review 375 (2010).

④ Robert Whitman, *Resolution Procedures to Resolve Trust Beneficiary Complaints*, 39 Real Property, Probate and Trust Journal 829 (2005).

⑤ Robert Whitman & Kumar Paturi, *Improving Mechanisms for Resolving Complaints of Powerless Trust Beneficiaries*, 16 Quinnipiac Probate Law Journal 64 (2002).

美国现代信托法目前呈现侧重受益人利益保护的发展倾向。不少学者认为,现代信托法强调了对受益人权益的保护。比较信托法中存在的委托人控制和受益人控制两极,信托法有时采取支持委托人控制的态度,有时采取支持受益人控制的立场。美国的信托法经过几十年支持委托人控制的历史后,正在向着一个重新确定受益人权益的新方向运动,这是一个正确的和受欢迎的新方向。① 在20世纪最后30多年里,特别是最后十年,美国的信托法经历了严密的、全面的重新审视。进入21世纪前最后几年普遍的主题是,尽管存在技术缺陷,只要有正当形成的不违法、不违背公共政策意愿的可靠的直接或间接的证据,委托人的意愿就应当产生效力。另外,在受托人合法允许的目标内追求信托受益人最佳利益时的灵活性和效率也是一个重要主题。② 而现代信托法关注寻找可以导致信托受益人最佳利益的平衡规则。③

"造福受益人规则"在商事信托领域也应当得到足够的重视。该规则的主要目标应该是保护信托受益人诉求的权利,但这一观点没有得到足够重视,而允许诉求被倾听对商业是有益的。尽管有些抱怨是假的,但有些是真的。还有一点,如果诉求没有得到公平的倾听,或受益人经历了艰难的时光,后果就是受益人离去并告诉每个人我们的体制不公平。即使受益人的诉求缺乏事实根据,很多受益人不现实并难以相处,但信托公司必须是盈利的。如果法律转向不谈盈利,那么信托公司就应当关门而去寻求其他目标。信托业务的全球化正在变为现实。如果美国的信托公司想保持其领导地位,在没有正式诉讼的情况下,应当向所有的受益人提供一个恰当的纠纷解决程序。这个程序不仅因为减少了诉讼成本对商业活动有利,而且由于鼓励合作而对所有当事方都有利。《信托法重述Ⅲ》与UTC已经打开了改变之门,受信人群体必须应战了。④

"造福受益人规则"也是减少死手控制的有效手段。反对委托人任性目的(capricious purposes)规则就是一种反对死手控制的规则,它防止财产所有人通过信托或遗嘱做一些他生前可以自由对自己财产做的一些事。

---

① Thomas P. Gallanis, *The New Direction of American Trust Law*, 97 Iowa Law Review 215 (2011).

② Edward C. Halbach, Jr., *Uniform Acts, Restatements, and Trends in American Trust Law at Century's End*, 88 California Law Review 1877 (2000).

③ Edward C. Halbach, Jr., *Uniform Acts, Restatements, and Trends in American Trust Law at Century's End*, 88 California Law Review 1877 (2000).

④ Robert Whitman, *Resolution Procedures to Resolve Trust Beneficiary Complaints*, 39 Real Property, Probate and Trust Journal 829 (2005).

委托人可以自己毁掉自己的伦勃朗画作,但他不能设立一个信托而要求受托人毁掉那幅画。① 对委托人设立信托目的进行限制,反对死手控制是保护受益人利益的一个重要方面。美国法律协会通过《信托法重述Ⅲ》和统一州法全国委员会通过 UTC 提出"造福受益人规则"时,相互引用作为制定"造福受益人规则"的权威依据,该规则的提出并不是基于判例法的转向,而是出于终结"死手"对信托控制的偏好。②

三、确定"造福受益人规则"的影响

信托法的强制性规则,反映了根植于公共政策的反死手控制原则和保护受益人衡平权益的"造福受益人规则"等原则。这些强制性原则为委托人自治设定了外部边界。与委托人选择受益人及确定受益份额这种完整、主观领域相对,在信托管理方面需要客观的合理性标准。信托管理规范属于选择适用规则,但是被重新表述为"造福受益人规则"的反任性目的规则的首要目标是客观利益。造福受益人这种强制性规则并没有损害信托法选择适用的基本特性,其设定的外部边界也是针对那些有害的会损害信义义务的信托条款。被禁止指示受托人烧毁伦勃朗画的委托人依然有权实施任何不超越合法边界的投资指示和管理指示。③ 有学者强调,作为强制性规则的"造福受益人规则",与普通法规则不同,它不仅把反对不法信托行为与任意信托目的的规则成文化,同时对体现委托人意愿的不会造福于受益人的信托条款的尊重设置了一个外部界限。因此,这一强制性规则的作用就不限于否定委托人命令信托从事的古怪或任性的信托活动。④

在信托实践中,信托文件通常包括特定的投资管理指示,如要求受托人保有一定的组合投资或家族生意。传统信托法支持这种限制,而根据"造福受益人规则",只会实施那些会给受益人带来利益最大化的规则。如果委托人选择的对于受托人的限制不能通过经济利益的目标测试,它们可能就会被废弃。这一规则的目的是通过废止委托人不合理的投资限制,

---

① John H. Langbein, *Burn the Rembrandt-Trust Law's Limits on the Settlor's Power to Direct Investment*, 90 Boston University Law Review 375 (2010).

② Mary P. O'Reilly & Lee-Ford Tritt, *Benefit-of-the-Beneficiary Rule*, 34 Probate and Property 24 (2020).

③ John H. Langbein, *Burn the Rembrandt-Trust Law's Limits on the Settlor's Power to Direct Investment*, 90 Boston University Law Review 375 (2010).

④ Lee-Ford Tritt, *The History, Impact, and Future of the Benefit-of-the-Beneficiary Rule*, https://chicagotrustee.org/resources/Documents/The%20History,%20Impact,%20and%20Future%20of%20The%20Benefit-of-the-Beneficiary%20Rule.ver.2.pdf.

鼓励受托人进行最有效投资,进行资源的配置,①从而实现受益人利益的最大化。根据 Langbein 教授的观点,使受益人受益并不取决于委托人的主观意愿,而取决于谨慎与效率的客观观念。②

具体来说,“造福受益人规则”的确立,会产生以下几方面的影响:第一,伴随信托管理偏离信托文件的扩张,该规则给受益人过早地终止信托、弱化浪费者信托条款的约束提供了更大的便利。受益人会使用该规则规避委托人的意图,修改信托或终止信托,这无疑会引发更多的诉讼和增加管理成本。如果受益人想从其不喜欢的信托条款中解放出来,只消说这不符合其经济利益就可以了。第二,该规则可能会极大改变受托人的作用。传统信托中委托人可以通过信托文件对受托人职责、权力等事项进行控制,而在“造福受益人规则”的影响下,委托人对于信托本身、对受托人的控制会有所降低,而受托人的投资权力在“造福受益人规则”名义下,可能会突破信托文件的限制,实现扩张。该规则的确定,导致受托人不再是解释与执行委托人意愿的主体,受托人新的角色定位是持续质疑与挑战信托条款,以确保它们符合受益人的最佳利益。第三,该规则最大的影响莫过于会有越来越多知晓该规则的委托人会选择对委托人友好的州选择设立信托。③

“造福受益人规则”的确立也引起不少的反对声音。首先,“造福受益人规则”狭隘地把利益限定于“财富最大化”(wealth maximization),而忽视了委托人在设立信托时财富最大化之外的其他富有价值的意图。比如,有些信托条款不仅载明了委托人的投资目标,还体现了委托人的道德或宗教信仰。仅仅将财富最大化作为“造福受益人规则”的标准失之偏颇。其次,“造福受益人规则”可能会扼杀解除受托人多样化投资义务的可能性。根据《统一谨慎投资人法》,投资应当实现多元化,但是在多元化不合理的情况下,委托人可以在文件中明确放弃多元化投资及保留投资。但是根据“造福受益人规则”的评论,投资的限制必须进行受益人财富最大化的客观测试。这无疑会使受托人担忧,投资保留条款也不能免除其投资多元化的义务。最后,“造福受益人规则”增加了受益人绕开委托人意愿或终止

① Jeffrey A. Cooper, *Empty Promises: Settlor's Intent, the Uniform Trust Code, and the Future of Trust Investment Law*, 88 Boston University Law Review 1165 (2008).

② John H. Langbein, *Mandatory Rules in the Law of Trusts*, 98 Northwestern University Law Review 1105 (2004).

③ Mary P. O'Reilly & Lee-Ford Tritt, *Benefit-of-the-Beneficiary Rule*, 34 Probate and Property 24 (2020).

信托的冲动,这无疑会增加诉累并增加信托管理成本。该规则为受益人否决整个信托财产管理机制提供了基础,它会限制委托人帮助其后代实现个人道德以及精神发展的能力。①

“造福受益人规则”与传统的委托人友好型信托法规则的冲突,带来了规则适用上的负面效果及其不确定性,因此,美国采用了 UTC 的 35 个州中,包括密歇根、佛罗里达在内的 8 个州删除了“造福受益人规则”作为强行性规范的规定。②

① Mary P. O'Reilly & Lee-Ford Tritt, *Benefit-of-the-Beneficiary Rule*, 34 Probate and Property 24 (2020).

② George F. Bearup, *Material Purpose v. Benefit of the Beneficiary-Reconciling the Tension*, https://greenleaftrust.com/missives/material-purpose-v-benefit-of-the-beneficiaries-reconciling-the-tension/.

第七章　英美信托法的影响与启示

现代信托制度自英国发端以来，随着英国殖民版图的扩张走入英国在世界范围内开辟的殖民地，目前美国、加拿大、澳大利亚、新西兰、新加坡、印度等30多个国家的信托法就是英国殖民过程中文化与法律制度传播的结果。大陆法系移植信托制度始于20世纪20年代。欧洲的列支敦士登、卢森堡等国家，拉丁美洲各国，非洲的南非与埃及等国，亚洲的日、韩等国纷纷移植了信托法制。

大陆法系有着不同于英美法系的法律概念、法律逻辑与法律体系，这成为信托移植中很难克服的障碍。信托财产双重所有权与大陆法系的物权观念很难融合，信托不仅与合同、继承、登记、善意取得等民事制度密切相关，而且涉及金融、财税方面问题，“引入信托制度如同在本国法律体系中插入一个楔子，如何使它与其他各项相关法律很好地衔接，确实面临很大的困难”。另外，有些大陆法系国家通过建立与信托制度类似的制度来减少、降低引入信托制度的必要性。①

在移植信托制度的大陆法系国家所建立的类信托制度，与英美法系的信托制度相比，还是存在灵活性低、适用范围有限、受益人利益保护不足与制度的高度分散化四个方面的不足。②

21世纪以来，信托制度在大陆法系国家有了新的发展动态。法国和德国是大陆法系两个有代表性的国家，两国也在其民法典中引入了信托制度；日本引入信托制度80多年后，在2006年也修改了信托法。本章将以这三个国家为样本分析信托制度在大陆法系国家最近的发展变化，并结合英美信托法制现代化的发展趋势，探索我国《信托法》的修改与完善。

第一节　大陆法系国家信托法制的引入

一、法国信托制度的引入

（一）法国制定信托法的缘由

在法国，法学界并不认同“信托起源于英美法”的观点，他们认为，法

① 何宝玉：《信托法原理研究》，中国政法大学出版社2005年版，第71～72页。

② 何宝玉：《信托法原理研究》，中国政法大学出版社2005年版，第72页。

国立法者以罗马法上的信托概念为基础,借鉴英美信托法的经验,从而确立了自己的信托制度。①

罗马法有三种形式的信托:管理信托、担保信托与转给信托,无论何种类型的信托,信托的设立人都将所有权转让给受托人,由受托人为指定人的利益保管财产并将其返还给特定人。与英美法中的信托不同,罗马法上的信托设立人将财产转移到受托人的资产中,这部分被转移财产并不具有独立性的法律特征,也就是说,设立人转移的这部分财产与受托人的其他财产是无法区分的,因此,信托财产与受托人的固有财产一起成为受托人所有债务的一般担保,也构成了受托人的继承人可以继承的遗产。概括地说,罗马法信托的两个特征是信托财产所有权完整转移以及信托财产与受托人固有资产混同。②

法国在2007年《信托法案》出台之前,法国法中没有一般法律规范调整信托活动。司法判例既不承认与英美法信托接近的信托,也不承认法国法存在源于罗马法的信托。③"实际上,法国之所以引入罗马法信托机制,乃是因为英美法信托在国际实务界的活跃而使法国的相关领域受到冲击。""欧洲内部以及世界的法律环境促使法国在其国内法中引入信托制度,以达到和英美法竞争的目的。"④可见,制度竞争是法国引入信托制度的主要原因。

1985年第十五届海牙国际私法会议上通过《关于信托的法律适用及其承认的公约》(以下简称《信托公约》),其主要目的在于创立关于信托准据法的统一冲突法规则,而不在于把信托概念引入尚无信托制度的国家的法律制度中,以帮助尚无信托制度的国家公正、高效地处理在其国内提起的国际信托诉讼。⑤

《信托公约》第2条界定了信托的定义,英美法系的信托符合这个定义特征,大陆法系国家只要有与该定义相类似的制度也可以适用《信托公约》。因此,大陆法系国家只有在国内法中建立可以与英美信托法类似的制度,才可以通过公约的冲突规范彰显其国内法,大陆法系国家的规则才能与英美信托制度有平等的"机会",否则,英美法信托规则将主导信托

① 李世刚:《论〈法国民法典〉对罗马法信托概念的引入》,载《中国社会科学》2009年第4期。
② 李世刚:《论〈法国民法典〉对罗马法信托概念的引入》,载《中国社会科学》2009年第4期。
③ 李世刚:《论〈法国民法典〉对罗马法信托概念的引入》,载《中国社会科学》2009年第4期。
④ 李世刚:《论〈法国民法典〉对罗马法信托概念的引入》,载《中国社会科学》2009年第4期。
⑤ 耿勇:《国际信托法律适用的统一冲突法——〈关于信托的法律适用及其承认的公约〉评介》,载《河南省政法管理干部学院学报》2000年第3期。

领域。①

(二)法国信托法引进的路径与制度的完善

法国自20世纪80年代末就开始了信托的引进工作,其间两次立法因财政部门认为信托是隐匿财产、避税和洗钱工具而流产。2007年,法国公布了《关于建立信托制度的法律》,在《法国民法典》第3卷"取得所有权的不同方式"中增设信托编,内有21个条文(从第2011条到第2031条)。

法国引进信托制度选择了三条路径:第一,信托债权化的路径,也就是选择合同作为设立信托的基础;第二,适用特定目的财产理论以建立信托财产的风险隔离功能;第三,以类似规制公司的方法来规制信托。② 其间,法国学者努力从本土法律资源中挖掘可以使信托制度顺利进入法国法律体系的理论基础。学者认为,在大陆法系的法律制度中,罗马法上的信托与英美信托最相近,可以作为英美信托的替代,民法国家的信托最容易发展成英美信托的法律制度;③可以罗马法中的"债权人之托"为基础建立担保信托,以罗马法中的"朋友之托"为基础建立管理信托。④法国著名信托法学家 Pierre Lepaulle 认为,从个体总体财产中分离出来被用于特定目的的信托财产,受托人对该财产负有积极管理义务,信托就是一项用于特定目的的财产划拨,全世界都应该对它尊重。⑤

但是,作为多方利益博弈结果的2007年《信托法案》,其法律地位的获得是以牺牲信托的自由品格为代价的,自颁布以来,批评和质疑的声音就不绝于耳。⑥《信托法案》颁布之后的两年内,法国就制定了《有关经济现代化的法律》和《关于信托措施的法令》两部法律文件对《信托法案》进行了修改。修改的内容主要有以下几个方面:

第一,扩大了信托设立人范围。2007年《信托法案》规定,只有缴纳公司所得税的法人才能依法设立信托,自然人与不缴纳公司所得税的主体则不能设立信托(《法国民法典》第2014条)。该规定已由2008年《有关经济现代化的法律》废除,目前民事主体皆可依照法定条件与程序设立信托。

---

① 李世刚:《论〈法国民法典〉对罗马法信托概念的引入》,载《中国社会科学》2009年第4期。

② 叶朋:《法国信托法近年来的修改及对我国的启示》,载《安徽大学学报(哲学社会科学版)》2014年第1期。

③ Pierre Lepaulle, *Civil Law Substitutes fort trusts*, 36 Yale Law Journal 1126 (1927).

④ D. J. Hayton, S. C. J. J. Kortmann & H. L. E. Verhagen, *Principles of European Trust Law*, Kluwer Law International, 1999, p. 133.

⑤ Pierre Lepaulle, *An Outsider's View Point of the Nature of Trusts*, 14 Cornell Law Quarterly 52 (1927).

⑥ 叶朋:《法国信托法近年来的修改及对我国的启示》,载《安徽大学学报(哲学社会科学版)》2014年第1期。

第二,扩大了受托人的范围。2007 年《信托法案》规定,有资格接受委托成为受托人的只有信贷机构、投资公司以及保险公司(《法国民法典》第 2015 条)。2008 年《有关经济现代化的法律》与 2009 年《关于信托措施的法令》则把受托人资格的范围扩展到执业律师。但是,商事主体作为受托人的基本格局则没有明显改观。

第三,规定了信托保护人制度。随着信托设立人向自然人的扩张,2007 年《信托法案》中信托设立人"可以"在信托合同中指定信托保护人以监督信托受托人执行任务的规定为 2009 年《关于信托措施的法令》所改变,该法令明确规定,自然人作为信托的设立人,不得放弃第三人作为信托保护人的权力,当事人不得以约定排除该权力。

第四,延长了信托合同的期限。基于信托主体都是商事主体的现实,2007 年《信托法案》规定,信托合同的期限为 33 年。在自然人也成为信托设立人之后,信托合同的期限相应延长到 99 年。

第五,增加了担保信托制度。2007 年《信托法案》以管理信托为原型制定信托法制,这无形中忽视了担保信托的功能。2009 年《关于信托措施的法令》增加了担保信托的内容:在设立方式上,自然人设立担保信托必有双方的合意,在信托合同中明示担保信托的责任范围及担保财产价值;在担保合同的终止上,不同于自然人设立管理信托,设立人死亡则信托自然终止的规定,其设立人死亡并不会导致担保信托的终止;规定了担保信托的两种执行方式;规定了再担保信托制度。

(三)法国信托法修改的启示

第一,英美信托法制度对于大陆法系国家的吸引力主要在于经济与金融领域,包括法国在内的大陆法系国家制定信托法的主要目的就是与英美信托法在金融商事领域进行竞争,法国 2007 年《信托法案》规定的信托设立人与受托人仅限于商事法人明确表明了信托仅限于商事领域的立法目的。之后信托法修改,自然人也可以成为信托的设立人,则表明立法推动信托从商事领域逐步走向有限的民事领域。①

第二,法国以信托本土化为路径引入信托制度。与其他大陆法系国家一样,法国引入英美信托制度面临英美信托双重所有权、信托财产独立性等概念与原理的冲击。法国坚守大陆法系的传统,以罗马法信托为蓝本,以英美法信托制度的功能为参照,对原有民法传统的概念与体系进行改

---

① 叶朋:《法国信托法近年来的修改及对我国的启示》,载《安徽大学学报(哲学社会科学版)》2014 年第 1 期。

良,使信托在既有的法律体系中落地生根。信托制度的这一引进路径,“既维护了其国内法的内部和谐发展,也承认了在其他国家有效设立的信托制度”①。

二、德国信托制度的引人

(一)德国的信托应用

德国信托法上对信托关系的界定非常广泛。信托关系是指委托人财产上的全部合法的所有权益转移给受托人,双方达成一致,由受托人在某种限制下或基于特定目的以特定方式利用财产所有权。②

实践中德国的信托关系比较广泛,信托的类型大体划分为以下几种:③第一,他益信托与自益信托。他益信托指的是为了委托人、第三人利益而设立的信托;自益信托是为了受托人的利益而设立的信托。④ 第二,担保信托与管理信托。担保信托是为了担保受托人的债权而设立的信托;管理信托是指为了管理财产、经营等目的而设立的信托。第三,单方信托与双方信托。单方信托指信托关系的当事人仅限于委托人与受托人,受托人只服务于委托人一方;双方信托指信托关系当事人包括委托人、受托人及受益第三人三方,受托人为两方当事人服务。

下文主要介绍几种常见信托的应用场景及其相应的信托关系。⑤

第一,为财产绑定目的的信托关系,这是一种具有重要实践意义的信托应用。委托人可以在遗嘱中规定,在其死后财产归属某一个人,在之后的某个日期归属另一个人。典型的应用是,一个人遗嘱中规定其死后财产归属其妻子,之后财产在下列情形发生时归属他们共同的子女:子女达到特定的年龄、完成了特定的职业训练课程或妻子死亡、另嫁他人。在这种情形中,丈夫死亡后,一开始妻子是继承人,但她只是在某段特定的时间内是继承人,在财产归属共同的子女之前,妻子应当以受托人身份为子女管理财产,如果妻子不具备管理能力,可以指定一名执行人来管理财产。

第二,为慈善目的捐献财产的信托关系。在该种信托关系中,受托人

---

① 李世刚:《论〈法国民法典〉对罗马法信托概念的引入》,载《中国社会科学》2009 年第 4 期。

② Hein Kötz, *The Modern Development of Trust Law in Germany*, in David Hayton ed., Modern International Developments in Trust Law, Kluwer Law International, 1999, p. 50 – 51.

③ 孙静:《德国信托法探析》,载《比较法研究》2004 年第 1 期。

④ 德国有关自益信托与他益信托的区分标准与我国存在较大差异,我国信托法学者认为,自益信托是为了委托人的利益而设立的信托,为了委托人之外的人设立的信托为他益信托。

⑤ Hein Kötz, *The Modern Development of Trust Law in Germany*, in David Hayton ed., Modern International Developments in Trust Law, Kluwer Law International, 1999, p. 51 – 56.

不为特定人的利益管理信托财产,而基于特定的慈善目的管理财产。基于慈善目的捐献财产有两种法律机制:一是根据相关的法律规定设立具有法人人格的基金会,基金会的设立应获得政府当局的批准,并由政府当局对基金会的运营进行监管。由于设立独立的基金会花费较高且较为复杂,所以一般在捐献额度较大时才会采用。二是捐献额度较小时,一般设立不具有法人人格的独立基金会,由委托人在生前或通过遗嘱把财产转移给其他自然人或像大学、教堂等种类的法人,由受托人把受让财产与自有财产进行区分独立保管,并将受让财产所得用于规定的慈善目的。

第三,管理信托包含两种情形:一是受托人为了委托人的利益管理转移给他的财产;二是转移给受托人的财产是为了担保受托人对委托人享有的一项权利。第一种情形有几种信托关系。一是投资者与投资公司形成的信托关系,投资者把金钱转移给投资公司,并指示投资公司将其金钱与其他投资者的资产一起进行投资,投资获得的股份与土地等财产形成一个与投资公司财产相独立的基金,由投资公司尽到合理的注意义务与运用适当的技能对财产以自己的名义进行管理。二是在信托账户中,某人在银行开立账户并且知晓其存入账户的金钱只能由作为受托人的人持有。这种账户通常是由公证人开立并作为受托人的账户,比如,土地的买方把土地款存入信托账户而不是直接支付给卖方,只有当买方进行土地登记不存在任何障碍时才把土地款支付给卖方。第二种情形中,担保信托包括转移财产作为担保和转移权利作为担保。企业在资本市场中融资发行债券,以其土地进行抵押提供担保,现实中不可能向每一个债券持有人转移担保权益,因此设立信托,债券持有人同意银行作为抵押名义权利人进行抵押登记,银行应当以受托人身份为债券持有人利益管理抵押事务。在公司法领域也会形成重要的信托关系。在一些人合公司(personal company)及公众公司的股东不想自己行使股东权利,而是希望由第三人代其行使。股东将其股份转移给受托人,受托人因而取得全部股东权利,但受托人应当根据其与每个股东的合同为了股东的利益行使权利。

(二)德国的信托法制

就信托而言,德国是一个不承认普通法信托的大陆法系国家。虽然德国使用信托有多方面的原因,使用信托的情形也不少,但是信托这一概念在民法中没有一个对应物。①德国没有专门的立法调整信托设立的问题,德国也没有批准国际私法协会通过的《海牙信托公约》,但这并不能

① Alexander Fürwentsches, *The (Non) Recognition of Trusts in Germany*, 2 Insight 4 (2015).

阻止信托在德国的出现以及其法律对信托关系的调整。对于一般意义上的信托关系来说,德国不存在特定的成文法规则,特别是信托法。并且以海因·克茨为代表的德国学者认为,可适用的民法规则足以对信托法的现实问题提供足够灵活的适当调整,没有必要制定一部信托成文法。①

具体来说,德国对信托关系的法律调整主要通过既有成文法规则以及法院通过判例所发展出的规则。信托设立的法律关系通常是由民法的一般法律规则调整。通过合同手段设立的信托,信托合同的成立、效力、撤销、终止等问题均适用《德国民法典》的一般规定。在委托人与受托人形成信托关系后,两方当事人权利义务的确定在《德国民法典》中都会找到对应的调整规则。② 有些信托关系中的问题则是通过法院的判例形成的规则调整的,即司法部门通过判例发展出适用于信托关系的特定规则,它们属于"法官造法"。如面对信托实践中受托人破产时如何确定信托财产的法律地位问题,法院通过判例提出了直接原则,即受托人直接从委托人处获得财产成立信托,受托人如果破产,委托人对信托财产享有取回权,不过,委托人可以取回的财产仅限于保持了原始状态的信托财产;对于受托人为委托人、受益人从第三人处取得的任何财产,或者受托人以信托财产购买、转换的财产,因信托财产受损而获得的赔偿,委托人都不再享有取回权。③

德国的信托法理论是由学者从罗马法及日耳曼法的历史中挖掘出来的,并由法院通过案例进行了采用与发展,逐步获得了理论界与司法界的认可。④ 德国在理论与实践上认可信托制度,但是针对信托并没有专门立法,而是把信托纳入既有的以民法为主导的法律框架内,完全以大陆法系的思维与制度调整德国信托实践,这体现出其独特的制度特征和鲜明的信托实践发展路径。

三、日本信托法制的移植与发展

(一)日本移植信托制度的原因

日本的好战性是信托法引入日本的直接原因。19 世纪末 20 世纪初,

① Hein Kötz, *The Modern Development of Trust Law in Germany*, in David Hayton ed., Modern International Developments in Trust Law, Kluwer Law International, 1999, p. 50.

② 孙静:《德国信托法探析》,载《比较法研究》2004 年第 1 期。

③ Hein Kötz, *The Modern Development of Trust Law in Germany*, in David Hayton ed., Modern International Developments in Trust Law, Kluwer Law International, 1999, p. 58.

④ 孙静:《德国信托法探析》,载《比较法研究》2004 年第 1 期。

日本与俄国、中国的战争使日本产生了大量的资金需求,为了到英国伦敦金融市场上融资,1905 年日本制定了《附担保公司债信托法》。虽然信托进入了日本,但是社会公众对信托并没有一般的理解,再加上当时的"信托公司"根本不经营信托业务,监管者认为应当制定"信托业法"来进行规范,然而当时的日本还没有信托基本法来定义信托、调整信托关系。因此,1922 年,日本同时发布了《信托法》与《信托业法》。由此可以看出,日本制定《信托法》的主导性目的就是发动战争筹集资金,在立法顺序上,是由于《信托业法》的需要推动了《信托法》的制定,而不是先有信托基本法后有组织法的逻辑顺序。①

(二)日本《信托法》的修正

日本 1922 年《信托法》实施 80 多年后,2006 年日本国会通过信托法修正案,实现了"日本信托法制现代化"的变革。2006 年日本《信托法》的修正主要体现于以下几个方面:

第一,修正后的信托法增加了任意性的法律规范,信托的安排更为灵活。② 日本的信托法制主要是以银行作为受托人的商事信托发展起来的,旧《信托法》主要以信托公司等商事主体作为调整对象,因此,强行性的法律规范较多。新《信托法》着眼于信托制度运用的便利性,扩展信托的运用空间③,基于对当事人意思自治的尊重,新法增加了大量的任意性规范。④ 以委托人的权利为例,旧《信托法》对委托人的权利作了明文列举,而新《信托法》借鉴美国 UTC 的立法体例,对强行性规定与任意性规定做了区别规定。新法规定有关委托人的 20 项权利,委托人可以采取约定的方式,确定自己的权限范围。⑤

总体来说,信托法应当属于私法范畴,相应的信托法原则上应属于任意法。日本在 2006 年《信托法》的修改中增加任意性规范、减少强行性规范的做法,体现了信托法的属性。⑥ 修正后的信托法对商事信托和民事信

① 周勤:《日本〈信托法〉的两次价值选择——以意定信托委托人的权利为中心》,载《华侨大学学报(哲学社会科学版)》2010 年第 3 期。

② [日]神作裕之:《日本信托法及信托相关法律的最新发展与课题》,杨林凯译,载《中国政法大学学报》2012 年第 5 期。

③ 文杰:《日本〈信托法〉的修改及其借鉴意义》,载《河北法学》2011 年第 12 期。

④ 文杰:《日本〈信托法〉的修改及其借鉴意义》,载《河北法学》2011 年第 12 期。

⑤ 周勤:《日本〈信托法〉的两次价值选择——以意定信托委托人的权利为中心》,载《华侨大学学报(哲学社会科学版)》2010 年第 3 期。

⑥ 文杰:《日本〈信托法〉的修改及其借鉴意义》,载《河北法学》2011 年第 12 期。

托共同调整,①以及促进民事信托的发展等观念的转变,②成为日本新信托法任意性规范增加的主要原因。

第二,受托人义务的修正。旧《信托法》第 20 条规定了受托人以善良管理者的标准处理信托事务;除非另有规定的不得已事由,受托人应当自己处理信托事务;第 28 条规定信托财产应当与受托人的固有财产、不同的信托财产分别进行管理。

新《信托法》对受托人的义务进行了多方面的修正。其一,明确了受托人的忠实义务。新《信托法》第 30 条规定,受托人应为受益人的利益忠实地处理信托事务。其二,放宽了受托人自己处理信托事务的标准,新《信托法》规定,应当由受托人还是第三人来处理信托事务以符合信托目的为判断标准,不似旧《信托法》严苛。其三,旧法中受托人的善良管理人义务与分别管理义务是法定义务。当事人不得变更与排除,新《信托法》规定上述两项义务可以通过当事人的合意来调整。其四,增加了受托人公平对待两个以上受益人的义务。③

信托也可以理解为信赖的法律缩影,④新《信托法》把受托人在旧《信托法》中的法定义务变更为当事人可以合意调整的约定义务,受托人义务规范从强制性规范转变为任意性规范,表明了立法者对信任作为产生信托基础态度的转变:信任不能仅靠法律来维系,当事人之间信任的增加才是营造信托信义关系的基石。

第三,委托人权利的调整。在日本旧《信托法》中,委托人的权利畸大,几乎到了与所有人相同的程度,其主要原因在于缺乏信托传统,英美信托法上赖以制衡受托人的严格受信义务根本无从建立。故立法者最为迫切的考量因素是监督而不是授权,是安全而不是效率,是防弊而不是兴利。在没有足够的理论支撑的前提下,将既有的信托关系进行解构,赋予委托人极大的权限,以期其能够和受益人共同制衡受托人。⑤

新《信托法》对于委托人的权利进行了较大的调整。其一,取消了旧《信托法》中委托人部分权利,如委托人及其继承人的强制执行异议权、请求受托人弥补损失权、委托人的继承人变更信托财产管理方法等权利;其

---

① 赵廉慧:《日本信托法修改及其信托观念的发展》,载《北方法学》2009 年第 4 期。
② 赵廉慧:《日本信托法修改及其信托观念的发展》,载《北方法学》2009 年第 4 期。
③ 文杰:《日本〈信托法〉的修改及其借鉴意义》,载《河北法学》2011 年第 12 期。
④ [日]神作裕之:《日本信托法及信托相关法律的最新发展与课题》,杨林凯译,载《中国政法大学学报》2012 年第 5 期。
⑤ 周勤:《日本〈信托法〉的两次价值选择——以意定信托委托人的权利为中心》,载《华侨大学学报(哲学社会科学版)》2010 年第 3 期。

二，把委托人在旧《信托法》中的法定权利变更为约定权利，如委托人要求受托人承担违信责任的权利、请求受托人说明信托事务处理状况的权利、受托人辞任同意权、申请法院选任新受托人的权利、申请法院为信托财产管理命令的权利等；其三，规定委托人不经信托行为约定不能取得的权利，如撤销受托人违反权限行为的权利、要求查阅信托财产账簿及信托文件的权利、要求受托人补偿损失的权利等权利。

日本新《信托法》中传递的一个明显信息就是限缩委托人在旧《信托法》中被拉抬得畸高的权利，这体现了理性主义的思路。①

第四，充实了受益人的权利。首先，新《信托法》增加受益人保护制度。如规定了受益人为2人以上意思决定的特例，以调整多个受益人之间的利益关系；规定受益人重要的权利不得加以限制；增加了信托监督人和受益人代理人制度；增加了请求受托人停止侵害行为的权利。其次，取消了对受益人利益保护不利的规定。如新法删除了对受益人请求补偿的规定。

第五，增加了信托设立方式与信托的类型。旧《信托法》规定信托只能以遗嘱和合同方式设立，新《信托法》规定委托人可以宣言方式设立宣言信托。另外，新《信托法》还认可委托人设立事业信托、限定责任信托、目的信托和受益人证券发行信托等新型信托。

（三）日本信托法修正的启示

日本信托法制定初衷是为满足信托业发展的需要，规范的设计是以信托在商事领域中的应用为基础的，因此，旧《信托法》中多为强制性规范。《信托法》修正前，日本学者很少以民事信托为中心讨论信托法理，在实务中民事信托也没有多大发展，这种状态持续了很长时间。②

修正后的信托法确立了民事信托、商事信托与公益信托共同适用的规则，以期法制的发展能满足社会经济需求。③ 修正后的信托法任意性规范增多，保障当事人意思自治更多的空间，使当事人的权义关系更多体现当事人的意志，这些无疑表明了日本信托立法目的的变化：从原来着重信托在商事领域的应用向扩大信托在民事领域的应用转化。这种立法目的的变化，从长期来看，有利于形成信托传统与信托文化，对扩大信托制度在民事、商事、金融领域的应用有积极的推动意义。

---

① 周勤：《日本〈信托法〉的两次价值选择——以意定信托委托人的权利为中心》，载《华侨大学学报（哲学社会科学版）》2010年第3期。

② 赵廉慧：《日本信托法修改及其信托观念的发展》，载《北方法学》2009年第4期。

③ 文杰：《日本〈信托法〉的修改及其借鉴意义》，载《河北法学》2011年第12期。

日本信托法的修正也是学者长期研究和推动的结果。自20世纪20年代引入信托制度后,学者就不断结合其整体的法律传统,特别是结合民法理论对信托制度进行研究,尝试以民法理论来解释信托、构造信托,使信托与其他法律制度实现较好的衔接。

四、法、德、日信托法制发展的特点

法、德、日是三个较为典型的大陆法系国家。三个国家的信托法制发展表现出截然不同的特征。

法德两国的信托法制更加注重信托法制发展的逻辑自洽性与路径的内生性。法德两国都注重从与其固有的大陆法系法律制度一脉相承的罗马法中挖掘信托的理论源头,使信托制度可以在大陆法系的理论体系中得到解释与认可,得以自然而然地融入目前的大陆法系法律制度。在这种路径上发展起来的信托制度既可以服务于社会、经济、文化等各方面对信托制度的需求,又可以保障信托制度在既有的制度理论基础和框架内得以生成与发展,使信托制度在内生的制度路径上与其他制度形成一个相融的制度整体。

同时,法德两国信托调整规则生成路径存在差别。法国从罗马法信托概念出发,借鉴英美信托法的经验,在民法典中增设信托编,为信托活动制定了专门的调整规范。德国没有为调整信托制定专门规则。一方面,可以通过既有的民法规范调整信托法律关系;另一方面,可以通过法院判例生成新的调整规则。两国通过不同路径生成的规则对信托法律关系进行调整。

日本作为大陆法系国家,其信托制度的生成与发展路径与法德两个国家截然不同。在20世纪20年代,日本以移植的方式引进英美的信托制度,经过近百年的改造与完善,信托业务与信托制度都成为日本稳定发展的一个方面。日本移植信托制度后,学者就开始了一个长期的阐释工作,力图把英美的信托制度通过其采用的大陆法民法理论进行解释和研究,如对委托人、受益人权利的性质等问题的探索。在对信托制度长期研究及普及过程中,信托制度的应用也逐渐从商事领域向民事领域扩张,因此,2006年日本《信托法》的修改也确定了信托法作为民事、商事和公益信托共同规则的定位。制度移植必然面临一个较为漫长的制度融入过程,一方面,制度移植后需要一个较为长期的制度认同过程,需要社会对其进行较为全面的认识;另一方面,在制度适用层面,制度移植后面临一个长期的制度试错和不断完善的过程,只有在制度的具体适用过程中,才能不断发现问题

并使制度逐步完善起来。同时,在认识论层面,移植制度后,是在原有的制度理论与框架内对移植的制度进行解释与再造,还是借助移植制度自身的理论基础与制度框架对移植的制度进行阐释与再造也是长期选择的过程。

第二节　国内研究对信托法制问题的检视

2001 年我国颁布并实施的《信托法》获得了不少学者的肯定与赞许。张淳教授曾两度撰文详细历数了我国信托法的创造性规定。他在文章中指出我国信托立法中有多项创造性的规定:信托合同定性为诺成合同、委托人享有信托财产所有权、信托登记是信托的生效要件、委托人干预信托的权利、委托人变更受益人或解除信托的权利、受托人的信托保密义务、受益人不确定信托无效以及公益信托中的信托监察人制度等内容。① 在同年的另一篇文章中,他讨论了下列内容:信托合同在形式上采用绝对要式原则、禁止设立索债信托、特定情形下受益人选任受托人、自益信托受益人人格丧失后信托财产转变为遗产或者清算财产、委托人作为受益人之一人格丧失使受益权转变为遗产或者清算财产、委托人对不当行为的撤销权、受托人谋取自我利益时归入信托财产、受托人职责终止又无新受托人时受托人的产生办法、部分受益人放弃受益权时的处理、受托人信托终止时受偿权与报酬权的行使等。② 有研究认为,委托人基于对受托人的信任将自己的财产委托于受托人管理、处分,同时避开信托财产所有权的归属这一难题,克服了信托财产所有权转移所产生的缺陷,体现了很高的立法艺术。还有学者肯定了信托立法的务实精神,而不纠缠于理论的争辩。③ 有研究在对比了几个国家的信托定义之后,认为我国《信托法》规定的信托定义是值得赞赏的。④

从制度生成角度分析,我国的信托制度与日本类似,是通过移植方式建立的。我国《信托法》经过 20 多年的理论检验与实践验证,存在的问题逐渐显现,从宏观的立法功能定位到具体的规则设计,相关研究进行了较为全面的揭示。

---

① 张淳:《〈中华人民共和国信托法〉中的创造性规定及其评析》,载《法律科学(西北政法学院学报)》2002 年第 2 期。

② 张淳:《〈中华人民共和国信托法〉中的创造性规定及其评析(续)》,载《南京大学法律评论》2002 年第 2 期。

③ 潘嘉玮:《论信托的法律性质及我国〈信托法〉的得失》,载《广东社会科学》2002 年第 1 期。

④ [日]中野正俊、张军建:《从比较信托法看中国信托法的立法及其解释》,载《中南大学学报(社会科学版)》2003 年第 1 期。

一、《信托法》功能定位存在偏差

在《信托法》的立法过程中曾出现两种思路：一是制定主要规范商业信托的信托法；二是制定调整包括营业信托、民事信托和公益信托在内的信托法。最终立法者立足于建立基本信托制度，使信托能在较为广泛的民事行为和经济活动中应用，选择了制定调整范围较宽的立法思路。① 因此，《信托法》成为委托人、受托人、受益人三方信托当事人从事民事信托、营业信托和公益信托活动的基本规范。

作为调整信托活动的基本法，它应当是民事信托、营业信托与公益信托活动共同适用的规范，是三种性质差别很大的信托活动共同的行为规则。然而功能定位并没有完全体现于《信托法》的始终。

首先，《信托法》定位于调整信托活动的基本法律规范，但是其中很多规范的内容与性质与定位并不一致。无论是民事信托，还是营业信托、公益信托，它们在本质上都属于民商事活动，对于民商事活动的法律调整一般遵循意思自治原则，而我国《信托法》强行性规范的存在挤压了民商事活动意思自治的空间，如信托应当以书面形式设立、应登记而未登记的信托不生效等规定。我国信托活动本不活跃，立法又对信托行为规范进行较为严格的形式限定，这不利于信托活动在民事领域中的发育。自《信托法》颁布实施以来，信托在民事领域的应用较少，从法院立案的民事信托纠纷案件数量就可以窥见一二。

其次，从长远看，《信托法》也难以对商事信托的发展提供足够的信托理念与信托精神支撑。信托在我国民事领域未得到充分发育，信托文化尚未形成。我国制定《信托法》的初衷是规范信托在商事活动中的应用，这无疑解释了我国《信托法》中存在强行性规范的原因，而这种功利性的立法导向对商事信托健康发展的促进作用也受到了抑制。没有信托文化土壤的滋养，商事信托活动也就没有真正的根基。作为商事信托受托人的信托公司滥用职权，违背受托人职责的案例并不鲜见。从 1979 年到 1999 年，我国信托业先后经历了五次清理整顿。2002 年信托业形成“一法两规”[《信托法》、《信托投资公司管理办法》(已失效)、《信托投资公司资金信托管理暂行办法》(已失效)]的监管格局，但严格监管也未能杜绝作为商事信托受托人的信托公司违法违规的经营活动。2023 年 5 月 26 日，重

---

① 卞耀武：《信托关系规范化及其现实意义》，载中国人大网 2003 年 11 月 14 日，http://www.npc.gov.cn/npc/c12434/c1793/c1854/c2210/201905/t20190523_6749.html。

庆市第五中级人民法院发布公告，裁定宣告新华信托股份有限公司（以下简称新华信托）破产。新华信托成为《信托法》颁布后第一家破产的信托公司。根据原中国银保监会重庆监管局2022年7月6日发布的“渝银保监罚决字〔2022〕30号”行政处罚信息公开表，新华信托存在信托受益权违规转让、不事先报告关联交易、违规审批与关联方业务等13项违法违规经营活动。① 2024年4月1日，国家金融监督管理总局四川监管局在“川金监复〔2024〕91号”批复中同意四川信托依法进入破产程序。四川信托成为继新华信托之后第二家破产的信托公司。早在2020年12月22日，原中国银保监会四川监管局官网通告指出，四川信托违反审慎经营规则，背离受托人职责定位，向相关股东及其关联方输送信托资金，损害信托产品投资者和公司债权人合法权益。②

二、部分信托法基础理论未达成共识

立法层面表现出来的问题其实不单单是技术问题，它也折射出我国在制定信托法的过程中理论研究薄弱、理论准备不足的问题。

（一）信托财产所有权问题

现代信托制度是源于英美法系的法律制度，“双重所有权”、受托人的“信义义务”是英美信托两个重要特色，但这种特色成为大陆法系国家确立信托制度需要着力解决的理论难题。

一些大陆法系传统的国家和地区移植信托制度时，结合本国或本地区的法制传统与现状进行了制度的创新与融合。加拿大魁北克地区的《魁北克民法典》将信托界定为一个法人，可以独立享有权利和承担义务，信托可以对信托财产享有所有权，从而解决了英美信托财产双重所有权在大陆法系物权法体系下的转化问题。③ 法国引进信托制度时，以罗马法中的管理信托、担保信托和转给信托三种信托为原型，参照英美信托的制度功能，对原有传统的资产观念进行改革，引进“特定用途资产”理念，构建了自己的信托制度体系。“与其说英美法制度对法国原有的概念和制度带来冲击，不如说，为满足实务需要，法国通过对罗马法信托的改装，对教条的‘一人

---

① 《业内首家！新华信托被宣告破产，有何警示?》，载中国新闻网2023年5月30日，https://www.chinanews.com.cn/cj/2023/05-30/10016709.shtml。

② 《四川信托4家股东被采取监管强制措施》，载四川地方金融监管局官网2020年12月23日，https://dfjrjgj.sc.gov.cn/scdfjrjgj/gzdt/2020/12/23/2a64f0b6ffd7401eb2388f4bf87087a0.shtml。

③ 钟瑞栋、陈向聪：《信托法》，厦门大学出版社2004年版，第46~47页。

一产'观念进行修正，维护和更新了其传统的民法体系。"①

前述加拿大魁北克地区与法国移植信托制度的做法，都是在维护自身法制体系完整自洽的前提下进行相应的制度创新，既引入了信托制度，又维护了自身法制的统一，使信托制度与原有的法律制度实现融合与衔接，在原有的法制体系与传统下构建起本国或本地区特色的信托制度。

我国《信托法》的信托概念并没明确信托财产所有权的归属，这引发了不少的批评声音。有观点强调，我国信托财产所有权归属的"真空"状态，与把信托财产所有权赋予受托人一样不可取，首先，它不利于受益人的利益保护；其次，它不利于委托人与受益人的债权人保护。② 还有观点指出，信托的定义用"委托"一词没有揭示出信托的本质属性，不利于信托财产所有权归属的确定，与信托的基本理念不符，成为很多纠纷产生的根源。③ 另有观点认为，在信托财产方面我国信托立法与各国法律成例不尽一致，大致在于立法者对受托人所享有的特殊财产权（所有权与利益相分离）与我国固有的财产权利体系能否相容存有顾忌。不确定信托财产的归属会导致三方面的问题：不利于受托人法律地位的确立；不利于保障受益人权益；不利于正确适用信托法律。④ 有研究从我国物权法律制度与英美法系信托财产制度存在的冲突出发，认为我国《信托法》没有明确信托财产权的归属、没有真正独立的信托财产、没有建立受托人权力规制机制等制度缺陷，造成信托权利机制的失衡，阻碍了我国商事信托的发展。⑤

立法未确定信托财产所有权的归属，学者因此进行各种探讨论证。有学者认为，信托财产所有权由委托人享有，这是我国《信托法》的创造性规定，因为英美信托法与日本信托法中的相应规定均确认信托财产所有权由受托人享有；⑥有学者强调，信托财产归属成为我国在信托法移植过程中最难解决的一个问题，信托财产归属不确定不利于受益人、委托人以及他们的债权人的保护，应将信托财产的所有权赋予受益人；⑦有学者指出，为减少法律移植的难度，充分发挥信托制度的核心功能，我国应该在信托法

① 李世刚：《论〈法国民法典〉对罗马法信托概念的引入》，载《中国社会科学》2009 年第 4 期。

② 温世扬、冯兴俊：《论信托财产所有权——兼论我国相关立法的完善》，载《武汉大学学报（哲学社会科学版）》2005 年第 2 期。

③ 施天涛、周勤：《商事信托：制度功能、功能实现与立法调整》，载《清华法学》2008 年第 2 期。

④ 盛学军：《中国信托立法缺陷及其对信托功能的消解》，载《现代法学》2003 年第 6 期。

⑤ 陈雪萍：《论我国商事信托之制度创新》，载《法商研究》2006 年第 3 期。

⑥ 张淳：《条款增补：我国信托法中的重要创造性规定的完善》，载《河北法学》2005 年第 12 期。

⑦ 温世扬、冯兴俊：《论信托财产所有权——兼论我国相关立法的完善》，载《武汉大学学报（哲学社会科学版）》2005 年第 2 期。

中明确规定将信托财产的所有权赋予受托人;①除了在委托人、受托人与受益人之间确定信托财产所有权的归属之外,还有学者跳出三选一确权路径,认为我国《信托法》中委托人、受托人和受益人的权利义务关系实质是信托财产所有权权能的分割,是考察英美信托财产所有权理论的信托制度创新;②信托委托人、受托人、受益人均有所有权;③与此相对,有学者认为,无论以信托制度理念还是以大陆法系所有权理念考察,委托人、受托人或受益人均无信托财产之所有权。④ 还有学者从实现信托制度本土化的角度对信托财产进行研究,指出"以控制所有权和受益所有权来解构信托权利结构,以财产归属和财产利用的分离来解释信托关系",可以跨越大陆法系与英美法系之间的鸿沟,具体来说,可以通过"一个体系,两种制度"的方案来解决信托财产所有权归属问题,即我国的财产权制度可以接纳英美法系国家财产法的精神,接纳信托财产权分离这一法律现象。⑤

(二)信义义务制度理论研究不足

信义义务制度在英美信托法制中极具特色。我国学界对英文 fiduciary duty 的译法并不一致,除了译作"信义义务"之外,还有的译作"诚信义务"、⑥"受托人责任"、"信托义务"。⑦ 自 20 世纪 90 年代以来,学者开始了对信义义务的研究。

1. 信义义务研究的主要领域

第一,信义义务基础理论的研究,包括对信义概念、法理等内容的探讨。有学者提出信义义务是为了委托人最大利益行事的利他性义务,并概括信义义务产生的多种理论。⑧ 有学者强调信义义务包括忠实义务与注意义务,核心是维护受益人唯一利益或最佳利益的忠实义务,注意义务主要通过谨慎投资人规则、商业判断规则等规则确定。⑨ 有学者认为信义义

---

① 于海涌:《论信托财产的所有权归属》,载《中山大学学报(社会科学版)》2010 年第 2 期。

② 胡光志、陈晴:《权能分割:论我国〈信托法〉之信托财产所有权》,载《郑州大学学报(哲学社会科学版)》2006 年第 6 期。

③ 郭玉萍:《信托财产的所有权归属》,载《河南金融管理干部学院学报》2002 年第 5 期。

④ 李勇:《信托财产所有权性质之再思考》,载《时代法学》2005 年第 5 期。

⑤ 陈雪萍:《论我国商事信托之制度创新》,载《法商研究》2006 年第 3 期。

⑥ 邓峰:《普通公司法》,中国人民大学出版社 2009 年版,第 438 页;[美]卡塔琳娜·皮斯托:《转型的大陆法法律体系中的诚信义务:从不完备法律理论得到的经验》,许成钢译,载吴敬琏主编:《比较》第 11 辑,中信出版社 2004 年版,第 127 页;朱慈蕴:《资本多数决原则与控制股东的诚信义务》,载《法学研究》2004 年第 4 期。

⑦ 薛波主编:《元照英美法词典》,法律出版社 2003 年版,第 55 ~ 56 页。

⑧ 范世乾:《信义义务的概念》,载《湖北大学学报(哲学社会科学版)》2012 年第 1 期。

⑨ 徐化耿:《信义义务的一般理论及其在中国法上的展开》,载《中外法学》2020 年第 6 期。

务理论具有较强的理论诠释力,可以适用于信托、代理、公司及合同等制度领域。① 就我国信义义务制度而言,有研究强调我国司法实践中信义义务处于缺失状态,原因在于成文法中信义义务内涵、轮廓不清,缺乏逻辑主线,应当结合我国传统"信""义"文化在现代化解释的基础上构建民商事法律制度中的信义义务制度。② 还有学者指出,我国的信义义务制度源于对信托制度的移植,基于对日本法与德国法的比较研究,我国的诚实信用原则适宜作为信义义务的法理基础。③

第二,公司法领域中的信义义务研究较为集中,主要包括实际控制人的信义义务,控股股东的信义义务,董事、高管的信义义务等领域。在董事的信义义务制度研究方面,有研究通过对美国司法实践与学者相关研究的概括,提出应当区分董事与兼任公司高管董事的注意义务的标准和归责原则。④ 而我国董事信义义务责任制度的国际评价较低,应当从注意义务和忠实义务两个角度完善董事信义责任制度。⑤ 有研究则提出通过对忠实义务与注意义务范畴适度扩张的方式对董事信义义务进行重组的观点。⑥在公司财务恶化及破产情形下,有研究强制公司董事信义义务的受益人从股东向债权人转化。⑦ 就股东的信义义务方面而言,有学者梳理了英美等国家控股股东的信义义务规则,指出我国应当引进股东信义义务规则;⑧有研究则认为我国公司法上对控制股东的信义义务已经有所涉及,但内容缺乏可操作性,违信责任也存在不完善之处;⑨然而也有研究强调,控股股东在行使管理权时其信义义务对象只是公司,而不是小股东,主张控股股东对小股东的信义义务可能会损坏公司制度根基、抑制投资者积极性。⑩

---

① 彭插三:《信义法律关系的分析及适用》,载《湖南社会科学》2010年第3期。

② 王莹莹:《信义义务的传统逻辑与现代建构》,载《法学论坛》2019年第6期。

③ 楼建波、姜雪莲:《信义义务的法理研究——兼论大陆法系国家信托法与其他法律中信义义务规则的互动》,载《社会科学》2017年第1期。

④ 樊云慧:《公司高管义务与董事义务一致吗?——美国的司法实践及其对我国的启示》,载《环球法律评论》2014年第1期。

⑤ 王艳梅、祝雅柠:《论董事违反信义义务赔偿责任范围的界定——以世界银行〈营商环境报告〉"董事责任程度"为切入点》,载《北方法学》2019年第2期。

⑥ 梁爽:《董事信义义务结构重组及对中国模式的反思——以美、日商业判断规则的运用为借镜》,载《中外法学》2016年第1期。

⑦ 陈鸣:《董事信义义务转化的法律构造——以美国判例法为研究中心》,载《比较法研究》2017年第5期。

⑧ 张学文:《封闭式公司中的股东信义义务:原理与规则》,载《中外法学》2010年第2期。

⑨ 刘凯:《控制股东的信义义务及违信责任》,载《政法论坛》2009年第2期。

⑩ 周淳、肖宇:《封闭公司控股股东对小股东信义义务的重新审视——以控股股东义务指向与边界为视角》,载《社会科学研究》2016年第1期。

还有学者介绍了英国公司法中公司发起人对公司的信义义务。①

第三,近些年来金融资产管理领域的信义义务研究方兴未艾。就信义义务的作用,有研究认为,可以利用信义义务的灵活性与原则性,倒追公司高管不当运用金融创新的产品责任,协调金融市场效率与安全、发展与稳定的关系。② 就客户与资产管理业者之间的关系而言,有学者认为两者之间是一种特殊的信托关系,进而形成信义关系,资产管理业者对客户负有的信义义务包括忠实义务与注意义务两个方面。③ 有文章专门分析了私募股权基金管理人对投资人的信义义务,认为以忠实义务和注意义务为核心的信义义务存在于管理人对基金募集、投资、管理和退出的整个运行过程之中。④ 在证券投资咨询领域,有学者指出,证券投资咨询机构与客户之间形成信义关系,引入信义义务制度有利于保护投资者合法权益。⑤ 在银行理财领域,有研究认为因为理财业务人员向客户推荐、劝诱和推销理财产品,二者之间从而建立信义关系,个人理财业务人员对客户负有信义义务。⑥ 另外,智能投顾领域的信义义务制度研究成为前沿性的内容。有学者认为我国应当建立智能投顾信义义务制度,构建智能投顾的行为规则;⑦随着算法在金融领域中的广泛应用,投资者对算法的依赖越来越大,算法的拥有者与控制者应当纳入信义义务的主体范畴。⑧

除了以上几个比较集中的领域之外,还有部分研究把信义义务置于公务员⑨、著作权集体管理⑩、食品⑪、律师业务⑫、合伙人⑬、监护法⑭等语境中进行研究。

---

① 刘刚仿:《英国法中公司发起人对公司的信义义务》,载《中南财经大学学报》1999 年第 6 期。
② 甘培忠、雷驰:《对金融创新的信义义务法律规制》,载《法学》2009 年第 10 期。
③ 董新义:《资产管理业者的信义义务:法律定位及制度架构》,载《求是学刊》2014 年第 4 期。
④ 肖宇、许可:《私募股权基金管理人信义义务研究》,载《现代法学》2015 年第 6 期。
⑤ 倪受彬、张艳蓉:《证券投资咨询机构的信义义务研究》,载《社会科学》2014 年第 10 期。
⑥ 王继远:《论商业银行个人理财业务人员之信义义务》,载《社会科学家》2016 年第 8 期。
⑦ 钟维:《中国式智能投顾:本源、异化与信义义务规制》,载《社会科学》2020 年第 4 期。
⑧ 刘怿:《算法语境下信义义务在金融领域的扩张》,载《江西财经大学学报》2020 年第 6 期。
⑨ 王继远:《公务员信义义务的理据分析与立法设想》,载《理论探索》2016 年第 4 期。
⑩ 姚朝兵:《著作权集体管理的信托法规制:信义义务的视角》,载《华北电力大学学报(社会科学版)》2015 年第 4 期。
⑪ 刘鑫:《中国食品信义义务"重塑"之信息披露策略的思考》,载《华北电力大学学报(社会科学版)》2011 年第 6 期。
⑫ 陈雪娇、王继远:《论律师信义义务》,载《昆明理工大学学报(社会科学版)》2009 年第 12 期。
⑬ 王继远:《合伙人信义义务问题探讨》,载《理论探索》2009 年第 2 期。
⑭ 朱圆:《论信义规则在我国成年监护法中的引入》,载《政治与法律》2019 年第 2 期。

2. 我国信义义务制度研究存在的问题

虽然信义义务制度成为我国法学界研究热点，研究范围、研究深度有了大幅度的提高。但是，在相关的研究成果也出现的一些现象值得学界注意。

(1)未形成共同信义义务话语平台

信义义务源于英美普通法。英美法中的信义义务产生于普通法与衡平法两个领域的分野，信义义务的产生是对当时普通法僵硬与机械的纠偏，以实现公平正义的社会目标。首先，信义义务产生的社会背景从一个侧面决定了它适用的限定性，即它只能适用于特定的社会关系，具体而言，主要是基于信赖导致一方事实上决定或支配着另一方利益的社会关系。一般而言，信义关系中，一方基于对受信人的高度信任，把事务管理或财产管理委托于受信人，并授予其较大的自由裁量权，从而使自己(或第三方受益人)处于一种易受受信人侵害的境地。基于信义关系的特殊性，英美法判例法与成文法才规定了受信人较为严苛的信义义务，以保障委托人(受益人)的最佳(大)利益的实现。虽然在普通法系国家，信义义务的适用范围呈现逐步扩大的趋势，但可以确定的是，它不可能成为一般民事关系普遍适用的义务制度。其次，信义义务属于私法性质的特别义务制度范畴，主要适用于代理、公司、信托以及其他存在高度信任的社会关系领域。

我国部分学者对信义义务制度的研究并没有在信义义务的基本内涵与特征约束下进行。以前文提及的公务员的信义义务制度构建为例，首先，这种构建把信义义务的适用范围从私法扩展到公法领域，如前所述，信义义务是一种责任较为严苛、行为标准较高的义务，向公务员群体施加信义义务，无疑会加重该群体的职业风险与法律责任。其次，公务员信义义务的构建并不符合通常的信义义务理论范式，在信义关系中，受信人应当维护受益人的最佳(大)利益，按该理论构建，作为受信人的公务员应当忠于国家与人民，但该理论构建把行政相对人作为信义义务的对象，换言之，公务员应当谋取行政相对人的最佳(大)利益，这无疑会导致公务员的两难选择问题：行政相对人并不是任何时候都和国家、人民有着一致的利益，两者利益不一致时无疑会使公务员面临抉择困境。

英美信义义务制度的发展主要依赖判例法的特色路径，法官在规则的确定上享有较大的话语权。在英美的公司法领域，通常认为董事与高管等管理层对公司负有信义义务，后来通过判例把信义义务扩展到控股股东与小股东的关系上，但是信义义务的适用一般会确定特定的适用范围，并不会认为两者之间的关系全部适用信义规则来调整。法院对某些主体信义义务所作判决也是在特定语境中才成立的，如控股股东的信义义务通常限定于公司“排挤”(freeze-out)与封闭型公司两种情况。① 有研究表明，构建公司实际控制人信义义务法律机制，在未阐明实际控制人为何要承担信义义务、对哪些主体承担信义义务、在什么情形下承担信义义务等基本问题的情况下，认为公司实际控制人负有信义义务，并以此为基础讨论了实际控制人信义义务的监督机制、程序保障机制和责任追究机制。可以看出，前述对实际控制人信义义务的研究已经脱离了私法语境，这也表明国内学者对信义义务制度的研究还未形成共同的话语平台。

(2)信义义务与中国法上诚实信用的关系并未厘清

国内部分学者研究信义义务时，认为信义义务与我国民商事法律制度中既有的诚实信用制度存在很大相似性。有观点认为，诚信义务就是信义义务，两者内涵无差，只是名称不同。② 还有观点认为，信义义务的忠实、谨慎内涵可以置入诚实信用的框架中，诚实信用的功能也足以取代信义义务。③

如果信义义务研究中以英美普通法系中 fiduciary duty 的含义与特征为参照，那么应当对信义义务与我国民商事法律制度中的诚实信用进行定位与区分。

诚实信用与信义义务两者之间存在交集。梁慧星先生曾经指出，诚实信用是“诚实商人”的道德准则，讲究信用、恪守诺言、诚实不欺是基本的行为规范。④ 当今美国学界多数学者认为，忠实义务(duty of loyalty)包括诚信(good faith)的要素。⑤ 依此而论，信义义务并不排斥诚实信用，而是认可并包含诚实信用。信义关系中受信人的行为肯定符合诚实信用原则的要求，如果连基本的诚信都不能满足，信义义务的目标是无从实现的。

但是，受信人仅遵从一般意义上的诚实信用原则是达不到信义义务标准的。两者存在以下几个方面的区别：第一，利己与利他的性质差异。诚

---

① Iman Anabtawi & Lynn Stout, *Fiduciary Duties for Activist Shareholders*, 60 Stanford Law Review 1255 (2008).

② 张勇健：《公司管理层诚信义务的几个问题》，载王保树主编：《实践中的公司法》，社会科学文献出版社2008年版，第229页。

③ 徐化耿：《论私法中的信任机制——基于信义义务与诚实信用的例证分析》，载《法学家》2017年第4期。

④ 梁慧星：《诚实信用原则与漏洞补充》，载《法学研究》1994年第2期。

⑤ 梁爽：《董事信义义务结构重组及对中国模式的反思——以美、日商业判断规则的运用为借镜》，载《中外法学》2016年第1期。

实信用要求当事人在不损害他人的前提下追求自我利益的最大化,是利己主义与社会公德的"润滑剂";而信义义务要求受信人追求受益人利益最大化,是利他主义的"催化剂"。① 第二,行为标准的高低差异。诚实信用之所以能成为民法上的"帝王条款",主要在于其可适用于一般人的低层次道德水准。② 而信义义务的受信人应当追求受益人的最大利益,并且不能在此过程中追求个人利益,这体现了一种较高层次的道德水准。

鉴于两者存在的实质差异,如果要把信义义务与诚实信用等同,只可能在以下两种选择中择一而定:第一,普遍提高诚实信用的标准以使其达到信义义务的标准。基于民事活动的普遍性和多样性,这一选择恐怕难以实现。第二,降低信义义务标准,使其与诚实信用一致。既然两者的标准一致,实际上就没有建立独立信义义务制度的必要了。

3. 我国法上信义义务制度的实证考察

与学术界兴起的信义义务研究热潮形成鲜明对比的是,立法与司法实践中信义义务作为一种正式法律制度尚未获得认可。"信义义务"作为规范的法律术语并没有出现在学术界公认存在信义义务的信托法与公司法领域,受托人与受益人之间的纠纷,公司董事、高级管理人员与股东和公司之间纠纷的案例中,直接以信义义务作为裁判依据的较为罕见。③ 下文将

---

① 王莹莹:《信义义务的传统逻辑与现代建构》,载《法学论坛》2019 年第 6 期。

② 徐化耿:《论私法中的信任机制——基于信义义务与诚实信用的例证分析》,载《法学家》2017 年第 4 期。

③ 目前仅查到一起依据信义义务为依据要求当事人承担赔偿责任的案例。董某诉上海致达建设发展有限公司(以下简称致达公司)等滥用股东权侵权赔偿纠纷案[上海市静安区人民法院(2006)静民二(商)初字第 755 号]。原告董某与第一被告致达公司系第二被告泰富公司的股东。泰富公司注册资本为 2100 万元。其中,董某出资 315 万元,占 15% 股权;致达公司出资 1785 万元,占 85% 股权。2005 年 4 月,致达公司向董某提出召开临时股东会,提出增资议案,除了原告与被告按同等比例出资外,拟引进战略投资者创立投资有限公司增资 1000 万元。同年 5 月 20 日,泰富公司召开临时股东会,董某和致达公司两个股东均出席。会议形成如下股东会决议:(1)致达公司同意向泰富公司增资 1900 万元。(2)致达公司同意引进第三人作为战略投资者向泰富公司增资 1000 万元。(3)按注册资本比例增资。原告在该股东会决议表决时投反对票。增资后,致达公司占泰富公司 73.7% 股权;创立公司占 20% 股权;董某占 6.3% 股权。董某认为,致达公司利用大股东地位在泰富公司资金充裕、项目即将产生效益之际,恶意通过增资决议,且增资时未作净资产评估,仅按注册资本比例进行增资,这意味着增资价格低于每股净资产,摊薄了小股东权益,故提起赔偿之诉。一审法院认为,被告致达公司系掌握被告泰富公司控制权的大股东,凭借其控制的多数表决权,将自己的增资意志拟制为公司的意志,对该决议的通过起到了决定性作用,且在实施股东会决议时未能客观、公正地对被告泰富公司的净资产进行必要的审计、评估,致使原告的股权价值蒙受了巨额损失。被告致达公司的行为属于滥用股东权利,违反了大股东对小股东的信义义务,故被告致达公司对原告因此所受的损失应承担赔偿责任。参见最高人民法院中国应用法学研究所编:《人民法院案例选》(第 1 辑・总第 70 辑),人民法院出版社 2010 年版。

结合信义义务的基本内涵与原理,实证考察我国立法中实质存在的信义义务制度。

(1)《信托法》中的信义义务制度

我国《信托法》规定的受托人义务属于信义义务,学术界对此已有共识。

《信托法》第 25 条①对受托人的义务作了一般规定。第 1 款规定,受托人处理信托事务应当以受益人的最大利益为目标。该款规定体现了信义义务维护、实现受益人的最大利益的核心特征,体现了信义义务制度的价值取向。第 2 款规定受托人履行管理信托财产职责时,"必须恪尽职守,履行诚实、信用、谨慎、有效管理的义务",该款概括规定了受托人的忠实与谨慎义务。虽然该款并未明确从字面上规定受托人的忠实义务,而是使用了"诚实、信用"的表述,但是实现受益人的最大利益,自然需要受托人的忠诚,并且结合第 1 款的规定,受托人在处理信托事务中的诚实信用义务目标是实现受益人的最大利益,而大多数民事法律行为所要求的诚实信用并不要求实现对方或第三方最大利益的目标,因此该款中"诚实、信用"与一般民事活动中的诚实信用存在较大区别,是最高标准的诚实信用义务。

《信托法》第 26 条②规定受托人不得谋取自己利益,该条规定是受托人忠实义务的具体表现,受托人只能以信托财产谋取受益人的利益,不能谋取自己或第三人利益。从该条的规定来看,第 25 条中"最大利益"的表述实质上和美国《信托法重述Ⅲ》与 UTC 中采用的"唯一利益"是一致的。受托人违背该条第 1 款规定谋取自己的利益,根据第 2 款,收益应当归入信托财产。该规定实际上暗含对受托人谋取自我利益行为法律效力的认可,即不作无效、可撤销等消极性评价,而是规定了收益的信托归入权。这一规定实际上存在不周延之处,仅把受托人谋取的自我利益归入信托财产未必符合受益人的最大利益,因此,可以增加规定受益人对受托人谋取自我利益交易行为的认可权与撤销权,由受益人判断能更好、更全面地保护其利益的方式。

《信托法》第 27 条③禁止受托人把信托财产转为其固有财产。受托人

---

① 《信托法》第 25 条规定:"受托人应当遵守信托文件的规定,为受益人的最大利益处理信托事务。受托人管理信托财产,必须恪尽职守,履行诚实、信用、谨慎、有效管理的义务。"

② 《信托法》第 26 条规定:"受托人除依照本法规定取得报酬外,不得利用信托财产为自己谋取利益。受托人违反前款规定,利用信托财产为自己谋取利益的,所得利益归入信托财产。"

③ 《信托法》第 27 条规定:"受托人不得将信托财产转为其固有财产。受托人将信托财产转为其固有财产的,必须恢复该信托财产的原状;造成信托财产损失的,应当承担赔偿责任。"

把信托财产转为其固有财产实质上是一种财产侵占行为，是一种严重违背忠实义务的行为。我国《刑法》第 169 条之一规定了上市公司董事、监事和高级管理人员违背忠实义务损害公司利益的背信罪，如果受托人侵占信托财产造成严重后果亦会构成背信罪，但按刑法罪刑法定原则，《刑法》第 169 条之一规定的犯罪主体并不包括信托受托人，因此不能按背信罪追究刑事责任，但可以按照《刑法》第 270 条侵占罪的规定追究刑事责任。

《信托法》28 条①禁止受托人从事自我交易。受托人以其固有财产与信托财产进行交易必然会引发利益冲突，与其对受益人负有的忠实义务是相冲突的。

《信托法》29 条②规定了受托人保障信托财产独立性的义务。忠实于受益人，就应当将信托财产上的全部收益归于受益人，达成这一目标的前提是保证信托财产的独立性，使其独立于受托人的固有财产、其他信托财产。受托人应当采取标准会计规则保障信托财产的独立性。将来该条应当从内外两个方面予以完善：受托人对信托财产的管理应当进行内部区分，即信托财产与受托人固有财产、其他信托财产分别管理，对外应当对信托财产进行标识，表明其信托财产的地位。

2006 年上海信托登记中心经原银监会批准设立，可以对信托的基本信息、信托财产及信托信息披露等内容进行登记。这项具有尝试意义的制度也仅在上海地区实施，并没有在全国范围内普及。2016 年原银监会推出全国统一信托登记平台，但登记内容主要限于信托产品与信托受益权的登记，并不承担信托财产的登记功能。随着民事信托活动的增多，信托财产的登记需求将会推动信托财产登记制度的出台。

《信托法》第 30 条③规定了受托人亲自处理信托事务的义务。信托是委托人基于对受托人的信任设立的，受托人亲自处理信托事务是忠实义务的重要组成部分。受托人在信托文件允许或其他不得已的情况下可以转委托，但是转委托应当在必要的范围内，受托人只能把部分职责而不能把

---

① 《信托法》第 28 条规定："受托人不得将其固有财产与信托财产进行交易或者将不同委托人的信托财产进行相互交易，但信托文件另有规定或者经委托人或者受益人同意，并以公平的市场价格进行交易的除外。受托人违反前款规定，造成信托财产损失的，应当承担赔偿责任。"

② 《信托法》第 29 条规定："受托人必须将信托财产与其固有财产分别管理、分别记帐，并将不同委托人的信托财产分别管理、分别记帐。"

③ 《信托法》第 30 条规定："受托人应当自己处理信托事务，但信托文件另有规定或者有不得已事由的，可以委托他人代为处理。受托人依法将信托事务委托他人代理的，应当对他人处理信托事务的行为承担责任。"

全部职责转委托,即受托人只能将自己不便或不能履行的职责进行转委托。另外,受托人在转委托时应当尽到合理的谨慎和注意,选择合适的代理人代其履行职责。

《信托法》第33条①规定了受托人保存记录、报告与保密的义务。完整的信托记录应当全面详细地呈现信托财产性质、数量方面的信息,全面体现受托人的履职情况。根据《信托法》的相关规定,委托人与受益人都有要求受托人提供相关记录与报告的权利。如果受托人未能提供完整的记录,受托人应当承担什么责任则未有明确的规定。根据英美信托法的做法,受托人应当对未能记录所导致的任何损失费用承担责任,法院也可以启动对受托人的司法会计审查,其也可成为受益人减少、否决受托人补偿要求的依据甚至成为撤换受托人的理由。②

(2)《公司法》中的信义义务制度

国内有学者认为我国《公司法》建立了相应的信义义务制度。《公司法》第180条③概括规定了董事、监事、高级管理人员对公司的信义义务,即忠实义务与勤勉义务。第181条④规定了董事、监事、高级管理人员的禁止行为,基本上是忠实义务的具体化,与信托法上受托人的信义义务有很大的相似性。另外,《公司法》第186条⑤规定了与信托法上类似的归入权,即董事、监事、高级管理人员违反忠实义务所获得收益应当归公司所有。

对于第186条规定的董事、高级管理人员获利归入公司制度与第188条⑥规定的董事、监事、高级管理人员造成公司损失的赔偿责任制度,有观点认为董事、高级管理人员返还获利具有处罚性,属于特殊法应当优先适

---

① 《信托法》第33条规定:"受托人必须保存处理信托事务的完整记录。受托人应当每年定期将信托财产的管理运用、处分及收支情况,报告委托人和受益人。受托人对委托人、受益人以及处理信托事务的情况和资料负有依法保密的义务。"

② Restatement (Third) of Trusts § 83 cmt. a(1).

③ 《公司法》第180条规定:"董事、监事、高级管理人员对公司负有忠实义务,应当采取措施避免自身利益与公司利益冲突,不得利用职权牟取不正当利益。董事、监事、高级管理人员对公司负有勤勉义务,执行职务应当为公司的最大利益尽到管理者通常应有的合理注意。公司的控股股东、实际控制人不担任公司董事但实际执行公司事务的,适用前两款规定。"

④ 《公司法》第181条规定:"董事、监事、高级管理人员不得有下列行为:(一)侵占公司财产、挪用公司资金;(二)将公司资金以其个人名义或者以其他个人名义开立账户存储;(三)利用职权贿赂或者收受其他非法收入;(四)接受他人与公司交易的佣金归为己有;(五)擅自披露公司秘密;(六)违反对公司忠实义务的其他行为。"

⑤ 《公司法》第186条规定:"董事、监事、高级管理人员违反本法第一百八十一条至第一百八十四条规定所得的收入应当归公司所有。"

⑥ 《公司法》第188条规定:"董事、监事、高级管理人员执行职务违反法律、行政法规或者公司章程的规定,给公司造成损失的,应当承担赔偿责任。"

用，获利不抵损失或根本没有获利时再适用第188条规定请求损害赔偿，承担补足差额的责任。[①] 这属于对信义义务法律责任适用的误读。《公司法》第186条规定的董事、高级管理人员获利归入公司制度与第188条规定的董事、监事、高级管理人员的损失赔偿责任制度应当属于并行适用的关系。当董事、监事、高级管理人员违背了其忠实义务而获取利益时，无论多少，都应当收归公司所有；如果董事、监事、高级管理人员违背第180条忠实义务的同时，又符合第188条规定造成公司损失，应当在向公司返还获利的同时向公司承担损失赔偿责任，而不是返还获利与损失赔偿择一适用。

《公司法》信义义务制度的框架存在的明显问题在于，第180条规定的忠实勤勉义务适用对象包括董事、监事和高级管理人员，而根据《公司法》，监事主要承担监督职责，不从事公司经营管理工作，不享有经营管理的自由裁量权，根据信义义务原理，监事与公司之间并未形成信义关系，因此对公司并不负有信义义务。因此，第180条规定的忠实勤勉义务可以细分为属于信义义务的忠实勤勉义务和不属于信义义务的忠实勤勉义务。

(3)证券投资基金法中信义义务制度

在基金管理人、托管人进行证券投资基金活动中，根据《证券投资基金法》第2条[②]的规定，该法对相关内容有规定的应当优先适用，如果对某些问题未作规定，就适用《信托法》、《证券法》以及其他有关法律、行政法规的规定。基金管理人的证券投资活动，要遵守《证券法》规定的证券交易规则，不得进行欺诈、从事内幕交易和操纵市场的活动，《信托法》主要是调整委托人、受托人与受益人之间信托法律关系的法律规范，《信托法》在证券投资基金方面的适用应当主要集中于基金管理人、托管人与基金份额持有人之间的法律关系，《信托法》的补充适用表明了立法者对基金管理人、托管人与基金份额持有人之间法律关系信托属性的认可，进而基金管理人、托管人对基金份额持有人所负义务亦具有信义义务的属性。

《证券投资基金法》构建的信义义务制度框架主要体现在第9条[③]和

---

① 徐化耿：《信义义务的一般理论及其在中国法上的展开》，载《中外法学》2020年第6期。

② 《证券投资基金法》第2条规定："在中华人民共和国境内，公开或者非公开募集资金设立证券投资基金(以下简称基金)，由基金管理人管理，基金托管人托管，为基金份额持有人的利益，进行证券投资活动，适用本法；本法未规定的，适用《中华人民共和国信托法》、《中华人民共和国证券法》和其他有关法律、行政法规的规定。"

③ 《证券投资基金法》第9条规定："基金管理人、基金托管人管理、运用基金财产，基金服务机构从事基金服务活动，应当恪尽职守，履行诚实信用、谨慎勤勉的义务。基金管理人运用基金财产进行证券投资，应当遵守审慎经营规则，制定科学合理的投资策略和风险管理制度，有效防范和控制风险。基金从业人员应当具备基金从业资格，遵守法律、行政法规，恪守职业道德和行为规范。"

第 20 条[①]。第 9 条第 1 款概括规定了管理人、托管人的一般信义义务，即"恪尽职守、诚实信用、谨慎勤勉"，第 2 款规定了管理人在证券投资经营活动中应当遵循审慎经营规则。第 20 条具体规定了管理人与其董事、监事、高级管理人员的禁止行为，包括基金财产与其他财产混同、不公平对待不同基金财产、利用基金财产或管理人身份为非基金份额持有人牟取利益、侵占或挪用基金财产与玩忽职守，这些禁止行为对应了管理人的信义义务中的忠诚义务。

应当指出，基于信义义务的一般原理，托管人只向基金份额持有人提供事务性的服务，[②]并不涉及在证券投资基金活动中自由裁量权的行使，因此其对基金份额持有人并不负有信义义务。

4. 我国信义义务制度立法的理论审视

源于英美法系的信义义务制度，因为《信托法》的制定以及《公司法》与《证券投资基金法》等领域的参考，其内容被我国法律所吸收。就信义义务规范的产生而言，美国著名学者 Frankel 教授提出，普通法系信义调整规范主要源于财产法，而大陆法系的信义调整规则主要源于合同法。[③] 普通法系通过保护委托人在托付给受托人的财产或授予受托人权力之上的权利，以及平衡法律保护范围与委托人自我保护的能力之间的关系来应对委托人可能面临的风险，这反映了一种财产模式。普通法的中心在于保护托付的财产或权力，它对受信人施加义务，防止其侵占受托财产与滥用被授予的权力。即使受信人拥有财产的法定所有权或实施权力的法定权力，但是受益所有权或权力属于委托人。因此，受信人不能鲁莽行事，也不能

---

① 《证券投资基金法》第 20 条规定："公开募集基金的基金管理人及其董事、监事、高级管理人员和其他从业人员不得有下列行为：（一）将其固有财产或者他人财产混同于基金财产从事证券投资；（二）不公平地对待其管理的不同基金财产；（三）利用基金财产或者职务之便为基金份额持有人以外的人牟取利益；（四）向基金份额持有人违规承诺收益或者承担损失；（五）侵占、挪用基金财产；（六）泄露因职务便利获取的未公开信息、利用该信息从事或者明示、暗示他人从事相关的交易活动；（七）玩忽职守，不按照规定履行职责；（八）法律、行政法规和国务院证券监督管理机构规定禁止的其他行为。"

② 《证券投资基金法》第 36 条规定："基金托管人应当履行下列职责：（一）安全保管基金财产；（二）按照规定开设基金财产的资金账户和证券账户；（三）对所托管的不同基金财产分别设置账户，确保基金财产的完整与独立；（四）保存基金托管业务活动的记录、账册、报表和其他相关资料；（五）按照基金合同的约定，根据基金管理人的投资指令，及时办理清算、交割事宜；（六）办理与基金托管业务活动有关的信息披露事项；（七）对基金财务会计报告、中期和年度基金报告出具意见；（八）复核、审查基金管理人计算的基金资产净值和基金份额申购、赎回价格；（九）按照规定召集基金份额持有人大会；（十）按照规定监督基金管理人的投资运作；（十一）国务院证券监督管理机构规定的其他职责。"

③ Tamar Frankel, *Toward Universal Fiduciary Principles*, 39 Queen's Law Journal 391 (2014).

与委托人的利益冲突。相比之下,大陆法系对信义关系的调整主要是合同法。大陆法系通过专注于受信人与委托人之间的合同条款、条款的公正性与合同产生的背景等内容来应对委托人的风险。当然,在两大法系中,仅靠法律并不能保障行为的可靠。但是,法律对促进委托人与可托付的人之间的互动发挥了作用。①

Frankel 教授的观点与论述对于我们认知信义义务无疑是有帮助的,但其结论难以适用于信义义务规范在中国的实际运用情况。

首先,从总体上分析,我国《信托法》《公司法》《证券投资基金法》虽然有实然意义上的信义义务调整规范,但立法者并没有从总体上构建信义义务制度的设想。

《公司法》第 180 条规定了董事、监事和高级管理人员的"忠实义务和勤勉义务",《证券投资基金法》第 9 条规定了基金管理人、托管人"恪尽职守、诚实信用、谨慎勤勉"的义务,如果把这些规定全部理解成信义义务制度,公司监事对公司、基金托管人对基金份额持有人都负有信义义务,那么我国信义义务制度构建则出现了扩大适用对象的倾向。根据信义关系的特征分析,公司监事与公司并未形成信义关系,基金托管人与基金份额持有人之间也不存在信义关系,因此监事、基金托管人并不负有信义义务。从法律文本分析,两个条款规定的义务并不能同等地适用于相关主体。北京市一中院(2010)一中民终字第 1099 号民事判决书认为,监事自己设立的公司经营范围与其所在公司存在交叉时,监事并不违反竞业禁止义务;上海市二中院(2009)沪二中民三(商)终字第 510 号判决也认为,根据忠实义务和勤勉义务不得从事竞业的规定并不适用于监事。② 这两个案例表明,同样负有忠实义务和勤勉义务的董事、监事和高级管理人员,但是董事、监事与高级管理人员存在不同的行为空间。同样,《证券投资基金法》第 9 条规定的"恪尽职守、诚实信用、谨慎勤勉"义务适用于管理人、托管人,而第 20 条规定的禁止行为只适用于基金管理人及其董事、监事与高级管理人员,并不适用于基金托管人。因此,《公司法》第 180 条的"忠实义务和勤勉义务"并不能同等适用于董事、监事和高级管理人员,《证券投资基金法》第 9 条中的"恪尽职守、诚实信用、谨慎勤勉"并不能同等适用于基金管理人与托管人。可见,虽然"忠实义务和勤勉义务"是信义义务的核心内容,"恪尽职守、诚实信用、谨慎勤勉"也是信义义务的主要表现形

---

① Tamar Frankel, *Toward Universal Fiduciary Principles*, 39 Queen's Law Journal 391 (2014).

② 王军:《公司经营者忠实和勤勉义务诉讼研究——以 14 省、直辖市的 137 件判决书为样本》,载《北方法学》2011 年第 4 期。

式,但是《公司法》与《证券投资基金法》的立法者并没有根据信义义务的原理进行相应的信义义务制度构建。

其次,我国实然意义上的信义义务调整规范并不像 Frankel 教授所认为的那样,主要产生于合同法。如前所述,目前实然意义的信义义务调整规范主要产生于《信托法》、《公司法》和《证券投资基金法》,以及资产管理领域监管部门出台的诸多规范性文件中。因此,信义义务调整规范首先是由立法者或监管者通过正式的法律文件予以确定,然后,从业者根据相关的法律规定通过合同的约定负有了信义义务,如受托人与受益人之间、基金管理人与基金份额持有人之间。但是有些主体的信义义务并非全然通过合同的路径产生,像公司的董事对公司负有的信义义务并不是基于合同确定,而是基于公司法的规定产生。

总的来说,我国立法上没有使用"信义义务""信义关系"等表述,但这并不能否认我国存在实然意义上的信义义务规范。

结合信义义务理论对我国相关的领域进行研究,首先,应当厘清信义关系的特征及信义义务的制度特点,不能以创新的名义无限扩大信义义务的适用范围,因为信义义务适用于具有高度信任基础、一方很容易利用其地位对另一方造成利益损害的特定的需要特别保护的社会关系,不在这个前提下研究信义义务,很可能会使信义义务制度所特有的制度功能和价值消减。其次,在信义义务与诚实信用的关系方面,既应当注意两者之间的重合,更应当注意两者之间的差异,不能把两者混为一谈。如前所述,《证券投资基金法》中基金管理人与托管人所负的诚实信用义务并不相同,以一般意义上的诚实信用等同于信义义务会降低信义义务较高的行为标准和较严苛的法律责任,无从发挥信义义务独特的制度优势。

三、信托立法存在不足

2001 年我国《信托法》出台,回应了当时商事信托发展的法律调整需求。但从总体上分析,《信托法》的出台还存在以下几个方面的不足:

第一,对信托法律关系的调整存在疏漏。有研究指出,《信托法》对信托关系的法律调整不精细,出现了法律调整的空白,如受托人对信托纠纷和解、仲裁和起诉的权利;受托人正当管理所造成的损失予以免责的规定;受益人可以提起诉讼强制执行信托义务等,特别是没有对信托关系中与第三人有关的内容作出相应规定。①

第二,信托公示制度设计不合理。有研究认为,信托行为的二重性与信托财产的复合性决定了信托公示的二重性与复杂性,因此我国信托法在信托的公示方式上只规定登记一种方式,这不仅造成理论上的逻辑不周延,在实践中必然会对交易安全带来威胁;对于信托公示效力,如果没有履行法定公示方式,使已成立的信托不仅不能对抗第三人,也不能约束信托当事人,这对信托当事人显失公平。② 有学者强调,在信托公示方面,应当采取登记对抗主义并具体规定公示规则。③ 有研究指出,我国《信托法》规定的信托公示生效原则忽略了信托制度的功能和目的,危害了交易安全,损害了受益人、受托人和第三方的利益。④

第三,受托人义务、责任规定不周全。有学者强调,我国《信托法》采取明文列举的方式规定了受托人承担无限责任的情形,事实上只有受托人违反忠实义务承担无限责任;这可能造成受托人滥用权利,不利于受益人利益的保障。⑤ 有学者认为,在受托人义务方面,受托人委托第三人处理信托事务时承担的责任较重,对第三人承担的责任未作规定是一大缺漏;对受托人的谨慎义务规定较笼统,没有禁止受托人为第三人谋取利益的行为。⑥ 有学者指出,受托人违反信托承担民事责任的归责原则前后不一致;认定受托人过错的标准并未确定;受托人承担赔偿责任的范围并不明晰;没有规定受托人的免责事由。⑦

第四,语言表述有待提高。有学者对信托法的法条进行了认真梳理,认为法条存在规定重复、表达不清的问题,法条适用过程中也会因为释义不明、指向不清产生其他的问题。⑧

---

① 潘嘉玮:《论信托的法律性质及我国〈信托法〉的得失》,载《广东社会科学》2002 年第 1 期。

② 钟瑞栋、侯怀霞:《论信托公示——兼评我国〈信托法〉第 10 条》,载《郑州大学学报(哲学社会科学版)》2006 年第 1 期。

③ 廖长青、李远纯:《浅谈信托法的几点不足及其完善》,载《黑龙江省政法管理干部学院学报》2003 年第 4 期。

④ 邹颐湘:《从中日信托法立法差异的比较看我国信托法的不足》,载《江西社会科学》2003 年第 3 期。

⑤ 邹颐湘:《从中日信托法立法差异的比较看我国信托法的不足》,载《江西社会科学》2003 年第 3 期。

⑥ 廖长青、李远纯:《浅谈信托法的几点不足及其完善》,载《黑龙江省政法管理干部学院学报》2003 年第 4 期。

⑦ 聂毅、文杰:《论完善我国受托人违反信托的民事责任制度》,载《湖北大学学报(哲学社会科学版)》2010 年第 1 期。

⑧ 中野正俊、张军建:《从比较信托法看中国信托法的立法及其解释》,载《中南大学学报(社会科学版)》2003 年第 1 期。

上述列举的问题,表明我国《信托法》存在问题,有待完善。从整个民事法律体系的角度分析,信托法制还需要与物权法制、合同法制、遗嘱法制等领域进行融合,以实现信托制度与整个民事法律体系的融合。

第三节　英美信托法视角下我国信托法制检视

我国制定《信托法》主要是参考了日本1922年《信托法》。日本在2006年对《信托法》进行了较大幅度的修改,从其修改中可以发现现代英美信托法的影响。因此,从英美信托法的角度对我国信托法制进行审视,也可以为发现我国信托法制的不足提供一些特别的视角。

我国《信托法》存在委托人权利与信托类型不匹配、委托人权利设计不合理等不足。完善我国信托法制,应当在健全信托类型体系的前提下完善委托人的权利体系;以尊重委托人的处分自由作为基本遵循,平衡委托人权利与信托功能之间的关系,平衡委托人意愿与其他权益之间的关系;发挥税法在委托人处分自由制度中的应有作用。

一、我国《信托法》中委托人的权利

我国《信托法》在"委托人"一节中规定了委托人的知情权、调整信托管理权、撤销权、要求赔偿权和解任权等权利。需要指出的是,《信托法》规定委托人的权利,在没有对信托的种类作出区分的情形下就对委托人作出一般的授权。这种授权模式存在以下弊端:第一,这表明我国《信托法》是以生前信托为中心进行构建的,没有考虑遗嘱信托与生前信托的区别。因为上述权利只能由在世委托人行使,委托人如果设立的是遗嘱信托,则无法行使上述权利。因而,我国《信托法》中委托人权利实质上只有生前信托的委托人才能行使,把这种权利作为所有信托类型委托人的法定权利予以规定,属于以偏概全。第二,不分信托类型赋予委托人权利,必然会强化委托人干预、控制信托的委托人中心主义的信托观念,不利于"因信任而托付"的信托理念形成,不利于信托内涵的信义制度发育。第三,目前我国税法上没有个人居住用房房产税、遗产税等税种,税收手段对信托机制的影响有限。我国《信托法》赋予委托人的权利受到的制约较少。在我国信托税收法制还有待进一步完善的背景下,赋予委托人较多不受限制和制衡的权利会导致信托成为委托人滥用权利的工具。

我国《信托法》之所以赋予委托人这些权利主要有两方面的原因:一方面,规定委托人的权利主要目的在于加强对受托人的控制。这主要体现

为《信托法》规定的委托人权利，如知情权、调整权、撤销权和解任权等权利的行使对象主要是受托人。这种立法体例突出的特点是加强委托人对信托的控制，也在一定程度上表明立法希望通过这种权利安排，增加委托人制衡受托人的一种工具。这种不分情形规定委托人权利的体例，从长远角度看，不利于培育因信任而托付的信托文化生成。

另一方面，委托人的权利安排还在于加强委托人对受益人利益的控制。我国《信托法》第 47 条规定，受益人的信托收益权可以用于清偿债务，但信托文件有限制性规定的除外。第 48 条规定，受益人的信托受益权可以转让和继承，但信托文件有限制性规定的除外。可以看出，委托人可以通过信托文件对受益人信托受益权的处分行为进行限制，以实现委托人的特定目的。但是，委托人在信托文件中对信托受益权所作的限制性规定能在多大程度上、多大的范围内起到限制作用并没有经过民事信托司法领域的检验。假如委托人在信托文件中对信托收益指定了特定用途，如用于受益人的教育或保障受益人的生活，受益人因侵权行为产生债务，债权人是否有权请求用受益人的信托受益权进行清偿，即委托人指定的特定的用途能不能阻断权利人的请求也不确定。这实际上是一个在委托人的处分自由与侵权行为受害人利益之间哪种利益优先保护的问题。

我国《信托法》第 49 条的规定偏离了委托人中心主义，该条规定，当受益人行使信托法赋予委托人的知情权、调整权、撤销权等权利时，如果与委托人的意见相左，则由法院裁定。在可撤销信托中，因为委托人保留着随时修改、撤销信托的权利，所以受益人事实上无法行使请求法院裁定的权利。在遗嘱信托中，因为委托人已经身故，已不可能行使前述权利，与受益人产生意见不一致的情况是不可能的。产生这种意见不一致的情况只有在生前不可撤销信托中，该条规定与之前强调委托人对信托控制的委托人中心主义不同，在委托人与受益人行使同样权利意见相左时，由法院裁定。面对受益人，委托人并没有优先的法律地位。因而，信托法基本价值定位就需要在委托人的意愿与受益人意愿之间进行选择了。

二、委托人处分自由视角下的立法检视

我国《民法典》所确立的物权制度、所有权制度包含对民事主体处分自由的尊重，因此，处分自由也应当成为《信托法》维护和实现的价值。《信托法》规定的委托人诸多权利，也有助于实现委托人的处分自由。

（一）信托立法目的忽略了委托人处分自由

维护、尊重委托人的处分自由是英美法系信托立法的出发点和落脚

点，东亚地区的信托法，像日本、韩国和我国的信托法出于截然不同的立法目的。我国和韩国的信托法不仅在立法体例和模式上参考了日本1922年《信托法》，①并且制定信托法的目的也基本相似。日本在1922年制定信托法的主要目的是规范当时管理混乱的信托公司，②我国制定信托法的初衷也是调整规范当时的信托投资公司的信托业务活动。③

基于信托商事应用的功利目的进行信托立法，很难培育出繁荣的民事信托。信托在中国、日本、韩国等东亚国家和地区民事领域的应用，包括家庭财产规划、继承和慈善等方面，呈现与英美法系国家不同的景象。因此，公众主要把信托作为一种金融商事工具应用；同时，没有税收优惠、律师对信托的不熟悉也阻碍了信托的应用。④ 同日本、韩国一样，民事信托在我国几乎没有得到应用。这种现状使委托人的处分自由成为一种尚未得到利用和实践检验的原则。

信托在商事领域和民事领域中的应用有不同的侧重，以规范信托的商事应用为出发点制定信托法，在很大程度上会忽视信托是实现委托人处分自由的价值判断。如果信托法的立法目的主要在于信托的商事应用功能，这会导致较注重信托的工具性价值，从而忽略了信托所承载的实现委托人自由价值的目标。

（二）信托立法对委托人处分自由规定的不足

从立法的实证角度分析，日本、韩国的信托法都赋予了委托人不少的权利，⑤信托立法上规定委托人更多权利，并不意味着委托人有更大的自由处分空间。在我国，委托人能否以《民法典》的规定作为确认信托权利的依据尚未经过实践检验，《信托法》从根本上融入我国民事法律体系尚需时日。

我国《信托法》对委托人权利的规定存在一些不足。《信托法》在“委

---

① Lusina Ho & Rebecca Lee, *Trust Law in Asian Civil Law Jurisdiction: A Comparative Analysis*, Cambridge University Press, 2013, p. 12.

② Makoto Arai, *Trust in Prime Jurisdictions*, 3rd edition, Global Law and Business, 2010, p. 233; [日]道垣内弘人：《信托法入门》，姜雪莲译，中国法制出版社2014年版，第7页。

③ Lusina Ho, Rebcca Lee & Jin Jinping, *Trust Law in China, A Critical Evaluation of Its Conceptual Foundation*, in Lusina Ho and Rebcca Lee eds., Trust Law in Asian Civil Law Jurisdictions: A Comparative Analysis, Cambridge University Press, 2013, p. 81；周小明：《信托制度：法理与实务》，中国法制出版社2012年版，第24页。

④ Wu Ying-Chien, *Trust Law in South Korea, Developments and Changes*, in Lusina Ho and Rebcca Lee eds., Trust Law in Asian Civil Law Jurisdictions: A Comparative Analysis, Cambridge University Press, 2013, p. 47.

⑤ 赵廉慧：《信托法解释论》，中国法制出版社2015年版，第268页。

托人”一节中把知情权、调整信托管理权、撤销权、要求赔偿权和解任权等权利作为委托人的一般权利作了规定。但《信托法》规定委托人的权利，是在没有对信托种类作出区分的情形下对委托人概括地赋权。这种赋权模式存在以下不足：第一，这表明委托人授权是以生前可撤销信托为参照进行设计的。根据《信托法》第8条的规定，委托人可以设立生前信托和遗嘱信托等多种信托，但是在规定委托人的权利时，仅以生前可撤销信托为参照规定委托人的权力，没有考虑委托人权利在遗嘱信托与不可撤销信托适用的实际情况，诸如撤销权、调整权和解任权等权利只能由委托人生存时才能行使，委托人如果设立的是遗嘱信托，委托人既无必要也无可能行使这些权利；如果委托人设立的是不可撤销信托，自然也会放弃前述权利。因此，有关委托人权利的规定存在以偏概全的不足。第二，我国信托法不分信托类型赋予委托人权利，并且在立法上没有明确对委托人权利行使的限制，这种做法会强化委托人干预、控制信托的观念，不利于“因信任而托付”的信托理念形成，不利于信托内涵的信义制度发育。第三，过分强调委托人的权利，最终将不可避免地损害信托的功能。信托财产的独立性所发挥的破产隔离功能是信托制度的特有魅力。信托财产的独立性产生的逻辑前提是，委托人作为信托财产的所有人放弃了存在于信托财产上的所有权，这才使信托财产具备了隔离委托人债权人追索的功能。如果委托人保留了调整信托管理权、撤销权等涉及信托财产的权利，信托财产在一定程度上受控于委托人，那么信托财产的独立性将丧失逻辑基础，将不能发挥信托财产的隔离功能。立法赋予委托人强大的控制权使其撼动了信托财产独立性，最终损害信托的功能。[①] 第四，受益人授权模式没有尊重委托人的处分自由。我国《信托法》第49条规定，受益人可以行使委托人享有的知情权、调整权、撤销权等权利，与委托人的意见相左时，可以申请人民法院裁定。信托是委托人处分自己财产实现处分自由的一种工具，受益人实质上就是受赠人，受益人行使和委托人一样的权利可以挑战委托人。在这种“喧宾夺主”的授权模式下，信托还是保障委托人处分自由的工具吗？信托对委托人还有吸引力吗？受益人的权利授予模式可能会从根本上影响信托是实现委托人处分自由工具的基本定位。

（三）委托人的处分自由界限未经检验

根据我国《信托法》的规定，委托人享有广泛的处分自由，但是，由于

---

① 周勤：《信托的发端与展开——信托品格和委托人地位的法律规制》，知识产权出版社2013年版，“序言”第7页。

信托实践在民事领域中的缺失,委托人的处分自由也大多停留在理论层面,未经实践的检验,因此,委托人处分自由的边界并不清晰。

第一,委托人权利边界不清。以委托人的撤销权为例,撤销权是否包含部分撤销,撤销权是否包含修改权?以调整信托管理权为例,如果调整的要求与受托人的信义义务发生冲突如何解决?前述两项权利和解任委托人的权利行使如果与信托条款发生冲突,委托人的法定权利优先还是信托条款约定优先?

第二,委托人限制受益人权益的边界不清。我国《信托法》第 47 条和第 48 条分别规定受益人可将信托收益权用于清偿债务和受益人可以转让信托受益权,但同时规定信托文件有限制性规定的除外。而委托人在信托文件中对信托受益权所作的限制性规定能在多大程度上、多大范围内起到限制作用并没有经过民事信托的实践检验。假如委托人在信托文件中对信托收益指定了特定用途,如用于受益人的教育或保障受益人的生活,受益人因侵权行为产生债务,债权人是否有权请求用受益人的信托受益权进行清偿,即委托人指定的特定的用途能不能阻断权利人的请求?这是一个在委托人的意志与侵权行为受害人利益之间哪种利益应被优先保护的问题。

三、受托人权利、义务配置有失均衡

(一)信托受托人权力制度的缺失原因

在大陆法系国家的信托立法中,英美信托法中受托人的权力少有出现。《欧洲信托法原则》第 5 条的标题为"受托人的职责与权力"(duties and powers),但是其 5 款内容中没有关于权力的具体规定。再以移植信托制度国家的信托法为考察对象,日本 2006 年之前的《信托法》文本中,没有像英美信托法一样规定受托人管理信托事务、处分信托财产及投资等各项权力,①而大多是从义务角度来规范受托人的行为方式。

在大陆法系移植信托法的过程中,很难构建出像英美信托法一样的受托人权力制度。首先,在大陆法系的传统中,"权利"一般为公民、法人或其他组织等私法主体所享有;"权力"或者是指"国家权力",或者是职权的同义词,②通常只有公法主体才能行使"权力"。在这种法律用语的语境中,即便实质上是英美信托法中受托人所享有的"权力",在大陆法系的信

---

① 为保持研究语境的统一,下文使用"权力"一词指称受托人为受益人的利益对信托财产的管理、运用、处分以及管理信托事务的权限。

② 沈宗灵:《法理学》,北京大学出版社 2000 年版,第 101 页。

托法中也通常以“权利”来表述或概括。① 因此，在大陆法系信托法制的语境中不能体现英美信托法中受托人“权利”与“权力”的区别。其次，两大法系的立法者对受托人的理论假设不同。在英美法系，早期的民事信托发展过程中，受托人履行职责是一项高尚的荣誉，受托人不收取报酬成为信托法的一项原则。② 受托人的身份彰显着一种荣誉，如 Lord Hardwicke 所指出的，信托是“信誉上的、基于受托人的名誉和良知的一种责任，此种责任的承担与经济利益的考量无关”③。基于此，信托法赋予了受托人在信托财产上的普通法所有权，授予其为受益人利益而管理信托财产、处理信托事务的权力，以实现信托目的，这实质上是基于受托人公正无私的“道德人”的假设。但是，大陆法系国家对信托制度的移植，主要目的在于信托的商事应用，因此调整受托人的规范主要是以商事活动为导向，因此，可以说，大陆法系信托法中受托人规范的设计是以“经济人”的假设为基础的。“经济人”的假设必然包含承认受托人营利的正当利益诉求，这无疑成为大陆法系信托法制对受托人授权的理论障碍。因此，大陆法系由于以衡平理念为核心的信托文化与传统的缺失，以及大陆法系引入信托制度时商事化的应用目的，英美信托法中受托人的权力配置在大陆法系就难以复制。

因此，大陆法系在移植信托制度的过程中，没有构建出像英美信托法一样的受托人权力制度。在规范研究层面，有观点认为，大陆法系国家基本上采用了抽象肯定的方式，通过信托的定义和受托人的义务，明确了受托人具有管理信托财产和处理信托事务的权利。④ 还有学者进一步把受托人的权利分为自益权与他益权。自益权是指受托人因为提供了管理服务而享有的权利，如报酬请求权、补偿请求权等权利；他益权是指受托人履行信托管理职责相关的权利，如享有信托财产名义上的所有权、信托财产的管理处分权等。⑤ 可见，受托人的他益权基本上对应英美信托法中受托人的权力内容。但是从实证的角度分析，在大陆法系信托法制实践中，受托人管理信托事务、处分信托财产的权利只是学理上推导出来的权利，而不是法律文本明确规定的权利。

---

① 不过，许多注重英美信托法法律文本的相关研究，则对受托人权力与权利进行区分使用。参见施天涛、余文然：《信托法》，人民法院出版社 1999 年版，第 111～120 页；周小明：《信托制度的比较法研究》，法律出版社 1996 年版，第 150～172 页；高凌云：《被误读的信托——信托法原论》，复旦大学出版社 2010 年版，第 92～100 页；等等。

② 何宝玉：《信托法原理研究》，中国政法大学出版社 2005 年版，第 237 页。

③ Ayliffe v. Murray (1740) 2 Atk 58, 60.

④ 何宝玉：《信托法原理研究》，中国政法大学出版社 2005 年版，第 230 页。

⑤ 周小明：《信托制度：法理与实务》，中国法制出版社 2012 年版，第 268～269 页。

在受托人权力方面,目前大陆法系的信托法制也出现了一些变化。日本于2006年修正的《信托法》第26条对受托人的权限范围作出一般规定。① 在大陆法系受托人义务本位的信托立法语境中,明确规定受托人对信托财产的权限范围无疑是巨大的进步。尽管与美国UTC、英国受托人法中关于受托人权力详细、全面的规定相比,这种变化似乎不值一提。

目前,其他移植信托法的国家,依然没有从立法的角度确认受托人的权力。然而在信托实践中,信托框架内商事活动的快速发展,受托人实际上获得了与英美信托法受托人大致相同的权力。

(二)受托人管理信托权力配置失衡

我国制定《信托法》的主要目的与日、韩等国家基本一致,是信托机制在商事领域中的应用。然而,就我国《信托法》中有关受托人权力的规定来看,其在适应信托商事化发展的方面仍需进一步完善。

受托人的权力在管理信托事务中不可或缺。管理和处分信托财产、处理信托事务是受托人的基本权力,没有这项权力受托人就无法有效执行信托,信托目的就无从实现。② 但是我国《信托法》中没有关于受托人管理信托权力的规定。受托人管理权力在信托法中的缺失,表明我国《信托法》存在以下三个方面的不足。

第一,受托人的权力、义务配置失衡。我国《信托法》第25条到第34条共10条规定了受托人的义务,只有第35条、第37条与第38条3个条文规定了受托人获取报酬权、优先受偿权与辞任权3项权利,对于受托人管理信托事务的权力没有任何规定。有学者指出,大陆法系国家是通过信托定义、受托人义务这一特殊方式"不言自明"地承认了受托人权力的存在。③ 虽然这种观点有一定道理,但是从立法技术层面来说,这明显表现出受托人权力义务结构的失衡,因为"没有无义务的权利,也没有无权利的义务"。权力与义务是对立统一的辩证关系,二者相互依存,不可或缺。权力与义务相互为对方确定边界,英美信托法中受托人所享有的诸多项权力对应了其应当遵守的各项信义义务。而我国《信托法》中,受托人受多项信义义务约束,在立法上却没有明确规定与这义务相对应的权力。

第二,在没规定受托人管理事务权力的情形下,却赋予委托人多项权

---

① 日本2006年《信托法》第26条规定:受托人有权就信托财产项下之财产行使必要的管理或处分行为,但是不妨碍因信托行为对其权限加以限制,以实现信托目的。

② 周小明:《信托制度:法理与实务》,中国法制出版社2012年版,第230页。

③ 陈向聪:《信托法律制度研究》,中国检察出版社2007年版,第223页。

利,这种机制不利于维护信托的稳定。我国《信托法》第20条至第23条规定了委托人的知情权、指示权、撤销权与解任权等多项权利,在没有区分可撤销信托与不可撤销信托的前提下,规定了委托人多项权利以对信托及受托人实施控制。从信托目的角度来说,这不利于维护信托的稳定。受托人是信托机制的核心,受托人应当为了受益人的利益管理信托事务。如果委托人行使指示权、撤销权等权利时偏离了信托设立的目的,无疑增加了信托的不确定性,影响信托制度的稳定。①

第三,从信托当事人之间的权利义务配置来看,我国《信托法》构建的信托制度折射出对受托人缺乏基本的信任。《信托法》不仅规定了受托人管理信托事务的基本权力,又规定了委托人制约受托人的多项权利,这使受托人在受到较多制约或者说不被信任的基础上从事信托活动,使建立在信任基础上的信托制度魅力减损。

第四节 我国《信托法》的完善

随着我国社会经济的稳定发展,国民财富的积累也越来越多。根据国家统计局发布的《2021年国民经济和社会发展统计公报》数据,我国人均GDP达到80,976元,按汇率折算达到12,551美元,超过了世界人均GDP。② 按照中国人民银行公布的存款类金融机构本外币信贷收支表数据,截至2022年10月,境内住户存款总额超过1,160,812亿元,人均存款超过8万元。③ 随着我国公民财富的增加,财产管理与财产传承自然而然成为人们必须面对的问题。信托无疑是一种可选的有效工具之一,可以预见,信托的民事应用在不久的将来会有明显增加。为引导将来民事领域中信托的应用,以及为以后的信托商事应用提供更坚实有力的制度支撑,可以参考国外信托制度,为将来的信托法修改与完善进行相应的知识与制度储备。

① 周勤:《信托的发端与展开——信托品格和委托人地位的法律规制》,知识产权出版社2013年版,第181页。

② 吴佳潼:《2021年我国人均GDP达80,976元 超过世界人均GDP水平》,载中国新闻网,http://news.china.com.cn/2022-02/28/content_78075786.html。

③ 《存款类金融机构本外币信贷收支表》,载中国人民银行网,http://www.pbc.gov.cn/diaochatongjisi/resource/cms/2022/11/2022111709304065302.pdf。

一、选择“补充适用”的总体原则：保障委托人的处分自由

（一）我国《信托法》中补充适用规则的应用

从总体上来说，我国《信托法》中有“信托文件另有规定的，从其规定”或“但信托文件有限制性规定的除外”等表述。根据统计，我国《信托法》中大约有15个条款有信托文件优先适用的规定。这也表明了委托人意愿在法律的许可范围内应当得到尊重，信托是委托人实现财产处分自由的一种重要工具。

我国在制定《信托法》时主要借鉴了日本在20世纪20年代制定的《信托法》，没有直接以英美的信托法制为参照进行制度的移植与构建，而是选择了对英美信托法制进行了选择性移植的日本信托法制为参照对象进行了信托制度的构建。

我国《信托法》中对信托的应用空间以及信托的类型创新形成了较为明显的制约。以我国《信托法》规定信托的设立与委托人权利为例，委托人应当以书面形式设立信托，信托设立后委托人依法享有知情权、调整信托财产管理方法、撤销权、解任权等权利。从表象上看，委托人享有《信托法》赋予的广泛权利，这甚至成为有的学者提出信托财产归属于委托人这一观点的一项有力证据。但实际上，委托人法定权利的规定，恰恰成了委托人运用信托、选择信托类型的限制。我国《信托法》中所规定的委托人权利显得权利范围较窄。①

因此，对于委托人的权利，是由信托法来确定，还是由委托人通过信托文件自由确定，从信托的选择与应用空间来看，就会出现不同的结果。基于信托作为委托人财产处分工具的定位，应当赋予委托人更多的选择和空间来塑造信托，包括信托的类型与信托的功能；委托人在信托中的权利及地位完全可以由委托人自己在信托文件中确定，而不用通过信托法框定。

虽然我国在委托人权利方面补充适用规则的定位有偏差，但在信托管理与受益人权益方面，补充适用规则在我国《信托法》中有较为充分的体现，如受托人固有财产与信托财产进行交易、不同信托财产之间进行交易、受托人亲自管理、受托人共同管理、受托人报酬等方面都规定，信托文件另有规定的，按信托文件处理。这些方面信托文件规定优先适用，体现的是对委托人表现在信托文件中意愿的尊重，体现信托法制对委托人处分自由的容忍。

---

① 于朝印：《中国现代信托法制研究》，中国人民公安大学出版社2022年版，第118～119页。

在受益人权益方面，受益人享有信托权益的起算时间、共同受益人权益、受益人受益权的处分、信托的变更、受益人及其受益权的变更等内容也以信托文件的规定为优先适用事项。

由于目前信托在我国民事领域应用中的场景较少，信托文件优先适用的情形并没有被完全概括。信托文件的规定优先适用，需要结合信托实践的具体需要与法律的调整需要进行综合平衡、确定，这从立法角度看，实际上是一种立法理念与立法价值的选择过程。

(二)补充适用规则的禁区

补充适用规则的定位主要是基于对委托人处分自由的尊重，只有在委托人没有明确选择适用规范的情况下才适用法律规定。但是，这种定性并不是无条件的，在某些领域中，是不允许委托人自由选择的。

首先，在信托设立的合法性方面不允许委托人作出与信托法强制性规范不一致的选择，也就是说，信托设立的合法性是委托人必须遵守的原则，委托人设立的信托必须符合法律的强制性规定，不得与社会公共政策、公序良俗相冲突。这一点也表明，委托人设立信托虽然体现了委托人的财产处分自由，但是处分自由在法律框架中，是有界限的。如前文所述，委托人如果基于不法目的或违反公共政策、公序良俗而设立的信托就不会得到承认与认可。

其次，受托人的信义义务不是当事人可以随便删减、变更的内容。委托人设立信托的目的能否实现主要取决于受托人。因此，各国信托法中都规定了严格的受托人信义规范，以调整受托人的行为，保障信托目的实现。在我国《信托法》中关于受托人维护受益人最大利益、不得利用信托财产谋取自己利益、不得侵害信托财产、信托财产分别管理、受托人亲自管理信托事务等规则都属于强制性规范，蕴含了受托人对受益人负有的基本信义义务。在我国，民事信托应用不多，而以商事信托应用见长。在商事信托活动中，委托人(受益人)与受托人多以合同方式设定信托，以合同文本确定双方当事人的权利义务。商事信托受托人多为专业的信托公司，在商事信托活动中多处于优势地位，部分受托人会在合同中加入一些免除或减轻自己信义义务的条款。如果单从合同自由角度来判断合同效力，则会认定这些条款的效力；但如果结合信托法规定的受托人义务来审视这些条款的效力，则不能认定这些条款的效力，原因在于受托人的信义义务不是可以约定放弃或删减的内容。

司法实践中，很多审理商事信托案件的法官对信托法理不熟悉，常会单纯基于合同法规范进行裁判，因此，将来信托法修改中，应当明确表明受托人的基本信义义务为法定基本义务,不允许当事人以任何方式删减与免除。

二、确保发挥信托制度的正向功能

美国属于联邦制国家,各州拥有联邦宪法规定的立法权,信托立法权属于各州,因此,信托立法竞争在各州非常激烈。虽然全美境内有《信托法重述》、UTC 等示范立法,以最大程度实现各州信托立法的统一,但是,统一立法的努力并不能抑制各州通过信托立法增加本州对信托业吸引力的努力,而且两部示范立法并不具有强制力,各州在采用时对示范文本拥有修改、删除等权力。因此,在此背景下,美国的信托立法出现了不少消极现象,其中较有代表性的是反永续规则的实际废除。在英美等普通法系国家,传统信托立法对信托的存续时间一般都规定时间限制,以免委托人对信托施加过度的“死手”控制。但是,进入 21 世纪,美国许多州纷纷放弃反永续规则,为永久信托的设立大开方便之门,使信托的功能与作用发生异化,成为信托立法应当反思的一项重要内容。

与美国联邦制不同,我国是单一制的统一主权国家,国家立法权由国家最高权力机关全国人民代表大会及其常委会行使,因而避免了美国联邦制下州际立法权之间的竞争所导致的信托立法功能与作用的异化。需要指出的是,我国的信托立法对信托的存续期间并没有明确的限制,从正当发挥信托的工具价值角度出发,应当对委托人设立信托的期限作出规定,一方面保护委托人适当的处分自由,另一方面防止委托人通过信托实现对财产的永久控制,以致社会出现大量食利阶层从而丧失发展动力。

移植信托法制的大陆法系国家特别强调信托财产的独立性,强调信托财产只为信托目的存在的唯一性,从而使信托机制具有独特的优势。结合美国的信托法实践,在信托财产独立性的话题上应当考虑信托财产在实现受益人利益与合理保护受益人债权人权益之间的平衡。在美国,各州为增加对信托的吸引力,信托立法恶性竞争不断加剧,部分领域纷纷放弃了传统法制原则中的公平、正义等立法理念与价值选择。基于实现信托财产及其收益只为受益人的目的,委托人通常会选择自由裁量信托,即由受托人根据受益人的实际情形来决定信托收益的分配时机与分配数量,以此避免受益人各种债权人的追索。自由裁量信托偏向于保障委托人的财产处分自由以及衍生的受益人利益优先的价值选择,对于受益人故意侵权的受害人不能从为受益人设立的信托财产中得到补偿却一直冲击着人们对于公平、正义的朴素认知和信仰。因此,将来我国《信托法》修改时,应当明确委托人可以在信托文件中对受益人处分信托收益施加限制,但信托文件、信托财产的独立性不具有隔离受益人的债权人对信托财产追索的效力,即信托不应当成为隔离受益人包括侵权行为所产生债权的法律工具,受益人的债权人可以合法的债权向受益人在信托中享有的信托财产及信托收益份额进行追偿。

三、完善委托人立法

信托作为一种财产管理机制,它的应用需要一个基础前提:委托人有富足的财产需要管理和处分。即使在信托得到广泛应用的英美法系国家,信托也不是每家每户都会采用的财产处分手段,只有殷实富足人家才会采用。我国经过40多年的改革开放,国民财富也得到了快速积累,使信托应用已经具备了合理的物质经济基础。

对于我国信托法委托人相关规定的完善,应当注意以下几个方面。

第一,对委托人权利的规定应当首先作信托的种类划分,根据可撤销信托与不可撤销信托、遗嘱信托和生前信托分别赋予委托人不同的权利。这样可以消除目前信托法不作区分统一赋权造成的立法不周延,从而完善我国的信托法制体系。根据信托类型分别授权可以更好地发挥不同种类信托的作用,更充分地尊重委托人的处分自由。另外,由于法制文化传统的制约,我国公众对于信托所知甚少,按信托类型对委托人进行授权,可以在更好地引导公众采用信托制度。

第二,信托法应当强调对委托人处分自由的尊重。尊重委托人的处分自由是信托制度得以应用的基本前提。委托人基于自己的意愿,通过选定受托人为其指定的受益人利益对特定的信托财产进行管理和处分,这体现的是委托人的处分自由。某些具体的信托制度,如信托财产的独立性,也是尊重委托人处分自由的结果。学界对于信托财产的独立性有不同的侧重,一种观点强调信托财产独立于受托人的固有财产,①另一种观点强调信托财产独立于委托人、受托人和受益人三方当事人的自有财产。② 在不可撤销信托中,委托人已经通过"双重所有权"结构转移了信托财产所有权,不再是信托财产所有人,因而委托人的债权人不能对信托财产进行追索;受托人、受益人的债权人之所以不能追索信托财产主要是因为对委托人设立信托目的的尊重,信托财产已经成为"特定目的财产"。信托财产

---

① 张军建:《信托法基础理论研究》,中国财政经济出版社2009年版,第120页。

② 钟瑞栋、陈向聪:《信托法》,厦门大学出版社2004年版,第146页。

的独立性这个命题只针对不可撤销信托才成立;在可撤销信托中,因为委托人并未放弃对信托的控制,因此信托财产没有隔离委托人的债权人的效力。

尊重委托人的处分自由主要是平衡几种利益关系。如果委托人与受益人在信托收益的处分上,是委托人的既定意志优先还是受益人的意志优先?在信托财产的管理上,是委托人的既定意志优先还是受托人根据信义义务进行的合理管理优先?是委托人的既定用途优先还是债权人的合理诉求优先?这三个方面的利益平衡基本上决定了信托能在多大程度实现委托人的处分自由。委托人的意志优先,尊重委托人的处分自由,无疑会增加信托的应用,但是为了增加信托的应用而牺牲其他当事人的合法权益不可取。在一定的限度内保障委托人的处分自由,同时兼顾各方当事人的合法权益,最有可能成为将来我国《信托法》修改采取的价值取向。

第三,通过税收立法明确委托人权利,解决我国信托财产权归属难题。如前文所述,由于我国《信托法》没有明确信托财产权的归属,因此引发了信托法学界至今尚未有定论的一桩"悬案"。理论上的争议并没有实际解决信托财产权归属难题,但从财产所有权与税负一致角度分析,这并不是一个难题。将来我国如果开征遗产税和面向个人所有非营业用房产的房产税,信托财产税负将成为确定信托财产归属的关键因素。按所有权与税负一致的原则可以较为轻易地解决信托财产归属问题。但是,本书认为,即使将来征收前述两个税种,我国也不会像美国一样采用给予委托人税收豁免的方式扩张委托人的处分自由,推进信托的民事应用。原因在于信托基本上是富裕阶层才会采用的财产管理手段,对委托人给予税收优惠无疑会引发社会公众对税收公平的质疑。

四、确定受托人管理信托权力,健全受托人责任制度

(一)确定受托人管理信托权力

虽然信托立法没有明确规定受托人管理信托事务的各项权力,但是在实践中,受托人职责的履行离不开权力。信托框架内商事活动的快速发展实际上赋予了受托人与英美信托法中受托人权力类似的权力,信托立法中缺失的受托人权力也通常是通过合同机制进行创设弥补;受托人的权力还会随着商事活动内容、形式的变化,通过合同机制实现隐性地扩张。我国很多的信托合同中有如下表述:受托人"有权自信托计划成立之日起,根据信托计划文件管理、运用和处分信托计划财产";受托人自"信托计划成立后,享有包括根据信托计划文件处置账户内证券资产、资金划拨、销户等一

切账户名义所有人的权利”；受托人“有权根据合同约定的方式，自主管理、运用和处分信托财产，并按照合同的约定分配信托财产收益”。

如果信托当事人通过信托合同等信托文件自行创设受托人权力，那么在实践中处于强势地位的受托人就不可避免地滥用权力。在安信信托诉昆山纯高投资有限公司案中，安信信托作为受托人通过合同机制扩张了自己的权力。虽然签订贷款合同是为了抵押登记，在信托贷款合同中安信信托却要求昆山纯高投资有限公司支付高于信托计划收益率的借款利率，从而谋取自身利益。在普遍运用信托机制的基金领域也常出现受托人滥用权力侵害受益人利益的事件，有的基金管理公司与他人合谋损害受益人利益，有的基金管理公司内部频发“老鼠仓”事件，基金经理利用内幕信息获取个人利益。

英美信托法中明确列举受托人的权力，实际上也是给受托人划定了权力范围，除非信托文件另有规定，受托人不可能享有超出法定权力名单的权力。我国《信托法》不规定受托人的权利，而交由当事人意思自治确定，那么，受托人滥用权力、滥创权力的做法就难以避免，这对受益人的保护是非常不利的。

基于信托财产管理人的地位，受托人对信托财产具有管理处分权；根据私法自治原理，信托当事人在不违反公序良俗与禁止性规定的条件下，有权自由约定管理处分权的内容。虽然受托人权力内容与范围可以约定，但是通过立法确定受托人管理信托的权力，可以完善我国的信托立法。首先，确定受托人管理信托的权力，可以实现受托人权力义务的均衡配置，完善受托人权力义务结构，使信托立法更加符合科学的立法规律；其次，明确规定受托人管理信托事务的各项权力，以确定受托人的权力边界，以便在订立信托合同时参照，防止受托人通过合同过度扩张权力，谋取自己利益；最后，明确受托人管理信托的权力，使信托法更加符合现代经济生活发展的需求，适应信托的商事化应用，完善信托机制在商事领域中的应用，促进信托法制的现代化发展。

基于此，将来我国信托法的修改，应当明确规定受托人管理信托事务、处分信托财产的各项权力。

（二）完善受托人责任

目前，我国《信托法》第37条规定，受托人以信托财产承担因处理信托事务所支出的费用和对第三人所负的债务；如果受托人违背管理职责或者处理信托事务不当时，以其固有财产承担对第三人所负的债务或者自己所受到的损失。有研究强调，受托人对信托债务原则上只承担有限责任对债权人不公平，应当予以修改。修改过程中，注意协调信托法其他规定的关系，该研究者提出的建议条文是："受托人对信托债务原则上应当承担无限责任，受托人与第三人书面约定其只应当承担有限责任的除外，但即便有此书面约定因故意或者重大过失造成信托财产损失的受托人仍然应当承担无限责任。"①与该观点不同，另有研究者提出了完善受托人违反信托的民事责任制度的建议：第一，受托人违反信托需要承担民事责任的，统一适用过错责任原则；第二，应当确定受托人过错的认定标准；第三，明确受托人违反信托的民事赔偿范围；第四，增加受托人违反信托的民事责任的免责事由。②

有研究在分析了违反信托这一行为的法律性质及法律后果的基础上，对两大法系相关的制度设计进行了比较，提出了我国《信托法》完善的建议：第一，对受托人违反信托义务作出规定，即"受托人违反了他作为受托人应当对受益人承担的任何义务，就构成对信托的违反"。第二，增加受托人违反信托义务承担民事责任基本规定的条文。"第一款，受托人违反信托目的处分信托财产或因违背管理职责、处理信托事务不当致使信托财产受到损失的，委托人、受益人及其他受托人，可请求该受托人赔偿损失或者恢复信托财产原状。第二款，受托人应以其固有财产承担责任。第三款，受托人为法人时，与此有关的董事及有关主管人员亦应负连带责任。第四款，受托人应当对下列事项予以赔偿：(1)违反信托给信托财产造成损失或者导致信托财产贬值；(2)违反信托而取得任何利润；(3)如无受托人违法信托的行为，信托财产将获得利润。"第三，对第22条有关撤销权的规定进行完善。"第一款，受托人违反信托目的处分信托财产或因违背管理职责、处理信托事务不当致使信托财产受到损失的，委托人有权申请人民法院撤销该处分行为，该财产的受让人明知是违反信托目的而接受该财产的，应当予以返还。第二款，前款规定的撤销权，自委托人知道或应当知道撤销原因之日起一年内不行使，归于消灭。自处分之日起十年内不行使，归于消灭。第三款，受托人违反信托目的处分信托财产并获得了其他财产，委托人有权作出选择，或者请求人民法院强制实施一项由受托人获得的其他财产成立的推定信托；或者要求针对该财产强制实施留置权，以担保他针对受托人违反信托的请求权的实现，只要信托财产的代位物由受托

① 张淳：《对我国信托法关于信托债务清偿责任的规定的修改》，载《社会科学家》2014年第2期。

② 聂毅、文杰：《论完善我国受托人违反信托的民事责任制度》，载《湖北大学学报(哲学社会科学版)》2010年第1期。

人持有,并且是可以追踪的。"①

五、建立完善配套制度规则

信托机制作用的正常发挥需要健全的配套规则。结合信托在国内外的运行实践来看,信托登记和税收规则是两大重要的配套制度。

(一)信托登记制度

我国《信托法》第10条规定的信托登记是针对信托财产的,即如果委托人以法律、行政法规规定应当登记的财产设立信托,应当办理信托登记,可见,我国《信托法》上规定的信托登记实际上为信托财产登记。

信托登记与信托财产登记是两种功能与作用不同的登记。信托登记主要公示的内容是信托的总体信息,如信托名称、委托人、受托人等信息,其目的主要是表明信托存在的事实。而信托财产登记主要公示的内容是特定财产为信托财产的事实,其主要目的在于保护涉及信托财产交易的安全。

在《信托法》颁行之后,信托登记制度在我国已经有了一些实践。② 大陆法系国家的信托法强调信托财产的独立性法律地位,由此而产生了信托财产公示的迫切需要。实际上,仅通过信托财产登记制度难以实现保护信托财产的独立性以及维护与信托财产有关的交易安全的目的。在现代各种形式的信托中,无论是民事信托还是商事信托,信托财产存在形式多种多样,有动产、不动产,有物权、债权,有股权、知识产权;信托财产在信托存续过程中形态不断变化,可能初始的信托财产为房屋等不动产,在信托存续过程中,受托人根据信托文件规定把房屋进行了变卖,信托财产则转化为资金形态,或者相反形态的转化。如果按目前的规定,法律与行政法规规定应当为办理登记的财产设立信托登记,那么在信托财产转会为货币资产后就不需要办理登记了,随之而来的结果是信托财产所承载的信托财产公示与保护交易安全的功能也就消灭了。另外,我国《信托法》规定,以应当登记财产设立信托,若没有登记,则会导致信托无效,这一规定已经为国内多数学者所诟病。因此,建议将来我国《信托法》修改登记生效主义为信托登记对抗主义,以免公权力对公民私人意思自治形成过多干预。③

① 张里安、符琪:《论违反信托义务的民事责任》,载《法学评论》2006年第3期。
② 于朝印:《中国现代信托法制研究》,中国人民公安大学出版社2022年版,第82~86页。
③ 于朝印:《中国现代信托法制研究》,中国人民公安大学出版社2022年版,第90页。

(二)信托税收制度

信托税收制度如同信托登记制度一样,也是信托制度的重要配套制度之一。

信托通常是三方当事人之间的法律关系,即委托人、受托人与受益人之间基于财产而产生的法律关系。信托税收制度主要关注基于信托财产与信托收益所产生的税负由信托法律关系的哪一方主体承担的问题。

由于我国信托实践多集中于商事领域,民事领域的信托实践并不多见,因此,相关的信托税务也主要集中在商事信托领域。以信托公司集合资金信托计划为例,在其整个运行过程中所产生的税收主要集中于以下几个环节:第一,在信托计划设立环节,委托人将资金投资于信托计划,对委托人而言,并不产生税法上的纳税义务;对信托计划来说,由于其不是税法上的纳税主体,对于其取得的委托人投资金额也不负有纳税义务。第二,在信托计划依据约定向受益人分配收益时,受益人应当按照相关规定纳税。如果受益人收取的是信托计划分配的货币资金投资收取的固定利润或保底利润,应当比照贷款服务缴纳增值税;如果信托计划投资于债权获得的收益向受益人分配,受益人应当缴纳所得税。第三,受益人向合格投资者转让信托受益权的,应当按规定缴纳所得税。如果信托计划进行股权投资,因为实践中存在"股权转让+溢价回购""增资扩股+股权赎回"等多种形式,税务处理略显复杂。

如果将来民事信托得到广泛应用,其相应的税制问题也会得以确定。未来确定民事信托税制应当着重关注的问题包括以下几个方面:

第一,不同的信托类型适用不同的税务规则。在可撤销信托中,委托人对信托的管理、存续以及信托财产有实质性的控制,因此,信托财产上存在的税负以及信托所取得的收益,应当由委托人作为纳税主体承担纳税义务。

第二,税收对信托功能的引导与塑造。如果受托人将本年度获得的信托收益分配给受益人,则由受益人缴纳个人所得税,如果信托保留收益不予分配,则由受托人按较高的税率缴纳所得税;这实质上体现了立法者对信托功能的定位引导,如果信托按财产管理工具定位,则享有较为优惠的税收待遇;如果信托按财富积累工具定位,则要承担较重的税收负担。因此,将来我国建立民事信托税制,应当发挥税法对信托功能定位的引导作用,引导信托成为财富管理工具,防止其异化为一种财富积累工具。

第三,划分信托初始财产(本金)与信托收益。随着我国未来税法的不断健全,居住用房房产税与遗产税会逐步开征,在此情形下,如果委托人将作为遗产的财产置入信托,或委托人将承载财产税的不动产置入信托,会产生遗产税或财产税的问题。面对这种情况,将信托财产划分为初始财产与信托收益具有较强的必要性。信托财产本身承担的税负由初始信托财产承担,分配给受益人的信托收益的税负则由受益人承担。因此,我国《信托法》第 14 条关于信托财产的界定应当进行相应的修订,并进行细分处理。

参考文献

一、中文文献

（一）著作类

1.［美］爱德华·C. 哈尔巴赫：《吉尔伯特信托法》，张雪楳译，法律出版社2017年版。

2. 陈斌彬：《证券投资基金管理人不当行为的法律规制》，厦门大学出版社2009年版。

3. 陈向聪：《信托法律制度研究》，中国检察出版社2007年版。

4.［日］道垣内弘人：《信托法入门》，姜雪莲译，中国法制出版社2014年版。

5. 邓峰：《普通公司法》，中国人民大学出版社2009年版。

6. 高凌云：《被误读的信托——信托法原论》，复旦大学出版社2010年版。

7.［英］格雷厄姆·弗戈：《衡平法与信托的原理》，葛伟军等译，法律出版社2018年版。

8.［美］哈威尔·E. 杰克逊、小爱德华·L. 西蒙斯编著：《金融监管》，吴志攀等译，中国政法大学出版社2003年版。

9. 何宝玉：《信托法原理研究》，中国政法大学出版社2005年版。

10.［美］罗纳德·德沃金：《认真对待权利》，信春鹰、吴玉章译，上海三联书店2008年版。

11. 赖源河、王志诚：《现代信托法论》（增订3版），中国政法大学出版社2002年版。

12.［美］劳伦斯·M. 弗里德曼：《遗嘱、信托与继承法的社会史》，沈朝晖译，法律出版社2017年版。

13.［日］能见善久：《现代信托法》，赵廉慧译，中国法制出版社2011年版。

14.［日］三菱日联信托银行编著：《信托法务与实务》（第5版），张军建译，中国财政经济出版社2010年版。

15. 沈宗灵主编：《法理学》，北京大学出版社2000年版。

16. 施天涛、余文然:《信托法》,人民法院出版社 1999 年版。

17. [英]斯蒂芬·加拉赫:《衡平法与信托法:数世纪的结晶》,冷霞译,法律出版社 2020 年版。

18. [英]西蒙·加德纳:《信托法导论》,付然译,法律出版社 2018 年版。

19. 谢哲胜:《信托法》,台北,元照出版有限公司 2014 年版。

20. 于朝印:《中国现代信托法制研究》,中国人民公安大学出版社 2022 年版。

21. 于朝印:《特定目的信托法律规制研究》,厦门大学出版社 2013 年版。

22. 张军建:《信托法基础理论研究》,中国财政经济出版社 2009 年版。

23. 张路、罗旭、郭晓婧编译:《中美英基金法比较与实务》,法律出版社 2007 年版。

24. 张平华、刘耀东:《继承法原理》,中国法制出版社 2009 年版。

25. 张天民:《失去衡平法的信托——信托观念的扩张与中国〈信托法〉的机遇和挑战》,中信出版社 2004 年版。

26. 赵廉慧:《信托法解释论》,中国法制出版社 2015 年版。

27. 钟瑞栋、陈向聪:《信托法》,厦门大学出版社 2004 年版。

28. 周勤:《信托的发端与展开——信托品格和委托人地位的法律规制》,知识产权出版社 2013 年版。

29. 周小明:《信托制度:法理与实务》,中国法制出版社 2012 年版。

30. [英]D. J. 海顿:《信托法》,周翼、王昊译,法律出版社 2004 年版。

31. [英]F. H. 劳森、[英]B. 拉登:《财产法》,施天涛等译,中国大百科全书出版社 1998 年版。

32. [英]H. L. A. 哈特:《法律的概念》,张文显等译,中国大百科全书出版社 1996 年版。

(二)论文类

1. 陈鸣:《董事信义义务转化的法律构造——以美国判例法为研究中心》,载《比较法研究》2017 年第 5 期。

2. 陈雪娇、王继远:《论律师信义义务》,载《昆明理工大学学报(社会科学版)》2009 年第 12 期。

3. 陈雪萍:《论我国商事信托之制度创新》,载《法商研究》2006 年第 3 期。

4. 董新义:《资产管理业者的信义义务:法律定位及制度架构》,载《求是学刊》2014 年第 4 期。

5. 范世乾:《信义义务的概念》,载《湖北大学学报(哲学社会科学版)》2012 年第 1 期。

6. 樊云慧:《公司高管义务与董事义务一致吗?——美国的司法实践及其对我国的启示》,载《环球法律评论》2014 年第 1 期。

7. 甘培忠、雷驰:《对金融创新的信义义务法律规制》,载《法学》2009 年第 10 期。

8. 甘培忠、周淳:《证券投资顾问受信义务研究》,载《法律适用》2012 年第 10 期。

9. 耿勇:《国际信托法律适用的统一冲突法——〈关于信托的法律适用及其承认的公约〉评介》,载《河南省政法管理干部学院学报》2000 年第 3 期。

10. 郭玉萍:《信托财产的所有权归属》,载《河南金融管理干部学院学报》2002 年第 5 期。

11. 胡光志、陈晴:《权能分割:论我国〈信托法〉之信托财产所有权》,载《郑州大学学报(哲学社会科学版)》2006 年第 6 期。

12. 蒋月:《论遗嘱自由之限制:立法干预的正当性及其路径》,载《现代法学》2012 年第 5 期。

13. 李世刚:《论〈法国民法典〉对罗马法信托概念的引入》,载《中国社会科学》2009 年第 4 期。

14. 李想:《金信信托"黑洞"的警示》,载《会计师》2006 年第 3 期。

15. 李勇:《信托财产所有权性质之再思考》,载《时代法学》2005 年第 5 期。

16. 梁慧星:《诚实信用原则与漏洞补充》,载《法学研究》1994 年第 2 期。

17. 梁爽:《董事信义义务结构重组及对中国模式的反思——以美、日商业判断规则的运用为借镜》,载《中外法学》2016 年第 1 期。

18. 廖长青、李远纯:《浅谈信托法的几点不足及其完善》,载《黑龙江省政法管理干部学院学报》2003 年第 4 期。

19. 刘刚仿:《英国法中公司发起人对公司的信义义务》,载《中南财经大学学报》1999 年第 6 期。

20. 刘凯:《控制股东的信义义务及违信责任》,载《政法论坛》2009 年第 2 期。

21. 刘鑫:《中国食品信义义务"重塑"之信息披露策略的思考》,载《华北电力大学学报(社会科学版)》2011 年第 6 期。

22. 刘怿:《算法语境下信义义务在金融领域的扩张》,载《江西财经大学学报》2020 年第 6 期。

23. 楼建波、姜雪莲:《信义义务的法理研究——兼论大陆法系国家信托法与其他法律中信义义务规则的互动》,载《社会科学》2017 年第 1 期。

24. 倪峰:《国家安全与个人自由——观察时下美国保守主义的一个视角》,载《太平洋学报》2002 年第 4 期。

25. 倪受彬、张艳蓉:《证券投资咨询机构的信义义务研究》,载《社会科学》2014 年第 10 期。

26. 聂毅、文杰:《论完善我国受托人违反信托的民事责任制度》,载《湖北大学学报(哲学社会科学版)》2010 年第 1 期。

27. 潘嘉玮:《论信托的法律性质及我国〈信托法〉的得失》,载《广东社会科学》2002 年第 1 期。

28. 彭插三:《信义法律关系的分析及适用》,载《湖南社会科学》2010 年第 3 期。

29. 沈四宝:《商事信托制度的现代发展》,载《甘肃政法学院学报》2005 年第 4 期。

30. 盛学军:《中国信托立法缺陷及其对信托功能的消解》,载《现代法学》2003 年第 6 期。

31. 沈幼伦、孙霞:《论遗嘱自由与尊重社会公德——兼谈某"第三者"遗赠纠纷案》,载《法学论坛》2002 年第 3 期。

32. [日]神作裕之:《日本信托法及信托相关法律的最新发展与课题》,杨林凯译,载《中国政法大学学报》2012 年第 5 期。

33. 施天涛、周勤:《商事信托:制度特性、功能实现与立法调整》,载《清华法学》2008 年第 2 期。

34. 孙静:《德国信托法探析》,载《比较法研究》2004 年第 1 期。

35. 王继远:《论商业银行个人理财业务人员之信义义务》,载《社会科学家》2016 年第 8 期。

36. 王继远:《公务员信义义务的理据分析与立法设想》,载《理论探索》2016 年第 4 期。

37. 王继远:《合伙人信义义务问题探讨》,载《理论探索》2009 年第 2 期。

38. 汪世虎、杨淦:《实际控制人信义义务的法律机制构建》,载《深圳大学学报(人文社会科学版)》2015 年第 5 期。

39. 王艳梅、祝雅柠:《论董事违反信义义务赔偿责任范围的界定——以世界银行〈营商环境报告〉"董事责任程度"为切入点》,载《北方法学》2019 年第 2 期。

40. 王莹莹:《信义义务的传统逻辑与现代建构》,载《法学论坛》2019 年第 6 期。

41. 文杰:《日本〈信托法〉的修改及其借鉴意义》,载《河北法学》2011 年第 12 期。

42. 温世扬、冯兴俊:《论信托财产所有权——兼论我国相关立法的完善》,载《武汉大学学报(哲学社会科学版)》2005 年第 2 期。

43. 肖宇、许可:《私募股权基金管理人信义义务研究》,载《现代法学》2015 年第 6 期。

44. 徐化耿:《信义义务的一般理论及其在中国法上的展开》,载《中外法学》2020 年第 6 期。

45. 徐化耿:《论私法中的信任机制——基于信义义务与诚实信用的例证分析》,载《法学家》2017 年第 4 期。

46. 姚朝兵:《著作权集体管理的信托法规制:信义义务的视角》,载《华北电力大学学报(社会科学版)》2015 年第 4 期。

47. 叶朋:《法国信托法近年来的修改及对我国的启示》,载《安徽大学学报(哲学社会科学版)》2014 年第 1 期。

48. 于朝印:《论商业信托法律主体地位的确定》,载《现代法学》2011 年第 5 期。

49. 于海涌:《论信托财产的所有权归属》,载《中山大学学报(社会科学版)》2010 年第 2 期。

50. 余能斌、文杰:《我国〈信托法〉内容缺陷管窥与补正思考》,载《法学》2002 年第 9 期。

51. 张淳:《对我国信托法关于信托债务清偿责任的规定的修改》,载《社会科学家》2014 年第 2 期。

52. 张淳:《论由受托人享有的信托财产所有权》,载《江海学刊》2007 年第 5 期。

53. 张淳:《条款增补:我国信托法中的重要创造性规定的完善》,载《河北法学》2005 年第 12 期。

54. 张淳:《〈中华人民共和国信托法〉中的创造性规定及其评析》,载《法律科学(西北政法学院学报)》2002 年第 2 期。

55. 张里安、符琪:《论违反信托义务的民事责任》,载《法学评论》2006

年第3期。

56. 张学文:《封闭式公司中的股东信义义务:原理与规则》,载《中外法学》2010年第2期。

57. 章礼强:《对中国现行继承法遗嘱自由过度的反思》,载《现代法学》2004年第1期。

58. 赵廉慧:《日本信托法修改及其信托观念的发展》,载《北方法学》2009年第4期。

59. 钟瑞栋、侯怀霞:《论信托公示——兼评我国〈信托法〉第10条》,载《郑州大学学报(哲学社会科学版)》2006年第1期。

60. 钟维:《中国式智能投顾:本源、异化与信义义务规制》,载《社会科学》2020年第4期。

61. [日]中野正俊、张军建、姜雪莲:《中国信托法具体修改建议》,载《河南省政法管理干部学院学报》2006年第6期。

62. [日]中野正俊、张军建、姜雪莲:《从比较信托法看中国信托法的立法及其解释》,载《中南大学学报(社会科学版)》2003年第1期。

63. 周淳、肖宇:《封闭公司控股股东对小股东信义义务的重新审视——以控股股东义务指向与边界为视角》,载《社会科学研究》2016年第1期。

64. 周勤:《日本〈信托法〉的两次价值选择——以意定信托委托人的权利为中心》,载《华侨大学学报(哲学社会科学版)》2010年第3期。

65. 朱慈蕴:《资本多数决原则与控制股东的诚信义务》,载《法学研究》2004年第4期。

66. 朱圆:《论信义规则在我国成年监护法中的引入》,载《政治与法律》2019年第2期。

67. 邹颐湘:《从中日信托法立法差异的比较看我国信托法的不足》,载《江西社会科学》2003年第3期。

二、英文文献

(一)著作类

1. Amy M. Hess, George G. Bogert & George T. Bogert, *Bogert's Trusts and Trustees*, Thomson Reuters, 2014.

2. Alastair Hudson, *Understanding Equity and Trusts*, Cavendish Publishing Limited, 2001.

3. Arthur Hobhouse, *The Dead Hand: Addresses on the Subject of*

Endowments and Settlements of Property (1880), Kessinger Publishing, LLC., 2010.

4. Austin W. Scott & William F. Fratcher, *The Law of Trusts*, Little, Brown and Company, 1987.

5. Austin W. Scott, William F. Fratcher & Mark L. Ascher, *Scott and Ascher on Trusts*, Wolters Kluwer Law & Business, 2006.

6. A. W. B. Simpson, *Legal Theory and Legal History: Essays on the Common Law*, A & C Black, 1987.

7. Bronwne C. Lewis, *The Land of Trust*, eLandell Press, 2013.

8. Charles E. Rounds, Jr., *Loring: A Trustee's Handbook*, 8th edition, Aspen Publishers, 2006.

9. David A. Thomas, *History of American Land Law, English Origins and the Colonial Experience*, Vandeplas Publishing, LLC., 2013.

10. David M. English, *Hot Button Issues under the Uniform Trust Code*, American College of Trust and Estate Counsel 2007 Annual Meeting, Symposium (2007).

11. Denis Clifford, *Make Your Own Living Trust*, Bang Printing Berkeley, 2017.

12. Edward C. Halbach, Jr., *Gilbert Law Summaries on Trusts*, 13th edition, Gilbert, 2007.

13. Erwin N. Griswold, *Spendthrift Trust: Restraints on the Alienation of Equitable Interests Imposed by the Terms of the Trust or by Statute*, Matthew Bender & Company, 1936.

14. Frank J. Fabozzi, Franco Modigliani & Frank J. Jones, *Foundations of Financial Markets and Institutions*, 4th edition, Pearson Education Inc., 1994.

15. Frederic S. Mishkin & Stanley G. Eakins, *Financial Markets and Institutions*, 6th edition, Pearson Education Inc., 2009.

16. F. W. Maitland, *Equity, Also the Forms of Action at Common Law*, Cambridge University Press, 1929.

17. George G. Bogert, *Handbook of the Law of Trust*, West Publishing Co., 1921.

18. George G. Bogert & George T. Bogert, *The Law of Trusts and Trustees*, 2nd edition, West Publishing Co., 1992.

19. George G. Bogert, Dallin H. Oaks, H. Reese Hansen & Stanley D. Neeleman, *Law of Trusts*, 7th edition, Foundation Press, 2001.

20. George T. Bogert, *Trusts*, 6th edition, West Publishing Co., 1987.

21. Graham Moffat, Gerry Bean & Rebecca Probert, *Trusts Law*, 5th edition, Cambridge University Press, 2009.

22. Graham Moffat, *Trust Law: Text and Materials*, 5th edition, Cambridge University Press, 2009.

23. Harold Apolinsky, *New Rules for Estate and Tax Planning*, 2nd edition, John Wiley & Sons Inc., 2005.

24. Ira Distenfield & Linda Distenfield, *A Do-It-Yourself Plan for Creating a Will and Living Trust*, John Wiley & Sons Inc., 2005.

25. Jairus Wear Perry, *A Treatise on the Law of Trusts and Trustees*, 7th edition, Little, Brown and Company, 1929.

26. Jeffrey A. Schoenblum, *Multistate Guide to Estate Planning*, CCH Inc., 2012.

27. Jerry W. Markham, *A Financial History of Modern N. U. S. Corporate Scandals: From Enron to Reform*, Routledge, 2006.

28. Jesse Dukeminier & Robert H. Sitkoff, *Wills, Trusts, and Estates*, 9th edition, Wolters Kluwer Law & Business, 2013.

29. John Chipman Gray, *The Rule against Perpetuities*, 4th edition, Little, Brown and Company, 1942.

30. John Duddington, *Essentials of Equity and Trust Law*, Pearson Education Limited, 2006.

31. Karambelas, *Limited Liability Companies: Law, Practice and Forms*, Thomson West, 2009.

32. Lawrence M. Friedman, *A History of American Law*, Simon & Schuster Inc., 1985.

33. Lee Holcombe, *Wives and Property: Reform of the Married Women's Property Law in Nineteenth-Century England*, University of Toronto Press, 1983.

34. Lewis M. Simes, *Public Policy and the Dead Hand*, University of Michigan Law School, 1955.

35. Lewis M. Simes, *Public Policy and the Dead Hand*, *The Thomas M. Cooley Lectures*, Sixth Series, Literary Licensing, LLC., 118 (2012).

36. Lusina Ho & Rebecca Lee, *Trust Law in Asian Civil Law Jurisdiction: A Comparative Analysis*, Cambridge University Press, 2013.

37. Makoto Arai, *Trust in Prime Jurisdictions*, 3rd edition, Global Law and Business, 2010.

38. R. H. Maudsley, *The Modern Law of Perpetuities*, Butterworth, 1979.

39. Mohamed Ramjohn, *Sourcebook on Law of Trusts*, 2nd edition, Cavendish Publishing Limited, 1998.

40. P. S. Atiyah & Robert S. Summers, *Form and Substance in Anglo-American Law: A Comparative Study in Legal Reasoning, Legal Theory, and Legal Institutions*, Oxford University Press, 1987.

41. R. A. Eastwood, *Williams' Principles of the Law of Real Property*, 24th edition, Sweet & Maxwell, Ltd., 1925.

42. Richard Edwards & Nigel Stockwell, *Trust and Equity*, 5th edition, Pearson Education Limited, 2002.

43. Richard R. Powell, *Powell on Real Property*, Michael Allen Wolfed, 2003.

44. Robert Cooter & Thomas Ulen, *Law and Economics*, 3rd edition, Addison Wesley, 2000.

45. Roger W. Anderson & Ira Mark Bloom, *Fundamentals of Trusts and Estates*, 2nd edition, 2002.

46. R. J. Walker & Richard Ward, *Walker & Walker's English Legal System*, 7th edition, Butterworth Legal Published, 1994.

47. Samantha J. Hepburn, *Principles of Equity and Trust*, 2nd edition, Cavendish Publishing Pty Limited, 2001.

48. Sarah Worthington, *Commercial Law & Commercial Practice*, Hart Publishing, 2003.

49. Sukhninder Panesar, *Equity and Trusts*, 3rd edition, Pearson, 2017.

50. Tamar Frankel, *Fiduciary Law*, Oxford University Press, 2011.

51. Thomas Lewin, *A Practical Treatise on the Law of Trusts*, 7th edition, Blackstone Publishing Co., 1879.

52. Thomas W. Merrill & Henry E. Smith, *Property: Principles and Policies*, Foundation Press, 2007.

53. Warren A. Seavey, *Handbook of the Law of Agency*, West Publishing

Company, 1964.

54. *The Trust Regulatory Handbook*, 1998 – 1999 edition, Pricewaterhouse Coopers, 1999.

(二)论文类

1. Adam J. Hirsch, *Fear Not the Asset Protection Trust*, 27 Cardozo Law Review 2685 (2006).

2. Alan A. May, *Doctrine of Equitable Deviation*, 27 Michigan Probe and Estate Planning Journal 25 (2008).

3. Alan Newman, *Spendthrift and Discretionary Trusts: Alive and Well under the Uniform Trust Code*, 40 Real Property, Probate and Trust Journal 567 (2005).

4. Alexandra Clarke, *The Future after Durant: Is Backwards Tracing the Way Forward*, 2016 Oxford University Undergraduate Law Journal 91 (2016).

5. Alexander Fürwentsches, *The (Non) Recognition of Trusts in Germany*, 2 Insight 4(2015).

6. Amir Amel-Zadeh & George Serafeim, *Why and How Investors Use ESG Information Evidence from a Global Survey*, 2018 Financial Analysis Journal 87 (2018).

7. Amy Lynn Wagenfeld, *Law for Sale: Alaska and Delaware Compete for the Asset Protection Trust Market and the Wealth that Follows*, 32 Vanderbilt Journal of Transnational Law 831 (1999).

8. Anne S. Emanuel, *Spendthrift Trusts: It's Time to Codify the Compromise*, 72 Nebraska Law Review 179 (1993).

9. *A Rationale for the Spendthrift Trust*, 64 Columbia Law Review 1323 (1964).

10. Austin Fleming, *Prudent Investments: The Varying Standards of Prudence*, 12 Real Property, Probate and Trust Journal 243 (1977).

11. Austin W. Scott, *Spendthrift Trusts and the Conflict of Laws*, 77 Harvard Law Review 845 (1964).

12. Austin W. Scott, *Trust as an Instrument of Law Reform*, 31 Yale Law Journal 457(1921 – 1922).

13. Austin Wakeman Scott, *Nature of Rights of the Cestui Que Trust*, 17 Columbia Law Review 269 (1917).

14. A. W. B. Simpson, *Entails and Perpetuities*, 24 Juridical Review 1 (1979).

15. Benjamin P. Edwards, *Fiduciary Duty and Investment Advice: Will a Uniform Fiduciary Duty Make a Material Difference*, 14 Journal of Business and Securities Law 105 (2014).

16. Bertel Sparks, *Policy Considerations: Alienability of the Beneficial Interest it a Trust in New York*, 9 Buffalo Law Review 26 (1959).

17. C. C. Langdell, *Brief Survey of Equity Jurisdiction*, 10 Harvard Law Review 71 (1896 – 1897).

18. Carl Emery, *Do We Need a Rule against Perpetuities*, 57 Modern Law Review 602 (1994).

19. Colleen E. Medill, *Regulating ERISA Fiduciary Outsourcing*, 102 Iowa Law Review 505 (2017).

20. Edward C. Halbach, Jr., *Uniform Acts, Restatements, and Trends in American Trust Law at Century's End*, 88 California Law Review 1877 (2000).

21. Ernest J. Weinrib, *The Fiduciary Obligation*, 25 University of Toronto Law Journal 1 (1975).

22. Ethan Leib, *Friends as Fiduciaries*, 86 Washington University Law Review 665(2009).

23. D. Gordon Smith, *Contractually Adopted Fiduciary Duty*, 5 University of Illinois Law Review 1783 (2014).

24. D. Gordon Smith & Jordan C. Lee, *Fiduciary Discretion*, 75 Ohio State Law Journal 609 (2014).

25. D. Gordon Smith, *The Critical Resource Theory of Fiduciary Duty*, 5 Vanderbilt Law Review 1399 (2002).

26. D. W. M. Waters, *The Nature of the Trust Beneficiary's Interest*, 45 Canadian Bar Review 219 (1967).

27. Daniel B. Kelly, *Restricting Testamentary Freedom: Ex Ante Versus Ex Post Justifications*, 82 Fordham L. Rev. 1125 (2013).

28. Daniel R. Fischel & John H. Langbein, *ERISA's Fundamental Contradiction: The Exclusive Benefit Rule*, 55 University of Chicago Law Review 1105 (1988).

29. David L. Heald & Joseph P. Mulhern Ⅱ., *Directed Trustee Liability*

under ERISA, 9 Loyola University Chicago Law Journal 617 (1978).

30. David M. English, *Hot Button Issues Under the Uniform Trust Code*, American College of Trust and Estate Counsel 2007 Annual Meeting, Symposium (2007).

31. Deborah A. DeMott, *Beyond Metaphor: An Analysis of Fiduciary Obligation*, 5 Duke Law Journal 879 (1988).

32. Douglas A. Alderson, *LAC Minerals and the Fiduciary Obligation: The Limits of Commercial Morality*, 10 Estate and Trust Journal 231 (1991).

33. Edward C. Halbach, Jr., *Uniform Acts, Restatements, and Trends in American Trust Law at Century's End*, 88 California Law Review 1877 (2000).

34. Ernest J. Weinrib, *The Fiduciary Obligation*, 25 University of Toronto Law Joural 1 (1975).

35. Ernest V. Klein, J. Richard Millar & Alan Cameron, *Takeover Bids for Collective Investment Vehicles in the US, UK and Australia*, 17 International Business Law 305 (1989).

36. Eugene F. Fama, *Efficient Capital Markets: A Review of Theory and Empirical Work*, 25 Journal of Finance 383 (1970).

37. Frank H. Easterbrook & Daniel R. Fischel, *Corporate Control Transactions*, 91 Yale Law Journal 698 (1982).

38. Frank H. Easterbrook & Daniel R. Fischel, *Contract and Fiduciary Duty*, 36 Journal of Law and Economics 425 (1993).

39. Frederick R. Schneider, *Rule against Perpetuities for the Twenty-First Century*, 41 Real Property, Probate and Trust Journal 743 (2007).

40. Gilbert T. Stephenson, *Expanding Powers of Trustees*, 26 Fordham Law Review 50 (1957).

41. G. K. F. Santow, *Comparative Study-Discretionary Trust*, 5 International Legal Practice 23 (1980).

42. Howell Ward & Robert Shockney, *Texas Trust Act: Investment Power of a Trustee*, 37 Texas Law Review 66 (1958).

43. Hein Kötz, *The Modern Development of Trust Law in Germany*, *Modern International Developments in Trust Law*, ed. by David Hayton, Kluwer Law International (1999).

44. Iman Anabtawi & Lynn Stout, *Fiduciary Duties for Activist*

Shareholders, 60 Stanford Law Review 1255 (2008).

45. J. Alan Nelson, *The Prudent Person Rule: A Shield for the Professional Trustee*, 45 Baylor Law Review 933 (1993).

46. Jane G. Ditelberg, *The Prudent Investor Rule Past, Present and Future: A View from Illinois*, 45 Actec Law Journal 17 (2019).

47. Jane Ditelberg, *Am I My Brother's Keeper: Willful Misconduct and the Directed Trustee under the Uniform Directed Trust Act*, 44 Actec Law Journal 207 (2019).

48. Jeffrey A. Cooper, *Empty Promises: Settlor's Intent, the Uniform Trust Code, and the Future of Trust Investment Law*, 88 Boston University Law Review 1165 (2008).

49. Jeffrey N. Gordon, *The Puzzling Persistence of the Constrained Prudent Man Rule*, 62 New York University Law Review 52(1987).

50. Jerold I. Horn, *The Prudent Investor Rule-Impact on Drafting and the Administration of Trusts*, 20 Actec Notes 26 (1994).

51. Jerry W. Markham, *Mutual Funds Scandals-Comparative Analysis of the Role of Corporate Governance in the Regulation of Collective Investments*, 3 Hastings Business Law Journal 67 (2006).

52. Jessica Palmer, *Theories of the Trust and What They Might Mean for Beneficiary Rights to Information*, 2010 New Zealand Law Review 541 (2010).

53. John C. Coffee, Jr., *The Mandatory/Enabling Balance in Corporate Law: An Essay on the Judicial Role*, 89 Columbia Law Review 1618 (1989).

54. John D. Morley & Robert H. Sitkoff, *Making Directed Trusts Work: The Uniform Directed Trust Act*, 44 Actec Law Journal 3 (2019).

55. J. E. Penner, *The (True) Nature of a Beneficiary's Equitable Proprietary Interest under a Trust*, 27 Canadian Journal of Law and Jurisprudence 473 (2014).

56. John E. Ⅲ Sullivan, *Gutting the Rule against Self-Settled Trusts: How the New Delaware Trust Law Competes with Offshore Trusts*, 23 Delaware Journal of Corporate Law 423 (1998).

57. John H. Langbein, *Burn the Rembrandt-Trust Law's Limits on the Settlor's Power to Direct Investment*, 90 Boston University Law Review 375 (2010).

58. John H. Langbein, *Why Did Trust Law Become Statute Law in the United States*, 58 Alabama Law Review 1069 (2007).

59. John H. Langbein, *Questioning the Trust Law Duty of Loyalty: Sole Interest or Best Interest*, 114 Yale Law Journal 929 (2005).

60. John H. Langbein, *Mandatory Rules in the Law of Trusts*, 98 Northwestern University Law Review 1105 (2004).

61. John H. Langbein, *The Secret Life of the Trust: The Trust as an Instrument of Commerce*, 107 Yale Law Journal 165(1997).

62. John H. Langbein, *The Uniform Prudent Investor Act and the Future of Trust Investing*, 81 Iowa Law Review 641 (1996).

63. John H. Langbein, *The Contractarian Basis of the Law of Trusts*, 105 Yale Law Journal 625 (1995).

64. John H. Langbein, *Substantial Compliance with the Wills Act*, 88 Harvard Law Review 489 (1975).

65. John H. Martin, *A Preface to the Prudent Investor Rule*, 12 Michigan Probate and Estate Planning Journal 11 (1993).

66. John Scott Kelly, *Principles of Tracing Property Commingled or Converted*, 6 Estates and Trusts Quarterly 89 (1983).

67. Jonathan Silberstein-Loeb, *The Transatlantic Origins of the Business Trust*, 36 Journal of Legal History 192 (2015).

68. Kellsie J. Nienhuser, *Developing Trust in the Self-Settled Spendthrift Trust*, 15 Wyoming Law Review 551 (2015).

69. Kevin D. Millard, *Rights of a Trust Beneficiary's Creditors under the Uniform Trust Code*, 34 Actec Journal 58 (2008).

70. Kevin R. McKinnis, *The Good, the Bad, and a New Kind of Prenup: An Analysis of the Ohio Legacy Trust Act and What Asset Protection Trusts Will Mean for Ohio*, 61 Cleveland State Law Review 1105 (2013).

71. Kristi Arakaki, *Promoting Trustee Adherence to the Fiduciary Duty of Impartiality: A Case for Enacting Unitrust Conversion Statutes in Conjunction with Equitable Adjustment Statutes*, 28 University of Hawaii Law Review 105 (2005).

72. Kristina A. Fausti, *A Fiduciary Duty for All*, 12 Duquesne Business Law Journal 83 (2010).

73. Larry E. Ribstein, *Fencing Fiduciary Duties*, 91 Boston University

Law Review 899 (2011).

74. Larry E. Ribstein, *Are Partners Fiduciaries?*, 1 University of Illinois Law Review 209(2005).

75. Lawrence E. Mitchell, *The Fairness Rights of Corporate Bondholders*, 65:5 New York University Law Review 1165(1990).

76. Lawrence M. Friedman, *The Dynastic Trust*, 73 Yale Law Journal 547 (1964).

77. Lawrence W. Waggoner, *Message to Congress: Halt the Tax Exemption for Perpetual Trusts*, 109 Michigan Law Review First Impressions 23 (2010).

78. Lawrence W. Waggoner, *The Uniform Statutory Rule against Perpetuities*, 21 Real Property, Probate and Trust Journal 569 (1986).

79. Leonard I. Rotman, *Understanding Fiduciary Duties and Relationship Fiduciarity*, 62 McGill Law Journal 975 (2017).

80. Leonard I. Rotman, *Fiduciary Law's Holy Grail: Reconciling Theory and Practice in Fiduciary Jurisprudence*, 91 Boston University Law Review 921 (2011).

81. Leslie, M. B., *Common Law, Common Sense: Fiduciary Standards and Trustee Identity*, 27(6) Cardozo Law Review 2713 (2006).

82. Leslie Joyner Bobo, *Nontraditional Investments of Fiduciaries: Re-Examining the Prudent Investor Rule*, 33 Emory Law Journal 1067 (1984).

83. Lewis M. Simes, *Statutory Restrictions on the Accumulation of Income*, 7 University of Chicago Law Review 409 (1940).

84. Lionel D. Smith, *Trust and Patrimony*, 38 Revue Generale de Droit 379 (2008).

85. Lionel Smith, *Fiduciary Relationships: Ensuring the Loyal Exercise of Judgment on Behalf of Another*, 130 Law Quarterly Review 608 (2008).

86. Mark R. Hinkston, *Wisconsin's Construction Trust Fund Statute: Protecting against Theft by Contractor*, 78 Wisconsin Lawyer 5 (2005).

87. Mary D. Cascino, Lyman W. Welch & Susan T. Bart, *Trusts & Trustees Act Modernized: Decanting and Directed Trusts*, 100 Illinois Bar Journal 596 (2012).

88. Mary P. O'Reilly & Lee-Ford Tritt, *Benefit-of-the-Beneficiary-Rule*, 34:2 Probate & Property, 24(2020).

89. Max M. Schanzenbach & Robert H. Sitkoff, *Reconciling Fiduciary Duty and Social Conscience: The Law and Economics of ESG Investing by a Trustee*, 72 Stanford Law Review 381 (2020).

90. Max M. Schanzenbach & Robert H. Sitkoff, *The Prudent Investor Rule and Market Risk: An Empirical Analysis*, 14 Journal of Empirical Legal Studies 129 (2017).

91. Max M. Schanzenbach & Robert H. Sitkoff, *Did Reform of Prudent Trust Investment Laws Change Trust Portfolio Allocation*, 50 Journal of Law and Economics 681 (2007).

92. Max M. Schanzenbach & Robert H. Sitkoff, *Perpetuities or Taxes-Explaining the Rise of the Perpetual Trust*, 27 Cardozo Law Review 2465 (2006).

93. Mayo Adams Shattuck, *The Development of the Prudent Man Rule for Fiduciary Investment in the United States in Twentieth Century*, 12 Ohio State Law Journal 491 (1951).

94. Melanie B. Leslie, *In Defense of the No Further Inquiry Rule: A Response to Professor John Langbein*, 47 Willam and Mary Law Review 541 (2005).

95. Michael Stephen Hayes, *Trust Law-Beneficiary's Interest in Open-Class Discretionary Trust Amounts to Mere Expectancy Despite Ascertainable Standard—Pfannenstiehl v. Pfannenstiehl*, 50 Suffolk University Law Review 367 (2017).

96. Paul B. Miller, *Justifying Fiduciary Duties*, 58 McGill Law Journal 969 (2013).

97. Paul B. Miller & Andrew S. Gold, *Fiduciary Governance*, 57 William and Mary Law Review 513 (2015).

98. Paul G. Haskell, *The Prudent Person Rule for Trustee Investment and Modem Portfolio Theory*, 69 North Carolina Law Review 87 (1990).

99. Paul G. Haskell, *Some Problems with the Uniform Trustees' Powers Act*, 32 Law and Contemporary Problems 168 (1967).

100. Paul Matthews, *From Obligation to Property, and Back Again? The Future of the NonCharitable Purpose Trust*, in David Hayton ed., Extending the Boundaries of Trusts and Similar Ring-Fenced Funds, Kluwer Law International, 2002.

101. Patrick J. Collins, *Prudence*, 124 Banking Law Journal 29 (2007).

102. Patrick Polden, *Panic or Prudence: The Thellusson Act* 1800 *and Trusts for Accumulation*, 45 Northern Ireland Legal Quarterly 13 (1994).

103. Peter Birks, *Equity in the Modern Law: An Exercise in Taxonomy*, 26:1 University of Western Australia Law Review1 (1996).

104. Peter J. Wiedenbeck, *Untrustworthy: ERISA's Eroded Fiduciary Law*, 59 Wm. & Mary L. Rev. 1007 (2018).

105. Peter T. Wendel, *The Evolution of the Law of Trustee's Powers and Third Party Liability for Participating in a Breach of Trust: An Economic Analysis*, 35 Seton Hall Law Review 971 (2005).

106. Philip J. Ruce, *The Trustee and the Spendthrift: The Argument against Small Trust Termination*, 48 Gonzaga Law Review 163 (2012).

107. Pierre Lepaulle, *An outsider's View Point of the Nature of Trusts*, 14 Cornell Law Quarterly 52 (1927).

108. Randall J. Gingiss, *Putting a Stop to "Asset Protection" Trusts*, 51 Baylor Law Review 987 (1999).

109. Rebecca Bell, *Pet Heir: Understanding Minnesota's Pet Trust Statute*, 74 Bench & Bar of Minnesota 24(2017).

110. Remus Valsan, *Fiduciary Duties, Conflict of Interest, and Proper Exercise of Judgment*, 62 McGill Law Journal 1(2016).

111. Richard C. Ausness, *The Offshore Asset Protection Trust: A Prudent Financial Planning Device or the Last Refuge of Scoundrel*, 45 Duquesne Law Review 147 (2007).

112. Richard R. Powell, *The Rule against Perpetuities and Spendthrift Trusts in New York: Comments and Suggestions*, 71 Columbia Law Review 688 (1971).

113. Robert A. Levy, *The Prudent Investor Rule: Theories and Evidence*, 1 George Mason University Law Review (Student Edition) 1 (1994).

114. Robert C. Clark, *Agency Costs versus Fiduciary Duties*, in John W. Pratt and Richard J. Zeckhauser ed., Principals and Agents: The Structure of Business, Harvard Business School Press, 1985, p.55.

115. Robert Cooter & Bradley J. Freedman, *The Fiduciary Relationship*:

Its Economic Character and Legal Consequences, 66 New York University Law Review 1045 (1991).

116. Robert French, *Trusts and Statutes*, 39 Melbourne University Law Review 629 (2015).

117. Robert H. Sitkoff, *Trusts and Estates: Implementing Freedom of Disposition*, 58 Saint Louis University Law Journal 643 (2014).

118. Robert H. Sitkoff, *Trust Law as Fiduciary Governance Plus Asset Partitioning*, in Lionel Simth ed., The World of the Trust, Cambridge University Press, 2013, p. 428.

119. Robert H. Sitkoff & Max Schanzenbach, *Jurisdictional Competition for Trust Funds: An Empirical Analysis of Perpetuities and Taxes*, 115 Yale Law Journal 356 (2005).

120. Robert J. Aalberts & Percy S. Poon, T*he New Prudent Investor Rule and the Modern Portfolio Theory: A New Direction for Fiduciaries*, 34 American Business Law Journal 39 (1996).

121. Robert N. Eccles, *Fiduciary Litigation under ERISA*: 1975 – 1988, 23 Real Property, Probate and Trust Journal 679 (1988).

122. Robert Whitman, *Resolution Procedures to Resolve Trust Beneficiary Complaints*, 39 Real Property, Probate and Trust Journal 829 (2005).

123. Robert Whitman & Kumar Paturi, *Improving Mechanisms for Resolving Complaints of Powerless Trust Beneficiaries*, 16 Quinnipiac Probate Law Journal 64 (2002).

124. Robert W. Tuttle, *The Fiduciary's Fiduciary: Legal Ethics in Fiduciary Representation*, 1994 University of Illinois Law Review 889 (1994).

125. Robert W. Hallgring, *The Uniform Trustees' Powers Act and the Basic Principles of Fiduciary Responsibility*, 41 Washington Law Review 801 (1966).

126. Roger Cotterrell, *Power, Property and the Law of Trusts: A Partial Agenda for Critical Legal Scholarship*, 14:1 Journal of Law and Society 77 (1987).

127. Ronald R. Volkmer, *Nebraska's Total Return Trust Statute: Unitrust Conversion and the Challenges of Managing a Trust and Drafting a Trust*, 40

Creighton Law Review 135 (2006).

128. R. W. Woolsey, *Spendthrift Trusts—In General*, 3 Southwestern Law Journal 198 (1949).

129. S. Alan Medlin, *Limitations on the Trustee's Power to Adjust*, 42 Real Property, Probate and Trust Journal 717 (2008).

130. Scott Andrew Shepard, *A Uniform Perpetuities Reform Act*, 16 New York University Journal of Legislation and Public Policy 89 (2013).

131. Scott FitzGibbon, *Fiduciary Relationships Are Not Contracts*, 82 Marquette Law Review 303 (1999).

132. Steven D. Irwin, Scott A. Lane & Carolyn W. Mendelson, *Wasn't My Broker Always Looking Out for My Best Interests-The Road to Become a Fiduciary*, 12 Duquesne Business Law Journal 41 (2009).

133. Steven J. Horowitz & Robert H. Sitkoff, *Unconstitutional Perpetual Trusts*, 67 Vanderbilt Law Review 1769 (2014).

134. Steven L. Schwarcz, *Fiduciaries with Conflicting Obligations*, 94 Minnesota Law Review 1867 (2010).

135. Steven L. Schwarcz, *Commercial Trusts as Business Organizations: Unraveling the Mystery*, 58 Business Lawyer 559 (2003).

136. Steven L. Schwarcz, *Commercial Trusts as Business Organizations: An Invitation to Comparatists*, 13 Duke Journal of Comparative and International Law 321 (2003).

137. Stewart E. Sterk, *Rethinking Trust Law Reform: How Prudent is Modern Prudent Investor Doctrine*, 95 Cornell Law Review 851 (2010).

138. Stewart E. Sterk, *Jurisdictional Competition to Abolish the Rule against Perpetuities: R. I. P. for the R. A. P.*, 24 Cardozo Law Review 2097 (2003).

139. Sukhninder Panesar, *The Importance of Possession of Land*, 33 Hong Kong Law Journal 569 (2003).

140. Tamar Frankel, *Toward Universal Fiduciary Principles*, 39 Queen's Law Journal 391 (2014).

141. Tamar Frankel & Lawrence A. Cunningham, *The Mysterious Ways of Mutual Funds: Market Timing*, 25:1 Annual Review of Banking & Financial Law 235 (2006).

142. Tamar Frankal, *The Delaware Business Trust Act Failure as the New Corporate Law*, 23 Cardozo Law Review 325 (2001).

143. Tamar Frankel, *Fiduciary Law*, 71 California Law Review 795 (1983).

144. Tatiana Cutts, *Tracing, Value and Transactions*, 79 Modern Law Review 381 (2016).

145. Thomas D. Johnston, *Prudence in Trust Investment*, 8 University of Michigan Journal of Law Reform 491 (1975).

146. Thomas P. Gallanis, *The New Direction of American Trust Law*, 97 Iowa Law Review 215 (2011).

147. Timothy Lee, *Alaska on the Asset Protection Trust Map: Not Far Enough for a Regulatory Advantage, But Too Far for Convenience?*, 29 Alaska Law Review 149 (2012).

148. Tye J. Klooster, *Are the Justifications for the Rule against Perpetuities Still Persuasive?*, 30 Actec Journal 97 (2004).

149. W. Barton Leach, *Perpetuities in Perspective: Ending the Rule's Reign of Terror*, 65 Harvard Law Review 721 (1952).

150. Weston C. Overholt, Jr., *Tort Liability of the Beneficiary of a Spendthrift Trust*, 57 Dickinson Law Review 220 (1952).

151. William F. Fratcher, *Trustees' Powers Legislation*, 37 New York University Law Review 627 (1962).

152. William H. Wicker, *Spendthrift Trusts*, 10 Gonzaga Law Review 1 (1974).

153. William Hancock & Anna Youll, *The Power of a Beneficiary to Transfer Their Interest in a Trust*, 31 Estates, Trusts and Pensions Journal 156 (2012).

154. Willard M. Bushman, *The (In) validity of Spendthrift Trusts*, 47 Oregon Law Review 304 (1968).

(三)判例

1. Ayliffe v. Murray, (1740)2Atk 58.

2. Bishopsgate Investment v. Homan, (1995) Ch. 211.

3. Bohac v. Graham, 424 N. W. 2d 144 (N. D. 1988).

4. Brandon v. Robinson, 18 Ves 429, 1811.

5. Broadway National Bank v. Adams, 133 Mass. 170(1882).

6. Brown Williamson Tabacco Corp. v. First Naitonal Bank of Blue Island, 504 F. 2n 998 (7th Cir 1974).

7. Bullock v. Stones, 2 Ves. Sen. 522 (1754).

8. Bulter v. Fisher, C. C. Pa. 1894, 62 Fed. 958.

9. Burrows v. Carr, 379 U. S. 973(1965).

10. Cassedy v. Johnstown Bank, 1936, 286 N. Y. S. 202.

11. Central States, Southeast & Southwest Areas Pension Fund v. Central Transport, Inc., 472 U. S. 559(1985).

12. Conn. Bank & Trust Co. v. Brody, 392 A. 2d 445(Conn. 1978).

13. Galambos v. Perez 2009 SCC 48.

14. E. F. Hutton & Co. v. Weeks, 304 S. E. 2d 420(Ga. Ct. App. 1983).

15. Federal Republic of Brazil v. Durant International Corp. (2015) UKPC 35.

16. Fidelity Title & Trust Co. v. Clyde, 143 Conn. 247(1956).

17. Foskett v. McKeown and Others, (2000) UKHL 29(2001) 1 AC 102.

18. Goulding v. James, (1997) 2 All E. R. 239(C. A.).

19. Harvard College and Massachusetts General Hospital v. Amory, 26 Mass (9 Pick.) 446 (1831).

20. Hays v. Harmon, 809 N. E. 2d 460(Ind. Ct. App. 2004).

21. Hobbs v. Bateman Eichler, Hill Richards, Inc., 210 Cal. Rptr. 387(Ct. App. 1985).

22. Holbrook Irrigation District v. First State Bank of Cheraw, 1928, 268 P523, 84 Colo. 157.

23. In re Bank of New York, 364 N. Y. S. 2d 164(1974).

24. In re Bryan, 415 B. R. 454 (Bankr. D. Colo. 2009).

25. In re Dameron v. Tyler, 155 F. 3d 718 (4th Cir. 1998).

26. In re Estate of Feinberg, 383 Ill. 3d 992.

27. In re Estate of Freeman, 195 Kan. 190(Kan. 1965).

28. In re Mahan, 817 F. 2d 682 (1987).

29. Jordan v. Duff & Phelps, Inc., 815 F. 2d 429, 446 –47 (7th Cir. 1987).

30. Keech v. Sandford, (1726).

31. King v. Talbot, 40 N. Y. 76 (1869).

32. Kipp v. O'Melveny, 1906, 83.

33. Kleer v. Tactical AllocationGrp., LLC., No. 298915, 2011 WL 4375237.

34. Lac Minerals Ltd. v. International Corona Resources Ltd., (1989) 2 SCR 574.

35. Lynch v. Loftin, 153 N. C. 270.

36. Mason v. Mason, 798 So. 2d 895, 897 (D. Fla. 2001).

37. Meinhard v. Salmon, 164N. E. 545 (N. Y. 1928).

38. Mesce v. Grandne, 1 N. J. 159.

39. Moseley v. Fikes, Tex. Civ. App., 1939, 126 S. W. 2d 589.

40. Nichols v. Eaton, 91 U. S. 716(1875).

41. Original Great Am. Chocolate Chip Cookie Co. v. River Valley Cookies, Ltd., 970 F. 2d 273, 280 (7th Cir. 1992).

42. Pennell v. Deffell, 1853, 4 De G., M. & G. 372.

43. Perkins v. Citizens and Southern Nat. Bank, 1940, 8 S. E. 2d 28, 190 Ga. 29.

44. Petroleum Enhancer, LLC. v. Woodward, 690 F. 3d 757, 765 (6th Cir. 2012).

45. Roscoe v. Winder, (1915) 1 Ch. 62.

46. Scheffel v. Krueger, 782 A 2d 410 (N. H. 2001).

47. SEC v. Capital Gains Research Bureau, Inc., 375 U. S. 180 (1963).

48. SEC v. Zandford, 535 U. S. 813(2002).

49. Shapira v. Union National Bank, 315 N. E. 2d 825 (Ohio Com. Pl. 1974).

50. Shelley v. Shelley, 354 P. 2d 282(Or. 1960).

51. Silsbury v. McCoon, 1850, 3 N. Y. 379.

52. Sligh v. National Bank of Holmes County, 704 So. 2d 1020(Miss 1997).

53. Studholme v. Hodgson, 3 P. Will. 299 (1734).

54. Transamerica Mortg. Advisors, Inc. v. Lewis, 444 U. S. 11, 17 (1979).

55. Trustees of the Property of EC. Jones & Co. v. Jones, (1996) 14 Ail E. R. 721.

56. Tunstall v. Wells, 144 Cal. App. 4th 554 (2006).

57. Tyra v. Woodson, 495 S. W. 2d 211, 212 (1973).

58. Wilford HOOD v. Grace L. HOOD, 264 S. E. 2d 814 (1980).

后记

本书是国家社科基金后期资助项目“英美现代信托法制研究”的研究成果。

与信托法接触始于博士毕业论文写作。毕业论文选定资产证券化特定目的载体——特定目的信托作为研究对象，因此研习了信托法的基本原理和应用，当时常感叹信托法中信托财产独立性、破产隔离等制度的精妙。博士毕业后，研究领域逐渐从商事信托向民事信托转移，对基本信托法制的研究逐步深化。后续申报的几个课题也都围绕信托法制这一主题。2017 年，有机会到美国哥伦比亚大学访学；其间选修了信托法课程，在图书馆收集了不少信托法研究资料。回国后在资料的整理研究过程中，逐步萌生从英美信托法中发掘完善我国信托法制经验的想法。之后积累的研究成果于 2021 年获得国家社科基金后期资助项目立项。

本书以信托关系主体为中心，以辩证的视角研究英美现代信托法律制度：委托人的处分自由与公共政策限制，受托人的权力扩张与信义义务约束，受益人权益与债权人的追索。通过比较考察与规范分析，本书揭示了英美两国的现代信托法制发展路径、价值选择、制度竞争等内容，较为全面地揭示了英美现代信托法制的发展现状。总体来说，英美信托法具备三个方面的特征：第一，英美信托法的大部分规则属于“补充适用”规则，信托法规范在信托文件没有明确规定的情况才予以适用，体现了维护委托人处分自由价值选择。第二，信托法制随信托商事化应用增多呈现明显的自由化趋势。20 世纪以来，随着经济社会的发展，信托在英美国家应用的场景日益增多；在一定程度上说，英美国家信托法制的现代化就是围绕信托商事化应用进行的信托规则的重构。第三，美国信托法制因州际立法竞争出现严重的异化现象。原本基于公共政策发展起来的合理限制措施，在美国各州的激烈司法竞争中正在逐渐地消失，如反永续规则、限制累积信托规则等在美国信托实践中已经实质性废除。

本书出版之际，感谢国家社科基金后期资助项目五位评审专家提出的详尽修改意见，专家意见对本书完善所发挥的建设性与指导性作用功不可没；感谢法律出版社的编辑，他们专业、细致的审读使本书避免了不少谬误，他们为书稿体例完善的辛苦付出，使本书以更好的形象呈现在读者面前。

正值修订书稿，女儿收到了心仪高校的录取通知书。多少个日夜里，她为梦想一次次蜕变成长，在栉风沐雨的征程上终迎来了美丽七月的夏花绽放。希望她能永远铭记荀子教诲：道阻且长，行则将至；行而不辍，未来可期。

所有辛苦都值得，所有付出皆可嘉。谨以此书致敬所有追逐梦想的人们！